2020年 中国互联网学习区域发展报告

青岛区域

教育部教育管理信息中心
百度文库
编著

清华大学出版社
北京

内 容 简 介

《2020年中国互联网学习区域发展报告》分为青岛区域、深圳区域、南京区域、吉林区域四个分册，从年度特征词、教师发展、学生变化、教育变革、典型案例、发展趋势和关键问题等方面进行了分析和阐述。本书以科学视角分析教育信息化面向互联网时代的转型格局，理解信息技术与教育教学深度融合"最后一公里"的旅程，客观、全面地理解中国教育信息化发展进程，并以"互联网＋"思维推动教育信息化建设模式的时代发展，推动体制内外协同视角下教育系统重构及教育信息化服务系统重塑。

图书在版编目（CIP）数据

2020年中国互联网学习区域发展报告 / 教育部教育管理信息中心，百度文库编著. —北京：清华大学出版社，2021.9
ISBN 978-7-302-59135-1

Ⅰ. ①2… Ⅱ. ①教… ②百… Ⅲ. ①教育工作－信息化－研究报告－中国－2020 Ⅳ. ①G52

中国版本图书馆CIP数据核字(2021)第182810号

责任编辑：赵轶华
封面设计：常雪影
责任校对：李　梅
责任印制：沈　露

出版发行：清华大学出版社
网　　址：http://www.tup.com.cn，http://www.wqbook.com
地　　址：北京清华大学学研大厦A座　　邮　　编：100084
社 总 机：010-62770175　　邮　　购：010-62786544
投稿与读者服务：010-62776969，c-service@tup.tsinghua.edu.cn
质量反馈：010-62772015，zhiliang@tup.tsinghua.edu.cn
印 装 者：三河市龙大印装有限公司
经　　销：全国新华书店
开　　本：185mm×260mm　　印　　张：25.75　　字　　数：626千字
版　　次：2021年10月第1版　　印　　次：2021年10月第1次印刷
定　　价：145.00元（全四册）

产品编号：093565-01

《2020年中国互联网学习区域发展报告——青岛区域》
编 委 会

主　　编：李晓梅

副 主 编：黄广岳

编　　委：张计龙　殷沈琴

目　　录

第1章 概述

1.1 互联网学习的定义

"互联网学习"是一个社会现象,是一个动态发展的过程,随着大数据、人工智能等新技术的涌现,其内涵和形式也在不断发生变化。互联网学习可表述为 Online Learning, Learning on the Internet,此外还有 E-Learning,Mobile Learning① 等概念相近的术语。从广义角度来讲,互联网学习是指通过计算机、网络等方式进行学习与教学的活动。在国外,互联网学习兴起较早,早期的互联网学习只是基于互联网技术将学习内容传递给学生,现在的互联网学习更加强调社交化的学习以及对社交软件的应用。从狭义角度来讲,互联网学习是指学生在互联网构建的灵活时空中,利用数字化资源与工具开展学习活动,以实现知识、技能与态度等方面的发展。

1.2 互联网学习政策环境

1.2.1 国外互联网学习政策环境

随着信息技术的迅速发展,教育信息化已成为全球重要的教育发展战略。世界各国尤其是发达国家十分重视教育信息化的推进,且制定了相关政策引领教育信息化的发展方向。

数字化变革和人工智能成为当前国际组织的教育政策热点。2020 年 10 月,欧洲联盟(简称欧盟)发布《数字教育行动计划(2021—2027 年)》②,内容涵盖正式教育和非正式教育,重点为教育和培训的长期数字化变革。2019 年,联合国教科文组织发布《教育中的人工智能:可持续发展的挑战和机遇》,提出了人工智能教育可持续发展的愿景,制定了利用人工智能赋能改善学习和促进教育公平等目标,给出了构建面向数字化和人工智能赋能世界的课程等实施途径,明晰了过程中的六个挑战。③

人工智能教育和师生数字素养的提升受到了各国政府的重视,各国政府纷纷出台相关政策,引导和强化人工智能教学的贯彻实施。2019 年 12 月,芬兰发布《芬兰引领人工智能时代》,提出加强与人工智能知识和技能相关的教育,运用人工智能技术助推教育创新发展。2020 年 2 月,美国发布《美国人工智能倡议首年年度报告》,列出为各阶段学生设立的人工智能教育奖学金的名称,强调了要通过 STEM(即科学、技术、工程、数学)教育来培养人工智能人才,还指出中小学人工智能教育正在逐渐落实到计算机科学课程和计算思维的培育中。2020 年,日本实施了新修订的《小学学习指导要领》,将信息应用能力定位为与语言能力、发现问题能力、解决问题能力同等重要的"学习的基本资质和能力",将编程列为小学必修科目。2020 年 6 月,日本根据《AI 战略 2019》的执行情况,讨论并形成了《AI 战略 2019(2020.06 修订版)》,其教育战略部分涵盖了从小学开始的各部分人群,且为每部分人群提升基础数据、数据科学和 AI 素养指明了具体方向。2020 年 11 月,韩国教育部宣布,人工智能课程

---

① Korucu A T, Alkan A. Differences between m-learning (mobile learning) and e-learning, basic terminology and usage of m-learning in education[J]. Procedia - Social and Behavioral Sciences, 2011, 15(1):1925-1930.

② European Union. Digital education action plan 2021—2027[EB/OL](2020-10-26)[2021-02-01]. https://ec.europa.eu/education/education-in-the-eu/digital-education-action-plan-en.

③ 任友群,万昆,冯仰存. 促进人工智能教育的可持续发展——联合国《教育中的人工智能:可持续发展的挑战和机遇》解读与启示[J]. 现代远程教育研究, 2019, 31(5):3-10.

将于 2021 年下半年进入韩国高中，2025 年前进入小学和初中课堂。

近一年来，国际组织和各国的教育信息化政策均比较注重人工智能教育领域，一方面运用人工智能赋能教育，另一方面将人工智能教育引入基础教育学段，培养和提升师生的 STEM 素养，特别是人工智能素质。

经过对近年来各国际组织和国家教育信息化发展规划政策的梳理，可以看出人工智能教育领域是发展重点，内容覆盖初等教育、中等教育、高等教育、成人和社会教育等全教育阶段，更加强调培养和提升师生数字、人工智能素养与能力。在互联网学习发展评估方面，各国际组织主要围绕学校信息化建设及师生数字化素养设计评估框架，缺少针对人工智能教育的评估。未来，出台人工智能教育相关的评估体系成为发展趋势。

1.2.2 国内互联网学习政策环境

互联网技术的飞速发展，给社会各个方面带来了巨大变革。“互联网＋各个传统行业”的互联模式，最大化地发挥着互联网的集成作用。随着国家教育信息化、教育现代化的发展，以及国家“互联网＋教育”行动计划的实施，我国教育信息化发展进程进入了一个新的发展阶段，即互联网教育发展时代。这一发展时代有以下几个显著特征：人工智能、大数据等新一代信息技术推动教育技术的革新应用和发展；慕课等教育资源多途径、多类型开放共享；互联网推动教育应用不断创新。

2012 年 3 月，教育部颁发的《教育信息化十年发展规划(2011—2020 年)》明确了教育信息化的发展目标、方向、任务和措施。“十三五”期间信息化已成为国家战略，教育信息化正处于快速发展时期。2016 年 6 月，《教育信息化“十三五”规划》的发布为解决我国教育改革与发展所面临的优质教育资源共享、创新人才培养等问题提供了基础性、战略性的支撑。2018 年 4 月，《教育信息化 2.0 行动计划》的发布标志着我国教育信息化发展进入转型升级新阶段，推动信息技术成为教育改革与发展的内生要素。2019 年 2 月，《中国教育现代化 2035》和《加快推进教育现代化实施方案(2018－2022 年)》的发布以及世界人工智能教育大会的召开，进一步推动教育现代化发展，以信息技术支撑和引领教育现代化发展已成为时代强音。2020 年 3 月，受新冠肺炎疫情影响，国家发布了一系列政策文件，通过教育信息化，有效指导全国教育工作的开展。新冠肺炎疫情期间，教育部发布《关于深入做好中小学“停课不停学”工作的通知》，指出利用网络云平台和电视台，以多种方式广泛参与学生线上学习指导、答疑和家校沟通等工作；《关于加强“三个课堂”应用的指导意见》针对基础教育阶段促进教育公平、提升教育质量的现实需求，就进一步加强“专递课堂”“名师课堂”和“名校网络课堂”(简称“三个课堂”)应用提出了指导意见。同期发布的《2020 年教育信息化和网络安全工作要点》，对 2020 年教育信息化和网络安全重点工作进行了安排部署，涉及安全、资源、学习空间、网络扶智、教育治理等方面共计十一项重点任务。同时提出研制教育信息化中长期发展规划(2021—2035 年)和“十四五”规划，出台推进“互联网＋教育”发展、加强教育管理信息化的指导意见，提出举办国际人工智能与教育会议、世界慕课大会等核心目标。2020 年 7 月，全国教育信息化工作视频会议在北京召开，会议指出，新冠肺炎疫情发生以来，教育部党组统筹疫情防控和教育改革各项工作，及早部署、顶层设计，以教育信息化有效支撑了近 3 亿师生开展在线教学，为全国新冠肺炎疫情防控做出了重要贡献。要深入总结大规模成功实现“停课不停学”的经验，认真把握好线上线下教育融合发展的趋势，化危为机、主动求变，着力固根基、扬优势、补短板、强弱项，趁势而上加快推进教育信息化建设。

1.3 互联网学习发展评估

在人工智能教育和信息化教育背景下，教师和学生的信息、数字技术应用能力显得非常重要。各国际组织从不同维度设计了数字素养评估框架。2017年，欧盟提出了《欧盟教育工作者数字素养框架》，内容涵盖专业发展、数字资源、评估、教与学、增强学习者能力、提高学习者数字素养六个领域。[①] 联合国教科文组织于2018年制定了《数字素养测评全球框架》，在参考计算机素养、ICT素养、信息素养和媒体素养的基础上，概括出七个方面的内容：硬件与软件基础、信息与数据素养、交流与协作、创建数字内容、安全、问题解决、与职业有关的能力。2019年12月，欧律狄刻网络联盟发布《欧洲学校的数字教育》，该报告通过对学校课程及教师特有的数字能力、学生数字能力以及一般使用的科技设备进行评估，提供了与学生数字能力发展有关的指标。

虽然各国际组织数字素养评估框架维度划分存在差异，但在衡量教育信息化和互联网学习的过程中，都涉及信息化基础设施建设、数字资源建设、学习者的素养与能力和教师的专业与职业能力等方面。

1.4 青岛市互联网学习发展概述

青岛市政府于2017年1月发布《青岛市"十三五"教育事业发展规划》，提出以建成全国教育信息化示范区为指引，推进信息技术与教育教学、教育管理深度融合，加快开发优质网络教育资源，建立灵活开放的教育服务体系和教育云资源平台。青岛市政府同期发布《青岛市教育综合改革方案(2016—2020年)》，明确了"十三五"期间重点推进改革任务，包括构建以信息化带动教育现代化机制，打造青岛教育新优势。2018年，青岛市教育局印发《青岛市教育信息化2.0行动计划》，提出到2022年，青岛教育信息化发展位居全国教育信息化领先水平。《2020年全市教育工作要点》强调进一步加强教育现代化统筹谋划。青岛市教育局于2020年8月发布《青岛市人工智能教育实施意见》，以推进人工智能教育课程普及为核心，提出构建青岛人工智能教育课程体系，完善基础环境，汇聚教育资源，建设专业教师队伍，提升人工智能素养，培养专业人才，争创全国人工智能教育示范引领城市。

青岛市为了支撑教育信息化发展应用，通过统筹推动、标准引领，重点建设"云""网""端""台"四类设施，为教育信息化提供一流的基础支撑环境，并获批山东省人工智能试点市，成为首批与教育部签订共建"一带一路"教育备忘录的城市，现有外籍人员子女学校9所，数量占全省的2/3。联合国教科文组织连续三年在青岛举办国际教育信息化大会，先后发布《青岛宣言》《青岛倡议》《青岛声明》，树起了青岛"互联网+教育"的旗帜。一批名师、名校长得到成长，全市齐鲁名师、名校长分别达到37名和33名，1名教师、1名校长被确定为教育部"名师名校长领航工程"培养对象。

---

① 郭府宁，宛平，王佑镁. 培养数字化教师：欧盟教育工作者数字素养框架解读与启示[J]. 世界教育信息，2020(8)：18-24.

1.5 青岛区域报告的研究设计与数据收集

1.5.1 研究设计

1. 报告目的

为描述2020年度青岛市基础教育领域互联网学习发展现状及特征，项目组了解了青岛市互联网学习发展成果，探究了互联网给青岛市基础教育实践带来的影响，总结了重要发展成果与特色。在对青岛市基础教育领域互联网学习整体把握与全面了解的基础上，项目组提出当前发展的关键问题与未来发展趋势。

2. 研究方法

为更全面、真实地掌握青岛市基础教育领域互联网学习发展情况，本报告采用文献研究、问卷调查以及深度访谈等方法，多层面、多角度地了解与展示青岛市基础教育互联网学习情况。

(1) 文献研究

通过研究近五年互联网学习相关文献资料，了解基础教育互联网学习的应用与发展现状，为了解青岛市基础教育领域互联网学习发展情况提供信息与参考依据。

(2) 问卷调查

通过在青岛市基础教育学校发放中国互联网学习发展报告编写组编制的《2020年基础教育互联网学习现状调查问卷》，进行问卷收集与数据分析，进而了解青岛市基础教育互联网学习现状。

(3) 深度访谈

为深入了解青岛市基础教育互联网学习现状与发展特色，项目组通过远程在线会议的形式对青岛市互联网学习发展特色区市的相关领导、学校管理者和代表教师进行了深度访谈，全面立体地了解青岛市互联网学习发展现状。

3. 报告编制

本报告主要由概述、青岛市基础教育领域互联网学习年度特征词及其解释、青岛市基础教育领域互联网学习发展现状、青岛市基础教育领域互联网学习发展案例、发展关键问题及发展趋势等部分组成。

2020年青岛市基础教育互联网学习发展现状通过互联网学习CASE分析模型，从能力(C)、应用(A)、支持(S)、环境(E)等维度，展示青岛市基础教育领域互联网时代的学校管理与办学特征、互联网学习发展的环境、支持、应用以及能力发展情况。同时，立足2020年年度特征，报告展示了新冠肺炎疫情期间互联网学习发展情况，为互联网学习的深入融合发展提供信息参考。

1.5.2 数据收集

为全面真实地掌握青岛市基础教育领域互联网学习发展情况，青岛市教育局在中小学广泛开展网络问卷调查、案例征集以及深度访谈。

1. 抽样设计和问卷数据收集

本年度采用线上发放问卷的方式。为保证样本数据的代表性，本次调查综合考察基础教育学生、教师和学校的学段、地区以及城乡分布情况，采用二阶段分层抽样、PPS抽样(Probability Proportionate to Size Sampling，按规模大小成比例的概率抽样)和整群抽样相结合的方法，在小学、初中、高中分层的基础上进行区县及城乡二阶段分层。为了更好地测度教与学的关系，被抽中的学生所在班级的老师、所在学校的管理人员均纳入被抽样范围，调查对象包括被选择的学生、教师和学校管理人员。

2020年度，本次调查共收到青岛市《2020年基础教育互联网学习现状调查问卷》学生问卷17038份，教师问卷2303份，学校管理者问卷232份。

2. 案例征集

项目组编制案例模板，依托各区县的自主填报收集了市北区、李沧区等青岛市七区三市的13个案例。

3. 深度访谈

项目组设计分层访谈提纲，通过远程视频面访了西海岸新区、胶州市、崂山区、局属学校的教育信息化负责人、学校校长和一线授课教师，共计26人。

第2章

青岛市基础教育领域互联网学习年度特征词及其解释

2.1 青岛教育e平台

青岛市教育局整合各类教育信息化资源，构建全市教育系统综合性、一站式“互联网+教育”大平台——青岛教育e平台，整合对接教育信息系统(平台)50余个，对接省、市政务信息平台，实现信息数据、教学资源、业务应用跨层级、跨部门融合共享。平台目前拥有体系化和特色化资源1000余万条，种类丰富，涵盖全部学段、学科，包括教案、学案、课件、习题、微课等，并免费向全国中小学生开放。平台陆续推出慧教乐学和91淘课等项目，实现资源动态更新与个性化定制，满足教师授课和学生自主学习需要。平台接入智慧校园数据系统，实现学校、教师、学生的基础数据、业务数据、统计数据等各类数据一站获取，为教育管理工作提供数据支撑。

2020年，青岛教育e平台为新冠肺炎疫情期间青岛市教师和学生互联网学习活动的开展提供了平台与资源支持，同时积极响应教育部号召，在疫情期间面向全国其他地区免费开放，共享优秀教学资源。青岛教育e平台资源模块接受各地访问超过285万次，并为贵州安顺、甘肃陇南等对口帮扶地区专门开通教师账号2万余个。2021年1月6日，青岛教育e平台推出名师在线公益辅导项目，充分调动名师资源，满足学生课后辅导以及培优的需要。

作为全国范围率先建成的市域层面“互联网+教育”大平台，青岛教育e平台汇聚教育大资源，融合教育大数据，为青岛市现代化教育发展与治理提供重要支持。

2.2 人工智能教育

2019年，青岛市获评山东省人工智能教育试点城市，聚焦人工智能教育课程普及，全面布局、快速发力，为全市“高端制造业+人工智能”攻势开展以及工业互联网之都打造做好人才支撑。2020年，青岛市教育局联合海尔、海信、华为、科大讯飞、商汤、越疆、大疆等11家全国人工智能头部企业共同成立了人工智能教育联盟。在“1+4+100N”人工智能教育试点工作基础上，为进一步推动人工智能通识普及和学生能力培养，青岛市教育局相继出台与实施《青岛市人工智能教育实施意见》以及《青岛市中小学人工智能教育课程纲要》等人工智能教育政策纲要性文件，投资7000余万元构建集约化人工智能教育超算中心、人工智能教育服务平台以及人工智能实验室等人工智能教育环境，积极开展人工智能教育课题研究，全面推进人工智能教育。目前，全市有659所小学开设人工智能启蒙课，156所学校开设人工智能普及课，90%以上学校成立人工智能社团。通过人工智能课程的普及与培优，青岛市在各项人工智能类学生竞赛中取得了优异成绩。

为充分适应未来智能化社会发展，青岛市顶层设计、高端谋划，在基础教育阶段播下人工智能的种子，在人才教育源头不断创新发展，为青岛市建设开放、现代、活力、时尚的国际大都市提供坚实的人才和智力支撑。

2.3 停课不停学

突如其来的新冠肺炎疫情打乱了教育工作的正常秩序，青岛市在坚持做好疫情防控要求的同时，借助信息化手段实施“空中课堂”进行互联网教学，实现“停课不停学”。

在“停课不停学”期间，青岛市实行“一校一课”或“一班一课”的思路，分类实施，体现个性，最大限度延续本校的教学进度和教学风格。在教学方式上，全面兼顾小、初、高各学段学习特点，录播教学和直播教学相结合，以保证学习效果；在学习答疑上，集中辅导与分散交流同时进行，组织各学科名师开通学科“空中课堂”，通过视频直播形式集中辅导答疑，解决学生所面临的共性问题，各班级通过在线教学系统、微信、钉钉等工具及时交流研讨，及时排除学习中的疑惑。除学科在线教学外，青岛市积极扩展丰富资源，为师生和家长提供更多选择，为全市小、初、高师生免费提供全套教学资源（含教案、课件、微课等）、虚拟实验室和在线阅读资源，满足更深层次的在线教学和学习需要；提供免费网络家庭教育课和心理辅导课，减轻家长的焦虑，促进学生居家学习期间身心健康发展。

青岛市在2020年这个特殊的年份，依托坚实的信息化支撑体系和完善的“互联网＋教育”大平台，创新在线教育模式和教育治理方式，满足师生居家教学需求。

第3章 青岛市基础教育领域互联网时代的学校管理与办学特征

3.1 互联网时代的学校管理

3.1.1 互联网学习网络环境建设

2020年青岛市基础教育学校互联网学习环境建设发展思路的调查结果如图3-1所示，受调查学校中，以“继续争取资金，深化学校网络环境建设”作为环境建设发展思路的学校最多，占受调查学校的56.77%；39.74%的学校采取“保持现有网络环境建设规模，推进网络环境的深化利用”的环境建设发展思路。当前阶段，超过一半的学校致力于继续深化互联网学习环境的建设。学校主动拥抱互联网时代，通过互联网赋能基础教育的教育理念与意识深入人心。

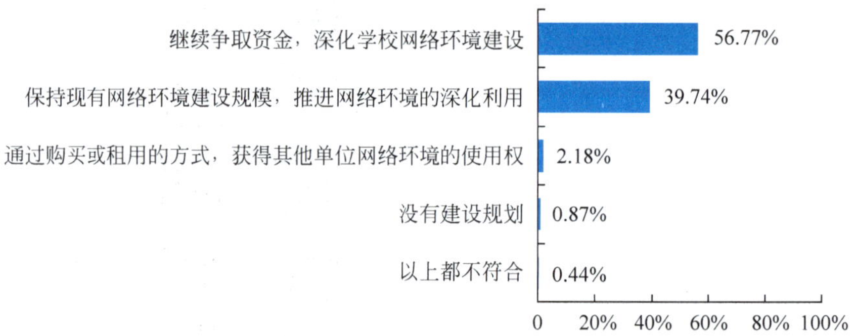

图3-1 2020年青岛市基础教育学校互联网学习环境建设发展思路

3.1.2 互联网学习制度建设

2020年青岛市基础教育学校采取的推进互联网教学与学习发展的保障措施的调查结果如图3-2所示，学校当前采取的保障互联网教学与学习发展的制度措施主要包括为学生

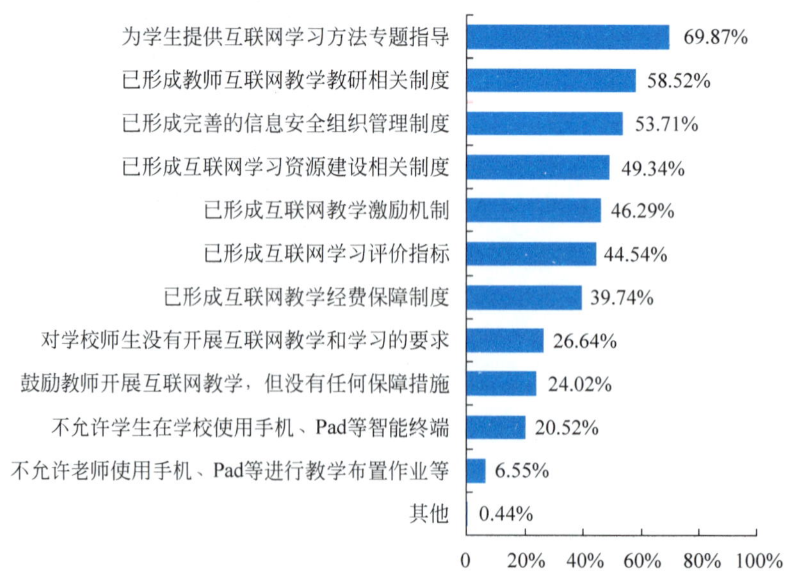

图3-2 2020年青岛市基础教育学校采取的推进互联网教学与学习发展的保障措施

提供互联网学习方法专题指导、形成教师互联网教学教研制度和信息安全组织管理制度等几方面。相比较而言，仅超过四成的学校已经形成互联网学习资源建设以及激励评价等相关制度。24.02%的学校鼓励教师开展互联网教学，但没有任何保障措施。各学校之间互联网学习的学校制度建设有差异，学校内部互联网学习制度建设仍需进一步完善。

3.1.3 家校共建

2020 年家长参与互联网学习方面制度建设情况的调查结果如图 3-3 所示，95%以上的学校采取与家长合作共建的方式，其中，有 34.93%和 48.04%的学校管理者表示家长会提供参考意见或与学校共同决定相关制度，仅有 4.80%的学校管理者表示未邀约家长参与互联网学习制度建设。通过家校合作的方式，学校管理者可以深入了解家长和学生的互联网学习需求，这有利于提高学校互联网学习相关制度建设决策的科学性，让制度建设促进互联网学习实践的发展。

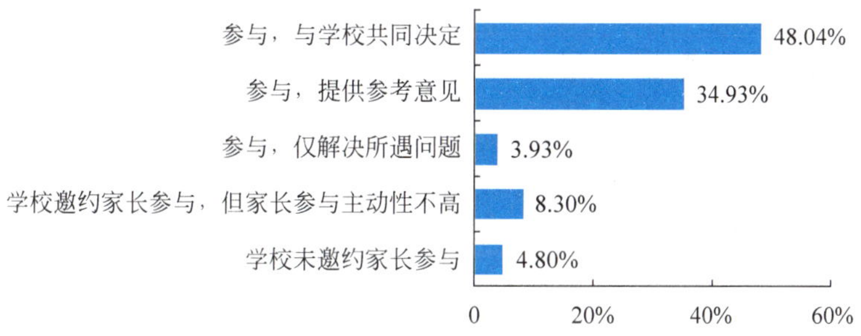

图 3-3　2020 年家长参与互联网学习方面制度建设情况

3.2 互联网时代的办学特征

3.2.1 互联网时代的学校教学场所建设

信息技术的发展催生了新的教学场所形式。2020 年对青岛市除实体学校外的学校教学场所的调查结果如图 3-4 所示。其中，建成虚拟实验室的学校相对较多，占比达 21.40%，建成虚拟科技馆的学校占比为 14.85%，建成虚拟博物馆的学校占比为 6.11%。信息技术赋能教育基础设施建设，为资源的展示、存储以及使用提供了新的方法和途径。

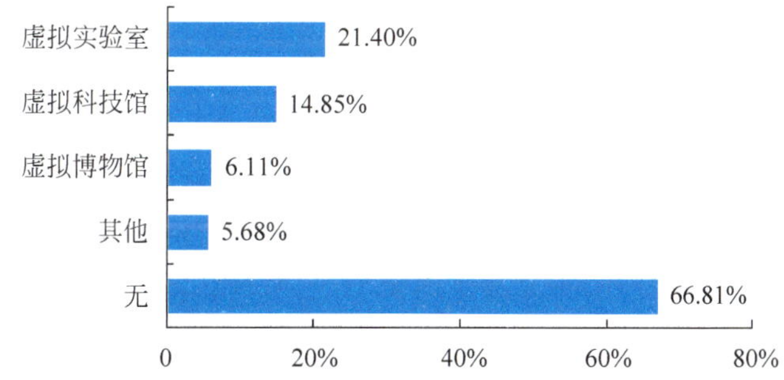

图 3-4　2020 年对青岛市除实体学校外的学校教学场所的调查结果

3.2.2 互联网时代的课堂建设

2020年青岛市基础教育学校互联网教学课堂开展形式如图3-5所示，有75.98%的学校组织了名师网络课堂，75.11%的学校组织了同步课堂与专递课堂，64.63%的学校组织了跨校际协作探究教学活动。名师网络课堂、同步课堂以及跨校际协作探究等课堂教学形式借助互联网及信息技术拓展教师与学生的视野，实现教学资源的共通共享。

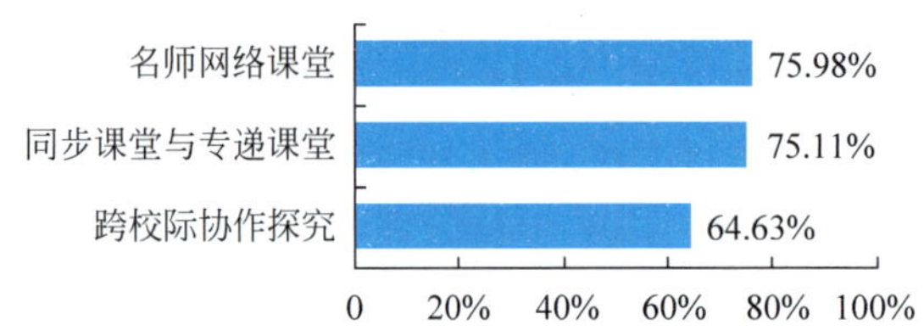

图3-5 2020年青岛市基础教育学校互联网教学课堂开展形式

3.2.3 互联网时代的教师发展

2020年青岛市基础教育学校教师参加互联网教学相关培训的方式如图3-6所示。教师参加最多的培训形式是网络远程培训和专题讲座，占比分别为91.70%和89.96%；其次分别有60.26%和57.64%的管理者表示学校教师参与了互联网教学的课题研究与说课评课；有37.55%的管理者表示学校教师参与了互联网教学的参观考察。学校通过组织多种形式的教师培训，增强教师互联网教学能力，全面提升互联网教学质量。

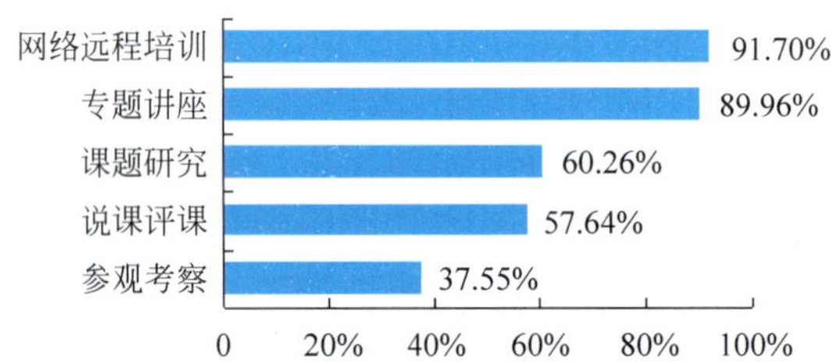

图3-6 2020年青岛市基础教育学校教师参加互联网教学相关培训的方式

3.3 青岛市基础教育教师互联网教学发展概况

3.3.1 教师互联网教学发展水平指数

教师是教学工作的主要承担者。结合基础教育互联网学习CASE分析模型，了解教师进行互联网教学的能力、应用、获得支持以及目前教学环境情况，全面了解基础教育学段互联网学习发展。2020年共收到教师互联网调查问卷为2303份，其中有效问卷为2030份，有效率达88.15%。各量表Cronbach α系数均大于0.93，具有良好的信度；$KMO=0.98$，$P<0.05$，呈现出良好的结构效度。

2020年青岛市基础教育教师互联网教学发展水平指数如图3-7所示，青岛市教师互联网教学综合指数为4.21分，高于2020年全国教师互联网教学综合指数(3.87分)。其中，教师互联网教学能力发展指数为4.22分，互联网教学应用发展指数为4.27分，互联网教学支持发展指数为 4.27 分，互联网教学环境发展指数为 4.21 分。青岛市教师在互联网教学的各维度评估中均达到了良好水平，且均高于全国基础教育教师互联网教学发展水平指数。青岛市在全市教师信息化培训和信息化教学应用方面的工作效果显著。

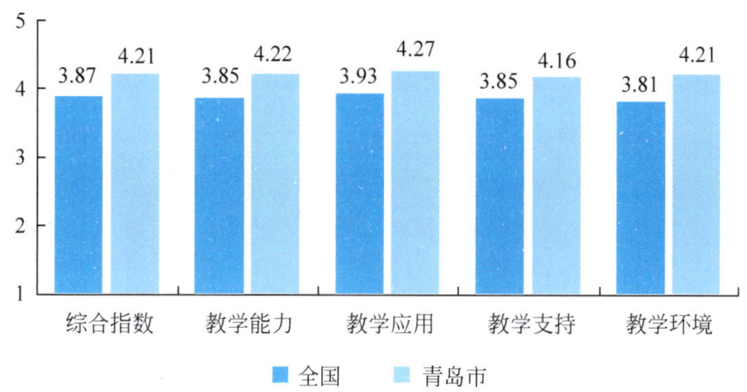

图 3-7　2020 年全国与青岛市基础教育教师互联网教学发展水平指数

3.3.2 教师互联网教学发展的差异性分析

1. 城乡教师互联网教学发展对比分析

2020 年，青岛市城乡区域基础教育教师互联网教学发展水平指数如图 3-8 所示。青岛市区、乡镇和农村学校的基础教育教师互联网教学综合指数分别为 4.21 分、4.19 分和4.25 分，市区、乡镇和农村地区互联网教学整体发展达到较高水平。农村学校教师互联网教学综合指数和各维度发展指数略高于市区和乡镇学校，但差异并不显著($F=0.98, P>0.05$；$F=0.13, P>0.05$；$F=0.21, P>0.05$；$F=0.46, P>0.05$；$F=0.55, P>0.05$)，青岛市城乡基础教育教师在互联网教学方面发展均衡。

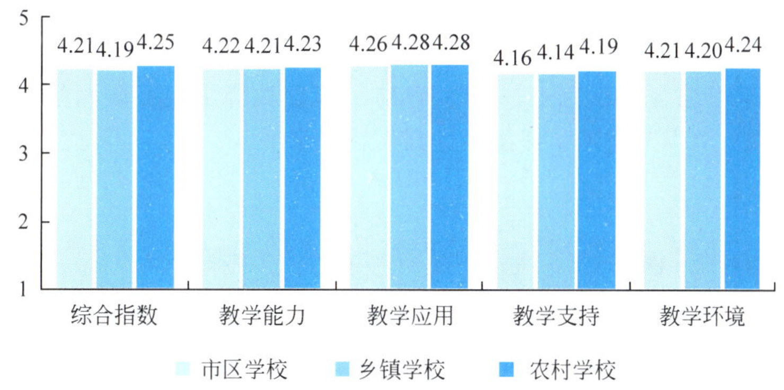

图 3-8　2020 年青岛市城乡基础教育教师互联网教学发展水平指数

2. 基础教育各学段教师互联网教学发展对比分析

2020 年，青岛市基础教育各学段教师互联网教学发展水平指数如图 3-9 所示。小学学段互联网教学综合指数为 4.29 分，初中学段互联网教学综合指数为 4.11 分，高中学段互联网教学综合指数为 4.02 分。对调查数据进行单因素方差分析，结果表明，各学段在教学能力($F=14.06, P<0.05$)、教学应用($F=16.97, P<0.05$)、教学支持($F=17.20, P<0.05$)和教学环境($F=20.66, P<0.05$)之间差异显著。

根据数据统计结果，随着学段升高，教师进行互联网教学的能力、应用、支持以及环境等指数呈逐渐降低的趋势。小学学段教师的各项指数最高，其次是初中学段教师，高中学段教师的互联网教学指数相对较低。不同学段的教学内容和教学目标不同，随着学段升高，对教师在学科知识与互联网信息技术融合的能力、应用场景以及支持等方面的要求也更高。教师互联网教学发展会受到教学学段的影响。

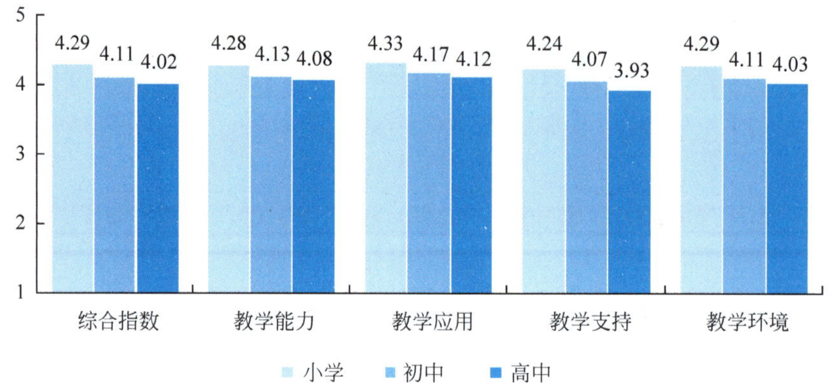

图3-9　2020年青岛市基础教育各学段教师互联网教学发展水平指数

3.4 青岛市基础教育学生互联网学习发展概况

3.4.1 学生互联网学习发展水平指数

在回收的调查问卷中，学生问卷共17038份，其中有效问卷为14021份，问卷回收有效率为82.29%。项目组对学生问卷所有量表题目进行了各维度和整体问卷的信效度检验，问卷表现出较高的信度(Cronbach α 系数=0.98)和良好的结构效度(KMO =0.99，$P<0.05$)。

如图3-10所示，2020年全国基础教育学生互联网学习综合指数为3.98分，青岛市基础教育学生互联网学习综合指数为4.23分。青岛市基础教育学生互联网学习发展水平整体高于全国平均水平，学生互联网学习发展达到了较好水平。

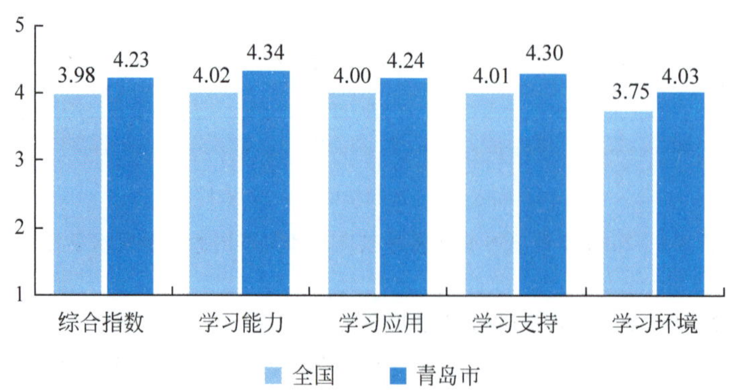

图3-10　2020年全国与青岛市基础教育学生互联网学习综合发展指数

在学生互联网学习各维度发展方面，青岛市学生互联网学习能力发展指数为4.34分，互联网学习应用指数为4.24分，互联网学习支持指数为4.30分，互联网学习环境发展指数为 4.03 分。青岛市基础教育学生互联网学习在各维度上均达到了较好水平。学校、教师和家庭为学生进行互联网学习提供的环境良好，学生进行互联网学习获得的支持比较全面，学生具有较高的进行互联网学习的能力，并且能够在各种学习场景中应用互联网取得较为满意的学习效果。

在国家推行教育信息化的政策背景下，近些年来青岛市不断推出《智慧青岛战略发展规划(2013—2020 年)》《“互联网＋教育”行动计划(2016—2018 年)》《青岛市教育信息化 2.0 行动计划》等规划。经过 2011—2020 年近 10 年的教育信息化建设与发展，基础教育信息化建设与应用取得显著成果，青岛市基础教育现代化取得重大进展。

3.4.2 学生互联网学习发展的差异性分析

1. 城乡学生互联网学习发展对比分析

2020 年，青岛市市区、乡镇和农村学校学生互联网学习发展水平指数如图 3-11 所示。市区、乡镇和农村学校学生互联网学习综合发展指数分别为 4.22 分、4.21 分和 4.32 分，城乡各地区学生互联网学习发展均达到了较好水平。其中，农村学校学生互联网学习综合发展指数和各维度发展指数显著高于市区和乡镇地区学生($F=20.81, P<0.05$; $F=16.20, P<0.05$; $F=16.61, P<0.05$; $F=12.49, P<0.05$; $F=22.5, P<0.05$)。

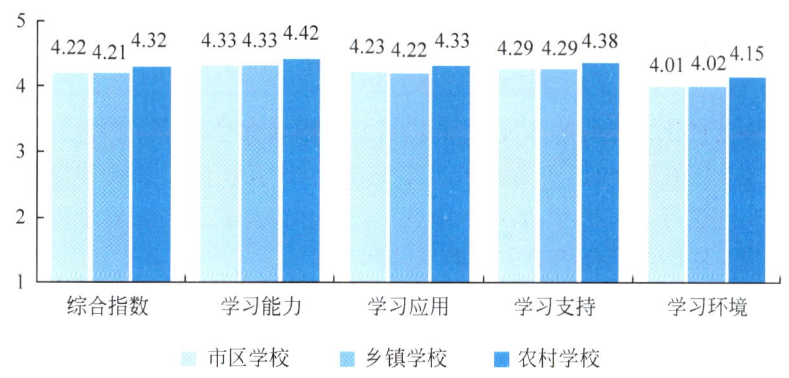

图 3-11　2020 年青岛市城乡区域基础教育学生互联网学习发展水平指数

随着青岛市《“互联网＋教育”行动计划(2016—2018 年)》和《青岛市教育信息化 2.0 行动计划》的开展，青岛市整合汇聚教育大资源，推进优质教育资源共建、共享，积极推进同步课堂建设。从数据统计结果来看，青岛市农村地区学生互联网学习发展效果显著。信息化技术手段的发展与应用为实现青岛市教育资源均衡、促进教育公平带来了新的发展思路与重要成果。

2. 基础教育各学段学生互联网学习发展对比分析

2020 年，青岛市基础教育各学段学生互联网学习发展水平指数如图 3-12 所示。小学学段互联网学习综合指数为 4.21 分，初中学段互联网学习综合指数为 4.27 分，高中学段互联网学习综合指数为 4.25 分。小学学段互联网学习发展水平要显著低于初中学段学生($F=9.80, P<0.05$)，初中学段和高中学段互联网学习发展水平没有显著差异($T=0.85, P>0.05$)。

其中小学学段互联网学习综合指数低于初高中学段的一个重要原因是小学生互联网学习能力显著低于初高中学生($F=32.97, P<0.05$)。除此之外，初高中学生互联网学习的应

用发展指数也显著高于小学生($F=10.60, P<0.05$)。由于年纪小、学习知识储备不足和互联网学习相关操作与技能不熟练等,小学生的互联网学习发展水平要低于初高中学生。在利用互联网促进学生学习时,需要兼顾各学段特点,充分了解学生互联网学习接受能力与实际应用情况。

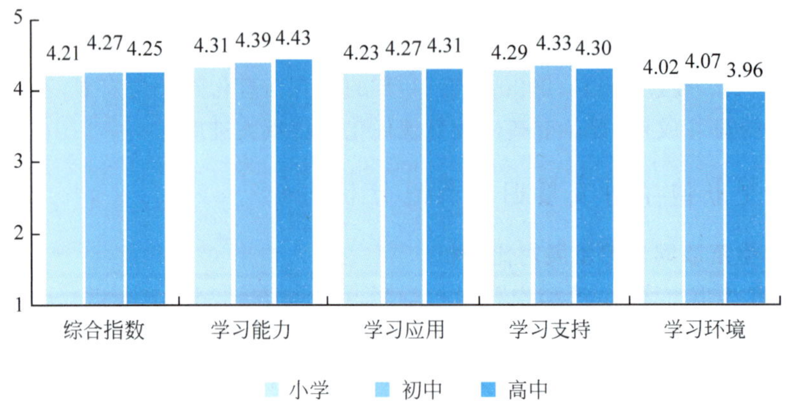

图 3-12 2020年青岛市基础教育各学段互联网学习发展指数

3.5 青岛市基础教育领域互联网学习发展特色

随着青岛市信息化教育的整体规划和发展,各基础教育学校主动拥抱互联网时代,积极进行多种形式的数字校园建设,打造虚拟教学场所,组织互联网形式教学与教师技能培训,为学生提供互联网学习方法指导,形成教师教学教研和信息安全组织管理制度等,为教师互联网教学和学生互联网学习提供全方位的支持和保障。

青岛市大力推进互联网与现代信息技术在教育中的应用与发展,实现信息技术赋能教育,全面提升教学质量与教育成效。2020年,青岛市教师互联网教学综合指数为4.21分,学生互联网学习综合指数为4.23分,均达到了较好以上发展水平,高于全国教师互联网教学和学生互联网学习发展水平,青岛市互联网学习赋能教育建设成效显著。

2019年青岛市区、乡镇和农村基础教育领域的教师互联网教学发展不平衡。2020年,三者之间已无显著差异。青岛市农村地区学生互联网学习发展指数要显著高于市区和乡镇地区学生。农村地区学生互联网学习获得的支持以及环境等方面的发展指数都要高于市区和乡镇地区学生。互联网教学平台和工具的应用打破了地域的限制,促进教育教学资源在青岛市城乡之间的均衡分布和普及普惠,对实现教育公平具有重要意义。

第4章 青岛市基础教育领域互联网时代的环境建设

4.1 青岛市基础教育领域互联网学习环境建设概述

4.1.1 平台与系统

自2018年起，青岛市教育局整合各类教育信息化资源，在全国范围内率先建成市域层面“互联网＋教育”大平台——青岛教育e平台。平台包含教育管理、教学资源、智慧校园三大主要板块，支持学生、教师、教研员和管理者各类教育群体登录使用。平台整合对接涵盖教育部、省教育厅、市教育局、各区市教体局和学校5个层级的50余个教育信息系统和省市政务信息平台，实现信息数据、教学资源、业务应用跨层级、跨部门融合共享。平台连接遍布全市城乡学校的同步课堂教室，实现跨区域教育资源共享。平台内智慧校园板块通过统一数据、统一登录的方式汇聚管理数据、教学数据、生活数据、学业数据以及视频数据。通过平台对数据的整合对接，青岛教育e平台为学校管理和教学活动的开展提供了数据支持和智能化辅助，提高了决策的科学性，增强了青岛市智慧校园成效和教学质量。

4.1.2 基础设施与终端设备

1. 网络环境建设

为充分满足中小学校互联网学习需要，青岛市在云平台管理端进行顶层设计，建设一流设施，构建“两地三中心”教育城域网和“分级负责，多重防护”的网络信息安全保障体系。青岛市积极推进校园有线、无线网络覆盖与升级，目前已实现教育城域网骨干带宽100G，区市分中心40G、中小学10G带宽接入城域网，全市中小学校基本普及无线网络。

2. 终端设备建设

青岛市积极推进智慧教育建设，将移动终端设备融合于教育教学当中，支持以学生为中心的多元化学习方式。部分地区积极进行双端环境建设，在智慧课堂给教师配备智慧教学移动终端，给学生配备智能学习终端。学生智能学习终端根据智慧教学模式建设，具有电子课本、微课、课件、智能推送知识等学习资源；涵盖课程全流程学习与作业布置、管理、检查、智能评价反馈各环节；并能识别学习者特征，感知学习情景，进行英语发音纠错、朗诵智能分析，构建以学生学习数据为基础的发展性评价和学习分析机制。智慧课堂终端的应用减轻了教师教学的压力，也让学生和家长及时地了解学习情况，获得了广泛好评。智能技术与教育的深度融合增强了学生的学习兴趣，有助于全面提升学习效果。

4.1.3 学习场所

为实现互联网和信息技术在教育教学中的融合应用，青岛市积极建设适应互联网学习与应用的校园及学习场所。分批逐步打造智慧校园，构建一卡通、轨迹采集、个性化学习、智能识别等智慧校园管理系统，布设行为轨迹采集分析设备和学生餐营养摄入分析系统，部署电子班牌823块。通过对学生智能管理、排课走班、营养均衡、课堂教学、宿舍管理等的大数据分析与支持，构建“智慧互联、数据可见、智能决策、聚焦教学”的中小学智慧校园建设和应用新生态，实现了从数据汇聚到数据分析，从关注管理到聚焦教学，以及校园建设从数字化向智能化发展的初步跨越和提升。

2020年青岛市投入2.2亿元，建成740间同步课堂教室，建成2400余间电子书包教室。

投入 7000 余万元，建设人工智能教育超算中心、人工智能实验室、创客教室、虚拟实验室等人工智能教学配套设施，全面搭建人工智能教育支撑环境；建设了一批英语口语、普通话测试机房等功能教室，全面提升学生综合素养。

4.1.4 学习资源建设

青岛市教育资源总量丰富并兼顾个性化教学与学习需求。目前拥有体系化和特色化资源 1000 余万条，涵盖全部学段、学科，包括教案、学案、课件、习题、微课等内容。紧扣青岛教材、同步学科学习进度，打造“慧教乐学”在线课程资源，解决学生自主学习与家长辅导问题；一课一网，实现教材版本及教学内容完全匹配，建设“91 淘课网”，为教师提供教学资源，包括教学课件、教案、微课视频、好题精析、碎片素材、学案、试卷、电子书等配套数字资源，为教师的常态化教学提供便捷的资源。

为解决课后辅导难、课后辅导资源分配不均等问题，青岛市教育局发挥名师优质资源示范引领作用，打造“益辅导”名师公益辅导项目，通过网络直播与点播结合的方式，为学生提供免费课后辅助资源，满足中小学生课后作业辅导和培优的需求，促进教育均衡和公平，全面提高教育质量和家长及学生对教育的满意度。

4.2 管理者视角的互联网环境建设

4.2.1 互联网平台与系统

受调查的学校管理者所在学校的平台与系统的建设情况如图 4-1 所示。超过 85%的管理者表示“完全同意”或“比较同意”开通了个人网络学习空间，使用网络学习空间开展日常管理工作，并且能够为学生提供丰富的数字化学习资源。调查数据显示，青岛市基础教育学

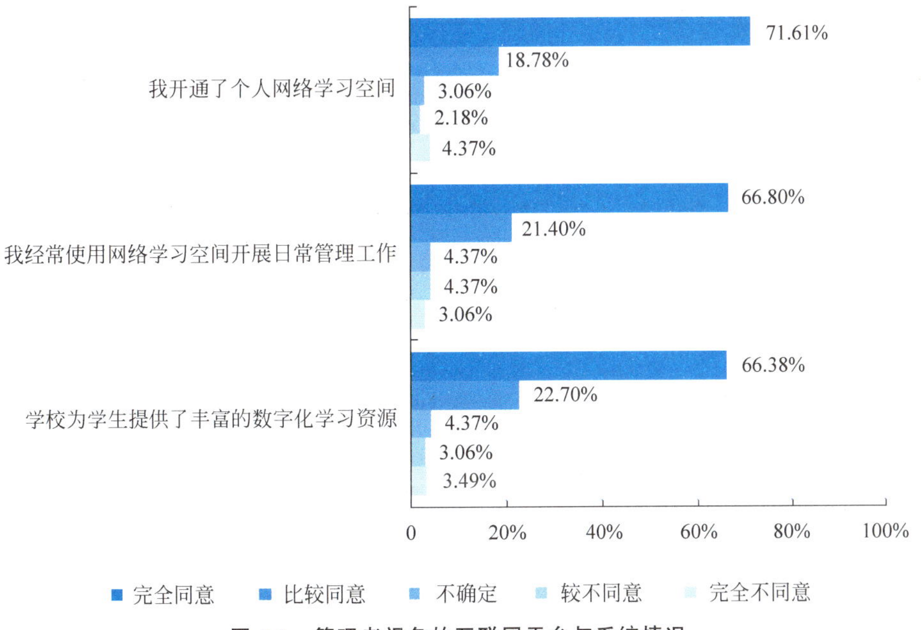

图 4-1 管理者视角的互联网平台与系统情况

校在平台与系统建设和配备方面的工作取得了成效，信息技术的运用为管理人员开展日常管理工作带来了便利。

4.2.2 互联网终端设备

受调查的学校管理者所在学校的终端设施的建设情况如图4-2所示。有93.01%的学校管理者对题项“我校为教师配备了开展线上教学的设备”表示“完全同意”或“比较同意”，85.15%的学校管理者对题项“我校为学生配备了开展线上学习的设备”表示“完全同意”和“比较同意”，仅有不足5%的学校未给教师配备线上教学设备。调查数据显示，青岛市大部分基础教育学校为教师和学生配备了终端设备，支持教师和学生线上教学。

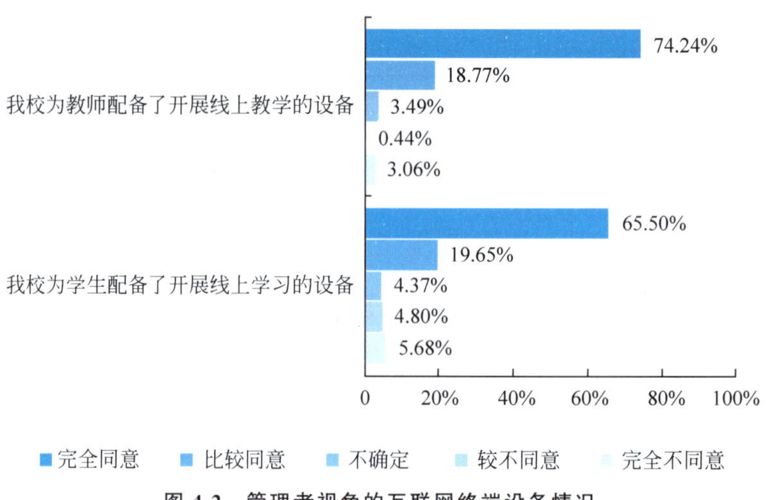

图4-2 管理者视角的互联网终端设备情况

4.2.3 互联网基础设施

1. 学校网络情况

受调查的学校管理者所在学校的网络情况如图4-3所示。90.80%的管理者认为学校网

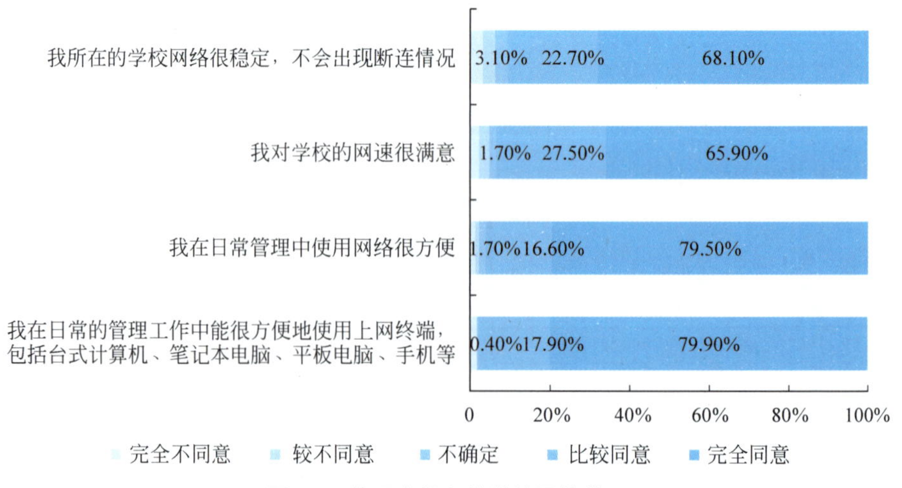

图4-3 管理者视角的学校网络情况

络很稳定，并且 93.40%的管理者对学校的网速很满意。在学校日常管理中，超过 96%的管理者能方便地使用网络，同时能很方便地使用上网终端，包括台式计算机、笔记本电脑、平板电脑、手机等。调查数据显示，九成以上的青岛市基础教育学校网络基础较好，能够支撑管理者的日常管理。

2. 管理工具类型

受调查的学校管理者所在学校的管理工具类型情况如图 4-4 所示。六成以上的学校具有教师管理系统、办公系统、教学资源管理系统、学生管理系统。一半以上的学校具有后勤服务系统和教学评价系统。调查数据显示，青岛市基础教育学校重视学校、教师和学生三层的信息化管理，在后勤服务和教学评价方面具有较大的发展空间。

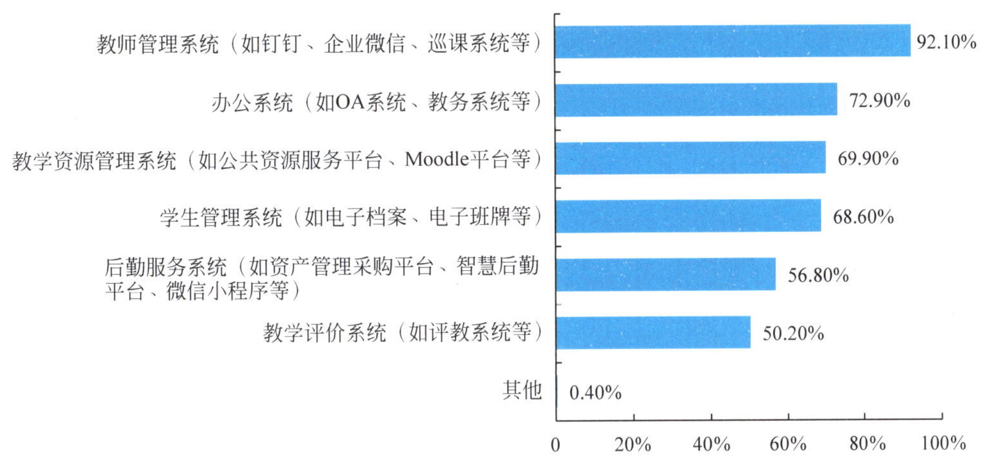

图 4-4 管理者视角的管理工具类型情况

3. 管理工具的功能

受调查的学校管理者所在学校的管理工具的功能情况如图 4-5 所示。一半以上的学校管理工具具有智能管理、智能推荐以及大数据分析的功能，同时三分之一左右的学校管理工具具有实时预警的功能。调查数据显示，近六成的青岛市基础教育学校的管理工具具备较好的智能化管理、分析功能，但在实时预警功能方面还有待加强，未来青岛市基础教育学校

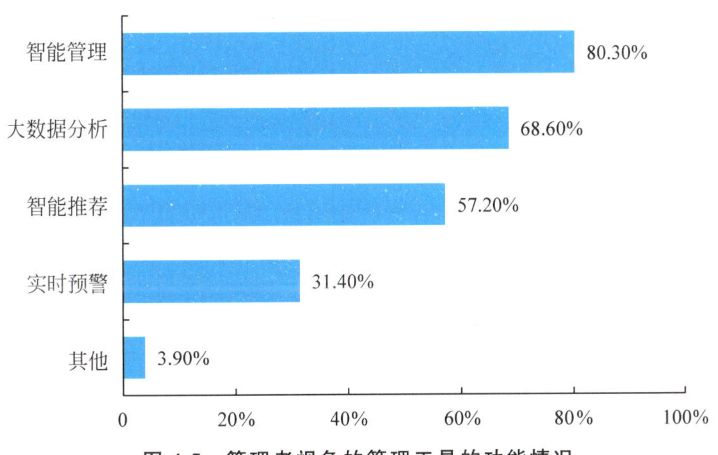

图 4-5 管理者视角的管理工具的功能情况

可以在监测预警方面投入更多的时间、人力、物力等，不断推进管理工具实时预警功能的发展和普及。

4. 管理工具的可用性和易用性

受调查的学校管理者所在学校的管理工具的可用性和易用性情况如图4-6所示。九成以上的学校管理者表示可以很方便地获得在线管理工具，并且使用的管理工具界面简洁友好，操作简单，易上手，能够满足管理工作需求。调查数据显示，九成以上的青岛市基础教育学校的管理者表示管理工具的可用性和易用性良好。

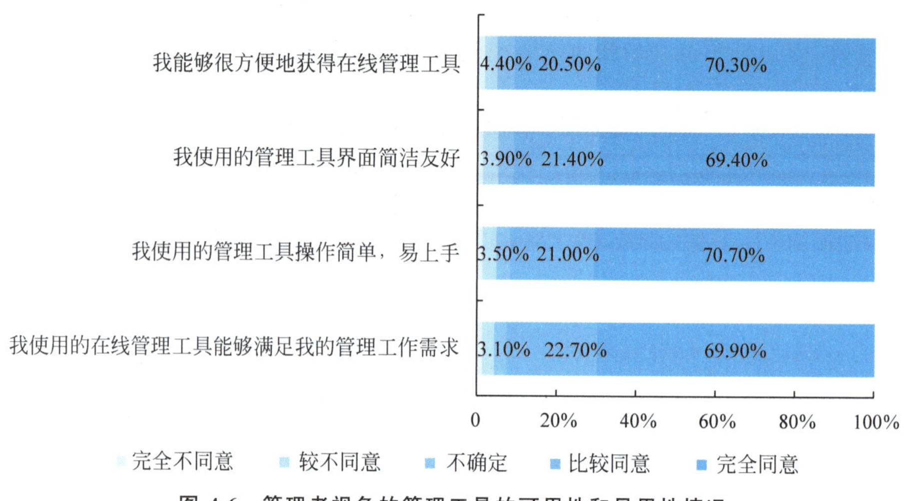

图4-6 管理者视角的管理工具的可用性和易用性情况

4.3 教师视角的互联网环境建设

4.3.1 互联网教学平台与系统

受调查的学校教师所在学校的互联网教学平台与系统的建设情况如图4-7所示。八成

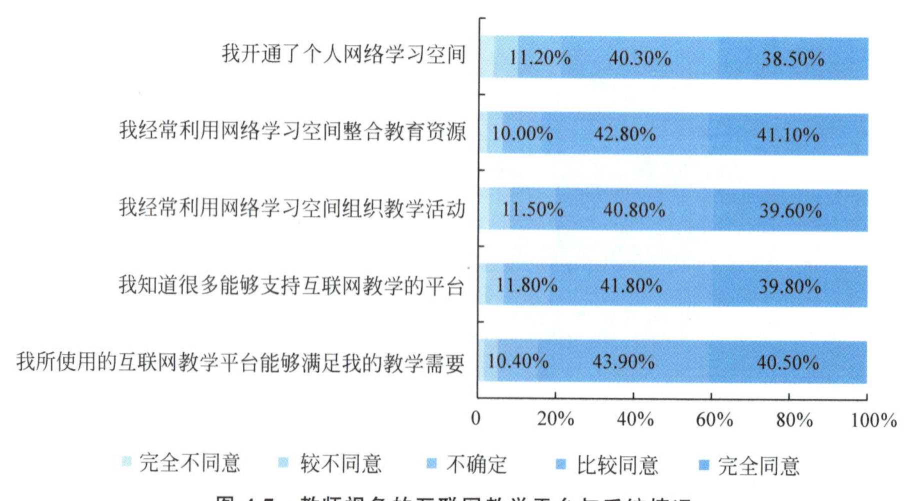

图4-7 教师视角的互联网教学平台与系统情况

以上的教师认为目前知道和使用的互联网教学平台能够满足自身教学需要，同时近八成的教师开通了个人网络学习空间，经常利用网络学习空间整合教育资源或组织教学活动。调查数据显示，大部分青岛市基础教育学校的教师的互联网信息素养较高，平台功能使用等知识面较广，操作使用较为熟练。

受调查的学校教师所在学校的互联网教学平台的获取途径如图 4-8 所示。52.70%的教师表示学校提供互联网教学平台，47.30%的教师表示互联网教学平台是通过自行搜索或同行推荐、专家推荐获取的。

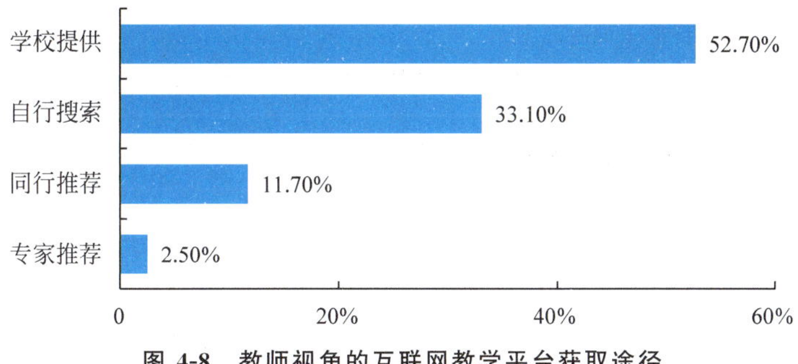

图 4-8 教师视角的互联网教学平台获取途径

4.3.2 互联网教学终端设备

受调查的学校教师所处环境的互联网教学终端设备情况如图 4-9 所示。调查数据显示，青岛市基础教育学校配置的互联网教学终端设备较为完善，教师不仅能够在学校方便地使用上网学习设备，在家也可以方便地使用，地点不再是限制教师上网学习的主要因素。

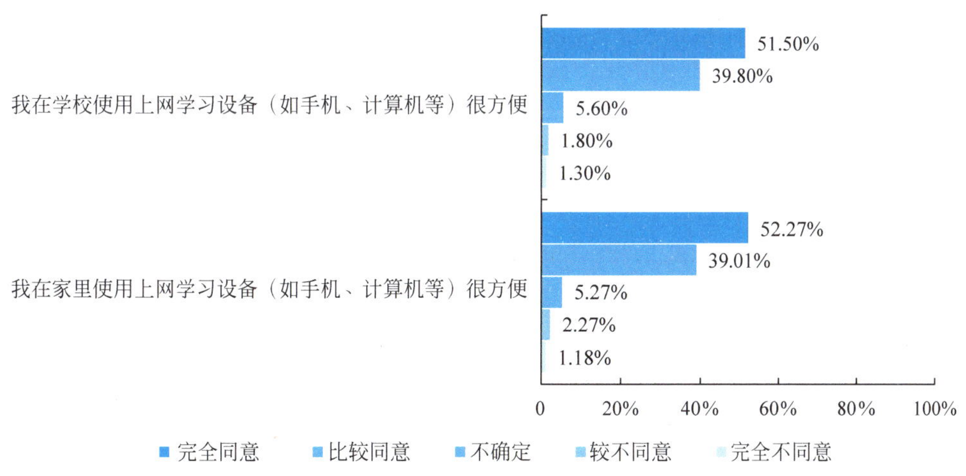

图 4-9 教师视角的互联网教学终端设备情况

受调查的学校教师可获得的设备终端类型情况如图 4-10 所示。七成以上受调查的学校教师表示智能手机和台式计算机是教师可获取的设备终端的主要类型。近一半的教师可以获取到笔记本电脑作为终端设备。

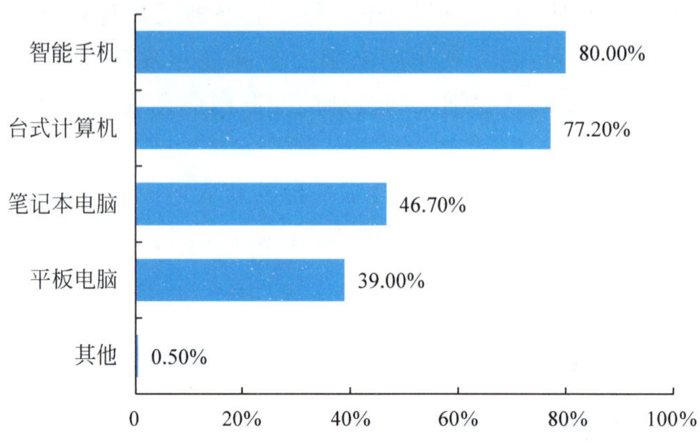

图 4-10 教师视角的可获得的设备终端类型情况

4.3.3 互联网教学基础设施

受调查的学校教师所处环境的互联网教学基础设施情况如图 4-11 所示。近九成的教师表示学校能够提供录制课程视频的设备，七成以上的教师对家和学校的网速满意。调查数据显示，青岛市基础教育学校的互联网教学网络基础设施较为完备，能够较好地支撑教师录制课程视频。

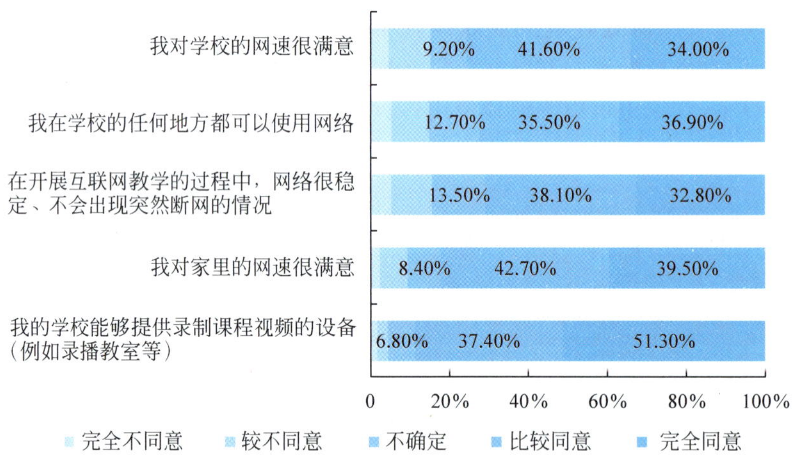

图 4-11 教师视角的互联网教学基础设施情况

4.3.4 互联网教学场所

受调查的学校教师所处环境的互联网教学场所情况如图 4-12 所示。75.90%的教师会在家中开展互联网教学，71.00%的教师会在多媒体教室开展网络教学，35.00%的教师会在智能教室、创客教室开展教学。调查数据显示，一半以上的青岛市基础教育学校教师不会拘泥于互联网教学场所，可以在学校任何地方开展网上教学，但是七成以上的教师更偏向在家中开展教学。

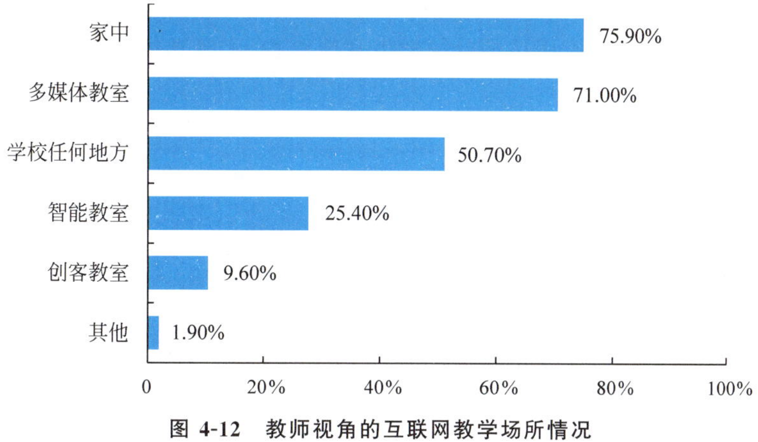

图 4-12 教师视角的互联网教学场所情况

4.4 学生视角的互联网环境建设

4.4.1 互联网学习平台与系统

受调查的学校学生所在学校的平台与系统的建设情况如图 4-13 所示。七成以上的学生认为目前知道和使用的互联网学习平台能够满足自身学习需要，同时近七成左右的学生开通了个人网络学习空间，经常利用网络学习空间开展学习。调查数据显示，大部分青岛市基础教育学校学生的互联网信息素养较高，平台功能使用等知识面较广，操作使用较为熟练。

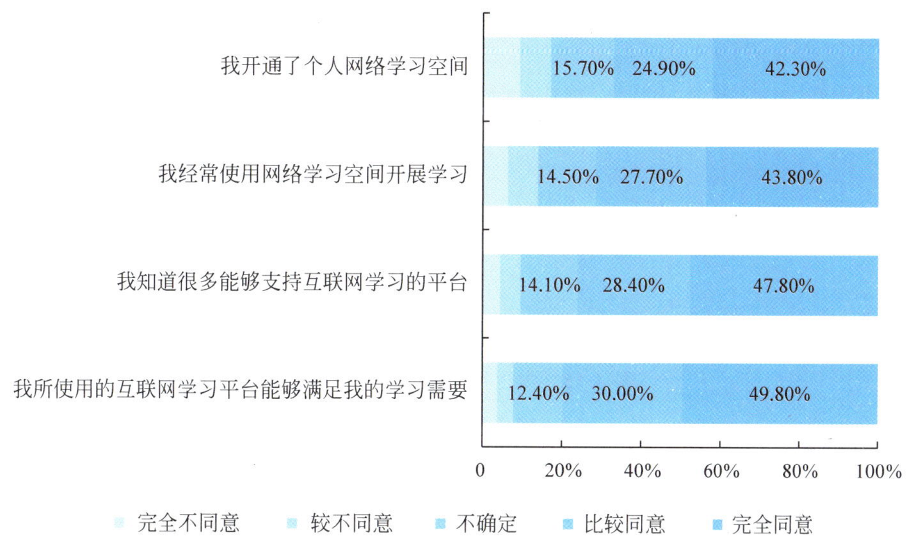

图 4-13 学生视角的互联网学习平台与系统建设情况

受调查的学校学生所在学校的平台使用情况如图 4-14 所示。56.60%的学生表示互联网学习平台是学校提供的，50%左右的学生表示使用的平台是自行搜索或老师推荐的，39.10%的学生表示使用的平台是同学推荐的，仅有 30.40%的学生表示使用的平台是家长购买的。值得注意的是,有7.40%的学生表示没有使用过互联网学习平台,未来青岛市基础教育学校可以针对这些没有使用过平台的学生开展调查,了解具体的情况,促使每个学生都能够使用网络,并方便网上学习。

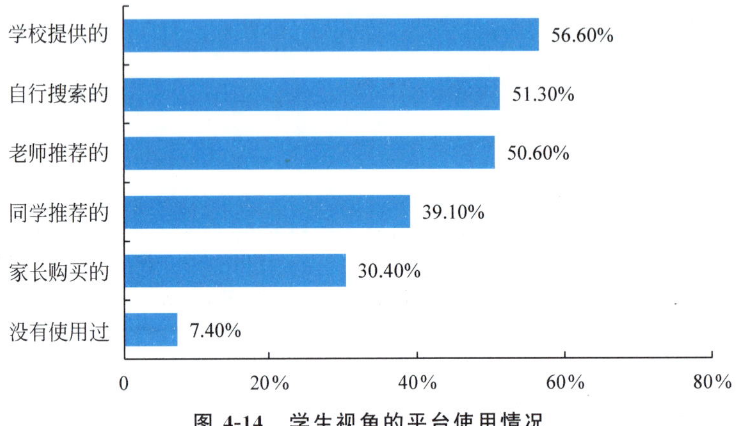

图 4-14 学生视角的平台使用情况

4.4.2 互联网学习终端设备

1. 终端可获得性

受调查的学校学生所处环境的终端可获得性如图4-15所示。61.30%的学生表示在学校使用上网学习设备很方便,但86.90%的学生表示在家里使用上网学习设备很方便。调查数据显示,多数学生认为在家比在学校获取终端设备更方便,这跟学校严格管理学生使用手机等设备紧密相关。

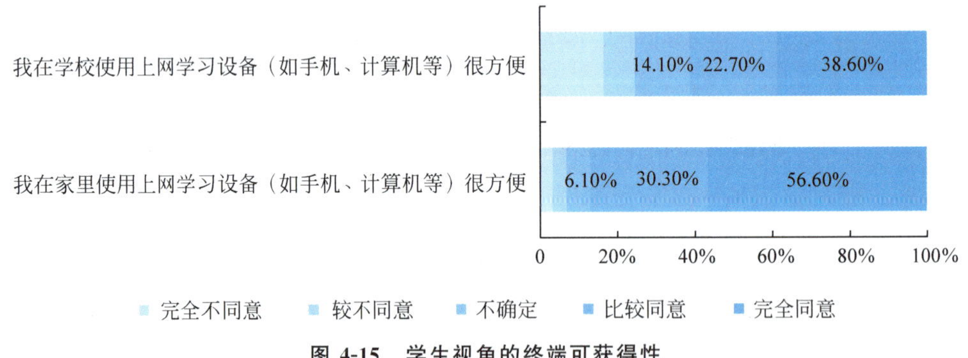

图 4-15 学生视角的终端可获得性

2. 终端设备类型

受调查的学校学生所处环境的终端设备类型情况如图4-16所示。智能手机是学生最经常接触到的终端设备,其次是平板电脑、笔记本电脑和台式计算机。智能手机具有体型小、重量轻、方便携带等优点,非常适合年龄不大的基础教育学段的学生,因此在终端设备类型中占比最大。

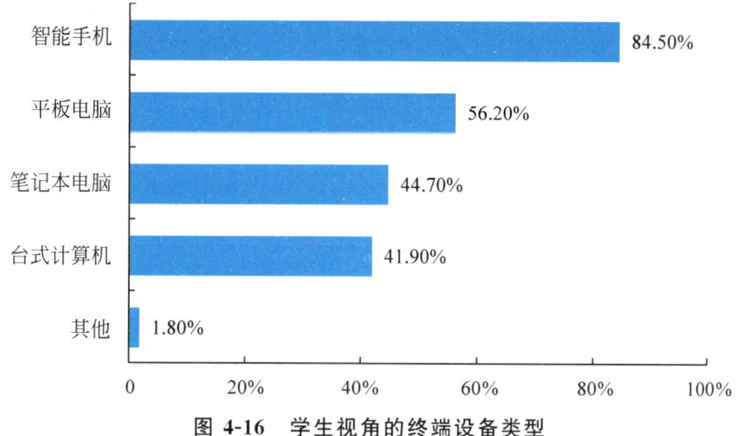

图 4-16 学生视角的终端设备类型

4.4.3 互联网学习基础设施

受调查的学校学生所处环境的互联网学习基础设施情况如图 4-17 所示。76.80%的学生表示对学校网速很满意，82.50%的学生表示对家里网速很满意，并且 74.20%的学生表示在上网学习时，网络稳定、不会出现突然断网的情况。调查数据显示，青岛市基础教育学校学生无论是在校还是在家都具有较好的网络环境，互联网学习基础设施都较为完善。

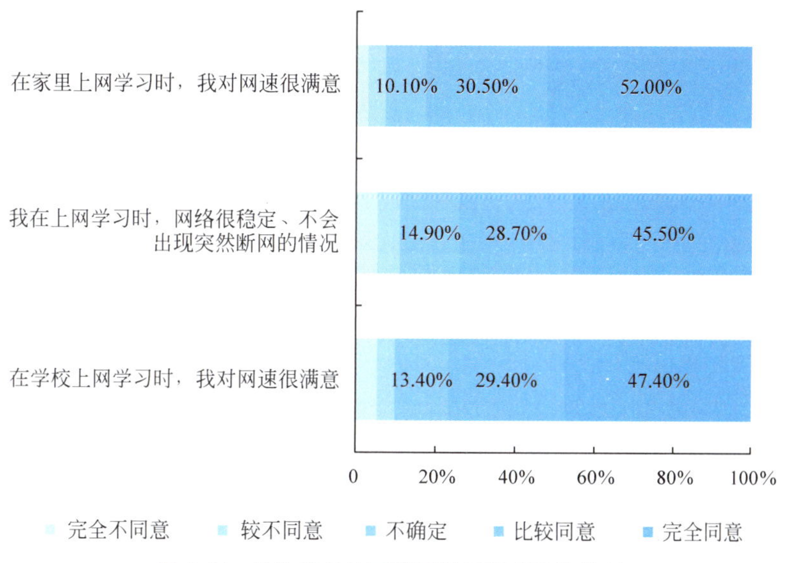

图 4-17 学生视角的互联网学习基础设施情况

4.4.4 互联网学习场所

受调查的学校学生所处环境的互联网学习场所情况如图 4-18 所示。95.40%的学生会在家中参与互联网学习，53.10%的学生会在多媒体教室进行互联网学习。调查数据显示，20.00%的受调查学生不会拘泥于互联网学习场所，可以在学校任何地方进行互联网学习。

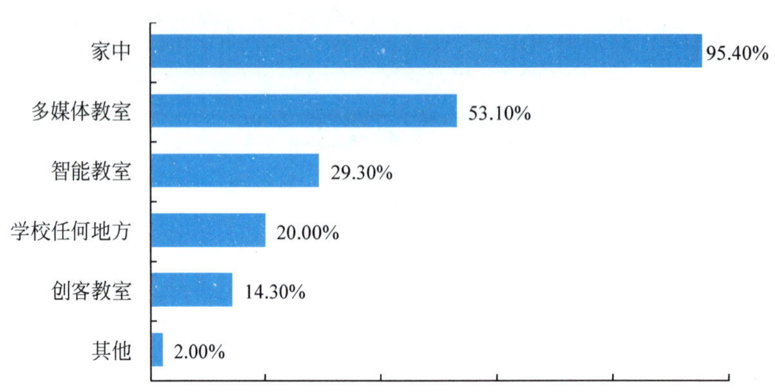

图 4-18 学生视角的互联网学习场所情况

第5章 青岛市基础教育领域互联网时代的学习与教学支持

5.1 管理者视角的互联网学习与教学支持

5.1.1 数字校园建设

学校管理者所在学校的数字校园基础设施建设情况如图5-1所示。数据显示，超过90%的学校已经或者正在建设数字终端、资源空间以及数字化教学空间，其中已经建成数字终端的学校最多，达到64.19%；建成文化生活空间的学校比例相对较低，有38.86%的学校已经建成了文化生活空间，42.79%的学校正在建设过程中，随着青岛教育信息化的不断发展，数字校园建设不断发展，为互联网教学与学习的发展提供终端、资源、教学空间等全方位的支持。

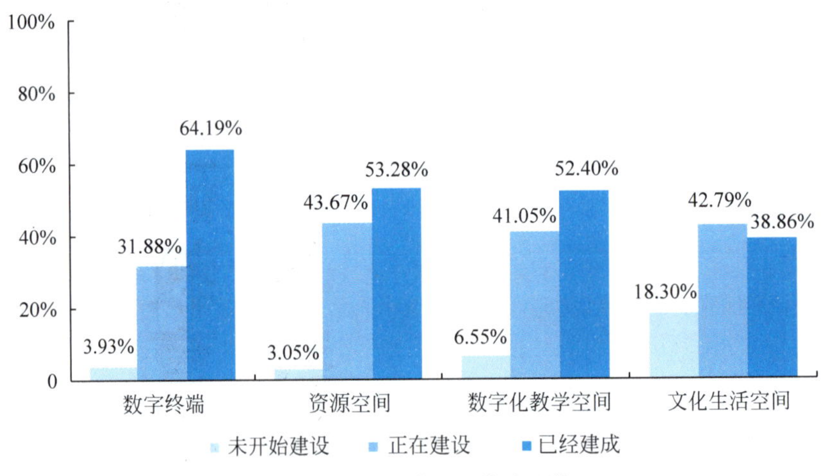

图5-1 数字校园基础设施建设情况

5.1.2 数字校园支持的功能

1. 学校管理

如图5-2所示，当前青岛市基础教育学校数字校园支持教务管理、学生管理、财务管理应用的学校最多，分别占比89.96%、83.41%和75.55%。74.24%的学校数字校园支持设备

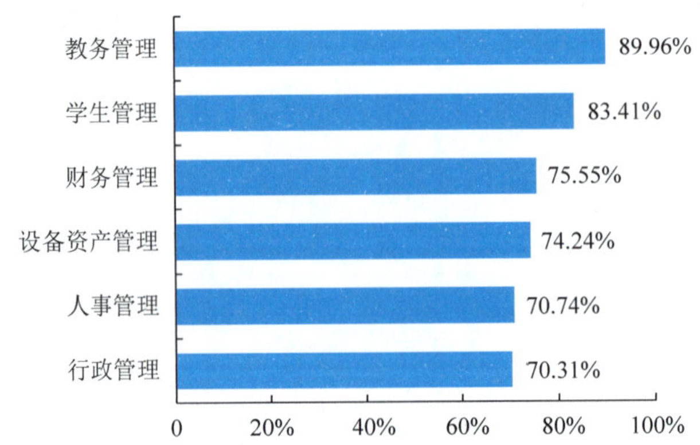

图5-2 2020年青岛市基础教育学校数字校园对学校管理的支持情况

资产管理。有70.74%和70.31%的学校数字校园支持人事管理与行政管理的应用。青岛市数字校园建设对学校管理提供了多方面的支持,大部分学校通过数字校园进行学校管理活动。

2. 教育教学

青岛市基础教育学校数字校园对教育教学的支持情况如图5-3所示,超过80%的学校能够提供互联网教学资源,支持网络教研、网络教学和网络备课。通过建设数字校园,完善互联网教研教学环境,青岛市基础教育学校在课程建设的各场景中实现了教学与互联网的广泛融合。

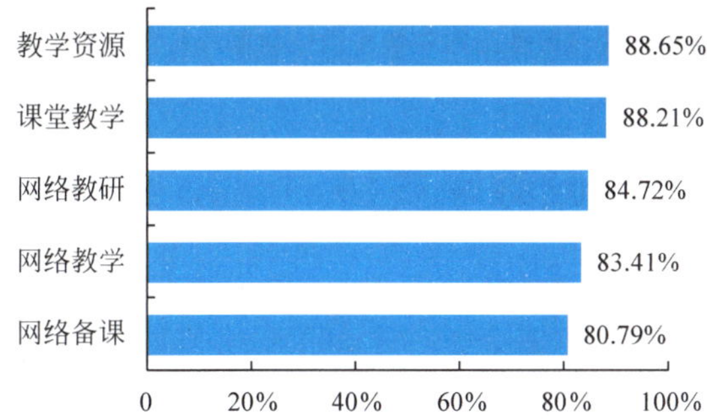

图5-3 2020年青岛市基础教育学校数字校园对教育教学的支持情况

3. 教育评价

2020年青岛市基础教育学校数字校园对教育评价的支持情况如图5-4所示,90.39%的学校数字校园支持学生发展性评价,79.91%的学校利用数字技术支持教师发展性评价,68.56%的学校利用数字技术支持学校发展性评价。数字技术为教育评价提供了新的形式,有利于及时发现学校管理工作、教学工作以及学生发展的问题,生成改进方案,促进教育教学的良性发展。

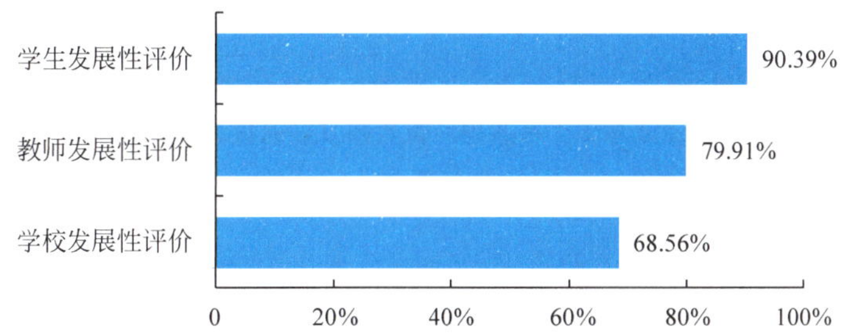

图5-4 2020年青岛市基础教育学校数字校园对教育评价的支持情况

5.1.3 通过数据分析为学生提供的服务

如图5-5所示,在通过数据分析为学生提供服务方面,有76.42%的学校为学生提供了人性化安全保护服务,66.81%的学校为学生提供即时反应的学生健康服务,57.64%的学校通过数据分析为学生提供满足学生需求的饮食服务,54.15%和51.97%的学校通过数据分析为学生提供满足学生需求的文娱设施和体育设施。数据分析助力学校管理,为实现精准服务提供信息依据。

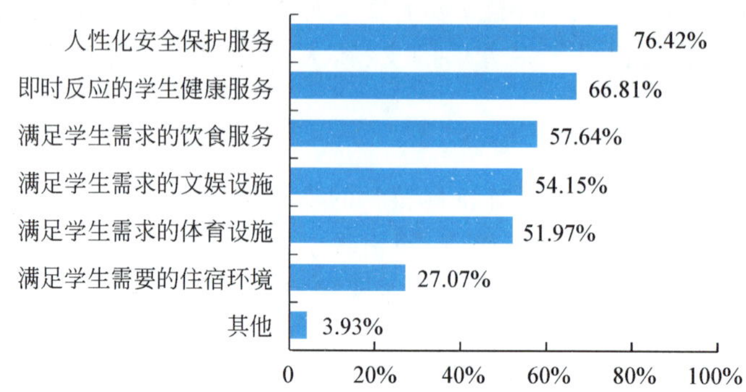

图 5-5　2020 年青岛市基础教育学校通过数据分析为学生提供服务情况

5.2　教师视角的互联网教学支持

5.2.1　教学内容与资源支持

如图 5-6 所示，在开展互联网教学过程中，青岛市基础教育教师可获得多种类型的资源支持。其中，有 93.15%的教师表示可以获得教学资源支持，占比最多；有 79.75%的教师可以获得教学工具支持，如在线教学工具、班级管理工具等；60.59%的教师可以获得交互工具支持，如在线同步、异步交互视频等；51.48%的教师可以获得智力资源支持，如高校专家、教学名师等。

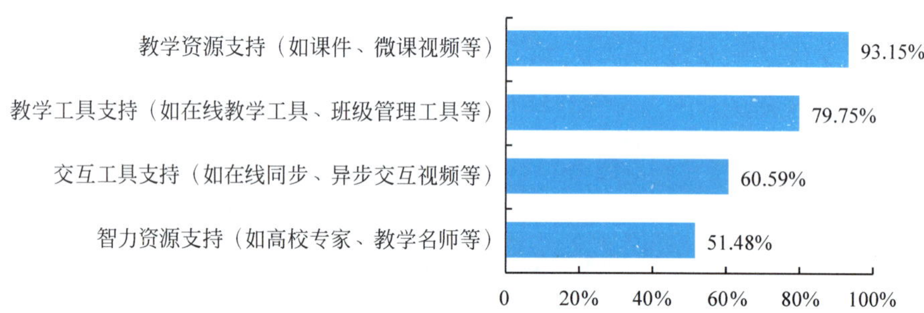

图 5-6　2020 年青岛市基础教育教师互联网教学的资源支持

5.2.2　教学评价与反馈支持

2020 年青岛市基础教育教师对学生开展互联网学习的评价与反馈情况如 5-7 所示。超

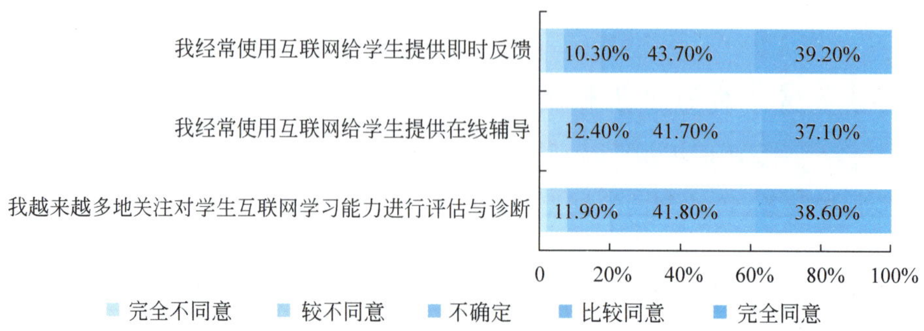

图 5-7　2020 年青岛市基础教育教师开展互联网学习的评价与反馈情况

过 80%的教师表示能够通过互联网给学生提供即时反馈，且对学生互联网学习能力进行评估与诊断，78.80%的教师通过互联网给学生提供在线辅导。教师们一方面积极运用新的信息技术手段给学生们评价与反馈，另一方面也关注学生们的互联网学习能力。

5.2.3 教学策略与技能支持

2020 年青岛市基础教育教师互联网教学技能培训支持情况进行了调查。对于“我有很多参加互联网学习相关培训、提升互联网教学能力的机会”一项，受调查的教师中，有 84.2%的教师对这一表述表示同意，这表明青岛市绝大部分基础教育教师都有机会参加互联网教学相关培训。根据调查结果，6%的教师表示不同意该表述，表示仍有一小部分教师没有相关培训机会，教师互联网教学技能培训方面存在小部分不均衡现象。

5.2.4 教学动机与情感支持

2020 年青岛市基础教育教师互联网教学的学校支持如图 5-8 所示。“学校鼓励教师外出参加各类培训或研讨交流活动”一项得分最高，为 4.34 分，选择“比较同意”和“完全同意”的人数占比为 89.70%。“学校经常组织互联网教学培训或观摩活动”一项得分为 4.28 分，选择“比较同意”和“完全同意”的人数占比为 87.39%。在学校对教师互联网学习的政策支持方面，“学校专门出台相关政策，鼓励教师利用互联网开展教学”的平均得分为 4.16 分，对该陈述表示“比较同意”和“完全同意”的人数占比为 82.36%。大部分教师所在学校具有良好的互联网教学发展意识，主要通过鼓励教师参加培训或交流以及组织培训或观摩活动等形式，提升教师互联网教学水平，推动教师开展互联网教学。

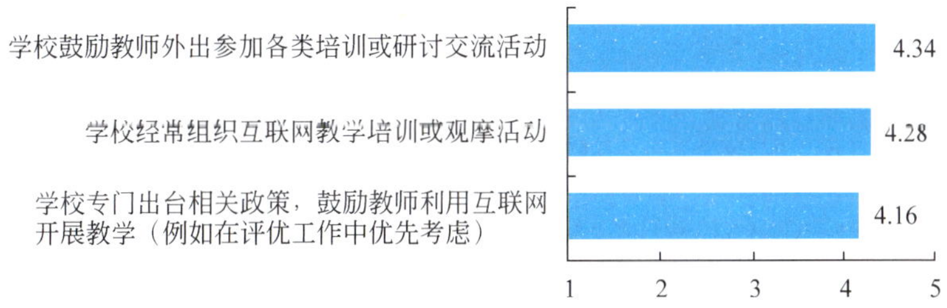

图 5-8 2020 年青岛市基础教育教师互联网教学的学校支持

5.3 学生视角的互联网学习支持

5.3.1 学生互联网学习支持整体概况

结合青岛市基础教育学生发展实际，以下从学生进行互联网学习的内容与资源、评价与反馈、策略与技能、动机与情感等方面获得的支持进行具体分析。

内容与资源支持是指学生进行互联网学习时获得的互联网学习内容与资源；评价与反馈支持包括学生进行互联网学习时来自教师、学习系统以及同学的评价与反馈，包括具体性、针对性和及时性等；策略与技能支持是指学生在互联网学习过程中获得的来自家长、教师以及同学的互联网学习方法、策略和注意事项等。动机与情感支持是指学生在开展互联网学习过程中获得的来自家长、教师以及学校动机与情感上的鼓励。

如图5-9所示，根据2020年青岛市基础教育学生进行互联网学习获得支持情况统计，学生获得策略与技能支持的指数最高，为4.41分，其次评价与反馈支持指数为4.37分，内容与资源支持指数为4.28分，动机与情感支持指数最低，为4.14分，均达到了较好水平。学校和教师积极地为学生提供策略与技能、内容与资源以及评价与反馈等各方面的支持，保证了学生互联网学习活动的顺利开展。

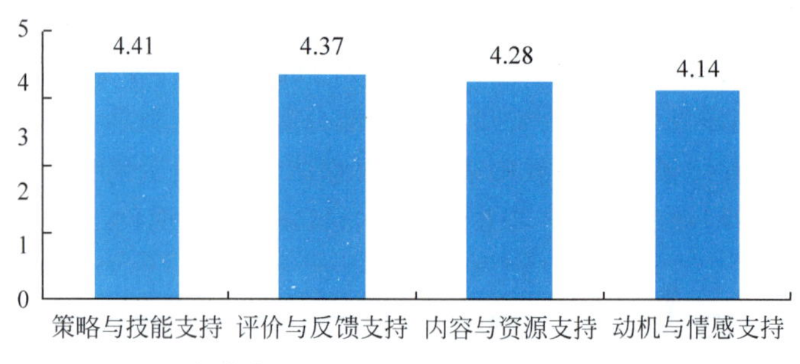

图5-9 2020年青岛市基础教育学生互联网学习支持发展指数

5.3.2 学习内容和资源支持

学生进行互联网学习时获得的内容和资源支持情况如图5-10所示，在互联网学习工具方面，超过80%的学生认为当前可以方便地获得互联网学习工具，并且操作简单，能够满足学习需要；78.30%的学生同意"越来越多地使用智能学习工具(如悟空识字、洋葱数学、小猿搜题等)"。在互联网学习资源方面，85.54%的学生对"我能够很方便地获得需要的互联网学习资源"一项表示"同意"或"比较同意"。根据数据调查结果，学生使用互联网学习工具学习，获得互联网学习资源较为普遍。

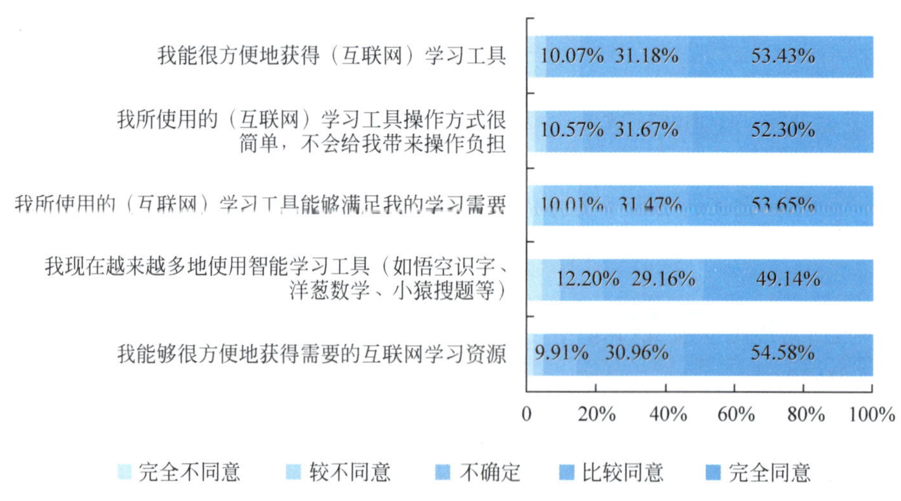

图5-10 2020年青岛市基础教育学生互联网学习获得内容与资源支持情况

5.3.3 学习评价与反馈支持

图5-11为学生对自己获得的来自教师和同学的评价与反馈的针对性、及时性、详细程度以及帮助的评价情况。根据调查结果，超过80%的学生对于自己获得的教师与同学的反

馈与评价都比较满意。

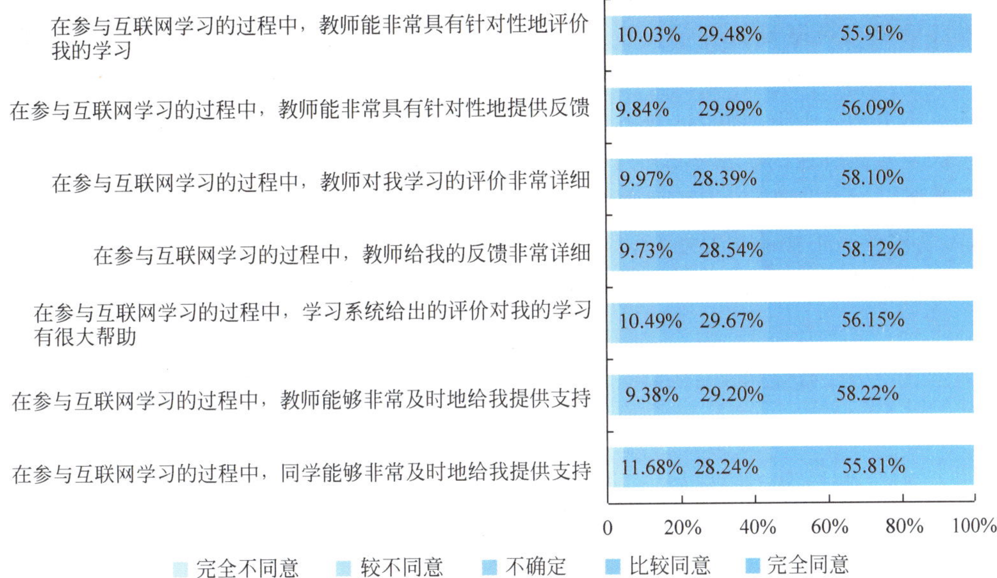

图 5-11 2020 年青岛市基础教育学生互联网学习获得评价与反馈支持情况

5.3.4 学习策略与技能支持

图 5-12 所示为学生在互联网学习过程中获得的来自教师、家长以及同学关于互联网学习策略与技能方面的支持。在日常生活中，91.87%的学生父母会教他们如何管理自己的上网时间，91.86%的学生表示，在学校里，教师会告诉他们使用互联网开展学习的注意事项，分别有 84.74%和 83.03%的教师会给学生推荐互联网学习方法策略及内容与过程管理工具，有 83.19%的学生表示会通过网络获得同学的帮助。在基础教育学生的互联网学习过程中，家长和教师为学生提供策略与技能方面的支持以及指导，有利于学生健康高效地开展互联网学习。

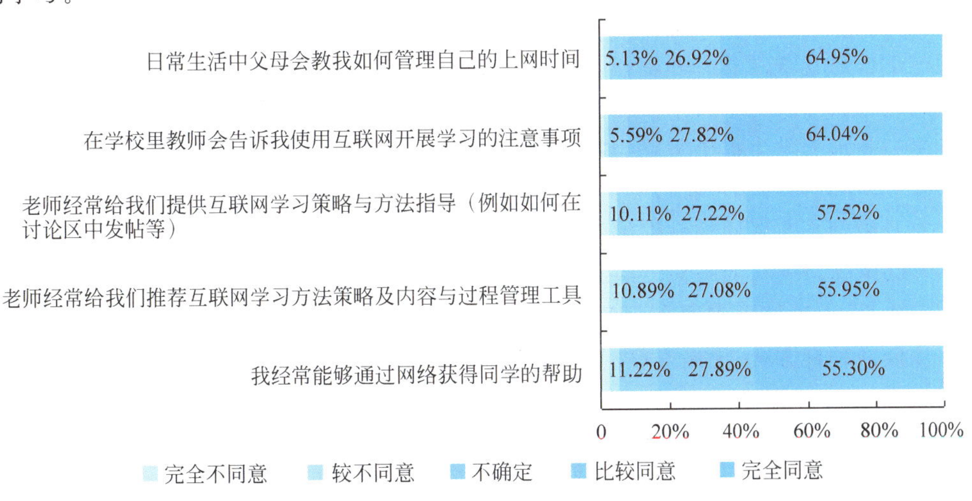

图 5-12 2020 年青岛市基础教育学生互联网学习获得策略与技能支持情况

5.3.5 学习动机与情感支持

2020 年青岛市基础教育学生互联网学习获得动机与情感支持情况如图 5-13 所示。81.74%的学生表示在日常生活中父母会允许自己上网学习，并且 90.98%的学生表示家长会管理学生上网学习的时间；认为学校鼓励学生上网学习的学生占比为 64.07%，有 14.31%的学生认为自己所在的学校不鼓励上网学习。根据调查结果，在生活场所，网络作为一种的学习资源渠道被家长认可，家长允许学生上网学习，并且对上网学习时间进行控制管理。相比而言，学校作为正式的学习场合，且考虑到基础教育学生的学习特点，学校对上网学习方面的限制相对较多。相较家长方面，学校对学生互联网学习的动机与情感方面的支持较少。

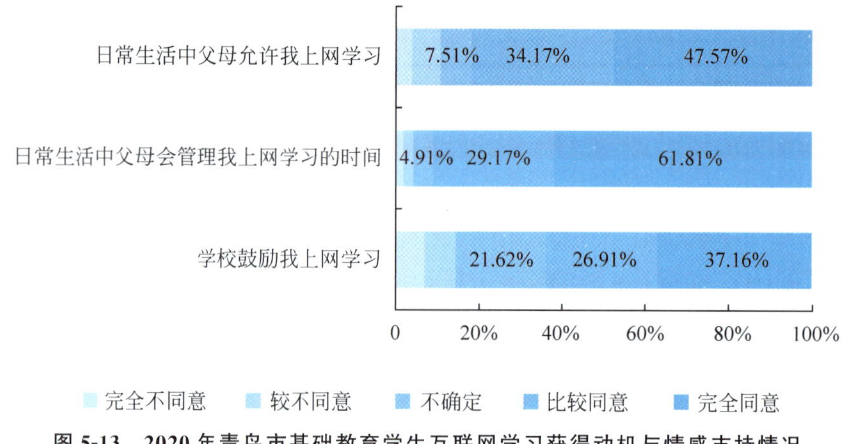

图 5-13 2020 年青岛市基础教育学生互联网学习获得动机与情感支持情况

5.4 多维并行，基础教育互联网学习获得全方位支持

通过积极进行数字校园建设，青岛市基础教育各学校为学校管理以及教育教学等提供多方面的支持，包括终端设备、资源空间以及数字化教学空间等，为教师开展互联网教学和学生互联网学习提供终端设备、互联网教学环境以及教学与学习资源的广泛支持。

通过学校对互联网学习环境和内容的相关支持，以及学校的互联网教学的技能培训，青岛市基础教育教师获得了教学技能方面的支持，也增强了进行互联网教学的动机与期望，从而也能更高效地为学生提供策略与技能、评价与反馈等多方面的互联网学习支持。从调查结果来看，学生互联网学习获得支持的情况高于全国平均水平。青岛市基础教育学生对当前学校以及教师为互联网教学提供的支持比较满意。

在互联网学习支持的未来发展方面，数字校园的建设与应用仍有待进一步深化，应加强文化空间建设，促进校园建设全面发展，提高数字化在教育管理各方面的普及度。此外，需要进一步创新教育方式，提高互联网学习的评价与反馈，增强教师与学生在互联网学习方面的沟通。

第6章

青岛市基础教育领域互联网时代的学习与教学应用

6.1 管理者视角的互联网学习与教学应用

6.1.1 互联网应用场景

受调查的学校管理者所在学校师生使用互联网开展教与学的情况如图6-1所示。92.58%的学校管理者认为其所在学校学生能够利用互联网进行学习，90%以上的学校管理者认为其学校教师能够利用互联网开展教学活动，并且进行教研活动和辅导活动。互联网与教育教学广泛融合，利用互联网进行学习和教学已经成为互联网时代教育的重要发展形态。

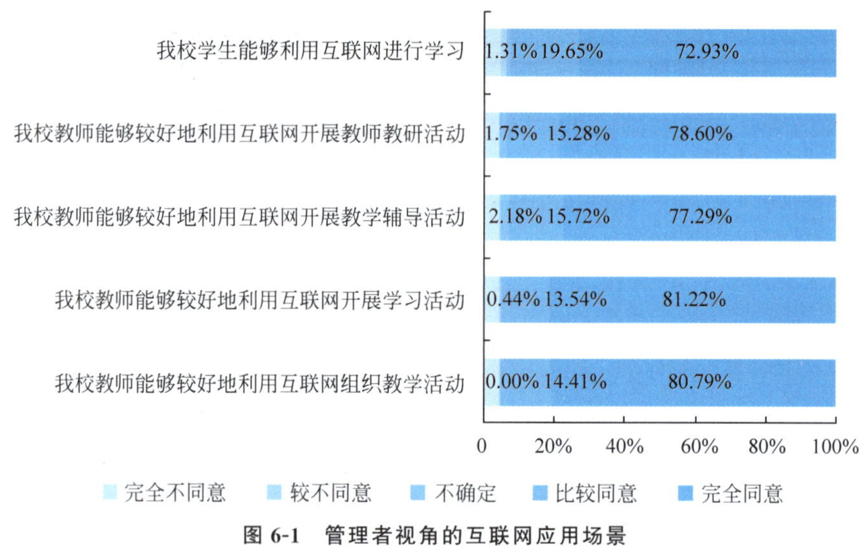

图6-1 管理者视角的互联网应用场景

6.1.2 互联网学习态度与体验

1. 学校对互联网学习的态度

受调查的学校管理者所在学校对于教师互联网教学和学生课外互联网学习的支持情况如图6-2所示，管理者在"我校正在推动教师借助互联网支持开展教学""我校倡导学生在课外利用互联网进行学习"方面的得分为4.68分和4.42分。其中，对"我校正在推动教师借助互联网支持开展教学"一项选择"完全同意"和"比较同意"的管理者合计占比为95.05%；对"我校倡导学生在课外利用互联网进行学习"一项选择"完全同意"和"比较同意"的管理者合计占比为86.52%。根据调查结果，青岛市基础教育学段绝大部分学校对互联网学习持积极的支持态度，并推动互联网在学校教学与课外学习的开展与应用。

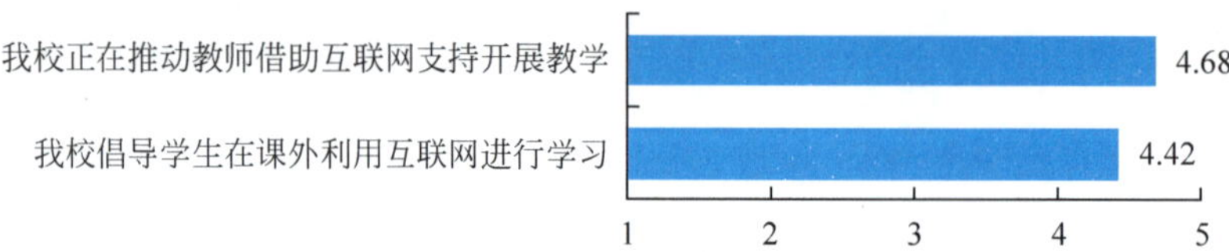

图6-2 2020年青岛市基础教育学校管理者对互联网教学和学生课外互联网学习的支持情况

2. 互联网促进学校管理发展

图 6-3 所示为学校管理者认为互联网发展对学校管理产生的影响的调查结果。学校管理者普遍接受互联网对教育教学水平的改善作用，包括提供多样化的教育服务（占比 87.34%）、促进教师专业发展（占比 85.59%）等。基于互联网的数据海量存储、即时更新与记录等特点，借助互联网技术可以优化学校组织管理和运行（占比 86.03%）、变革教学评价方式（占比 79.48%）、提高管理水平（占比 71.62%）等。

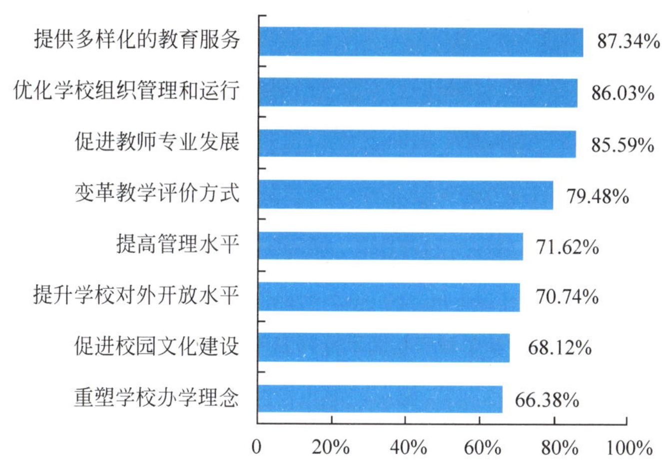

图 6-3　基础教育学校管理者认为互联网发展能够对学校管理产生的影响

3. 互联网创新教学方式

基础教育学校管理者认为互联网发展能够对教师产生的影响如图 6-4 所示。互联网给教师教学带来的主要影响是创新教学方式（占比 90.39%），其次是在课程呈现多样性和可选择性方面（占比 86.90%）。有 83.41% 管理者认为互联网有助于创新学校课程形态，82.97% 的管理者认为互联网有助于打破学校边界，多方提供课程资源。分别有 81.22% 和 76.42% 的管理者认为互联网有助于创新教研方式和提升教学水平。互联网技术的发展与应用促进了同步课堂、在线直播、网络录播等新型教学方式与课程形态的兴起。互联网教学给教师的

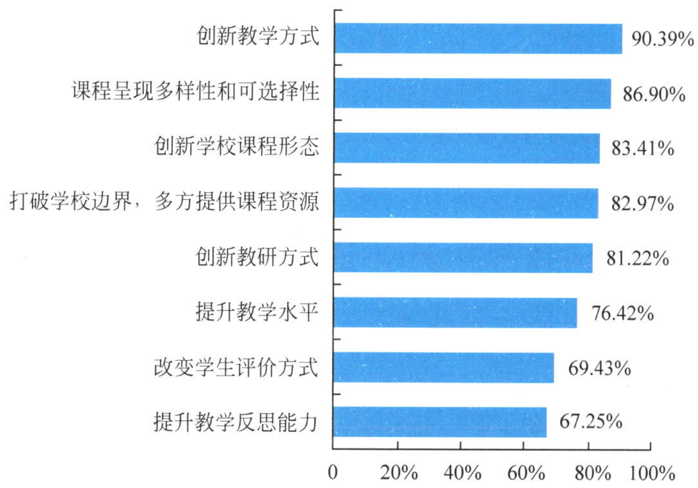

图 6-4　基础教育学校管理者认为互联网发展能够对教师教学产生的影响

教学方式、课程内容与形态以及教研和评价等教学场景带来了多方面的变化。

4. 互联网拓展学生视野

如图6-5所示，92.58%的管理者认为互联网改变了学生的学习方式，89.96%的管理者认为互联网拓展了学生视野，82.10%的管理者认为互联网促进了学生问题解决能力的培养，81.22%的管理者认为互联网发展有利于提高学生学业水平。从调查结果来看，管理者就互联网给学生学习方式带来变化方面基本达成了共识。在功能作用方面，管理者认为互联网在拓展学生视野方面的作用更显著。

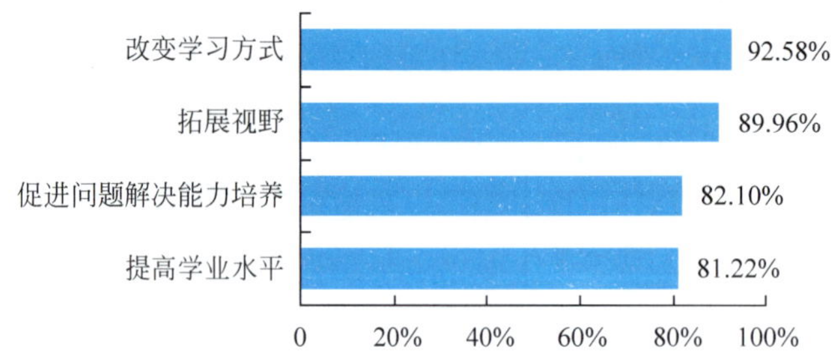

图6-5 基础教育学校管理者认为互联网发展能够对学生学习产生的影响

5. 互联网促进家校合作

在互联网对学校家校合作产生的影响方面，管理者就互联网会对家校合作产生影响基本达成了共识，如图6-6所示，分别有93.89%和92.14%的管理者认为互联网改变了家校合作方式，提升了家长参与学校管理的积极性，有88.65%的管理者认为互联网提升了家校合作效果。互联网互通与便捷的特点给家校合作的改进提供了技术基础与可能性。

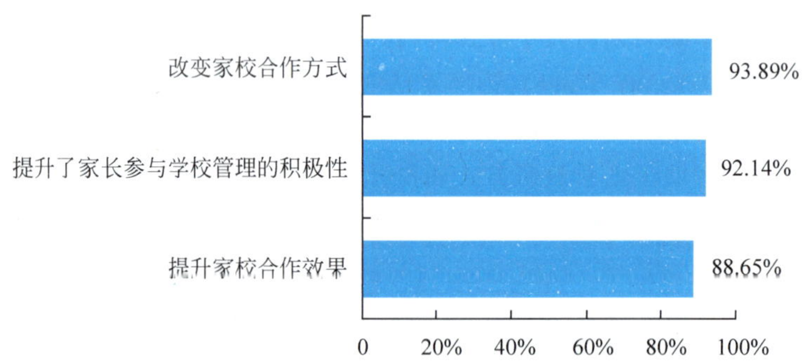

图6-6 基础教育学校管理者认为互联网发展能够对家校合作产生的影响

6.2 教师视角的互联网教学应用

6.2.1 教师互联网教学应用的概况

1. 教师互联网教学应用整体概况

图6-7所示为2020年青岛市基础教育教师互联网教学应用发展情况。青岛市基础教育教师互联网教学能力各维度指数均在4.00分以上，均达到较好水平。其中，教师应用互联网教学的动机与期望指数最高，达4.40分。教师在进行互联网教学的场景应用以及态度与体验方面的发展指数分别为4.22分和4.18分。随着信息化在教育教学中的广泛渗透与融

合，教师应用互联网进行信息化教学的意愿更强，在各种信息化教学场景中的应用体验较好。

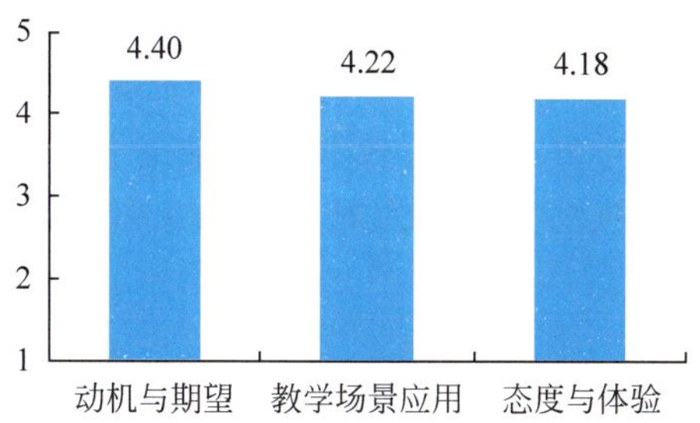

图 6-7 2020 年青岛市基础教育教师互联网教学应用发展指数

2. 城乡基础教育教师互联网教学应用发展对比分析

2020 年青岛市城乡各区域基础教育教师互联网教学应用情况如图 6-8 所示。差异性结果表明，市区、乡镇以及农村学校教师在动机与期望、教学场景应用以及态度与体验各维度上均不具有统计上的显著性差异（$F=0.14, P>0.05$；$F=0.11, P>0.05$；$F=0.66, P>0.05$）。根据调查统计结果，不同区域类型的教师进行互联网教学的动机、场景应用以及应用体验等不具有显著差异，市区、乡镇及农村学校教师互联网教学应用发展均衡。

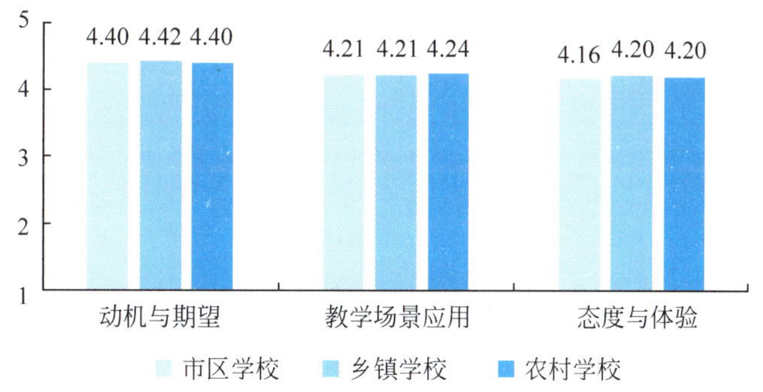

图 6-8 2020 年青岛市城乡基础教育教师互联网教学应用发展指数

3. 各学段教师互联网教学应用对比分析

各学段教师互联网教学应用情况如图 6-9 所示。差异性结果表明，不同学段教师进行互联网教学的动机与期望、场景应用以及应用体验方面均存在显著性差异（$F=16.97, P<0.05$；$F=12.78, P<0.05$；$F=14.97, P<0.05$；$F=15.12, P<0.05$）。小学教师进行互联网教学的动机以及体验都要优于初高中教师，利用互联网教学场景的应用也更为广泛。互联

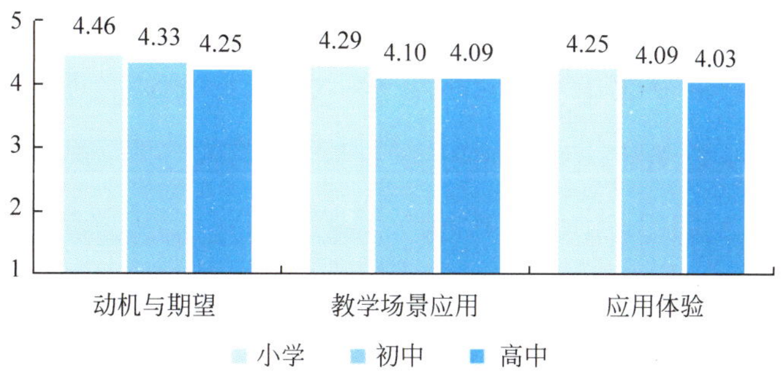

图 6-9 2020 年青岛市基础教育各学段教师互联网教学应用发展指数

网教学的应用情况与教学对象、教学任务、教学难度等息息相关。初高中的教学内容更为复杂，教学对象正处于青少年时期，在进行互联网学习时更容易分心或转移注意力等。相较于小学，初高中的互联网教学在教学质量提升和优质教学资源建设方面具有更大的挑战。

创新初高中学段互联网教学方式，丰富教学资源，促进互联网技术在初高中学段教学中的融合，提高初高中教师互联网教学的能力对于推动互联网学习全面均衡发展具有重要意义。

6.2.2 互联网教学态度

如图6-10所示，在对青岛市基础教育教师互联网教学态度的调查中，84.39%的教师对互联网教学持积极接纳、主动推进的态度；9.01%的教师是受同伴影响，较为接受互联网教学；1.13%的教师表示无奈选择互联网教学，被动接受。仅有0.25%的教师表示完全抗拒互联网教学。绝大部分教师对互联网教学持开放性的接受态度，这有利于教师互联网教学实践的应用与展开。

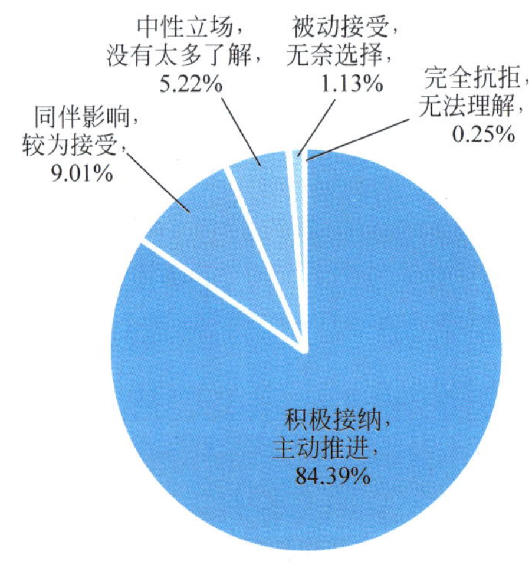

图6-10 2020年青岛市基础教育教师互联网教学态度

6.2.3 教师互联网教学动机

如图6-11所示，教师使用互联网教学的意愿都比较强，得分均在4.3分以上。其中，教师在“教学中使用新技术方法”“参与学校、教研员等组织的网络研修”“主动利用互联网资源提升教学能力”得分都在4.4分以上，教师利用互联网新技术与方法改善教学能力的意愿比

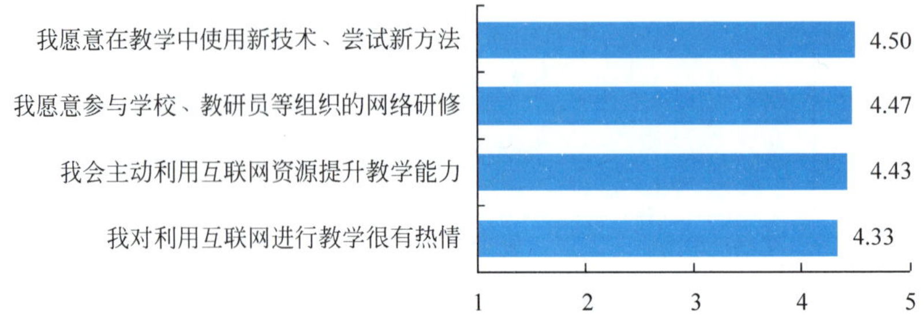

图6-11 2020青岛市基础教育教师互联网教学的个人意愿程度

较强。“我对利用互联网进行教学很有热情”一项得分为 4.33 分。相较于对互联网教学形式的热情，教师们对利用互联网技术与方法改善教学能力的意愿更强烈。

6.2.4 互联网教学应用场景

教师利用互联网进行教学的场景主要有指导学生自主学习、混合教学、指导学生解决问题、同步与专递课堂、名师网络课堂、跨校探究学习、利用网络进行辅导和学习反馈等。教师在应用场景的平均得分约为 4.20 分。图 6-12 是教师在各教学场景中应用互联网的得分情况。其中自主学习、问题指导以及名师网络课堂场景的得分比较高，教师在这些教学场景下会比较多地应用互联网。网络辅导和学习反馈的得分分别为 4.14 分和 4.12 分。相较于其他教学场景，教师通过网络给予学生辅导与反馈较少。

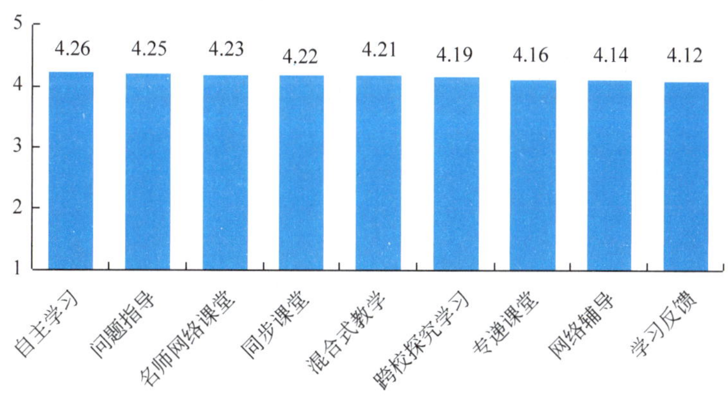

图 6-12 2020 年青岛市基础教育教师互联网教学应用场景得分

6.2.5 互联网教学应用资源

图 6-13 所示为青岛市基础教育教师经常使用的互联网学习资源种类。教师们最常使用的资源类型是教学素材资源、在线教学工具以及资源制作工具，分别有 90.99%、71.03%

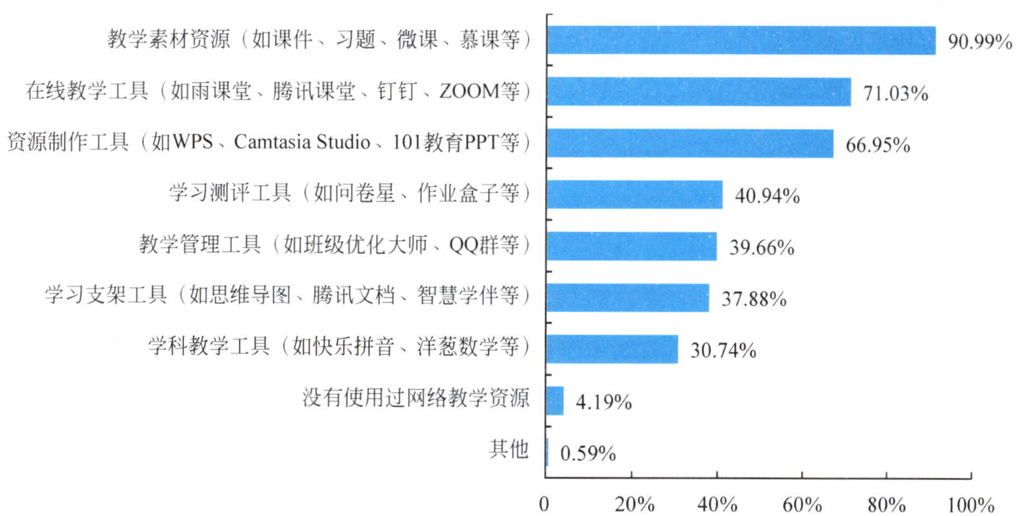

图 6-13 2020 年青岛市基础教育教师经常使用的互联网学习资源种类

和66.95%的教师表示经常使用这类互联网资源。有40.94%的教师表示经常使用学习测评工具。与2019年相比,2020年互联网教学资源与工具的内容与种类更为丰富,在教师教学中的应用也不断深入与拓展,为教师备课、教学以及评价等工作带来了便利。互联网教学资源与工具的应用是互联网技术赋能教学的重要途径。

6.2.6 教学投入

1. 互联网备课时间

如图6-14所示,在受调查教师中,43.64%的教师每天使用互联网进行备课的时间为1～2小时,每天利用互联网进行备课的时间为2～4小时的教师占比为20.74%,27%的教师每天使用互联网进行备课的时间为1小时以内,仅有1.87%的教师表示不使用互联网进行备课。综上,超过95%的教师使用互联网进行备课。

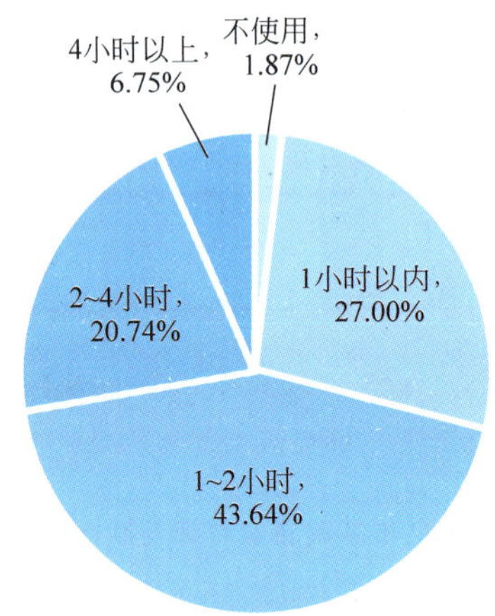

图6-14　2020年青岛市基础教育教师每天互联网进行备课时间支出

2. 互联网教学时间

如图6-15所示,在受调查的教师中,3.84%的教师每天使用互联网开展教学的时间超过4小时,16.16%的教师每天使用互联网开展教学的时间为2～4小时,每天使用互联网开展教学的时间在1小时以内和1～2小时的教师各占37.24%,仅有5.52%的教师表示不使用

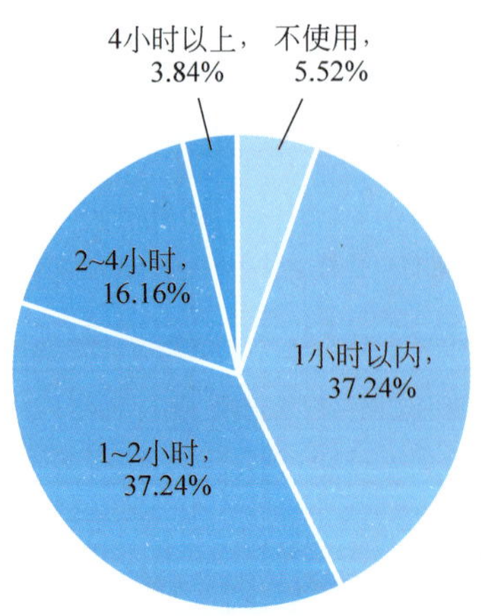

图6-15　2020年青岛市基础教育教师每天使用互联网开展教学的时间

互联网开展教学。综上，超过 90％的教师在日常教学中使用互联网。

3. 网络学习材料比例

如图 6-16 所示，24.19％的教师使用或改编网络学习材料占总学习材料的比例为 30％以上，23.5％的教师使用或改编网络学习材料占学习材料的比例为 20％～30％，29.06％的教师使用或改编网络学习材料占学习材料的比例为 10％～20％，20％的教师表示网络学习材料占学习材料的比例为 10％以下，仅有 3.25％的教师不使用网络学习材料。教师们在教学过程中都使用或改编网络学习材料，互联网为教学提供了重要的材料来源。

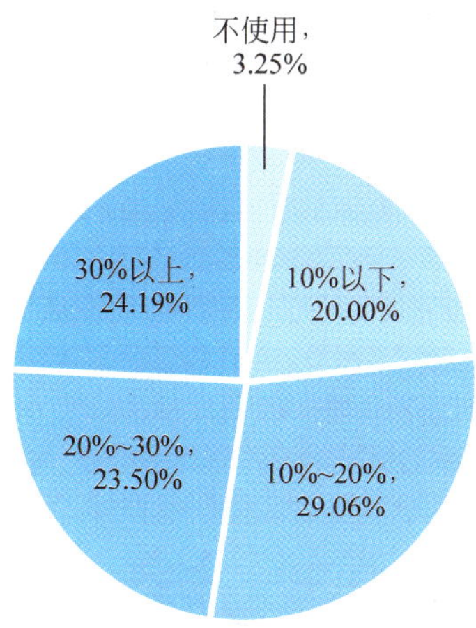

图 6-16　2020 年青岛市基础教育教师使用或改编网络学习材料占总学习材料的比例

4. 视频知识点比例

如图 6-17 所示，15.37％的教师将知识点制作成视频的知识点的比例达到了 30％以上，18.87％的教师制作成视频的知识点占总体知识点的比例为 20％～30％，28.97％的教师制作成视频的知识点占总体知识点的比例为 10％以下。总计有超过 95％的教师会将知识点制作成视频形式。随着互联网技术的发展和基础环境的建设，教师们也在尝试视频形式这种新的教学与知识传播方式。

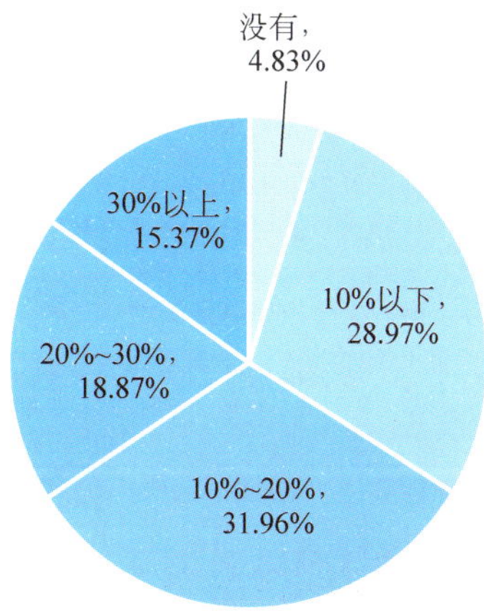

图 6-17　2020 年青岛市基础教育教师制作成视频的知识点占总体知识点的比例

6.2.7 教学效果

如图6-18所示，教师认为采用互联网教学对学生知识与经验积累方面的影响最大，占比80.15%；有73.30%的教师认为互联网教学对学生问题解决能力有影响；分别有73.10%和61.03%的教师认为互联网教学对学生自主学习能力和合作学习能力有影响；有66.80%和58.77%的教师认为互联网教学对学生学习兴趣与创新思维有影响；43.45%的教师认为互联网教学会影响学生的学业表现。

由于可以利用丰富的网络学习资源，互联网教学形式给学生带来的影响更多在于积累知识与经验、提高解决问题和学习的能力、培养学习兴趣与创新思维等方面，而不仅仅是学业表现。互联网教学对于提升学生综合素质具有重要作用。

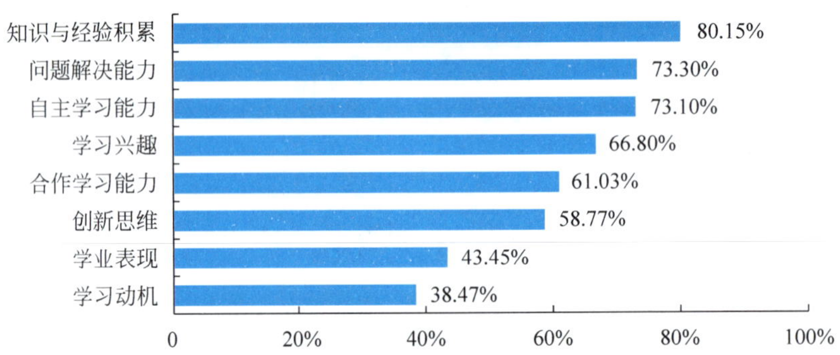

图6-18 2020年青岛市基础教育互联网教学的开展对学生产生的影响

6.2.8 互联网教学体验

图6-19为教师对互联网教学的评价情况，教师在各题项得分都在4分以上，均达到比较满意的水平。其中，“在教学实践中，我对自己利用互联网实现‘以学生为中心’的教学感到满意”得分最高，为4.31分。其次，“我对互联网教学的效果感到满意”一项得分为4.28分。对该题项的调查情况表明，“比较同意”和“完全同意”合计占比为88.49%，“完全不同意”和“不同意”合计占比为4.12%。“我认为疫情过后，还可以借助互联网开展教学，对面对面教学进行补充”一项得分为4.18分。根据该题项的调查结果，表示“比较同意”和“完全同意”合计占比为84.31%，表示“完全不同意”和“较不同意”合计占比为5.82%。互联网教学通过

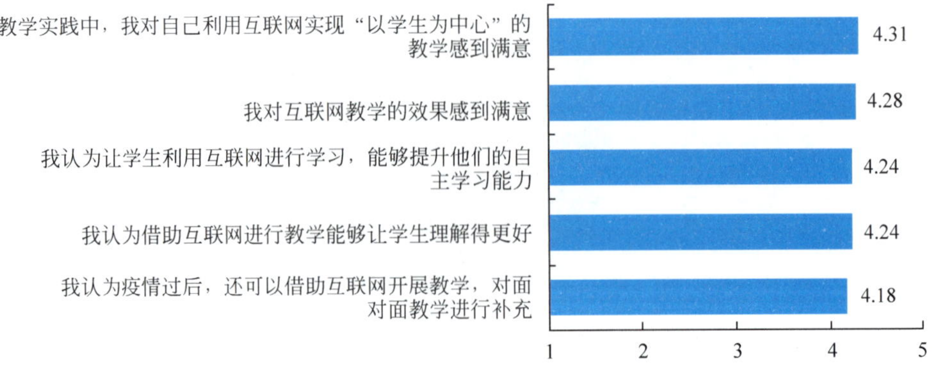

图6-19 2020年青岛市基础教育教师互联网教学评价得分

现代化信息技术的使用有助于实现从"以教为中心"到"以学为中心"的课堂教学模式转换。根据调查结果，教师对互联网教学效果评价良好，对互联网教学在提升学生学习能力和教师教学效果方面的作用予以肯定，大部分教师乐意将其作为传统课堂教学的补充。

6.3 学生视角的互联网学习应用

6.3.1 学生互联网学习应用的概况

1. 学生互联网学习应用整体概况

图 6-20 所示为 2020 年青岛市基础教育学生互联网学习应用发展情况。其中，学生在互联网学习的各场景应用、学习效果以及态度体验等方面的指数都达到了 4 分以上。学生进行互联网学习的动机稍弱，指数为 3.94 分。基础教育学生在参与互联网学习过程中，大多是一种被引导的状态。虽然学生参与互联网学习的主观动机不是特别强烈，但通过互联网学习场景的实际应用，学生对互联网学习的效果以及态度与体验评估均比较满意。

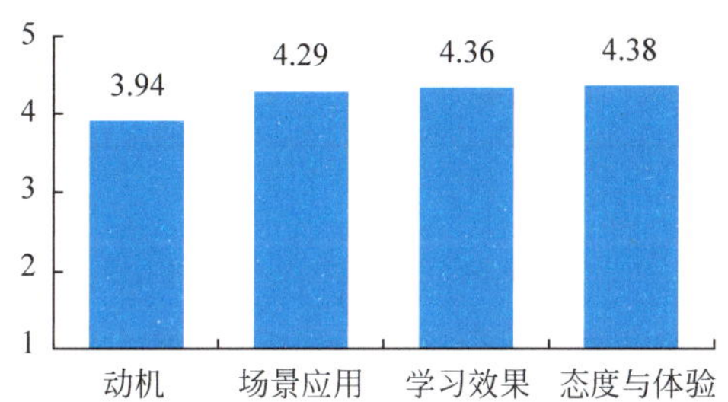

图 6-20　2020 年青岛市基础教育学生互联网学习应用发展指数

2. 城乡基础教育学生互联网学习应用情况分析

2020 年青岛市城乡各区域基础教育学生互联网学习应用发展情况如图 6-21 所示。差异性结果表明，市区、乡镇以及农村地区学生在动机、场景应用、学习效果以及态度与体验等各维度上均具有统计上的显著性差异（$F=13.16$，$P<0.05$；$F=8.93$，$P<0.05$；$F=21.00$，$P<0.05$；$F=12.17$，$P<0.05$）。通过进一步的统计分析可以发现，农村地区学生在互联网学习的动机、场景应用、学习效果以及态度与体验等各维度得分均显著高于乡镇和市区学生。互联网通过信息技术实现资源的互通共享，突破地域限制。农村地区学生应用互联网

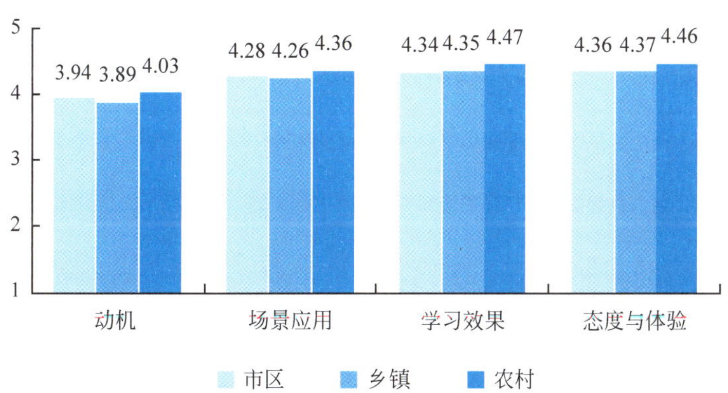

图 6-21　2020 年青岛市城乡基础教育学生互联网学习应用发展指数

增加资源获取渠道，使用互联网学习的动机更强，互联网学习场景应用频率高，并且能够更多地感受到互联网形式的学习带来的效果上的提升，获得更为满意的互联网学习体验。

3. 基础教育各学段互联网学习应用情况分析

图 6-22 为 2020 年青岛市基础教育各学段互联网学习应用发展情况。小学、初中、高中各学段在场景应用、学习效果、态度与体验等维度的得分均在 4 分以上，均达到较好水平。通过统计检验，各学段的互联网学习应用在动机、场景应用、学习效果以及态度与体验等各维度存在显著性差异（$F=8.76, P<0.05$；$F=10.18, P<0.05$；$F=10.99, P<0.05$；$F=4.41, P<0.05$）。其中，高中生在各维度的指数均高于小学生。学生进行互联网学习的实际应用情况会受到学生所处学段影响。

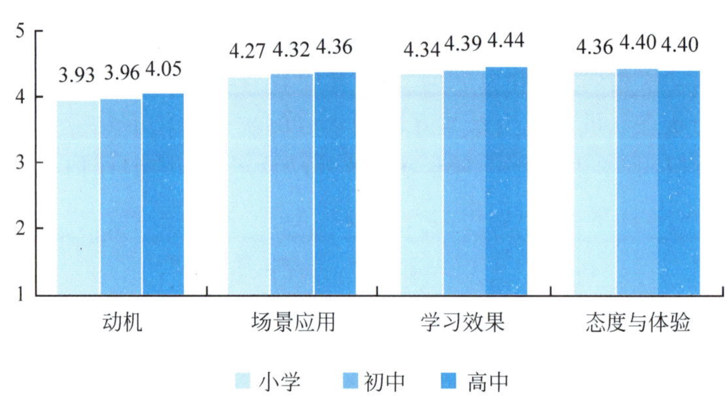

图 6-22　2020 年青岛市基础教育各学段互联网学习应用发展指数

6.3.2 互联网学习动机与期望

2020 年青岛市基础教育学生进行互联网学习的动机与期望的调查结果如图 6-23 所示。学生想要通过互联网学习增加学问的动机最强，得分为 4.21 分。其中，对于“上网学习是因为我想成为更有学问的人”一项，选择“比较同意”和“完全同意”合计占比为 81.80%；其次是想通过互联网学习提高班级成绩排名和个人兴趣使然，得分分别为 4.04 分和 3.94 分；想要通过互联网学习向同学、教师展示能力的得分相对最低，为 3.60 分；对于相关题项“上网学习是因为我想向同学、教师展示我的能力”，选择“比较同意”和“完全同意”的人数合计占比为 59.97%，选择“完全不同意”和“较不同意”的人数合计占比为 34.25%。学生们认识到互联网能够提供丰富的学习资源，进行互联网学习可以帮助他们增长知识、提高学校学业成绩、培养兴趣爱好等。学生进行互联网学习的动机主要是关注自身个人能力的提高，而不是

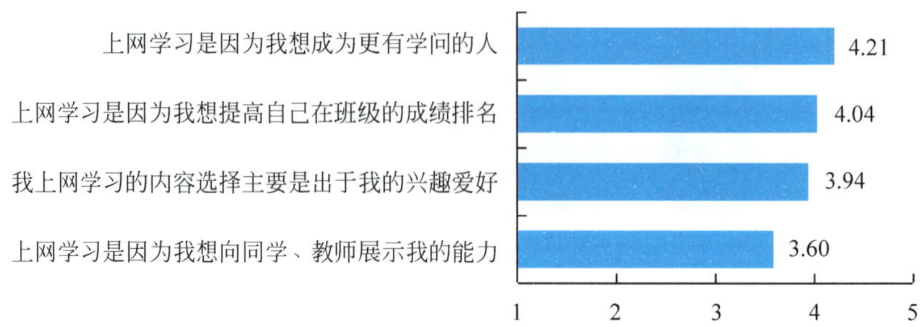

图 6-23　2020 年青岛市基础教育学生互联网学习动机与期望

彰显能力。

6.3.3 互联网学习场景应用

互联网可以在学生进行自主学习、探究学习、疑惑解决、学习计划跟进以及课程辅助教学等众多场景中应用。学习计划跟进是指使用互联网对学生学习进度进行跟踪和警示。课程辅助教学是指教师指导学生借助互联网进行预习与复习。图 6-24 为 2020 年青岛市基础教育学生在各学习场景上应用互联网的得分情况。其中,学生在自主学习、探究学习、疑惑解决等学习场景中得分比较高,分别为 4.37 分、4.37 分和 4.30 分。超过 50%的学生表示互联网能够满足自己自主学习、兴趣探究、小组合作等方面的学习需要。学生在课程辅助、学习计划跟进场景中的应用得分分别为 4.11 分和 4.19 分。互联网为学生的自主学习、探究性学习以及疑惑解决提供了重要便利与资源支持。

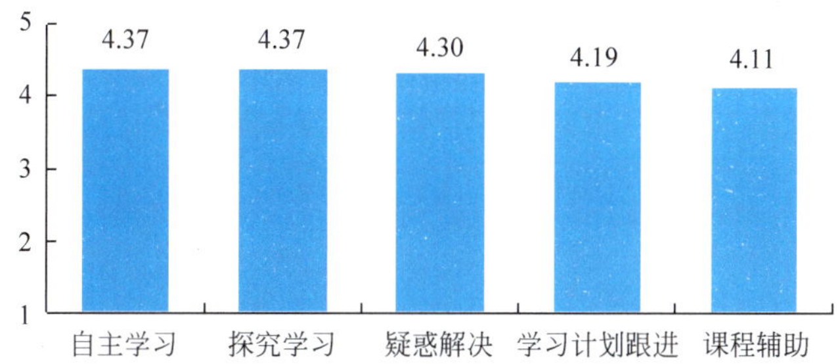

图 6-24 2020 年青岛市基础教育学生互联网学习应用场景得分

6.3.4 互联网学习应用资源应用

随着互联网学习的普及和发展,教与学的资源应用已经成为教育的重要组成部分。互联网为学生解决生活与学习中的疑惑、进行自主与探究性学习提供了丰富的资源。

2020 年青岛市基础教育学生经常使用的互联网学习资源类型的调查结果如图 6-25 所示。学生使用最普遍的互联网学习资源类型为资源索引类,有 79.77%的学生经常使用该类资源。61.78%和 52.12%的学生经常使用在线课程和辅助学习类资源。在 2018 年和 2019 年,

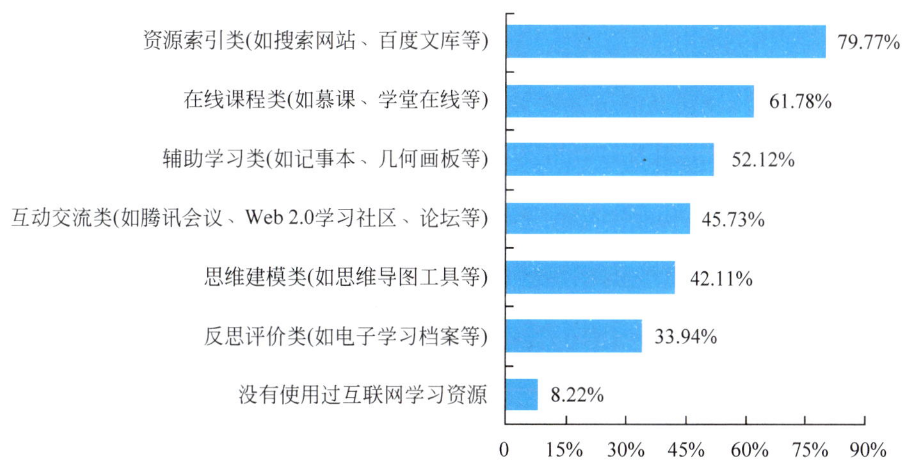

图 6-25 2020 年青岛市基础教育学生经常使用的互联网学习资源类型

学生利用互联网主要是进行资源搜索、作业答疑以及题库补充等，上网更多是为了完成课后作业。随着互联网在线学习资源建设的不断发展，满足学生学习需要的在线课程内容资源逐渐丰富。加之 2020 年新冠肺炎疫情期间在线学习的大规模应用，在线课程已经成为除了互联网常规的索引资源之外使用最广泛的资源类型。互联网学习形式从过去的课后辅助与补充转变为一种重要的课程学习方式。

6.3.5 互联网学习投入

学生每天使用互联网进行学习的时长的调查情况如图 6-26 所示。在受调查学生中，每天互联网学习时长在 1 小时内的人数最多，占比为 55.91%；其次是 1～2 小时，占比为 27.96%；每天学习时长在 2 小时以上的占比为 10.89%；仅有 5.24%的学生表示不进行互联网学习。青岛市基础教育阶段大部分学生会每天利用互联网进行学习，时长主要集中在 2 小时以内。

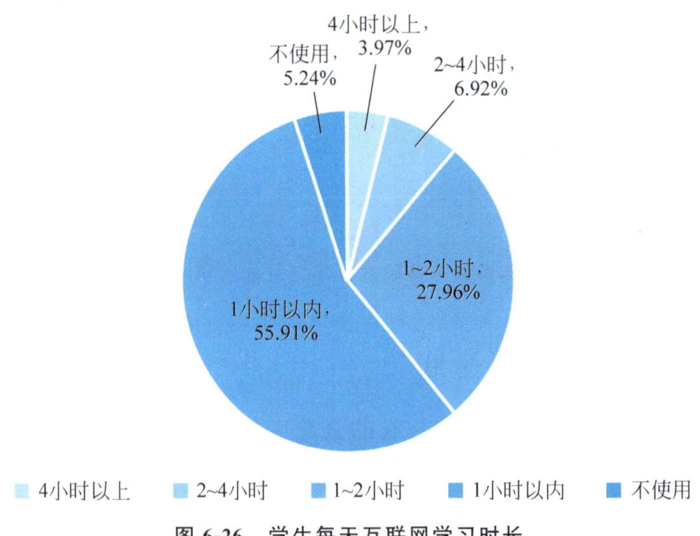

图 6-26 学生每天互联网学习时长

6.3.6 互联网学习效果

2020 年青岛市基础教育学生互联网学习效果的调查情况如图 6-27 所示。学生在通过互联网进行自主学习、问题求助以及合作学习等方面感受到的效果良好，得分均在 4 分以上，整体达到了较好水平。其中，“在经历过多次自主学习后，我逐渐能够制定学习目标”一

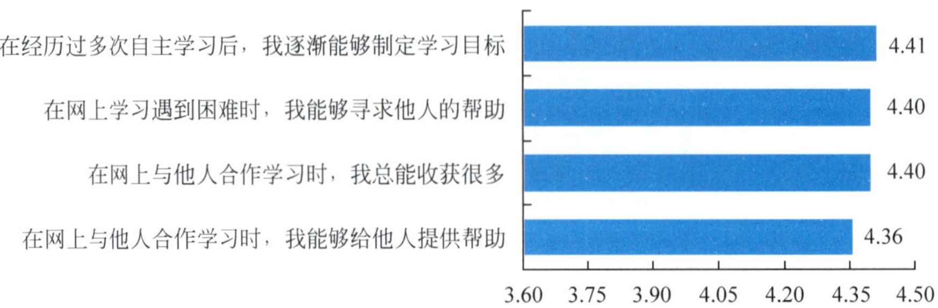

图 6-27 2020 年青岛市基础教育学生互联网学习效果得分

项得分最高，达到了 4.41 分，选择“比较同意”和“完全同意”合计占比为 87.20%。“在网上学习遇到困难时，我能够寻求他人的帮助”和“在网上与他人合作学习时，我总能收获很多”两项的得分均为 4.40 分。互联网进一步拓宽了学生的学习渠道，提供了寻求帮助和收获知识的途径。互联网学习实践有助于学生找到利用互联网进行学习的方法，形成互联网学习习惯。

6.3.7 互联网学习体验

如图 6-28 所示为 2020 年青岛市基础教育学生对互联网学习的态度与体验情况。学生借助互联网进行自主学习、探究学习以及参加老师组织的活动的体验得分别为 4.42 分、4.39 分和 4.41 分，均达到了比较满意的水平。学生在线上、线下教学方式适应性方面的得分为 4.28 分，其中“比较能适应”和“完全能适应”线上、线下混合教学方式的学生合计占比为 83.05%。“我认为线上、线下混合的学习方式有利于我的学习，应该推广”一项的得分为 4.22 分，对该题项选择“比较同意”和“同意”的合计占比为 80.72%。学生在借助互联网开展各类学习活动时能够比较适应并且体验良好，大部分学生都认可线上、线下结合的学习方式，认为应该进行推广。

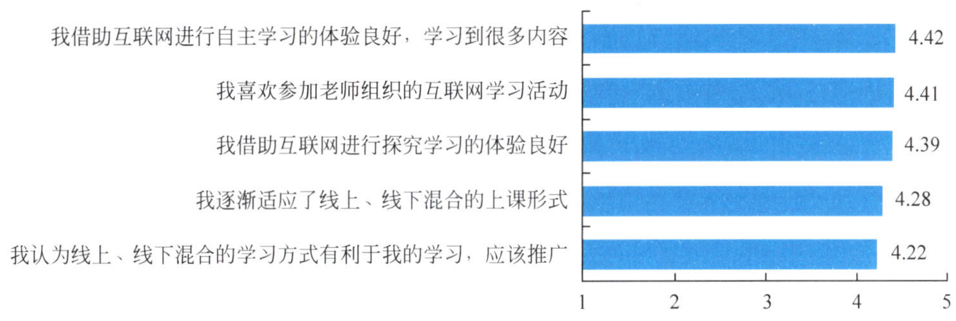

图 6-28 2020 年青岛市基础教育学生对互联网学习的态度与体验

6.4 融合应用，互联网助力教育教与学

随着信息化技术与教育的不断深入融合，学校管理者认识到互联网对于学校管理、教研教学、学生学习等各方面产生的积极影响，借助现代信息化技术开展教育及管理工作已成为青岛市基础教育各学校的普遍共识。

调查数据表明，2020 年，教师开展互联网教学的个人意愿较为强烈，九成以上的教师对互联网教学持开放性的接受态度，并在日常教学中使用互联网。超过 95%的教师进行互联网备课或将知识点制作成视频，大部分教师认为互联网教学对于提升学生综合素质具有重要作用。根据 2019 年的调查，有超过一半的教师认为教学任务重从而没有时间开展互联网教学。青岛市学校支持鼓励教师参加培训、交流或观摩活动，并推出鼓励措施，提升教师开展互联网教学的能力，保障互联网教学与学习的开展。与 2019 年相比，2020 年教师开展互联网教学的意愿和行为均大幅提升。

随着教育信息化的发展，信息技术在教育教学方面的运用有助于教育资源突破地域壁垒。2020 年农村地区学生互联网学习应用动机以及效果与体验等都显著高于乡镇与市区学生。互联网在农村地区学生学习中的不断深入融合与应用，对于实现城乡教育资源均衡发展、促进教育公平具有重要意义。

第7章

青岛市基础教育领域互联网时代的学习与教学能力

7.1 教师视角的互联网教学能力

7.1.1 青岛市基础教育教师互联网教学能力发展概况

图7-1所示为2020年青岛市基础教育教师互联网教学能力发展情况。青岛市基础教育教师互联网教学能力各维度得分均在4分以上，均达到较好水平。其中，教师伦理与安全意识发展水平最高，发展指数为4.39分。其次为教师进行资源整合、学科教学和教学促进的能力，发展指数分别为4.26分、4.25分和4.22分。教师利用互联网进行评价以及操作使用互联网工具与资源等方面的能力发展水平相对较低，发展指数分别为4.14分和4.05分。根据教师互联网教学能力指数，教师在进行互联网学习过程中遵守学术伦理规范，保护学生隐私安全，有利于促进互联网教学的健康开展。教师对互联网资源进行整合以及进行学科教学方面的发展较少。但在当前时代环境下，信息技术不断更新迭代，新的技术与工具不断运用于教育教学中，这给教师们了解与操作使用互联网教学工具带来了困难。2020年，青岛市积极动员与组织开展教师信息化技能培训，解决教师信息化教学工具操作难的问题，全面提高教师互联网教学能力。

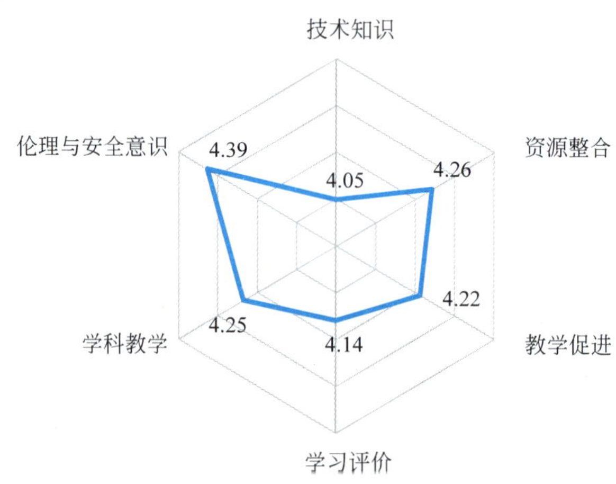

图7-1 2020年青岛市基础教育教师互联网教学能力指数

7.1.2 青岛市基础教育教师互联网教学能力的差异性分析

1. 不同教龄教师互联网教学能力对比分析

不同教龄教师互联网教学能力的对比如图7-2所示。差异性结果表明，不同教龄教师在技术知识、资源整合、教学促进、学习评价、学科教学等互联网教学能力以及伦理与安全意识方面均存在显著性差异($F=23.53, P<0.05$；$F=11.71, P<0.05$；$F=14.68, P<0.05$；$F=14.12, P<0.05$；$F=13.62, P<0.05$；$F=7.42, P<0.05$)。其中，5年以下教龄的教师得分最高，20年以上教龄的教师得分最低，教师的互联网教学能力呈现出教龄越久、教学能力越低的整体趋势。

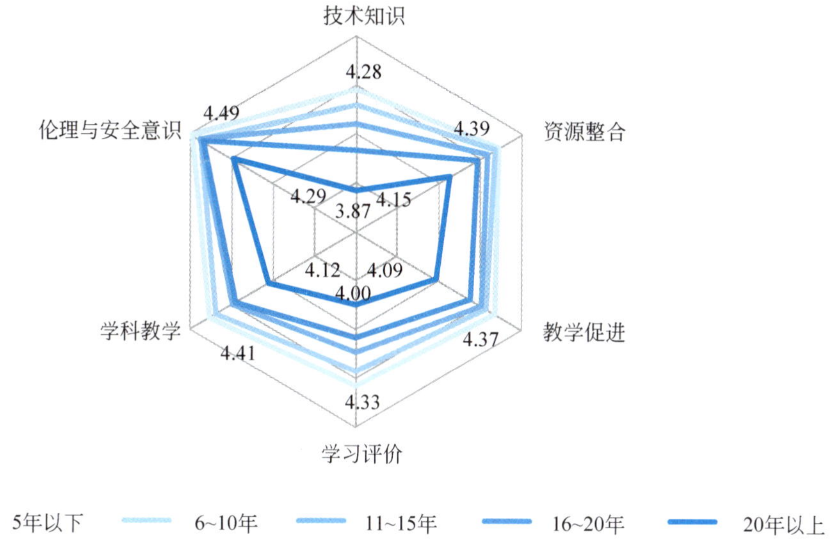

图 7-2　2020 年青岛市基础教育不同教龄教师互联网教学能力发展指数

教龄小的教师往往比较年轻，接受信息化培训与教育的机会多，进行互联网教学的技术知识比教龄较长的成熟型教师更丰富，对于新的信息技术与工具的接受度更高。对于教龄在 16 年以上的教师，其进行互联网教学的主要挑战在于技术知识不足，表现为不能很好地了解与使用互联网教学和资源制作工具，不能很好地解决互联网教学中遇到的技术问题。新入职教师在信息技术与教育的融合方面有优势，但教学经验相对少；而教龄较长的成熟型教师在互联网教学能力上虽有劣势，但教学中往往积累了丰富的教学经验。在推动信息技术与教学不断融合发展的过程中，一方面需要明晰教龄较长的教师是全面提升教师互联网教学能力中的难点问题；另一方面，也要结合新入职教师与教龄较长教师的特长与优势，促进互联网教学的深度融合与应用，提高互联网教学效果。

2. 基础教育各学段教师互联网教学能力对比分析

2020 年青岛市基础教育各学段的教师互联网教学能力的对比如图 7-3 所示。差异性分析结果表明，不同学段的教师在技术知识、资源整合、教学促进、学习评价、学科教学等互联网教学能力以及伦理与安全意识方面均存在显著性差异（$F=7.90$，$P<0.05$；$F=8.53$，$P<0.05$；$F=13.60$，$P<0.05$；$F=10.24$，$P<0.05$；$F=12.26$，$P<0.05$；$F=20.01$，$P<0.05$）。小学教师在互联网教学能力各维度上均表现较好，得分显著高于初高中教师。初高中教师在技术知识维度上的平均得分要略低于其他维度，图中该维度呈现内陷形状，小学教师在包括技术得分在内的几个能力维度上得分相对比较平均。相比较而言，小学教师面对的学生年纪较小，教学任务和教学资源制作相对简单，更能够胜任互联网教学。初高中教师的教学内容相对更复杂，对实现互联网技术与教学的融合能力要求更高。

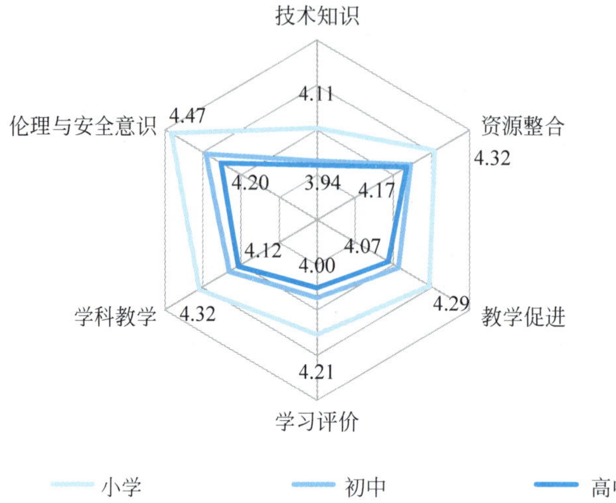

图 7-3 2020 年青岛市基础教育各学段教师互联网教学能力发展指数

7.2 学生视角的互联网学习能力

7.2.1 学生互联网学习能力发展概况

图 7-4 所示为 2020 年青岛市基础教育学生互联网学习能力发展情况。其中，学生的安全防范意识和伦理规范意识发展程度最高，发展指数分别为 4.66 分和 4.55 分。其次为学生自我调控和设备与软件操作能力，发展指数分别为 4.42 分和 4.27 分。学生的信息收集与处理能力、社会交流与合作能力得分相对较低，分别为 4.14 分和 4.02 分。青岛市基础教育学生互联网学习各维度均达到较好水平。学生在进行互联网学习过程中能够保护个人隐私，遵守网络道德规范，注意个人隐私安全防护，有助于保证学生互联网学习的安全。由于基础教育学段学生年龄相对较小、社会阅历少、知识储备有限，学生在信息的收集与处理方面得分相对较低。在进行社会交流与合作时，其主要活动是理解他人观点以及进行自我表达，资源分享与解决他人问题等活动相对参与较少。

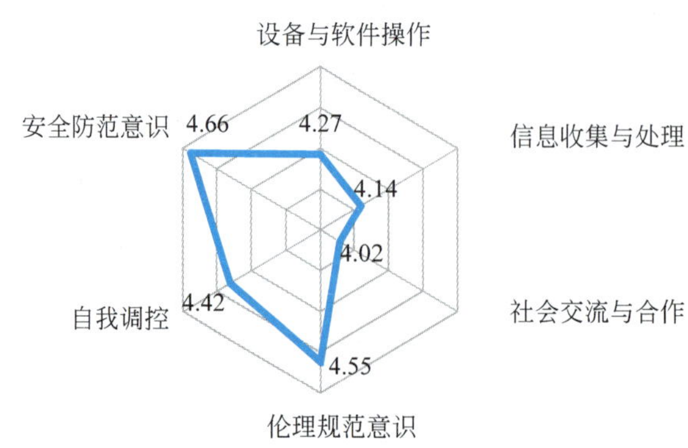

图 7-4 2020 年青岛市基础教育学生互联网学习能力发展指数

7.2.2 青岛市基础教育学生互联网学习能力的差异性对比分析

1. 基础教育各学段互联网学习能力对比分析

图 7-5 为 2020 年青岛市各学段基础教育学生互联网学习能力发展情况。小学、初中、高中各学段在设备与软件操作、信息收集与处理、社会交流与合作、自我调控、伦理规范以及安全防范等互联网学习能力与意识等维度均达到较好水平，但各学段的发展存在显著性差异($F=51.00, P<0.05$；$F=85.93, P<0.05$；$F=22.15, P<0.05$；$F=9.01, P<0.05$；$F=85.92, P<0.05$；$F=3.69, P<0.05$)。其中，高中生在信息收集与处理、社会交流与合作、伦理规范等互联网学习能力与意识发展指数比小学生和初中生高。但在进行互联网学习的自我调控方面，高中生的能力发展要低于初中生和小学生。根据调查结果，高中生在进行互联网学习时更容易走神和被其他信息干扰，保持学习时的专注情况不如小学生和初中学生。

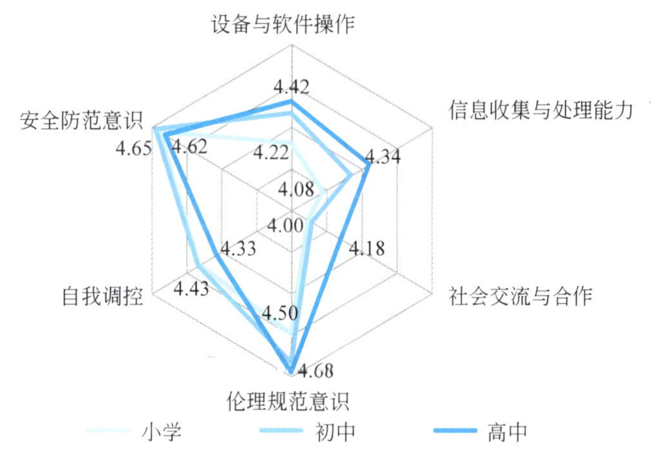

图 7-5 2020 年青岛市各学段基础教育学生互联网学习能力发展指数

2. 城乡学生互联网学习能力对比分析

城乡地区基础教育学生互联网学习能力发展情况如图 7-6 所示。各地区互联网学习能力各维度得分均为 4.0 分以上，达到了良好水平。农村学校学生在设备与软件操作、信息收集与处理、社会交流与合作、自我调控、伦理规范以及安全防范等互联网学习能力与意识等方面的发展指数均高于市区和乡镇学校学生，且具有统计上的显著性($F=14.05, P<0.05$；$F=16.80, P<0.05$；$F=12.68, P<0.05$；$F=14.71, P<0.05$；$F=3.42, P<0.05$；$F=8.42, P<0.05$)。通过借助互联网等现代信息技术，教学资源的分布突破了时空限制，增加了传统意义上的教育资源薄弱的农村地区公平获得教育资源的机会。农村地区学生积极地应用互联网工具和资源进行学习，提升自身互联网学习能力，增强学习效果。互联网在赋能教育的同时，也为实现教学资源均衡发展和教育公平提供了重要手段和途径。

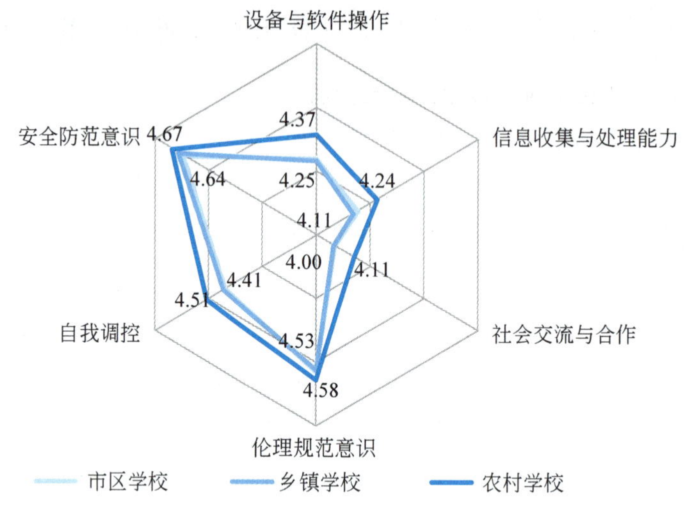

图 7-6　2020 年青岛市城乡地区基础教育学生互联网学习能力发展指数

7.3　互联网技术和师生教与学实践有效融合

随着信息化教育的不断发展，青岛市顶层设计，从全市层面谋划教育信息化发展，为学校互联网学习的建设和教师互联网教学发展提供了良好的政策和环境支持。根据调查结果，教师和学生互联网教学和学习能力都达到了较好水平，青岛市基础教育互联网学习建设取得重要成效。

教师对自己互联网教学能力的评估会受到教龄以及学段等因素的影响。教龄长的教师教学经验丰富，但相较于年轻教师，在互联网教学操作方面的能力略薄弱。为进一步促进互联网教学的发展与应用，应结合新入职教师与教龄较长的教师的特长与优势，使互联网教学能够更加契合教学实际和学科特点，使信息技术更好地服务于教育，提高信息技术在教学中的应用效果。同时，不同基础教育学段所承担的教学任务和内容不同，基础教育互联网教学的发展与评估须结合各学段的实际情况，实现互联网信息技术与教学的有效融合。

基础教育各学段的学生互联网学习能力存在差异，在引导学生互联网学习的过程中要结合学段的学生特点，开展适合本学段的互联网学习活动，提升学习效果，避免造成不合理的学习负担，以保证学生用眼安全。

第8章

疫情期间青岛市基础教育领域互联网学习发展概况

8.1 管理者视角的疫情期间互联网学习发展概况

8.1.1 疫情期间的教学管理

2020 年，在疫情的影响下，青岛市坚持“停课不停学”，积极利用互联网开展空中课堂。如图 8-1 所示，对疫情期间学校开展教学管理工作的调查表明，采用社交软件、视频会议平台以及在线管理平台进行教学管理的管理者都超过了 80%。38.43%的管理者利用在线管理系统开展教学管理工作。疫情期间，社交软件、视频会议平台以及在线管理平台为学校的教学管理提供了便利。

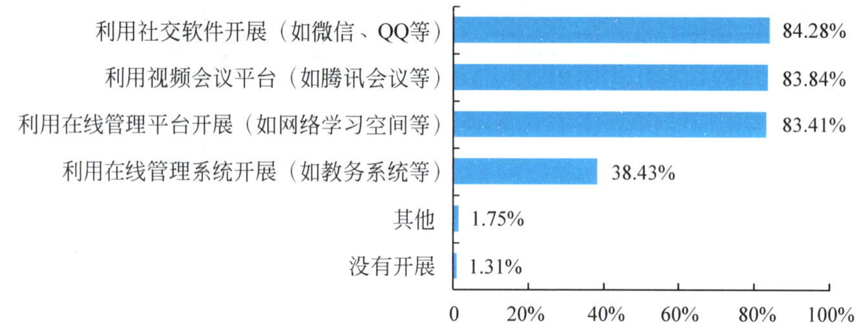

图 8-1 2020 年青岛市学校管理者疫情期间主要教学管理工作方式

8.1.2 疫情期间的教学保障

对疫情期间青岛市中小学校采取的教学保障措施的调查结果如图 8-2 所示。根据调查结果，青岛市绝大多数中小学在疫情停课不停学期间，为师生提供教学资源并组织互联网教学培训以保证教学效果和质量。立足整体也着眼局部，部分学校为困难家庭提供上网学习设备，确保贫困家庭的孩子能够顺利进行学习，公平享受教育。

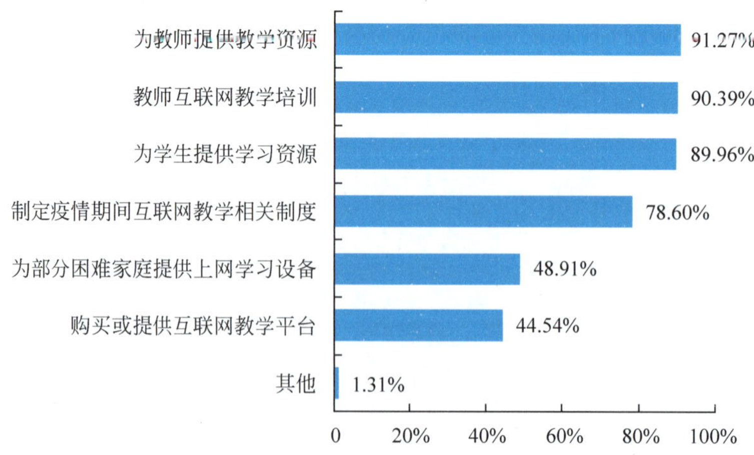

图 8-2 2020 年疫情期间青岛市中小学校主要采取的教学保障措施

8.1.3 疫情期间的教研方式

对学校疫情期间采取的教研方式进行调查，结果如图 8-3 所示。青岛市各中小学校较多采用本校优秀教师示范和教研组探讨的形式进行教研，占比在 90%以上。其次，64.63%的学校会采取跨校际同伴互助的教研方式，62.01%的学校会采取教育教学专家指导的教研方式，53.28%的学校采取了外校名师引领的教研方式。在疫情期间，各中小学校积极地通过各种途径组织教研，应对疫情给教学带来的挑战，努力提高教学效果。

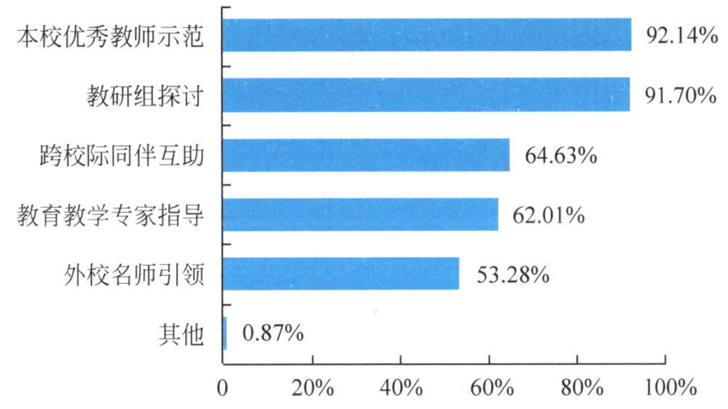

图 8-3　2020 年疫情期间青岛市基础教育学校主要采取的教研方式

8.1.4 疫情期间的教学效果

学校管理者对疫情期间进行互联网远程在线教学效果的评估情况如图 8-4 所示。31.00%的管理者认为互联网教学效果要明显劣于线下教学，31.88%的管理者认为互联网教学效果略微劣于线下教学，29.69%的管理者认为疫情期间的互联网教学效果基本达到线下教学水平。仅有 2.62%和 4.80%的管理者表示疫情期间的互联网教学效果明显优于线下教学或略微优于线下教学。

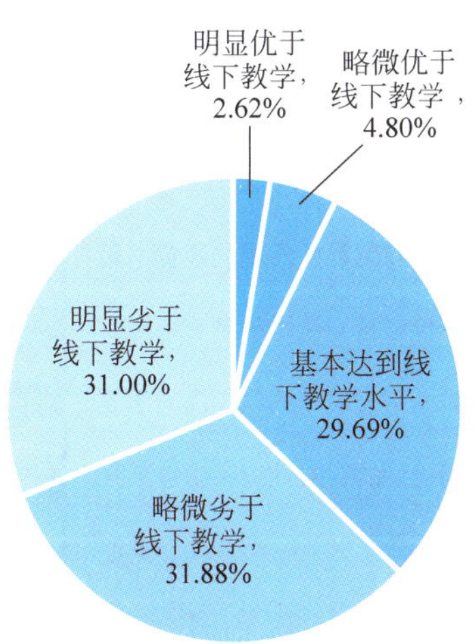

图 8-4　2020 年疫情期间青岛市基础教育学校管理者对互联网教学效果的评估

疫情期间，教师和学生完全借助互联网开展教学和学习。从管理者的角度来看，超过60%的管理者认为互联网教学效果比线下教学的效果差，仅有7.42%的管理者认为疫情期间互联网教学效果要比线下教学效果好。互联网给教育的发展提供了便利与新的发展可能，但在疫情期间的应用和实践中却没有达到预期效果。一方面，由于传统课堂教学方式早已深入人心，更为师生接受和习惯。疫情的突发，需要师生在短时间内迅速转换到线上教学模式，教师和学生们都不能及时适应这种转变，从而影响了教学效果。另一方面，由于疫情前期，互联网在学习中的应用往往是作为辅助教学形式，对于互联网教学与学习的应用多在构想与小规模尝试阶段。类似于疫情期间进行的大规模、常态化应用互联网的教学情境较少，高效进行互联网教学的方法与模式方面的研究与创新基础略薄弱，影响疫情期间互联网教学效果。

8.1.5 学校互联网教学存在的挑战

图8-5为学校管理者认为本校互联网教学发展的不足之处的调查情况。从学校管理者角度来看，互联网教学基础环境和平台的优化建设不足、优质互联网教学资源结构性短缺是当前学校互联网学习发展面临的主要问题。其次，部分家长不支持学生上网学习、教师与学生互联网学习应用能力与素养不足等因素不利于互联网学习的发展；部分学校还存在着技术支持与发展经费不足的情况。随着互联网信息和数据技术在青岛市基础教育学校的应用，学校面临的主要挑战在于基础设施和教学资源内容的建设需要进一步优化优质发展，实现互联网与教育教学的深度融合。

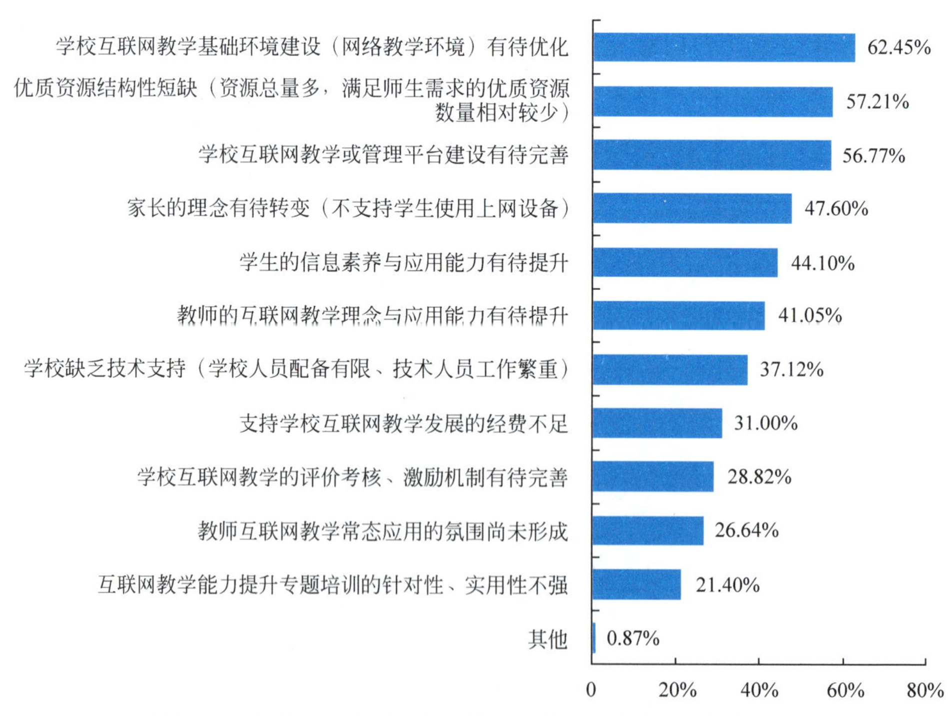

图8-5 2020年青岛市基础教育学校互联网教学目前存在的不足

8.1.6 学校推进互联网教学希望获得的支持

对青岛市基础教育学校为推进互联网教学发展方面希望获得支持的调查结果如图 8-6 所示。为进一步优化与深入学校互联网教学发展，学校方面最希望获得更加优质的互联网教学资源（占比 91.27%）、互联网教学与管理平台（占比 82.53%），优化互联网教学内容，改善在线教学环境。此外，学校也希望主管部门能够加大对学校进行互联网教学的相关经费投入（占比 64.19%），为学校提供开展互联网教学的专家指导（占比 64.19%）。

互联网教学与传统教学在教学环境、教学内容及方法等各方面都有显著差别，学校发展互联网教学希望继续获得相关方面的支持以应对新的教学形式下教育发展质量的挑战，促进学校互联网学习发展实现从基础设施建设向优质高效发展的跨越与提升。

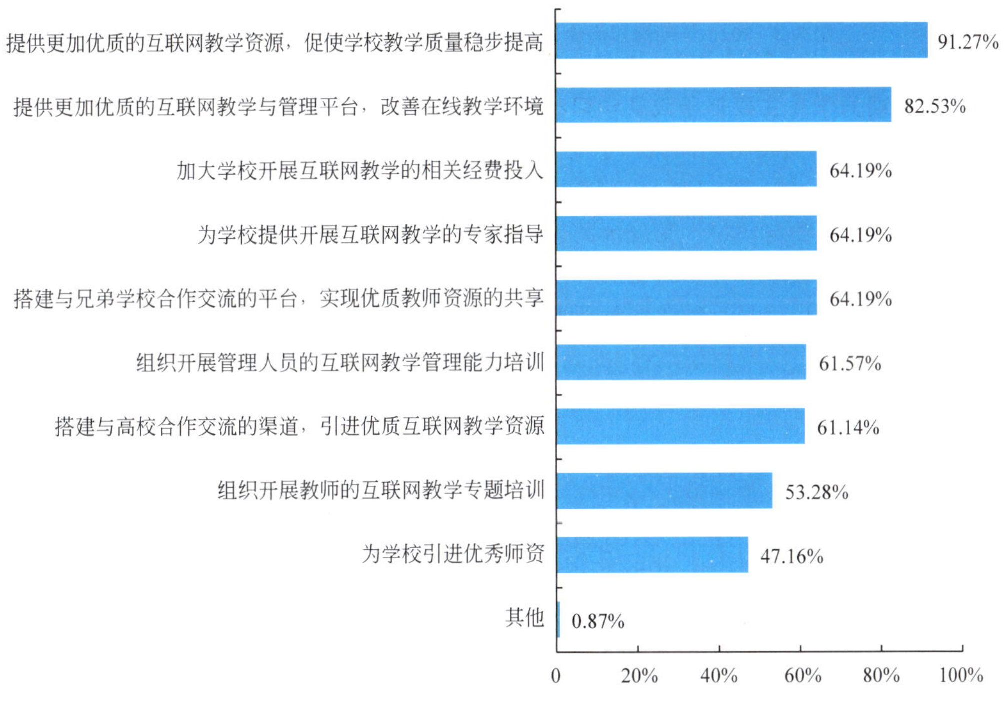

图 8-6 2020 年青岛市基础教育学校发展互联网教学希望获得的支持

8.2 教师视角的疫情期间互联网学习发展概况

8.2.1 疫情期间教师互联网教学感受

1. 疫情期间逾七成教师互联网教学状态会有焦虑

2020 年疫情期间青岛市基础教育教师互联网教学的焦虑情况如图 8-7 所示。52.26% 的教师表示会偶尔感到焦虑；有 20.94% 的教师从不会感到焦虑；分别有 15.37% 和 3.50% 的教师表示在疫情期间互联网教学过程中“经常”和“总是”感到焦虑。教师一方面积极接受新技术给教学带来的变化，迎接疫情给工作与生活带来的艰难挑战；另一方面在这些努力的背后，教师也在承受着新的教学形式变化给工作内容带来的压力与焦虑情绪。

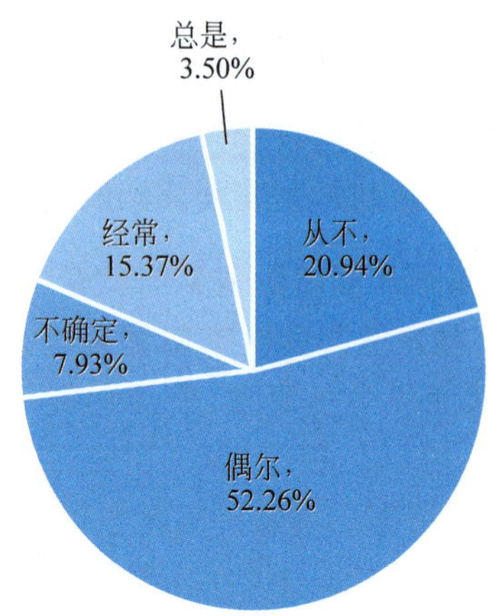

图 8-7　2020 年疫情期间青岛市基础教育教师互联网教学焦虑情况

2. 疫情期间学生主要处于浅层学习状态

如图 8-8 所示，对疫情期间教师感受到的学生学习状态进行调查，81.08%的教师认为学生们是一种浅层学习状态，仅有 15.37%的教师认为学生是一种深层学习状态，有 3.55%的教师认为学生没有参与学习。受疫情的影响，互联网教学几乎持续整个春季学期。学生和教师通过各种努力去应对突发的疫情对教学带来的影响，但由于缺乏课堂监督等原因，大部分教师感受到学生仅仅是一种浅层学习状态。面对未来长期的防疫常态化局面，引导学生在互联网教学形式下实现深层学习，提高学生互联网学习效果十分重要。

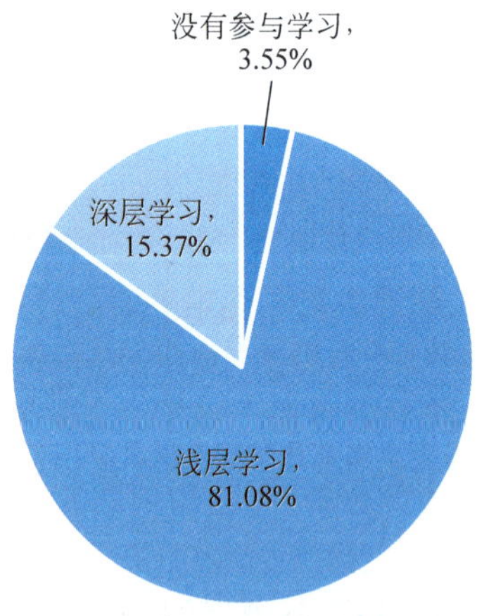

图 8-8　2020 年疫情期间青岛市基础教育教师感受到的学生学习状态

3. 互联网教学形式下的学生学习效果

教师对于疫情期间学生学习效果的评估如图 8-9 所示。有 38.96%的教师认为疫情期间采用互联网教学的学生学习效果明显劣于线下学习，33.99%的教师认为疫情期间学生互联网学习效果稍微劣于线下学习，19.51%的教师表示疫情期间学生学习效果基本能达到线下学习效果，分别有 3.50%和 4.04%的教师表示疫情期间学生学习效果稍微和明显优于线下学习。从调查结果可以发现，超过 70%的教师认为疫情期间学生学习效果要低于正常时期的线下学习效果。

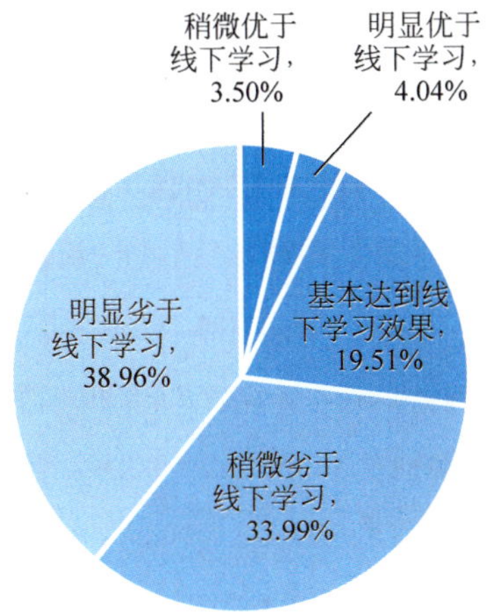

图 8-9　2020 年青岛市基础教育教师对疫情期间学生学习效果的评估

综上，在采用互联网教学的疫情期间，大部分教师都有过焦虑情绪。学生学习状态多为浅层学习，学习效果也不如线下学习。在应用与发展互联网教学的过程中，也需要进一步了解教师焦虑的原因，帮助教师缓解焦虑情绪，从而更有效地开展互联网教学工作。经过一个学期的互联网教学实践，教师感受到学生在完全依靠互联网的教学形式下的学习状态与效果不是很理想。在未来继续发展与应用互联网教学时，除了要关注各种设备终端对于学生互联网学习的支持，也要关注提高教师与学生应用互联网的教学与学习方法，让学生能够实现深层学习，以提高学习效果。

8.2.2　教师互联网教学遇到的主要挑战

2020 年新冠肺炎疫情期间，教师互联网教学遇到的主要挑战的调查情况如图 8-10 所示。根据调查结果，表示在开展教学过程中网络不畅、经常卡顿的教师最多，占比为 57.78%。其次，超过一半的教师认为在疫情期间完全借助互联网教学没有课堂面对面氛围，缺乏与学生的直接交流，并且难以维持学生的学习动机和注意力。另外有超过 30%的教师表示在教学过程中会受到无关信息以及网页广告的干扰，或者因为对教学平台软件不熟悉导致状况百出。也有一部分教师表示互联网学习环境无法组织传统的课堂活动以及课堂混乱、事故频发等。

根据 2019 年教师互联网教学情况的调查结果，有超过一半的教师认为教学任务重从而没有时间开展互联网教学。在 2020 年，随着互联网教学形式在特殊时期的迅速应用，教师对互联网教学有了新的认识，不再将其作为额外的教学负担，而是真正应用到教学实践中。除了网络教学环境有待提升外，教师从实际教学体验中感受到互联网教学形式下的课堂氛围、教师本身教学与学生学习注意力维持以及师生间的交流与反馈是这种新形式教学实践存在的主要挑战。帮助教师加强对新的教学形式的适应性、提升教学技能和教学效果是互联网教学形式下需要关注的重要问题。

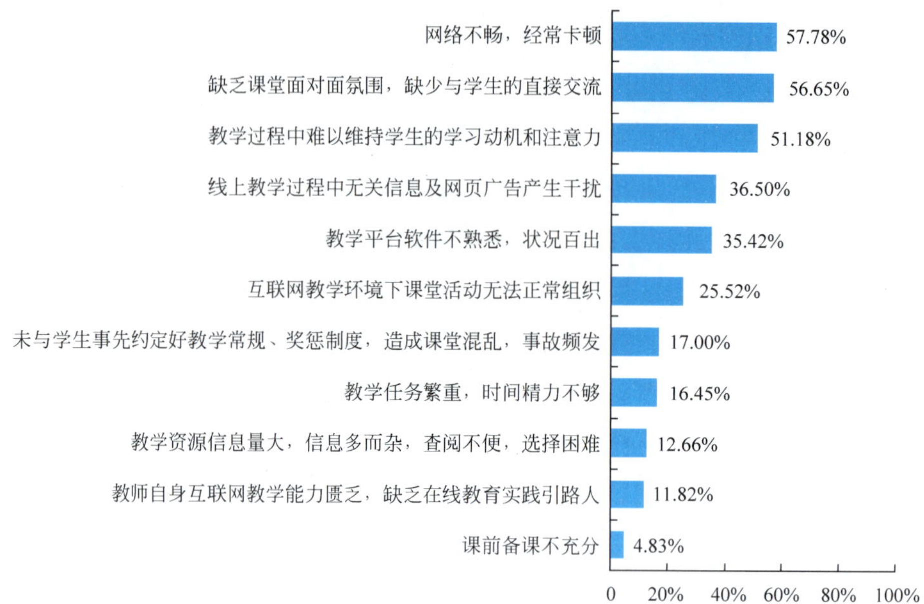

图 8-10　2020 年疫情期间青岛市基础教育开展互联网教学时遇到的主要挑战

8.2.3 教师最希望得到更加优质的资源和线上教学环境的支持

在 2020 年疫情期间，教师开展互联网教学希望获得的支持如图 8-11 所示。教师最希望获得的支持在于提供优质教学资源、改善线上教学环境、获得互联网教学技能提升等方面。适合互联网教学形式的优质互联网教学资源是教师开展互联网教学最迫切的需要。线上教学环境是开展互联网教学的重要保证，大概一半的教师在进行互联网教学时遭遇到网络不畅、卡顿情况，改善线上教学环境是教师开展互联网教学的重要诉求。同时，应用互联网

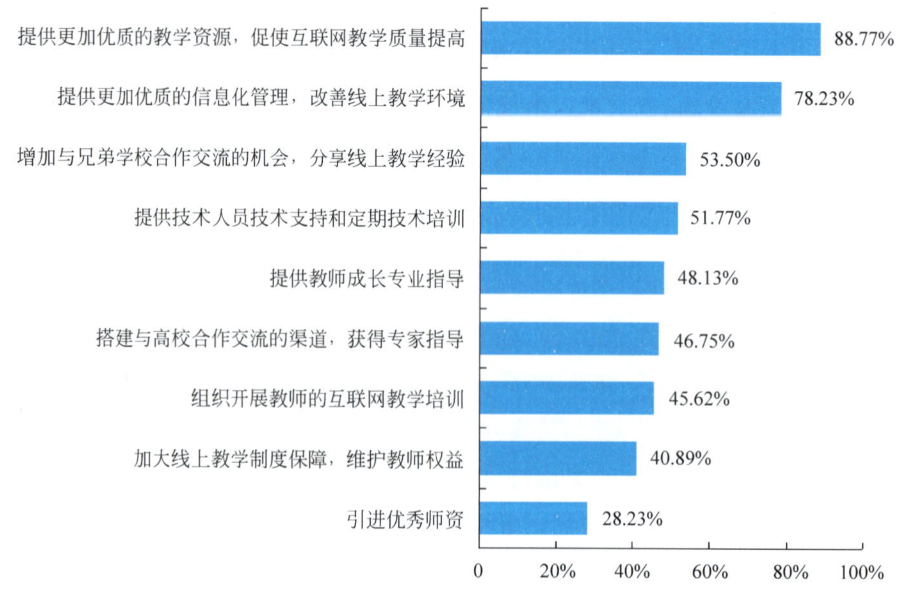

图 8-11　2020 年疫情期间青岛市基础教育开展互联网教学时希望得到的支持

与信息技术进行教学也对教师的教学方法与技能提出了新要求，为提高教学质量与效果，教师希望通过合作交流增加教学经验和教学技能的学习，提高自身互联网教学能力。

8.3 学生视角的疫情期间互联网学习发展概况

8.3.1 疫情期间学生互联网学习的参与情况

如图 8-12 所示，通过对疫情期间学生开始接触互联网学习感受的调查发现，从整体上来看，有 35.70%的学生表示学习形式的突然改变，使其很不适应；有 34.79%的学生表示由于之前接触过互联网学习，能够较为适应；有 28.46%的学生表示一开始就能很好适应学习形式的变化。其中，一开始很不适应疫情期间教学形式变化的小学生的比例要略高于初中生和高中生，初中生和高中生在疫情期间能够比较适应这种教学形式变化的比例达到 64.14%和 64.59%。

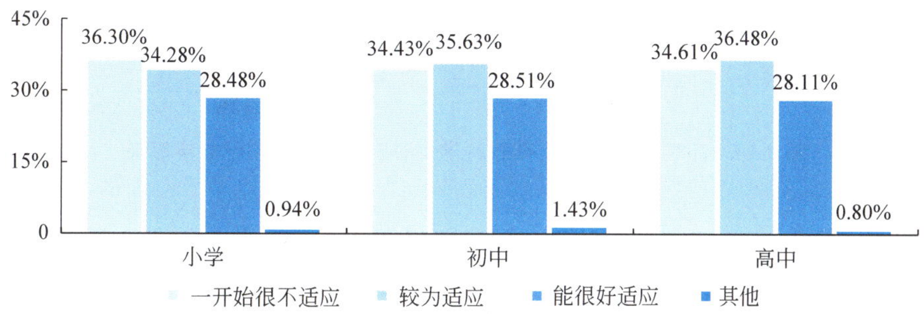

图 8-12　2020 年青岛市基础教育学生疫情期间开始接触互联网学习的感受

8.3.2 疫情期间的教学组织方式

如图 8-13 所示，疫情期间学生参与最多的互联网学习活动是通过直播工具与教师进行在线互动直播，占比为 67.10%。59.45%的学生观看了名师直播课堂，54.50%的学生观看了教师自己录制的课程。48.64%的学生参与了在线协同教学，即学生观看其他老师的直播，教师解答学生问题。44.95%的学生进行了自主学习。24.55%的学生会观看学习平台现有的课程资源。疫情期间，青岛市基础教育学生参与的互联网学习形式多样，直播教学和录播教学相互补充、教师引导学习与自主学习相结合，确保了疫情期间学生学习活动的有效进行。

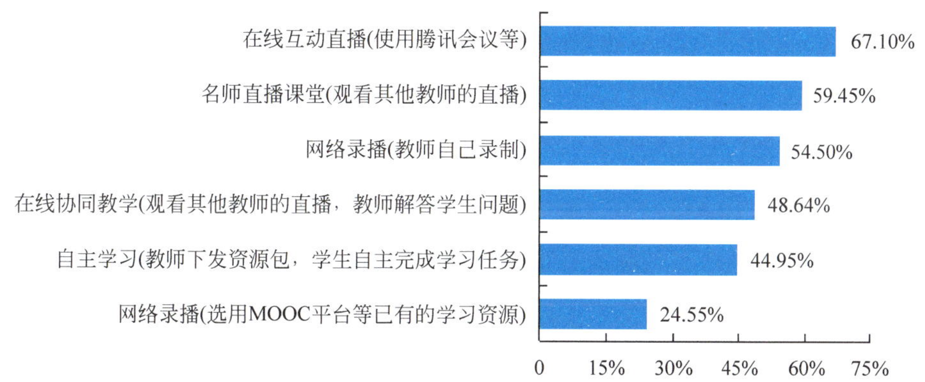

图 8-13　2020 年青岛市基础教育学生疫情期间主要参与的互联网学习类型

8.3.3 疫情期间学生对互联网教学的评价

为应对疫情给教学工作带来的挑战，教师采取了新的授课形式。如图 8-14 所示，在学习过程中，超过一半的学生表示能够感受到教师做出的努力，并且学习效果有很大提升；24.39%的学生表示能够感受到教师做出的努力，但是效果并不理想；12.21%的学生认为教师总是一成不变地教学，影响学习效果。从学生角度来看，至少 76.61%的学生都认可教师在疫情期间为教学顺利开展做出的努力，有 36.60%的学生认为疫情期间的互联网学习效果不理想。仅利用互联网进行在线学习，缺乏与教师面对面沟通与互动的学习效果不佳。

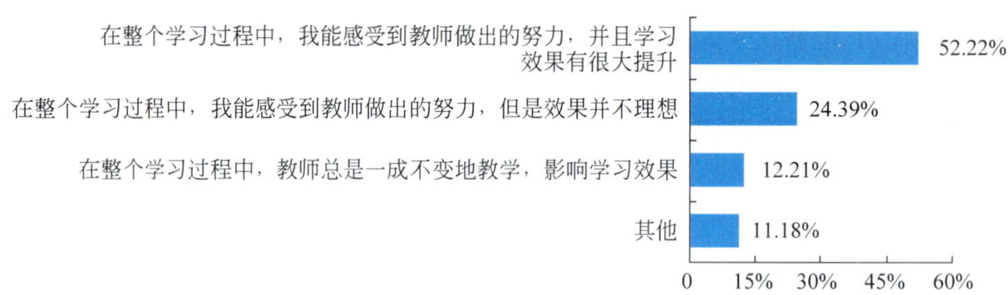

图 8-14 2020 年青岛市基础教育学生对疫情期间互联网教学感受

8.3.4 疫情期间学生互联网学习存在的问题

学生们在疫情期间参与互联网学习时主要存在的问题如图 8-15 所示。疫情期间，学生比较普遍遇到的问题是"互联网环境中干扰因素过多，无法集中注意力""平台不稳定，容易出现崩溃的情况""缺乏足够的学习资源"以及"讲课的不是自己的教师，感觉很不适应"。

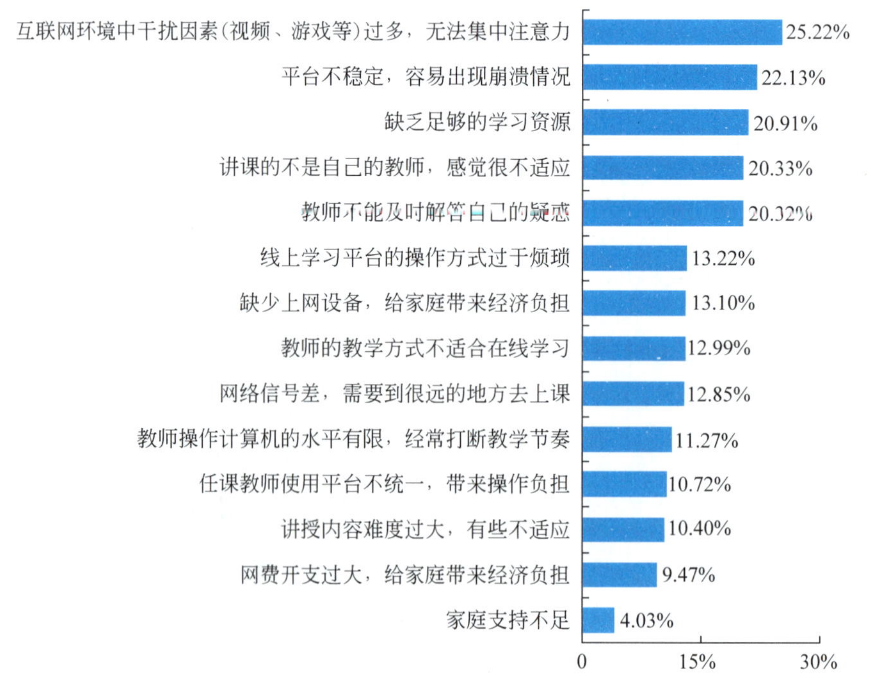

图 8-15 青岛市基础教育学生对疫情期间参与互联网学习存在的问题

与线下课堂教学模式不同，疫情期间，学生居家学习与学校课堂教学环境氛围相比更为放松。在线学习所处的互联网环境存在着诸如视频、游戏等容易吸引学生注意力的信息的干扰，保持对学习的注意力和沉浸状态是学生进行在线学习最普遍的挑战。平台为在线教学提供了基础环境支撑，根据调查结果，平台不稳定、容易崩溃是学生互联网学习感受到的除环境干扰因素多以外最为普遍的问题。

青岛市在疫情期间为保证教学，采用录播和直播相结合的方式，这对远程在线教学环境和教学方法提出了新的要求和挑战。在学习过程中，学生跟随不熟悉的教师进行学习给学生带来了适应上的困难；由于缺乏面对面的交流，学生学习上的疑惑解决相对不及时，部分教师的教学方式不适合在线学习。在远程在线互联网教学与学习中，学生的学习体验与效果有待进一步提升。

8.3.5 疫情期间学生对互联网学习的改进建议

经过疫情期间的在线学习，学生对于互联网学习的建议如图 8-16 所示。其中学生们最普遍的诉求是丰富现有学习资源，其次是希望提高教师互联网教学能力。有超过 40%的学生希望能够丰富作业形式，提高教师和学生的技术操作能力，以及通过整合学习平台减轻技术操作负担。

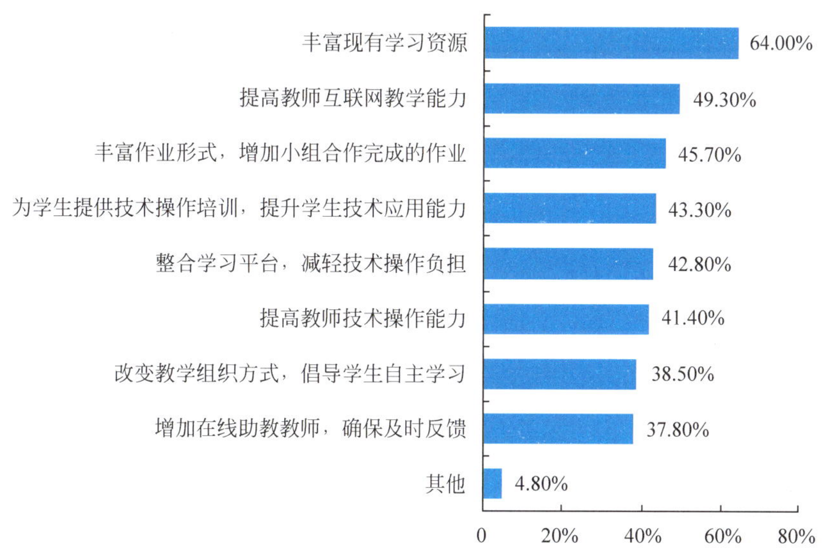

图 8-16 青岛市基础教育学生对疫情期间参与互联网学习的建议

8.4 停课不停学，多方齐力共抗时艰

疫情期间，青岛市中小学充分利用社交软件、视频会议平台以及在线管理软件为学校的教学管理提供便利。青岛市超过九成的学校为教师提供教学资源并组织互联网教学培训、优秀教师示范和教研组讨论等多种形式的教学支持活动，以保证教学效果和质量。近五成的学校为困难家庭提供上网学习设备，以确保贫困家庭孩子能够顺利地进行学习，使他们也能公平地享受教育。从教学管理、教学保障、教研方式等方面全方位保障疫情期间教师教学和学生学习的顺利开展。

为保证教学活动尽可能顺利地进行，近八成的教师进行在线互动直播教学活动，近六成的教师开展名师直播课堂（观看其他教师的直播），超过五成的教师采用在线协同教学。教师使用的互联网教学资源包括教学平台和工具（78.21%）、教师教学资源（70.34%）和线上教学指南资源（64.19%）等。疫情期间，教师互联网教学方式趋向多样化，使用资源更加多元化。一方面，这得益于青岛市为保障在线教学提供了全方位的支撑。另一方面，教师为提升在线教学质量，也对互联网教学平台和教学资源提出了更高的要求，加速了互联网学习的良性循环。

在采用线上教学的疫情期间，大部分教师都有过焦虑情绪。学生学习状态多为浅层学习，学习效果也不如平时线下学习。在应用与发展互联网教学的过程中需要进一步了解教师焦虑的原因，帮助教师缓解焦虑情绪，从而更有效地开展互联网教学工作。经过一个学期的互联网教学实践，教师感受到学生在完全依靠互联网的教学形式下的学习状态与效果不是很理想。在未来继续发展与应用互联网教学时，除了要关注各种设备终端对于学生互联网学习的支持，也要关注教师与学生应用互联网的教学与学习方法，让学生能够实现深层学习，提高学习效果。

本次疫情期间，教育信息化得到了广泛深入的应用，全市师生开展在线教学，完成了一次历史性突破。本次实践不仅全面检验了教育信息化发展成果，还指明了教育信息化前进方向。后疫情时代，在线直播教学的思想延续了下来。青岛市教育局建设益辅导、课后网两个直播教学辅导应用，解决学生课后辅导和培优问题。每周末开设可互动的直播课程，学生提前预约，在线听课，并可以互动。

第9章 青岛市基础教育领域互联网学习发展案例

9.1 案例全文

9.1 区域特色互联网学习建设与支持发展案例

9.1.1 崂山区：中小学人工智能教育稳步推进

为应对人工智能科技发展对产业及社会生活等方面带来的机遇与挑战，青岛市从教育源头出发，积极在基础教育学段进行人工智能相关知识与能力的普及与提高，为未来智能化社会发展提供坚实的人才支撑。崂山区通过全区整体设计与规划、逐级任务分解、校企合作、交流共享等多种方式，从基础设施建设、平台建设、课程系统构建、教学研究、师资培养、课程资源建设等各个方面，全面推进区内人工智能教育的建设与发展，拓宽基础教育学段的学生对人工智能科技的认识，增强学生应用人工智能技术解决问题的能力，为人工智能教育的实施与发展提供了宝贵的建设经验。

9.1.2 西海岸新区：智引未来，赋能生慧，智慧教育整区升级

青岛市西海岸新区启动"'因材施教'人工智能＋教育创新应用行动"项目，成立智慧教育指导中心，汇聚教研、装备、学校、企业等多方人才资源，形成多级统筹、多方协同的工作机制，实现全区智慧教育项目统一规划设计、统一支撑保障和统一成效评估。通过升级全区智慧教学环境，建设区域教育平台及教学资源库，分层分类、线上线下融合等方式逐步提升教师信息化素养，开展课前、课中、课后全程应用高效智慧教学课堂实践，西海岸新区实现了由经验重复转向数据实证的教育治理转型，师生信息素养水平、教育教学质量及教育治理能力全面提升。西海岸新区现代化信息和智能技术的应用实践为教育现代化建设与发展提供了重要经验。

9.2 案例全文

9.2 学校特色创新性教育管理发展案例

9.2.1 珠江路小学：知行融创合一的智慧教育

西海岸新区珠江路小学直面学校智慧教育发展关键问题，成立"智慧教育"建设和应用领导小组，制定学校层面的详尽智慧教育计划以及实施方案与制度，以确保学校智慧教育工作高效有序进行。经过有效部署与实施，学校智慧校园实现网络全覆盖、多媒体网络全到班、数字化科技实验室全到位，学校智慧化教学环境以及教师智慧化教学能力显著提升，有效落实了畅言智慧课堂、人工智能教育、智慧校园以及专递课堂等项目，实现了智慧课堂教学实践日常化以及学校管理智能化。随着人工智能教育的深入开展，以及融合应用同步课堂优势，珠江路小学的整体建设充分发挥了互联网时代的建校特色，为学校智慧教育建设提供了可借鉴的发展经验。

9.2.2 崂山区实验初级中学：基于教学云平台的精彩教育大课堂教学实践

为落实教育中的减负提质，崂山区通过建立崂山区教学云平台，将信息技术深度应用于课前备课、课中教学、课后教研、习题测练、教学评估等整个教学流程。崂山区实验初级中学结合自身实际，积极地进行崂山区教学云平台与精彩教育大课堂融合的探索。全面规划，逐步推进，通过骨干教师示范项目团队的引领以及全体教师的参与，崂山区实验初级中学围绕

教学云平台开展教学实践，实现了从“以教为中心”向“以学为中心”的转换，学科知识交叉融合，课堂学习不受时空限制且互动性增强，提高了学生学习效率和教育教学整体质量。崂山区实验初级中学基于教学云平台的精彩教育大课堂教学实践的建设经验，为信息技术与实际教学场景进行融合提供了思路和方法。

9.2.3 青岛市实验高级中学：智慧校园——信息化技术推动学生全面发展

青岛市实验高级中学是青岛市教育信息化应用创新示范学校、山东省教育厅第一批教育信息化单位。通过不断创新与突破，青岛市实验高级中学实现了信息化技术在校园全方位的应用与发展。学校依托以物联网为基础的智慧校园，以及汇聚学习、智能评价等数据的数据中心，通过全面的数据分析与诊断，为学校管理、教育教学、发展评价提供信息依据和数据支撑。通过资源建设、大数据技术与智能技术等满足学生课程选择、教学以及成长规划等方面的个性化学习与发展需求。信息化技术与教育教学全面融合，信息化教学已成为了日常教学行为。青岛市实验高级中学的全方位信息化技术应用为互联网时代学校建设提供了可借鉴的宝贵经验。

9.3 创新教学模式与应用

9.3 案例全文

9.3.1 胶州市第十中学：智慧课堂，精准教学

胶州市第十中学顺应互联网时代潮流，借助信息化技术整合平台上的各种资源，探索云环境下的智慧教学。胶州市第十中学提出“以学定教、先学后教、能学不教、准学精教”的十六字教学指导方针，探索了“一单双翻三段五环节”智慧教学模式和基于“TCP2S”五步教学法的混合式教学模式教学实践。通过网络学习空间，教师和学生获得了个性化的教学与学习资源，实现了教与学的个性化与智能化。智慧课堂与精准教学的应用帮助学生固强补弱，提高教学质量，调动了学生学习的积极性，实现了以“教师教”为中心向以“学生学”为中心的转变。胶州市第十中学精准教学的实践成果为智慧课堂教学发展与模式创新提供了重要途径和方法。

9.3.2 崂山区松岭路小学：STEAM 项目式课程推动学生全面提升

崂山区松岭路小学以项目式跨学科理念为指导，以互联网信息技术和 VR 技术为支撑，充分整合与连接各类教育资源，积极开展 STEAM 课程，培养学生的想象力、创造力以及动手解决问题的能力。通过开发 STEAM 课程资源、建设 VR“农耕博物馆”、建设智慧型太空农场实践基地等方法，利用 VR、多媒体、人机交互、大数据和网络通信等信息技术手段，帮助学生更近距离地了解工程学、数学、技术等学科的奥秘。学校建设创客空间配备各类操作性设备，满足学生开展各类实践活动和 STEAM 项目的需要。通过全面部署与规划 STEAM 项目式课程，学生在实践中应用与巩固各学科知识，增强动手与操作能力，促进了学生核心素养的全面提升，实现了教育目标与信息化技术的有效连接与融合。

9.4 疫情期间的空中课堂和在线学习

9.4 案例全文

9.4.1 疫情背景下，以家庭为中心、家校合作、五育并举的胶州模式

疫情发生后，胶州市教育和体育局高度重视延迟开学期间学生居家学习生活，认真落实教育部、山东省以及青岛市相关文件精神，科学指导并规范全市中小学线上教学行为，实施以家庭为中心、家校合作、五育并举的应对模式。胶州市采用“线上”“线下”相结合的方式，为学生提供学习支持。从德、智、体、美、劳五个方面开展“空中课堂”；启动了“十个一”心理防护工程，指导师生和家长做好心理健康和家庭教育工作；“线上”“线下”结合，多途径聚合易用、适用的教学资源，为学生提供学习支持。在疫情期间，胶州市为学生、教师以及家长应对线上教学提供了良好的行动指导以及保障，线上教学的一些经验积累以及方法和思路仍值得在未来的教学发展中借鉴传承。

9.4.2 青岛市德县路小学：居家教学，问卷先行

在“停课不停学”的背景下，为全面了解学生的居家学习状况和线上教学效果，青岛市德县路小学分别以“线上学习方式”“线上学习实效”“线上学习优化”为主题，制定了“三问三反馈”网络调查问卷工作思路，先后实施三次调查问卷，根据问卷反馈数据和家长诉求，动态更新与优化线上教学方案。通过“基于问题—数据调查—找准症结—解决问题”的思路与方法，学校第一时间掌握了关键数据，及时地调整教育教学方案，尽可能地满足更多个性化学习的需求，通过有针对性的调整和改进，逐步让学生的居家学习活动慢慢地走上正轨。

9.4.3 西海岸新区实验小学：主题学习与项目作业结合，“空中课堂”有声有色

西海岸新区实验小学在空中课堂的实践中，以班级为单位，切实安排好学生的学习过程，细化至课前预习、课堂安排、答疑时间及时长把握、作业批改的方式等各个环节，确保教学活动的有序进行。学校以智慧教育指导中心下发的资源为依托，教研组通过集中研讨，针对学科特点，围绕学生的核心素养，培养设置“主题式”课程学习。在主题学习的基础上，以“项目式作业”巩固对主题和学科知识的了解。通过多学科联动进行主题课程学习，以项目式布置作业，引导学生形成项目式的学习策略，在项目作业完成过程中加深对主题课程知识的认识，在生活场景中充分运用学科知识，保持学生学习兴趣，全面提升教学效果。

9.4.4 李沧区青岛市第二实验小学：综合评价多鼓励，个个都是小能手

李沧区青岛市第二实验小学开发了《市二实验延学修炼手册》（低、中、高年级版）的主题课程。该课程将德育、美育、体育、劳动教育、心理健康、野生动物保护等内容与文化学科相结合，以人文、科技、生活为逻辑支持，以“生命、生活、生态、感恩”为主题项目，引导学生关注时事，在自主、轻松、愉悦的氛围中进行探究式学习。学校还注重对孩子们的读书笔记、思维导图、实践成果等居家学习成果进行综合评价，让好的学习习惯通过积极的鼓励逐渐养成。班主任及学科教师在班级群对学习成果及时评价，学校的微信公众号及时展示优秀学习成果。通过对成果的展示与评价激励，学校充分调动学生居家期间参与互联网学习的积极性，提升学生居家学习效果。

第10章

青岛市基础教育领域互联网学习发展关键问题

10.1 常态性与极端性在线学习环境建设需求冲突

经过长期发展建设，青岛市教育城域网以及数据中心基础设施及资源建设能够充分保障青岛市中小学师生日常互联网教学需求。疫情期间互联网学习需求激增，对在线教学环境的出口带宽、服务器以及存储空间的需求远超现有建设成果。超过日常教学的极端在线学习需求对在线学习环境建设提出了新的要求。面对后疫情时代多变的疫情发展态势，为保障学生学习的顺利开展，在线学习环境建设则面对两难困境：若为满足学生在疫情期间极端需求进行在线基础环境建设，则会造成非极端时期近 80%～90%的建设资源长期浪费；若保持现有建设成果满足学生日常教学需求，则难以应对后疫情时代不可预料的极端在线教学需求。亟待构建更加弹性灵活的基础环境，在有效应对潜在风险的情况下，实现教育基础设施资源的最大化利用。

10.2 教育资源供给对教育支撑赋能尚显不足

青岛教育 e 平台目前有各种资源 1000 万余条，资源总存量巨大。在实际应用过程中，教师和学生存在着对优质互联网教学资源的迫切需求。当前教育资源建设存在着存量巨大，但质量良莠不齐，对教师互联网教学和学生互联网学习支持有限，赋能不足的问题。改善资源供给质量，优化资源供给结构，让建设的资源契合教师与学生的教学与学习需要，提高资源在教师教学和学生学习中的实用性，增强教学资源建设对教育的支撑能力是当前资源建设的一个重要问题。

除课堂教学外，学生及家长对课后辅助类资源的需要较为普遍和迫切。当前的课后辅助资源通常是由一些社会机构或组织提供，但这种资源提供方式目前存在诸多问题：资源盗版、侵权问题严重，给师生的选择和使用造成困扰；一些优质社会性辅助资源往往收费较高，部分学生无力负担高额费用，辅助性教育资源分布不均。现代信息技术为教育资源的大规模传播与共享提供了可能。如何利用信息技术促进基础性、辅助性资源的建设与发展，保障学生辅助类资源基本需要是互联网学习资源建设与发展的又一重要问题。

10.3 远程在线教学效果有待提升

在疫情特殊时期，中小学的教学以远程在线形式展开，与传统的课堂教学在形式与环境等方面具有巨大差异，给教师教学和学生学习带来了新的挑战。

调查表明，在远程在线教学过程中，教师信息技术应用能力虽得到较大提高，但部分教师在线教学资源制作、教学工具操作，课堂设计及管理等方面仍存在困难和不足，不利于在线教学的高效开展。在线教学模式下，由于缺乏与学生直接的面对面沟通，师生之间互动不流畅，教师无法充分了解学生真实情况，影响一些教学活动实现。而在学生方面，在线上课干扰因素多，难以保持注意力；教学平台过多，操作烦琐或使用不畅等问题也较为常见。

经过疫情期间的远程在线互联网教学与学习实践，教师和学生对完全线上教学的体验和效果评估均低于传统面对面的课堂教学形式。了解教师和学生在线教学情况，解决在线教学存在的问题，创新在线教学模式，提高互联网在线教学效果，为提升常态性互联网教学效果和后疫情时代特殊时期在线教学需求具有重要意义。

第11章 青岛市基础教育领域互联网学习发展趋势

11.1 优化升级，构建灵活稳定的互联网学习环境

为适应后疫情时代常态性与极端性在线教学环境需求的动态变化，要构建更加优质灵活的网络基础环境，设计“公有云＋私有云”的弹性混合云应用机制。存量的城域网资源（私有云）作为核心资源，满足常态使用需求，保障数据安全；特殊应用和突发情况引入公有云服务，满足特殊时期的大规模使用需求；用后释放，减少资源浪费，实现资源的有效利用。

利用 5G 技术高速率、低时延、大连接等特性，青岛市进一步探索 5G 技术在校园无线覆盖、物联网、重大活动、智慧校园等场景的应用，优化网络通道，提升网络质量。推进教育城域网 IPv6 升级改造，优化网络结构，增强网络访问服务安全性与稳定性。

11.2 以需定供，促进教育资源建设均衡有效发展

立足师生互联网教学需要，提高资源供给质量。加强对教师和学生资源需求的调研，以满足教师和学生教学与学习需要为基本导向进行教育资源建设，提高资源供给与教学需求的匹配度，从供给端解决供给结构失衡问题，提高优质教学资源比例，提升教育资源供给质量。探索构建青岛本土优质教育资源共建共享制度，多方法多渠道，充分调动名师、名校建设优秀教育资源的积极性，构建适合本地教学的优质教学资源，提高教学资源的使用频率和应用广度。

增强教育辅助资源供给，促进教育辅助资源均衡分配。利用青岛教育 e 平台和优秀教师资源，创新信息技术支撑下的教学辅导应用场景，建设教学辅导在线支持系统，为学生提供公益性优质教学辅助资源，解决学生课后辅助资源选择难、分布不均衡等问题，满足学生辅助与培优需要。

11.3 融合创新，提升互联网教学质量与效果

提升教师信息化能力与素养，提高教师互联网教学能力与质量。梳理教师互联网教学的技能要求，构建互联网教学技能培养课程体系，进一步加强和完善教师信息素养提升和保障机制，培养专业互联网教学队伍，为互联网教学提供优质的师资力量。

创新互联网教学方式方法，增强互联网学习效果。研究与开发信息技术支撑的互联网教学课程，通过信息技术与教育教学的深入融合，实现现代信息技术赋能教育，拓展学生学习视野，优化学生学习体验，全面提升学生核心素养。

11.4 多管齐下，完善基础教育领域人工智能教育体系

结合青岛市人工智能教育已取得的成效和进一步发展的要求，继续完善硬件、教材资源、师资力量、教学评估等支撑环境，全面构建人工智能教育体系，提升学生的人工智能素养。

完善青岛市基础教育领域人工智能教育教材及资源。培养名师团队，开展全员培训，提高学科教师专业水平，确保人工智能教育课程开设制度化、教学实施规范化、活动开展常态

化。创新人工智能教育教学过程，突出学生主体地位，提高学生的实践能力、创新能力、思维能力，培养团队协作能力，进一步提高人工智能教学质量。健全与实施全市人工智能素养评估机制，在人工智能教育全民普及的基础上，进一步探索特色培优，多维度构建青岛人工智能教育体系，全面推进青岛市人工智能教育稳步发展。

11.5 数据驱动，增强青岛现代教育治理成效

青岛教育 e 平台集成学校一线管理、师生的学习生活行为，整合汇聚管理数据、教学数据、生活数据、学业数据、视频数据，为学校教育管理和教学活动的开展提供广泛及时的数据支持。未来以青岛教育 e 平台为核心，不断扩大和深入智慧校园建设，用好教育大数据，发挥数据对教育宏观治理与校园微观管理的支撑和驱动作用，提高治理决策的科学性，实现智慧办公，优化完善青岛市现代教育治理体系，全面提升教育治理能力和治理成效。

附录

2020年中国互联网学习区域发展报告——青岛区域编写团队介绍

主　编
李晓梅　青岛市教育装备与信息技术中心

副主编
黄广岳　青岛市教育装备与信息技术中心

编　委（以姓氏拼音为序）
张计龙　复旦大学
殷沈琴　复旦大学

2020年
中国互联网学习区域发展报告
深圳区域

教育部教育管理信息中心
百度文库
编著

清华大学出版社
北京

内 容 简 介

《2020年中国互联网学习区域发展报告》分为青岛区域、深圳区域、南京区域、吉林区域四个分册，从年度特征词、教师发展、学生变化、教育变革、典型案例、发展趋势和关键问题等方面进行了分析和阐述。本书以科学视角分析教育信息化面向互联网时代的转型格局，理解信息技术与教育教学深度融合“最后一公里”的旅程，客观、全面地理解中国教育信息化发展进程，并以“互联网+”思维推动教育信息化建设模式的时代发展，推动体制内外协同视角下教育系统重构及教育信息化服务系统重塑。

图书在版编目（CIP）数据

2020年中国互联网学习区域发展报告／教育部教育管理信息中心，百度文库编著．—北京：清华大学出版社，2021.9

ISBN 978-7-302-59135-1

Ⅰ．①2…　Ⅱ．①教…　②百…　Ⅲ．①教育工作－信息化－研究报告－中国－2020　Ⅳ．①G52

中国版本图书馆CIP数据核字（2021）第182810号

责任编辑：赵轶华
封面设计：常雪影
责任校对：李　梅
责任印制：沈　露

出版发行：清华大学出版社
　　网　　址：http://www.tup.com.cn，http://www.wqbook.com
　　地　　址：北京清华大学学研大厦A座　　**邮　　编：**100084
　　社 总 机：010-62770175　　**邮　　购：**010-62786544
　　投稿与读者服务：010-62776969，c-service@tup.tsinghua.edu.cn
　　质量反馈：010-62772015，zhiliang@tup.tsinghua.edu.cn
印 装 者：三河市龙大印装有限公司
经　　销：全国新华书店
开　　本：185mm×260mm　　**印　　张：**25.75　　**字　　数：**626千字
版　　次：2021年10月第1版　　**印　　次：**2021年10月第1次印刷
定　　价：145.00元（全四册）

产品编号：093565-01

《2020 年中国互联网学习区域发展报告——深圳区域》
编 委 会

目　录

第1章 概述

1.1 报告的背景

“互联网+”新时代赋予了教育信息化新的使命，带动教育信息化从1.0时代进入2.0时代。5G、云计算、大数据、人工智能等技术广泛地应用发展，经济社会各行业信息化步伐不断加快，社会整体信息化程度不断加深，教育领域面向互联网创新发展的进程开始加速，技术赋能使得教育领域出现了前所未有的变革前景：新型课堂生态蓬勃发展，如云计算技术支持下的远程教学课堂形式“云课堂”；新型教学形态方兴未艾，如“互联网+人工智能”协同下的教与学互动的教育方式“在线学习”；基于5G技术的智慧课堂、智慧校园和智慧教育蓬勃发展；知识付费性的全域服务日益丰富；终身学习型社会加速生成。“互联网+”为教育发展带来了机遇，也为实现教育现代化提供了重要条件。

自2014年始，中国互联网学习白皮书项目正式开展，建立了跨多个教育领域的专家团队，旨在呈现互联网学习发展的政策指向与演变，反映互联网学习发展的认知与实践应用现状，进而有效推动我国教育科技的融合与创新。深圳市作为科技名城，于2017年加入《中国互联网学习白皮书(基础教育领域)》的编制，在此过程中，积累了大量的互联网学习经验与成果。三年来，深圳市逐步提炼总结形成了一系列互联网学习典型案例和实践成果，发挥了很好的研究和引领作用。2020年，深圳市作为区域代表独立编制成册，通过展示深圳市“互联网+”时代的教育政策指向，明晰深圳市学校管理者、教师、学生不同视角下的互联网学习发展现状，凝结深圳市互联网学习实践经验，以更深刻、全面地洞察深圳市教育信息化发展的基本趋势及关键问题，从而进一步推动深圳市“互联网+”时代的教育科技融合与创新。

1.2 报告的编制

“互联网+”时代赋予了学习以新的内涵，“互联网+”时代亦急速推动了教育教学的改革。了解深圳市基础教育互联网学习的政策指向，探索不同行动主体视角下的深圳市基础教育互联网学习发展现状及其实践经验，在总结发展优势与特色的基础上，进一步理清发展的关键性问题，对后续更好地制定学习发展政策、促进互联网学习的发展至关重要。

1.2.1 基本思路

为了深度呈现2020年度深圳市基础教育领域的互联网学习发展现状，本报告设定了以下几维目标：第一，了解深圳市基础教育互联网学习的政策指向；第二，探索不同行动主体(学校管理者、教师、学生)视角下的互联网学习发展认知；第三，呈现深圳市特色的实践案例；第四，对深圳市基础教育互联网学习的发展趋势及关键问题进行总结与归纳。报告编制的基本框架详见表1-1。

表 1-1 报告编制的基本框架

<table>
<tr><th>报告的目标</th><th>解决的问题</th><th>数据来源</th><th>数据分析</th><th>所属章节</th></tr>
<tr><td>互联网学习的政策指向</td><td>深圳市互联网学习的年度特征词</td><td>政策性文件</td><td>文本分析</td><td>第 2 章</td></tr>
<tr><td rowspan="6">学校管理者、教师和学生对互联网学习发展的认知情况</td><td>深圳市互联网学习的学校管理与办学特征</td><td rowspan="6">问卷</td><td rowspan="6">定量分析</td><td>第 3 章</td></tr>
<tr><td>深圳市互联网学习的环境建设与支持</td><td>第 4、5 章</td></tr>
<tr><td>管理者、教师、学生应用互联网开展管理、教学、学习的情况</td><td>第 6 章</td></tr>
<tr><td>教师与学生在应用互联网的过程中，其能力发展情况</td><td>第 7 章</td></tr>
<tr><td>疫情期间管理者、教师和学生所面临的挑战和机遇</td><td>第 8 章</td></tr>
<tr><td rowspan="2">互联网学习发展的实践情况</td><td>征集的互联网学习案例的整体特征，如案例类型、基本内容、可推广性等</td><td rowspan="2">案例</td><td>文本分析、定量分析</td><td>第 9 章</td></tr>
<tr><td>深圳市基础教育互联网学习的典型特色与发展经验</td><td>定性分析</td><td>第 9 章</td></tr>
<tr><td>互联网学习的发展趋势和关键问题</td><td>深圳市基础教育互联网学习的发展趋势和关键问题</td><td>政策文件、问卷、案例</td><td>定性分析</td><td>第 10 章</td></tr>
</table>

目标一：互联网学习的政策指向

为准确把握深圳市基础教育互联网学习的政策指向，本报告首先采用了文本分析的方法梳理深圳市发布的互联网学习相关政策性文件，继而确定"校内校外 · 在线教育""云端学校""5G+智慧教育应用""人工智能教育"为 2020 年深圳市基础教育领域年度特征词，并在第 2 章进行了详细的阐述。

目标二：不同视角下的互联网学习发展认知

本报告参照"中国互联网学习 CASE 模型"，采用问卷调查法，从能力(C)、应用(A)、支持(S)、环境(E)、管理(AD)以及疫情期间互联网学习开展情况(OT)等维度，定量分析学校管理者、教师、学生的互联网学习发展认知(详见表 1-2)。其中，"能力"是指学习者与教师有效应用互联网开展学习和教学活动所需的能力，以及学校在互联网时代的办学特征；"应用"是指互联网在教学与学习活动中的应用；"支持"是指为学习者提供的资源与过程支持，以及为教师提供的专业发展支持；"环境"是指支撑教师与学习者利用互联网开展教学和学习活动的在线平台与系统、物理环境与政策环境。

表 1-2 CASE 模型下互联网学习行动主体的分布

维 度	行 动 主 体		
	学生	教师	学校管理者
能力(C)	√	√	√
应用(A)	√	√	√
支持(S)	√	√	√
环境(E)	√	√	√
管理(AD)	—	—	√
疫情期间互联网学习开展情况(OT)	√	√	√

基于CASE模型，本报告致力于呈现互联网学习发展现状，并从学校管理者、教师、学生三个不同视角对各个维度进行整合、对比分析。问卷调查的定量分析结果详见第3～8章。

目标三：互联网学习发展的实践情况

为了解深圳市基础教育互联网学习的实践情况，深圳市编写团队从两个维度对收集到的互联网学习案例进行分析：第一，定量评价案例整体所呈现的基本内容、经验和启示水平，即案例的主体内容是否凸显互联网学习的政策指向(年度特征词)，以及案例是否具有典型性和推广价值，能否丰富互联网学习的策略和方法。第二，在互联网学习的政策指导(年度特征词)下，结合CASE模型，定性分析深圳市基础教育互联网学习的典型案例，尤其是在创新性教育管理、代表性学习环境与支持、互联网学习的典型应用、创新型教学模式，以及疫情期间在线教学方面所呈现的优势与特色。案例的定量评价结果和定性分析结果详见第9章。

目标四：互联网学习的发展趋势与关键问题

整合年度特征词、问卷调查和案例分析的结果对于后续更好地制定学习发展政策尤其重要。因此，最后一个目标落脚于分析归纳互联网学习的政策指向(年度特征词)、行动主体的互联网学习发展认知(问卷调查)，以及互联网学习的实践情况(案例分析)之间的联系与差异，从而进一步反思深圳市基础教育互联网学习的发展趋势及其发展的关键问题。其结果详见第10章。

1.2.2 问卷数据的来源与分布

问卷数据是通过问卷平台向深圳市部分学校管理者、教师、学生发放调查问卷采集所得，共计回收190606份有效问卷，其中包括学校管理者问卷277份，教师问卷14161份，学生问卷176168份。参与调查的对象年龄、性别、学历、区域等分布如下。

1. 参与调查的学校管理者基本情况

如图1-1所示，本次参与问卷调查的学校管理者的年龄段主要在46～55岁，占比为56.67%；其次是36～45岁，占比为25.63%。

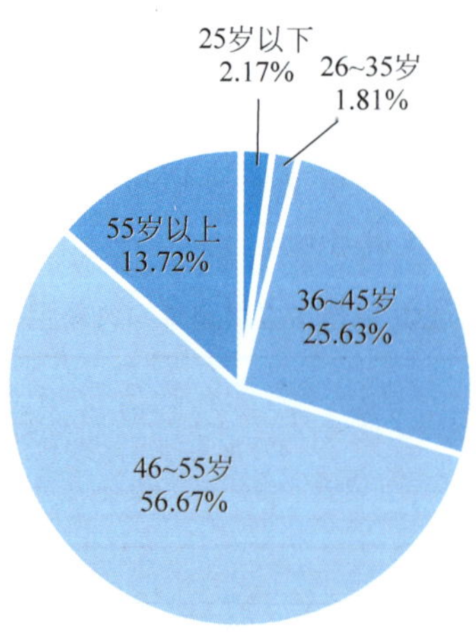

图1-1 学校管理者的年龄分布

如图1-2所示，参与调查的学校管理者中，女性占比29.96%，男性占比70.04%，表明学校管理者中以男性居多。

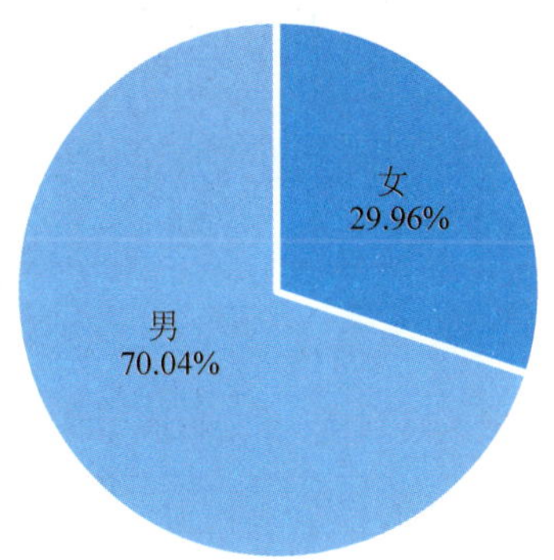

图 1-2 学校管理者的性别分布

如图 1-3 所示，学校管理者的教龄普遍在 15 年以上，其中教龄在 20 年以上的学校管理者占 83.39%。这说明学校管理者普遍是从教经验丰富的教师。

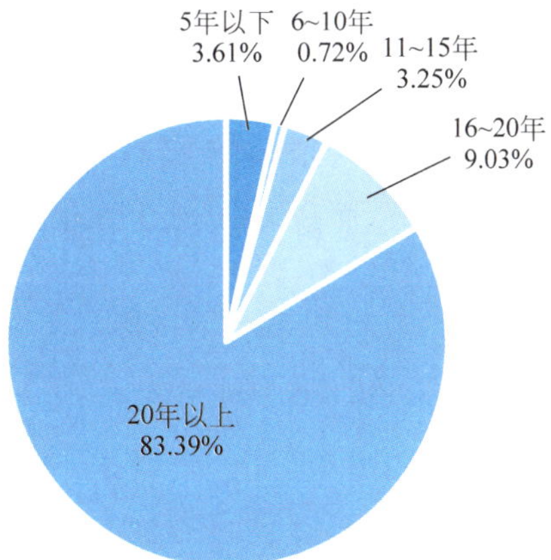

图 1-3 学校管理者的教龄分布

如图 1-4 所示，学校管理者从事管理工作的年限普遍为 11～20 年及以上，其中有 11～15 年管理工作年限的占比为 22.02%；16～20 年管理工作年限的占比为 24.55%；有 20 年以上工作年限的占比为 30.32%，而工作年限在 5 年以下的仅占 6.14%。这表明深圳市学校管理者普遍具有丰富的管理工作经验。

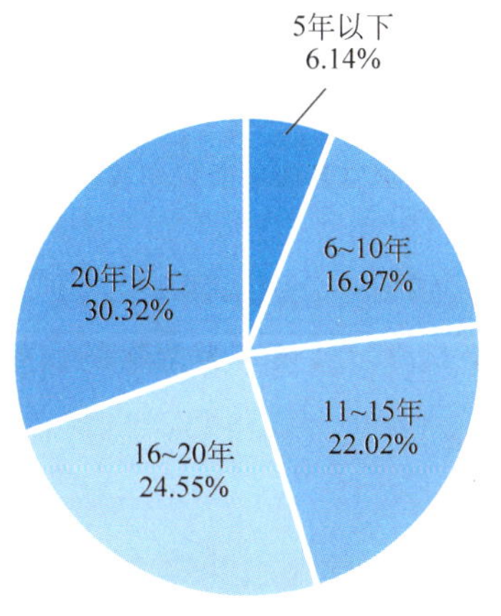

图 1-4 学校管理者的管理工作年限分布

如图1-5所示，参与调查的学校管理者中，学历为本科及以上的占96.39%，学历为大专及以下的仅占3.61%。

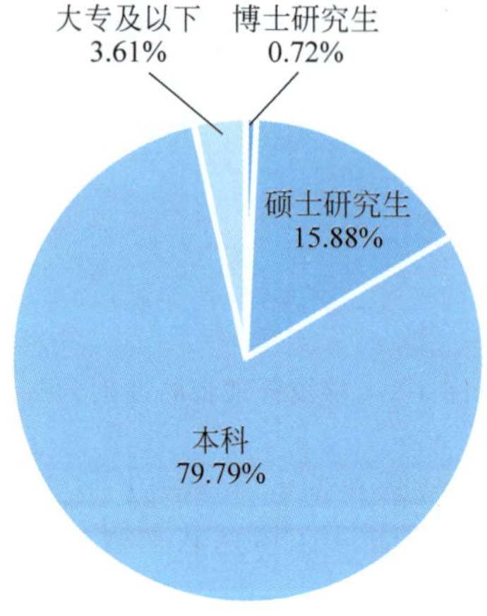

图1-5 学校管理者的学历分布

在所属学校性质分布方面，如图1-6所示，本次参与问卷调查的学校管理者中，53.79%来自小学，27.44%来自九年一贯制学校，而高级中学、十二年一贯制学校、初级中学、初高中一体化学校的学校管理者较少。

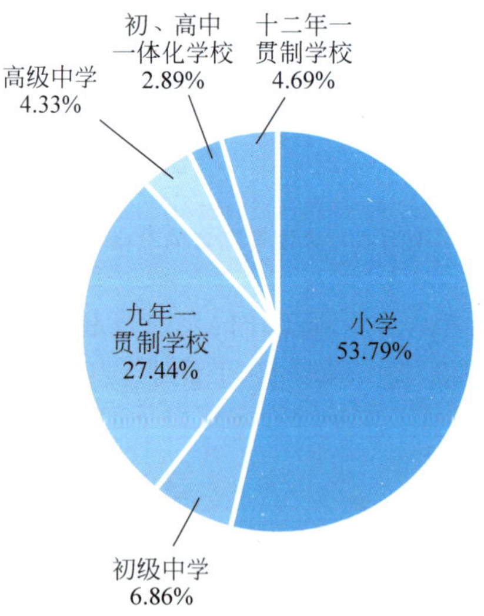

图1-6 学校管理者所属学校性质分布

在参与互联网学习培训方面，如图1-7所示，98.92%的学校管理者参与过互联网学习的相关培训，其中，频率为一次的占25.27%，频率为两次的占28.52%，频率为三次及以上的占45.13%。

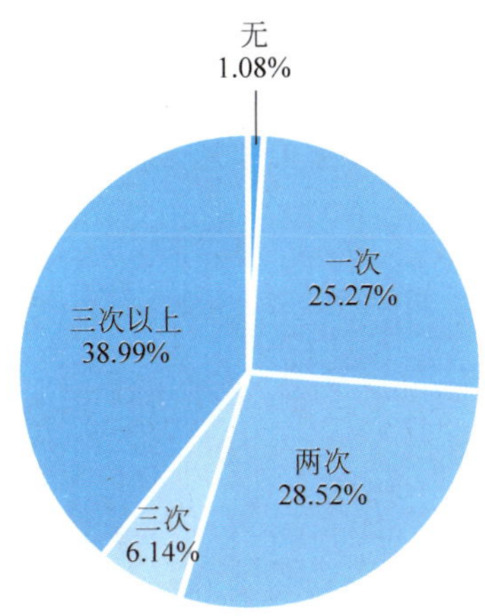

图 1-7 学校管理者参与互联网学习相关培训的频率

对学校管理者参与的培训主题类型的调查如图 1-8 所示，主题为互联网学习相关政策解读的占 60.29%；主题为互联网应用能力提升培训的占 63.18%；主题为教学或管理平台管理与应用的占 68.23%；主题为互联网学习前沿热点(如人工智能等)的占 51.26%；主题为信息安全的占 64.26%。

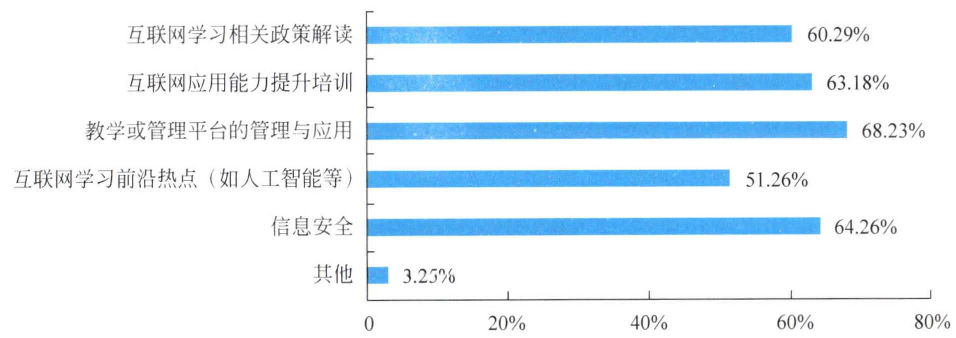

图 1-8 学校管理者参与的互联网相关主题培训

2. 参与调查的教师基本情况

参与调查的教师年龄情况如图 1-9 所示，26～35 岁年龄段的教师占比最高，达 49.24%；其次为 36～45 岁和 25 岁以下年龄段的教师，分别占 24.21%和 14.02%；45 岁及以上年龄段的教师比例最低，为 12.53%，结果表明教师年龄结构趋于年轻化。

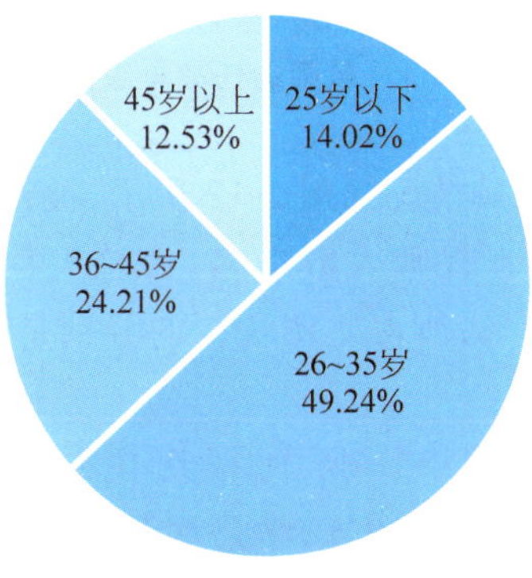

图 1-9 教师的年龄分布

参与调查的教师教龄情况如图 1-10 所示，教龄在 5 年以下的教师占比最高，达 38.04%；教龄在 6～10 年、20 年以上和 11～15 年的占比分别为 23.11%，16.05%和 13.62%；教龄在 16～20 年的比例最低，为 9.17%，结果表明教师教龄结构趋于年轻化。

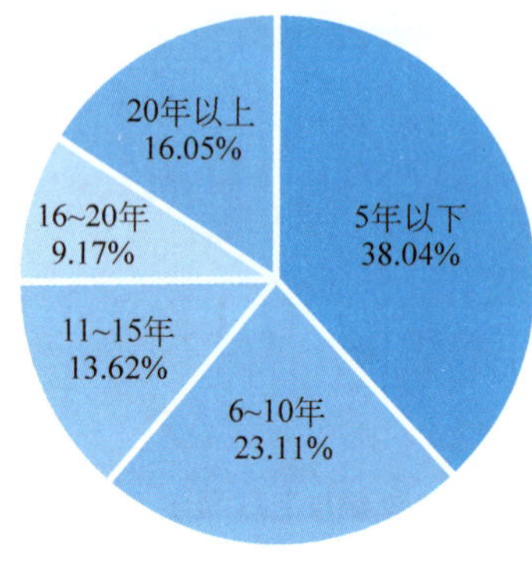

图 1-10　教师的教龄分布

参与调查的教师任教年级情况如图 1-11 所示，任教年级涵盖小学、初中和高中，共 12 个不同的年级。其中，小学阶段占比最高，主要集中在六年级（11.40%）、四年级（10.75%）、五年级（10.71%）；其次为初中阶段，主要集中在八年级（9.14%）、七年级（8.32%）、九年级（8.23%）；高中阶段比例最低，总共仅占 11.60%，高一年级、高二年级和高三年级占比分别为 4.79%、3.55%和 3.26%。

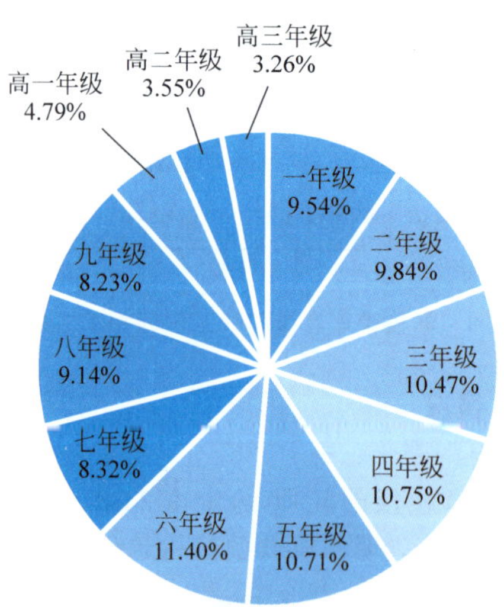

图 1-11　教师的任教年级情况

参与调查的教师所在学校区域情况如图 1-12 所示，被调查教师主要分属深圳市直属学校及 11 个区，其中宝安区被调查教师人数最多，占总人数的 33.39%；其次是龙岗区，占 17.41%；接着是福田区，占 12.27%；所占比例较少的分别是龙华区（0.06%）、深汕特别合作区（0.05%）和光明区（0.04%）。

参与调查的教师学历情况如图 1-13 所示，学历在本科及以上的教师比例为 93.84%。其中，本科学历教师占比最高，为 76.09%；学历为硕士研究生和博士研究生的分别占比 17.52%和 0.23%；专科及以下学历教师占比 6.16%。

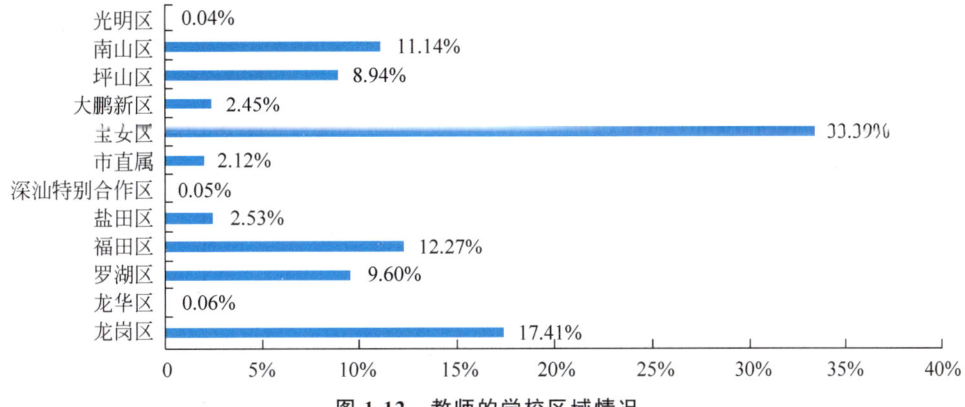

图 1-12　教师的学校区域情况

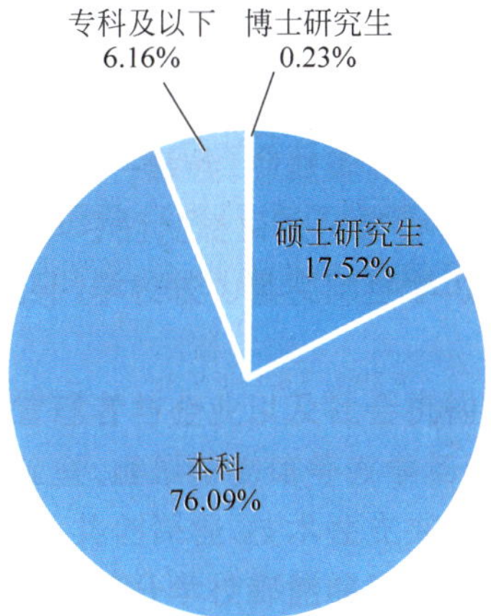

图 1-13　教师的学历情况

教师参加互联网教学相关的培训情况如图 1-14 所示，参与互联网教学相关的培训频率为 1 次的占比最高，达 33.40％；其次教师参与培训频率为 2 次和 3 次及以上也占有一定比例，分别为 23.85％和 29.09％；教师从未参与互联网教学相关培训的比例最低，为 13.66％。结果表明教师普遍都参加过互联网教学相关的培训。

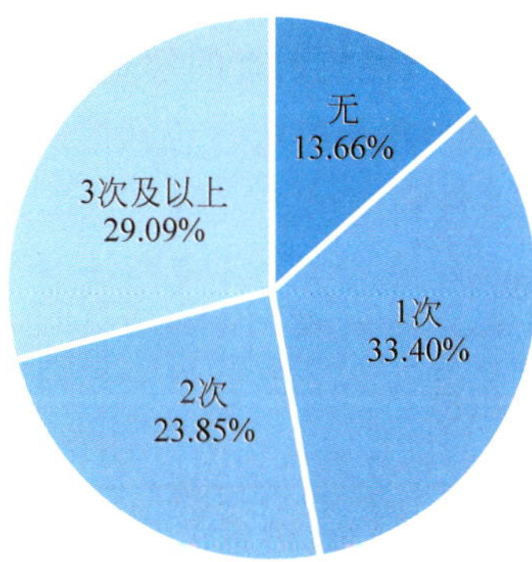

图 1-14　教师参与培训的情况

3. 参与调查的学生基本情况

从性别来看,如图1-15所示,参与调查的学生中,女生占比45.58%,男生占比54.42%。

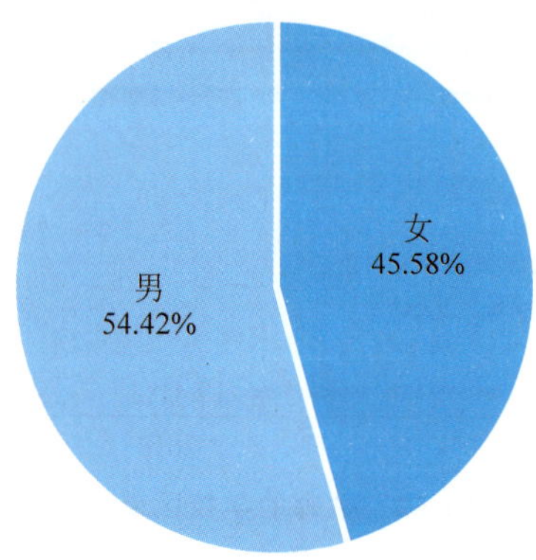

图1-15 学生的性别分布

在年级分布上,如图1-16所示,被调查学生所处年级分别是小学阶段的三年级至六年级、初中和高中,共10个不同的年级。其中小学阶段占比最高,为59.76%,主要集中在四年级(14.09%)、五年级(17.93%)、六年级(18.45%);其次是初中阶段,主要集中在七年级(14.46%)、八年级(11.57%);高中阶段占比最小,总共仅占9.48%。

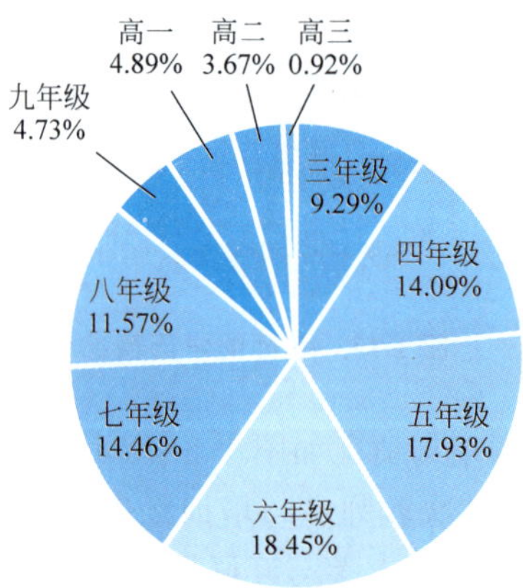

图1-16 学生的年级分布

在区域分布方面,如图1-17所示,参与调查的学生主要分属深圳市直属学校及11个区

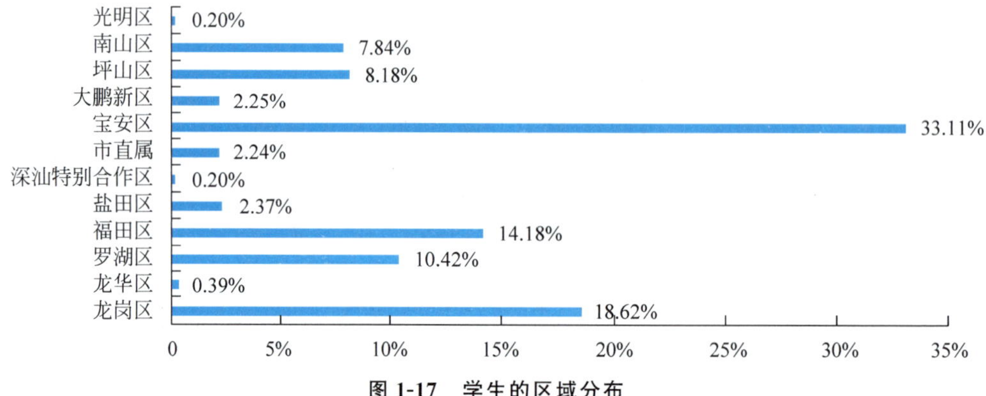

图1-17 学生的区域分布

(新区,深汕特别合作区),其中宝安区的学生人数最多,占总人数的33.11%;其次是龙岗区,占18.62%;接着是福田区,占14.18%;所占比例较少的分别是龙华区(0.39%)、深汕特别合作区(0.20%)和光明区(0.20%)。

1.2.3 案例数据的来源与分布

基于中国教育信息化杂志社2020年“中国互联网学习案例”的征集启事,调查团队共收到深圳市案例99份。案例涉及的区域、年级、学科分布如下。

如图1-18所示,征集的案例主要分属深圳9个区域,其中于龙岗区收集到的案例最多(27份);其次是罗湖区(20份)、福田区(15份)和宝安区(11份)。

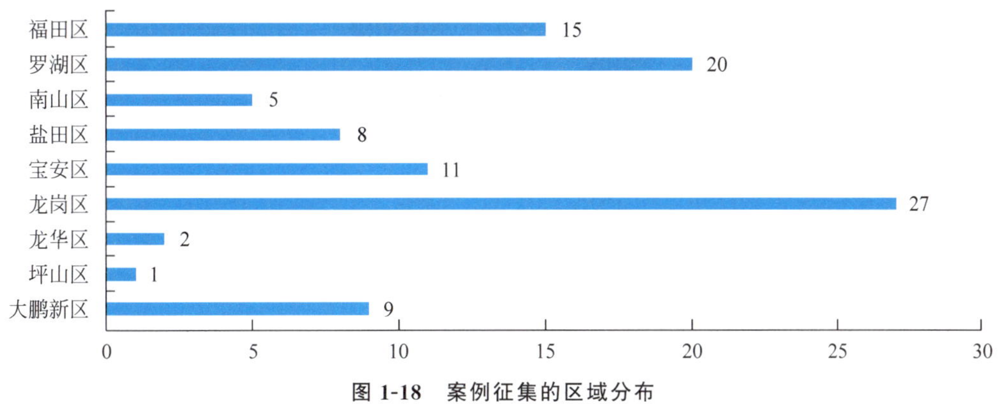

图1-18 案例征集的区域分布

如图1-19所示,征集到的案例所处年级涵盖小学阶段六个年级、初中三个年级和高三,共10个不同的年级。其中初中三个年级几乎占据案例的一半,主要集中在八年级(23.75%)和七年级(15.26%);其次是小学阶段,主要集中在四年级(10.17%)和五年级(10.17%);高中阶段占比最小,仅占1.69%。

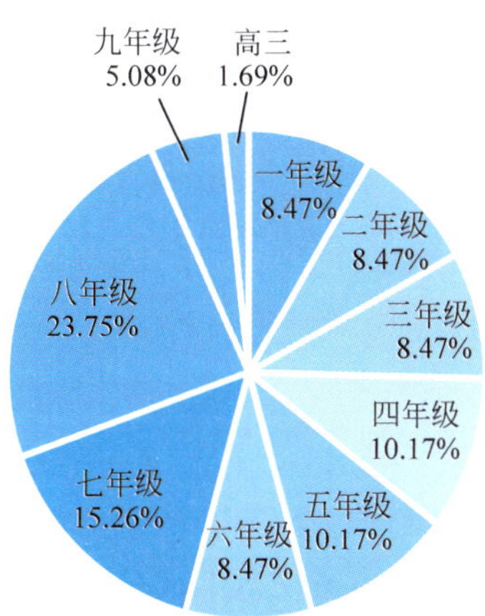

图1-19 案例征集的年级分布

如图1-20所示,征集到的案例涵盖中小学共计15个学科。其中数学占比最多(26.09%);其次是语文(14.49%)、英语(14.49%)、物理(10.14%)、信息技术(10.14%);校本课程(2.90%)与综合实践(1.45%)学科也提供了可供参考的互联网学习案例。结果表明深圳市基础教育互联网学习涉及的学科范围较为广泛。

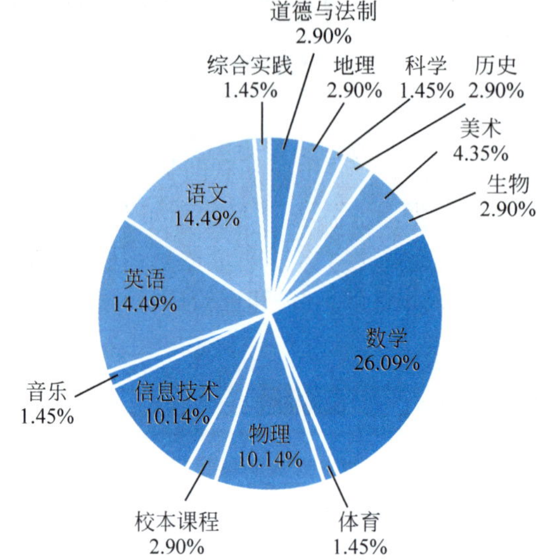

图 1-20 征集案例的学科分布

第2章

深圳市基础教育领域互联网学习年度特征词及其解释

2.1 校内校外在线教育

2.1.1 内涵解读

根据《教育部等十一部门关于促进在线教育健康发展的指导意见》(教发〔2019〕11号),在线教育是运用互联网、人工智能等现代信息技术进行教与学互动的新型教育方式,是教育服务的重要组成部分。2020年疫情防控期间,在线教育被赋予了“停课不停教、停课不停学”的特殊历史使命,全国各地各类学校纷纷开展多种形式的在线教学。在一场突如其来的新冠肺炎疫情影响下,各地的上班上课被按下了“暂停键”,在线教育却被按下了“快进键”。疫情期间,校内校外的在线教育成为开展教育培训活动的最佳形式,相关需求大规模转向线上,为在线教育行业带来了一轮发展机遇。

2.1.2 实践现状

1. 实现全面覆盖的在线教学

为确保“停课不停学,停课不停教”,疫情期间,深圳市举全市之力大规模实施直播和录播相结合的在线教学。从2020年1月开始,深圳市快速集结多方力量,在教育云基础上迅速扩容完善,组建了市级在线教学平台,并于2020年2月10日上线。在2020年5月18日全面复课前,深圳市有734所普通中小学开展了在线教学,日均开课教师数为7.4万人,日均上课学生数为137万人;单节教研公开课同时在线教师数峰值为1.8万人,单节公开课在线学生数峰值为1.9万人。

2. 打造特色优质的“空中课堂”

深圳市教育局从2020年2月10日起上线深圳教育“空中课堂”,即基于在线平台的技术支持,以实时直播和在线点播等形式呈现,包括学科同步课程和专题课程,服务学生居家学习与教师在线教学的创新型线上课堂教学模式。深圳教育“空中课堂”在疫情期间组织录制和上传5924节课例资源,连同已积累的2.8万节优质录播课例,提供了完整的学科资源包和同步课例,覆盖了中小学各个年级、各个学科。目前,深圳教育“空中课堂”仍在持续应用,并不断转型升级。

3. 形成多样化的在线教育平台

深圳市调动了包括腾讯公司在内的互联网厂商和各方资源共同支撑,建立了市级网络课堂、腾讯课堂等平台,形成了直播与录播相结合的多样化在线教学平台和方式。在直播课方面,共有腾讯课堂、钉钉软件、CCTALK等14家互联网厂商提供了服务。在录播课方面,实现了市级网络课堂、腾讯课堂、天威有线电视、移动、南方日报等多渠道并发,累计点播量及报名数超过400万人次。

2.1.3 发展趋势

疫情在一定程度上促进了校内校外在线教育的快速发展,引起了学校教育理念的变革,也进一步引发了人们对信息化时代未来教育发展趋势的思考。学校教育正逐步从传统的线下集中教学向线上线下教学融合发展转型。今后,线上线下相结合的教学方式可能会成为未来的一种常态。学校教育不断地探索基于新技术的教育教学模式改革,加快推进线上线下课程教学模式改革步伐，通过线上线下深度融合，推动教与学模式的变革，实行“互联网＋”线上线下相结合的混合式教学模式。

2.2 云端学校

2.2.1 内涵解读

云端学校是一种建立在云课堂与教育云平台基础上的学校建设。云课堂是基于云计算技术的一种高效、便捷、实时互动的远程教学课堂形式，也是一种完全突破时空限制的全方位互动性学习模式。通过信息技术与课堂教学的深度融合，云课堂为教师提供多种应用，助力备课、授课、作业、辅导等教学环节的信息化发展；同时，为学生提供不同学习场景的信息化服务，并支持各类学习终端的接入。教育云平台是以云计算为支撑，并以此为核心建立的一个具备基础教育功能的智能化教育信息管理平台，它以资源整合为中心，融入学习、教学、管理等工作领域，实现教育资源共享，提高教育资源利用效率，最终推动教育教学模式改革的发展。云端学校为师生、家长提供了一个学习分享的精神乐园，线上线下混合学习将成为师生的常态学习方式。

2.2.2 实践现状

2020 年 10 月，中共中央办公厅、国务院办公厅印发《深圳建设中国特色社会主义先行示范区综合改革试点实施方案（2020—2025 年）》，赋予深圳市在重点领域和关键环节改革上的更多自主权，支持深圳市在更高起点、更高层次、更高目标上推进改革开放。因此，深圳市教育局在全市教育工作会议上提出建设云端学校，为先行示范破题。深圳市教育局提出在全市建立统一教育云应用，满足教师开展基于云的课堂、教研等各项教育教学活动的需求，促进优质教育资源的共享与传播，促进教学方式、学习方式与管理方式的变革，实现教与学、教与教、学与学、教与管的有效互动。

深圳小学于 2015 年引入科大讯飞的畅言智慧课堂系统，该系统主要面向中小学信息化教学，贯穿备课—授课—作业教学全流程，畅言智慧课堂包括微云服务器、移动客户端（教师端与学生端）和智慧课堂云平台。目前，深圳小学已建成 7 间云课堂标准教室。全校两个校区各班级、功能室均覆盖使用畅言智慧课堂软件，可进行同屏教学。全员使用作业功能，通过“畅言晓学”完成作业发布及批改，并通过云端实现了课堂数据、作业数据等的实时采集。

2.2.3 发展趋势

深圳市教育局在 2021 年将启动实施未来教育探路工程，加快建设深圳云端学校，实施云端课程、课堂、教材和教学资源建设行动；深度建设智慧校园，推进建设未来教育体验中心、高新技术体验中心、跨学科创新实验室和数字化学科教室，首批建设 10 所“混合式学习试点学校”；探索“人工智能＋”新型课程教学，探索联合上课机制，打造“教学共同体”；提升教师信息化素养，建设 10 个“示范性智慧学习空间”、10 个“人工智能转型改革创新标杆项目”；成立未来教育研究中心，举办未来教育高峰论坛，加强未来教育研究。

2.3 5G+智慧教育应用

2.3.1 内涵解读

5G技术具有高速率、低时延、大带宽等优势，为AI、VR/AR、云计算、大数据等信息技术与教育教学的深度融合提供了强大的网络支持。通信将不再局限于人与人，而是从人与人转向人与物的交流，甚至延伸到机器与机器的交互。智慧教育具有数字化、网络化、智能化、多媒体化的技术特点，旨在通过开放、共享、交互、协作的数字化信息化方式，促进教育现代化的发展。5G技术的超高网速带动了人工智能、VR技术的快速发展。三者相辅相成，运用到智慧教育中，让学习有了更逼真的沉浸式体验感。

2.3.2 实践现状

2020年8月17日，在“点亮深圳，5G智慧之城”发布会上，深圳市市长陈如桂宣布，深圳市成为全国首个5G独立组网全覆盖的城市，目前深圳市已建成46480个5G基站，5G基站密度为国内第一。华为轮值董事长郭平表示，截至目前，全球92个运营商部署5G商用网络，全球5G用户已超过1亿。

2020年11月26日，以“5G赋能　共享共赢 5G+ BY ALL FOR ALL”为主题的2020世界5G大会在广州市开幕，宝安区在大会上发布了《深圳市宝安区　5G应用创新发展白皮书》，汇集宝安区5G十大典型行业应用场景，其中智慧教育作为5G十大典型行业应用场景之一得到了大力推广。近年来，宝安区着力构建“5G+智慧教育”综合生态体系，逐步实现宝安区教育智慧环境、智慧学习、智慧教学、智慧管理和智慧服务的建设目标。宝安区在完成5G基站建设的情况下，启动“5G+智慧教育”实践与探索工作，将宝安中学(集团)实验学校和宝民小学作为“5G+智慧教育”试点学校，两所试点学校建成了“5G全息沉浸式教室”及“5G VR/AR未来教室”，还通过超清4K高清摄像机采集名师授课的精彩画面，并结合5G高速网络进行实时传输，打造名师课堂，实现名师讲堂在线传播，让更多的优质资源得到分享。“5G+智慧教育”大融合在宝安区进入了应用探索阶段。

深圳市第二实验学校曾开展了3节基于5G技术的智慧教学课堂，实现了基于高清视讯技术的远程互动教学和资源共享，通过5G进行直播教研，完成了5G+教学应用的展示。经过近几年智慧教育及智慧校园建设工作的实践探索，在已有工作基础上，深圳市亦于2020年启动了国家“智慧教育示范区”申报工作。

2.3.3 发展趋势

当前全球5G部署将告一段落，下一阶段的重点是发展行业应用，释放5G红利，实现5G的教育成功。5G的教育成功是通过连接、云、计算、行业应用以及无处不在的AI的融合，充分释放5G红利，成功地建设智慧城市，形成更多的数字教育成果。此外，5G+AR/VR，不仅使远程教育更有趣、生动，还可应用于教育扶贫，对于解决边远山区、贫困地区教育资源配置失衡、教育薄弱等问题，缓解教育资源贫乏，促进教育平等具有重要价值；5G+AI可以提供更加丰富的教育内容、更加个性化的学习服务和更加智能化的学习陪伴；“5G+智慧课堂”创造真实场景的教学，可以极大地优化教育体验、丰富教学呈现，提高学习质效；

“5G＋智慧校园”可以提供更人性化的校园管理和服务，打造一个智能的智慧校园生态体系。

2.4 人工智能教育

2.4.1 内涵解读

2018年为我国中小学人工智能教育启动的元年。2018年，教育部教育装备研究与发展中心联合五地教科院所，共同发起“中小学人工智能教育项目”，形成以人工智能应用软件、编程平台和智能机器人搭建三大模块为主的中小学人工智能教育装备体系。同年4月，教育部印发的《高等学校人工智能创新行动计划》提出将在中小学阶段开展人工智能普及教育，构建人工智能多层次教育体系。2019年1月，教育部在北京召开中小学人工智能教育项目发布会，确定北京、广州、深圳、武汉和西安五个城市作为第一批人工智能教育试点落地城市。

2.4.2 实践现状

深圳市政府在《深圳市新一代人工智能发展行动计划(2019—2023年)》中提到，“在中小学开设人工智能相关课程，通过体验和实践等方式开展人工智能课程的普及教育。”深圳市以人工智能示范化教育装备、人工智能特色化课程、人工智能常态化培训、人工智能专业化竞赛、人工智能项目化实验室、人工智能企业多元化合作六个方面为切入点，协同推进，全面践行具有深圳市特色的人工智能教育实施路径。

1. 人工智能示范化教育装备

中国教育装备行业协会、深圳市工商业联合会、深圳市教育局、广东省教育装备中心、深圳市教育装备行业协会、深圳市学前教育协会在深圳市会展中心举办第三届深圳教育装备博览会，以“先行示范，智引未来”为主题，智慧教育装备各显其能，“人工智能教育”解决方案尤为抢眼。展会分设深圳市中小学教育装备应用成果主题展、深圳市教育信息化应用展、深圳市中小学学生优秀创客作品展、科技创新教育展区、在线教育专题展、教育后勤专题展、深圳市幼儿教育专题展、平安校园专题展八大专题展区，全面展示教育装备行业的新产品、新技术、新成果，为各级各类教育机构和教育装备企业提供交流合作平台，推进教育装备现代化，实现新产品、新技术、新装备与教育教学的创新融合。

2. 人工智能特色化课程

深圳市各个学校根据自身的发展特色与实际需求，灵活地开发人工智能课程。龙华区与商汤科技、科大讯飞、百度、腾讯等进行战略合作，发起一系列人工智能课程项目；光明区玉律小学引进创想未来的人工智能机器人课程作为社团课；福田区大部分学校采用人工智能知识进入信息技术课的形式进行人工智能教育；盐田区外国语小学和云海学校与可可乐博公司合作，以项目式学习方式完成姿态识别等人工智能领域知识的学习。除课程外，深圳市教科院还组织教师积极参与教育部教育装备研究与发展中心发起的中小学人工智能教材的修订工作。

3. 人工智能常态化培训

深圳市依托市教科院的中小学科技创新教育基地，对全市中小学科技教师进行专业培训；实施名师培养工程，建立一批市、区科技创新教育名师工作室，组织一线科技教师参与培训和项目研发；实施“名企进修”项目，每年在中小学选拔一批优秀科技教师，依托科技创新教育基地，参与基地项目开发和企业科技研发活动。

4. 人工智能专业化竞赛

深圳市通过构建市、区、校级科技创新竞赛体系，打造人工智能竞赛高端品牌，举办了“学生创客节”等与人工智能相关的竞赛活动。

5. 人工智能项目化实验室

深圳市教育局在 2019 年初遴选出 61 所中小学人工智能教育试点学校。各学校继续秉承“三结合”的原则(结合学校发展目标、结合学校已有的办学特色、结合学校的师资优势)，构建具有通用性、特色性和开放性的人工智能实验室。

6. 人工智能企业多元化合作

深圳市教育部门正在建设面向社会购买优质人工智能教育课程的机制，同时充分利用深圳科研院所的集聚优势，通过与高科技产业机构的联合，为师生提供高精尖的人工智能平台；深圳市各中小学充分利用创新型企业集聚的优势，与企业共建人工智能体验中心。

2.4.3 发展趋势

人工智能技术的发展，将促使未来的教育发生根本性的变革。人工智能教育将更加呈现出智能化的特点，包括智能教育环境、智能学习过程支持、智能教室助理、教育职能管理与服务、智能教育评价等。随着人工智能技术在教育领域的深度应用，数据驱动的人工智能将引领教育信息化发展的新方向，进一步推动教育教学模式的变革，以融合创新优化教育服务供给方式。

第3章 深圳市基础教育领域互联网时代的学校管理与办学特征

3.1 互联网时代的学校管理

3.1.1 应用保障

1. 互联网学习环境建设发展思路

图3-1给出了管理者互联网学习环境建设的发展思路。数据显示，58.13%的学校管理者较为认同“继续争取资金，深化学校网络环境建设”的互联网学习环境建设发展思路；31.77%的学校管理者较为认同“保持现有网络环境建设规模，推进网络环境的深化利用”发展思路。由此表明，学校管理者普遍坚持深化学校网络环境建设，并能够根据本校的具体情况确定本校网络环境建设的发展思路。

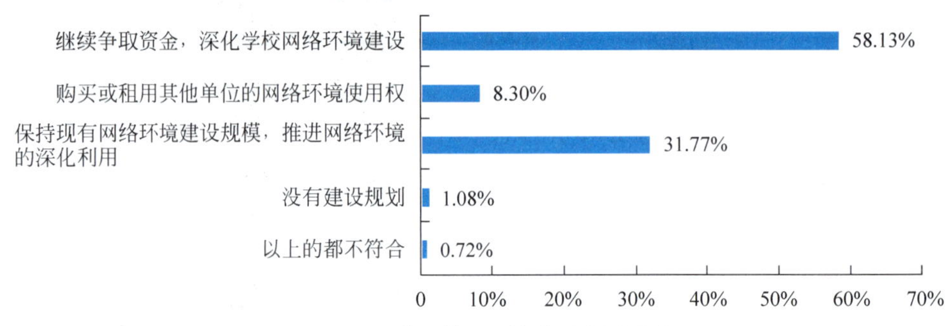

图3-1 互联网学习环境建设发展思路

2. 学校采取的制度保障措施

“学校采取的制度保障措施”部分主要调查学校管理者所在学校为推进互联网教学和学习的发展所采取的制度保障措施的情况，其结果如图3-2所示。数据显示，61.37%的学校表示已形成完善的信息安全组织管理制度；59.57%的学校能够为学生提供互联网学习方法专题指导；另外，学校在互联网学习资源建设、教师互联网教学教研、互联网教学经费保障等相关制度上采取了不同程度的有效措施。与之相反，有23.83%的学校鼓励教师开展互联网教

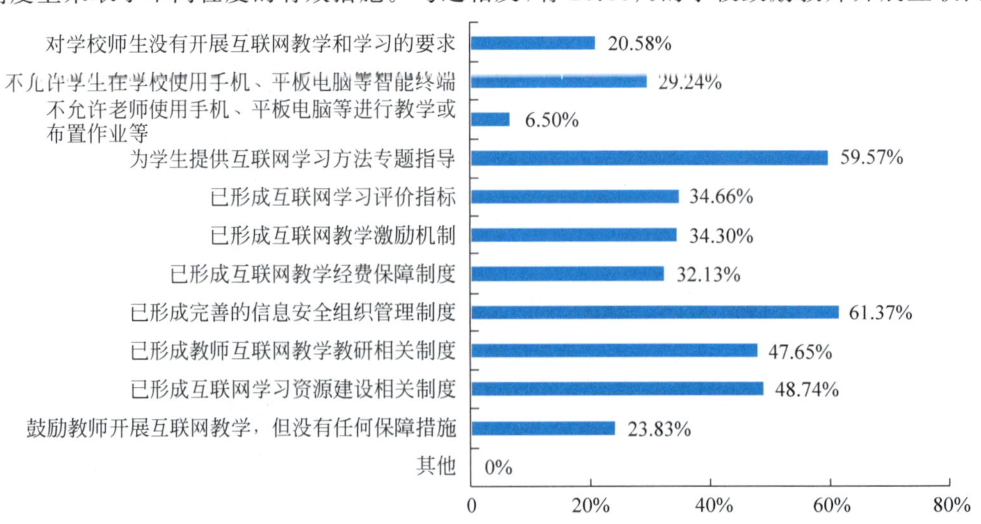

图3-2 学校采取的制度保障措施

学,但没有任何保障措施;29.24%的学校不允许学生在学校使用手机、平板电脑等智能终端。值得注意的是,有20.58%的学校对学校师生没有开展互联网教学和学习的要求。综上所述,大部分学校为推进互联网教学和学习的发展提供了多方面的制度保障。

3. 家长参与互联网制度建设情况

"家长参与互联网制度建设情况"部分主要调查学校管理者对学生家长参与学校互联网学习建设的态度,其结果如图3-3所示。结果表明从学校管理者的角度,大部分学校有意愿要求学生家长共同参与校园互联网学习建设,且家长能够积极提供参考意见(41.52%),但也有一部分学校未邀请家长参与(11.91%),或者学校邀约家长参与,但家长参与的主动性不高(9.75%)。因此,管理者在后续管理工作中应更进一步深化家校沟通交流。

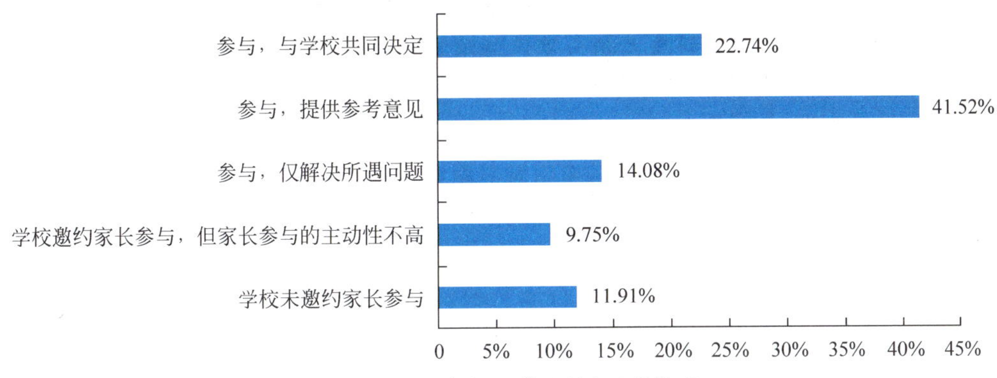

图3-3 家长参与互联网制度建设情况

4. 学校教师参加互联网教学相关培训的方式

"学校教师参加互联网教学相关培训的方式"部分主要调查学校管理者所在学校教师参加互联网教学相关培训的方式,调查结果如图3-4所示。结果表明,大部分教师主要参加的培训是以专题讲座(89.53%)或网络远程培训的形式(84.12%)进行,另外也有说课评课(50.90%)、课题研究(54.87%)和参观考察(45.13%)等活动。这表明学校教师能够以多种形式参加互联网教学相关的培训。

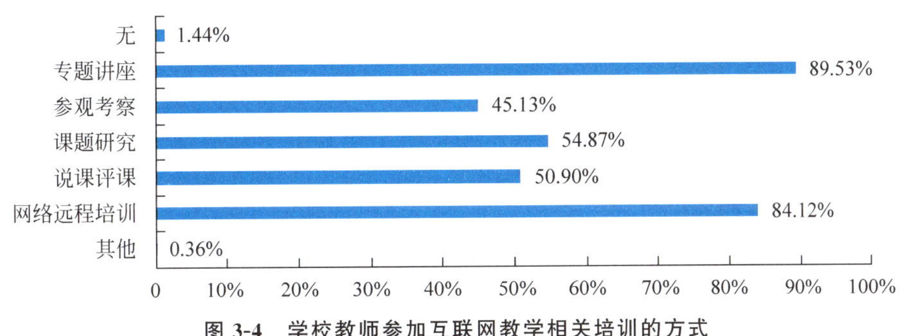

图3-4 学校教师参加互联网教学相关培训的方式

3.1.2 学校管理

1. 学校师生使用学习资源的来源

学校管理者所在学校师生使用学习资源的来源情况如图3-5所示。数据显示,学校师生使用的学习资源主要来自学校自己购买(82.67%),其次是公益性资源(74.73%),然后是学校自建资源(59.93%)和兄弟学校互联共享资源(41.16%)。结果表明,学校较为重视师生学习资源使用的需求,并以多种途径创建、共享学习资源。

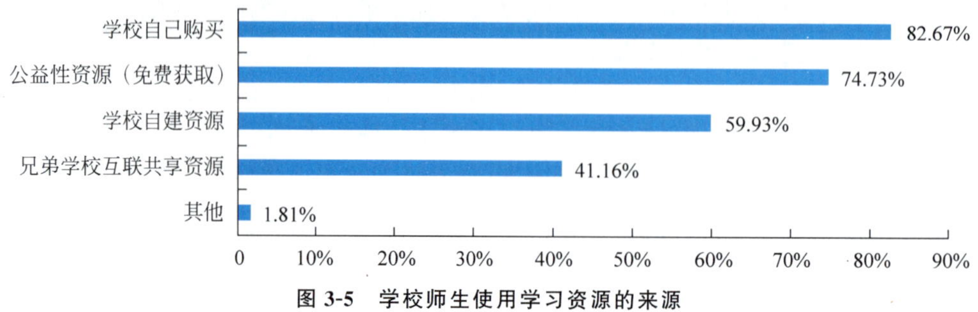

图 3-5 学校师生使用学习资源的来源

2. 制定、组织相关制度与规划的能力

学校管理者制定、组织相关制度与规划的能力情况如图 3-6 所示。结果表明,在组织和参与制定学校互联网教学相关制度与规划(94.23%)、组织和参与制定教师互联网教学能力培训研修计划(92.06%)、组织师生参与互联网教学相关活动与竞赛(93.14%)等方面,学校管理者普遍认为自己具备制定、组织相关制度与规划的能力。

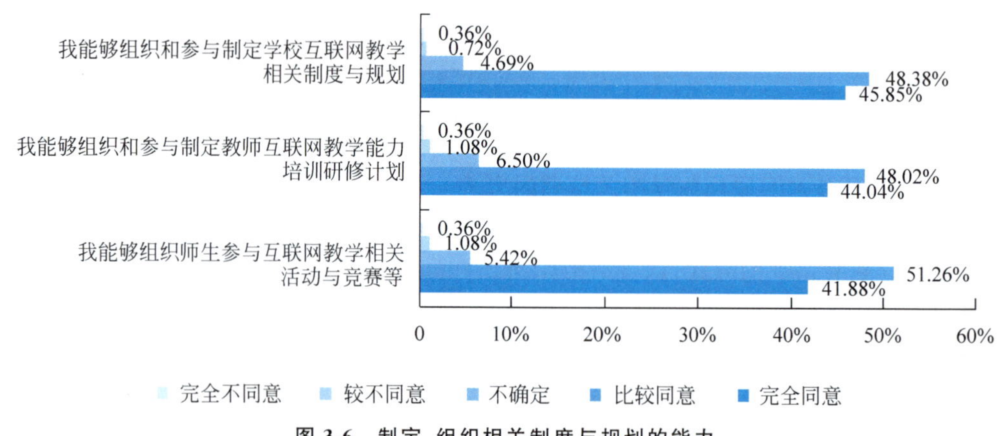

图 3-6 制定、组织相关制度与规划的能力

3. 资源开放程度

如图 3-7 所示,学校管理者在互联网资源开放程度上普遍认为学校已将优秀资源或特色教育资源放在互联网上开放共享(83.03%)。

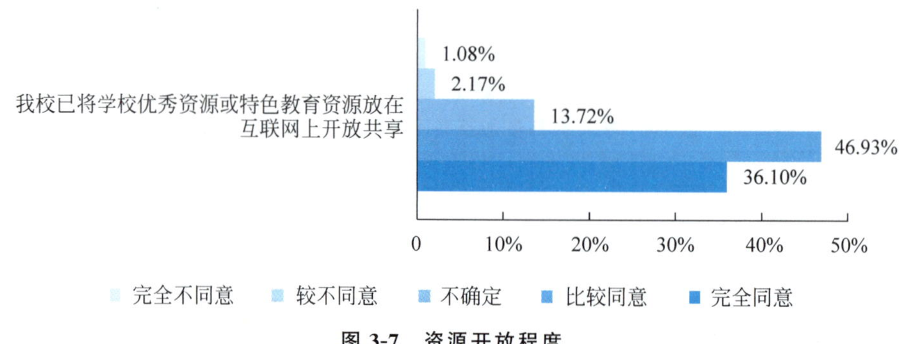

图 3-7 资源开放程度

4. 对互联网教学所需教学服务的理解程度

如图 3-8 所示，学校管理者对互联网教学所需教学服务的理解程度较深，以专业化的微课资源制作服务为例，学校管理者普遍认为已了解互联网教育行业发展对教育服务提供的影响。

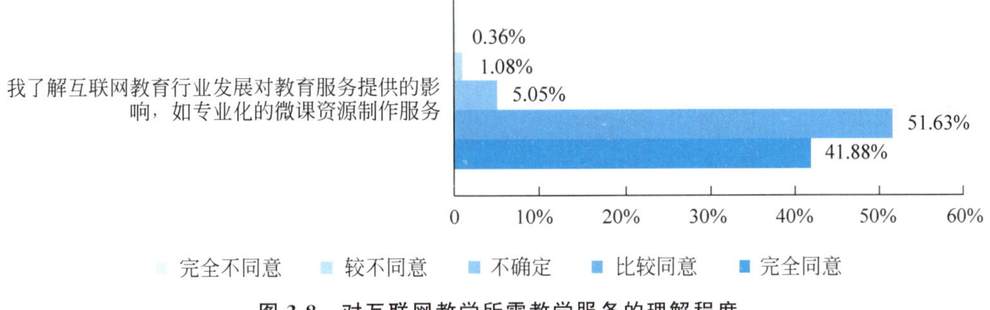

图 3-8 对互联网教学所需教学服务的理解程度

3.1.3 家校共建

对于家校共建，学校管理者所在学校普遍能够引导家长利用家校互动平台（工具）了解孩子在学校的表现（87.01%）；引导家长利用家校互动平台（工具）分享孩子在家中的表现（87.72%）；学校管理者也会通过云课堂/云讲座的形式向家长介绍家庭教育的相关知识（89.17%）。调查结果如图 3-9 所示。

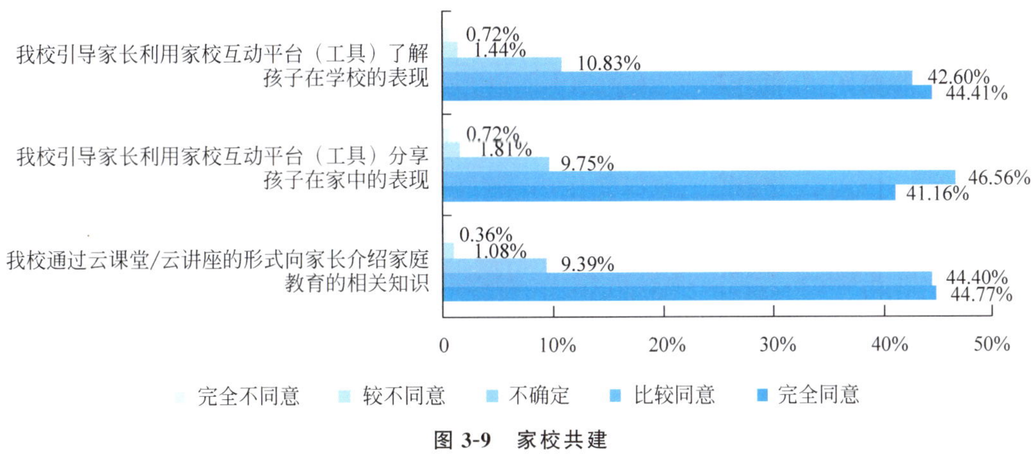

图 3-9 家校共建

3.2 互联网时代的办学特征

3.2.1 课程建设

课程合作建设方面，学校主要与企业、社会机构和博物馆等进行合作，其中与企业（59.21%）及社会机构（61.02%）的合作程度较深，表明学校管理者能够有意识地与学校外部机构进行合作，共同建设课程。调查结果如图 3-10 所示。

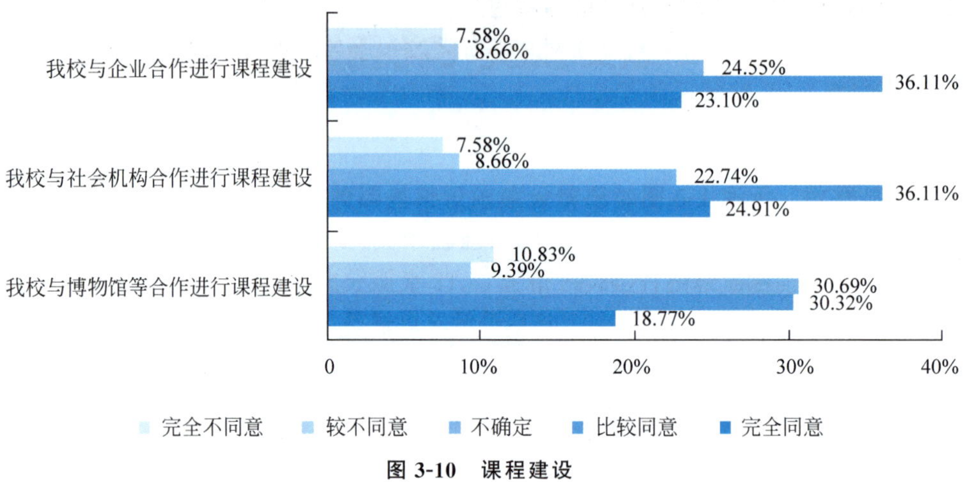

图 3-10 课程建设

3.2.2 学校组织方式

1. 除实体学校外的学校教学场所

学校管理者所在学校除了实体学校外，其他学校教学场所的建设和使用情况如图 3-11 所示。结果表明，很多先锋学校已经建设了虚拟科技馆(8.30%)、虚拟实验室(19.86%)、虚拟博物馆(9.39%)等教学场所。这说明深圳市基础教育教学场所建设正从常规场所不断向技术支撑的虚拟场所方向发展。

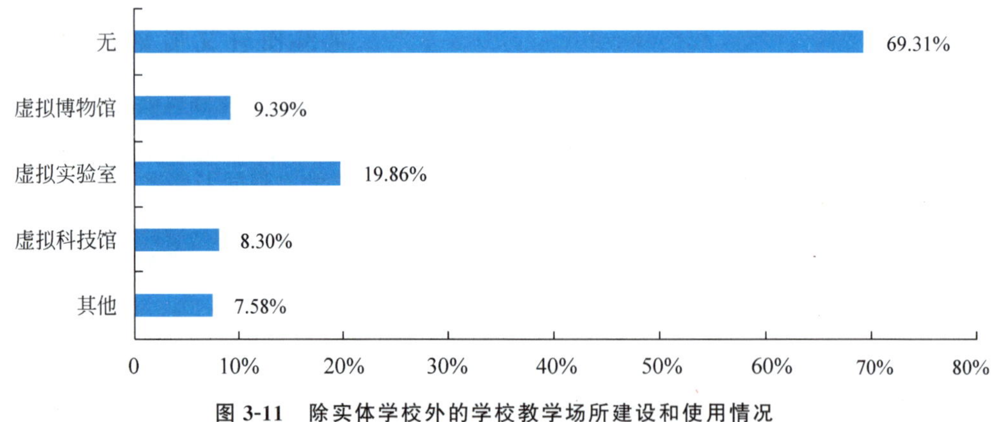

图 3-11 除实体学校外的学校教学场所建设和使用情况

2. 学校组织的协同教学形式

学校管理者所在学校组织的协同教学形式调查结果如图 3-12 所示。结果表明，大部分学校组织的协同教学形式为名师网络课堂(76.63%)，其次是跨校际协作探究(49.04%)，也有小部分学校尚未组织协同教学(15.33%)。结果表明，大多数学校能够有效地开展协同教学活动。与此同时，深圳市应进一步加大力度拓展部分学校的教学形式。

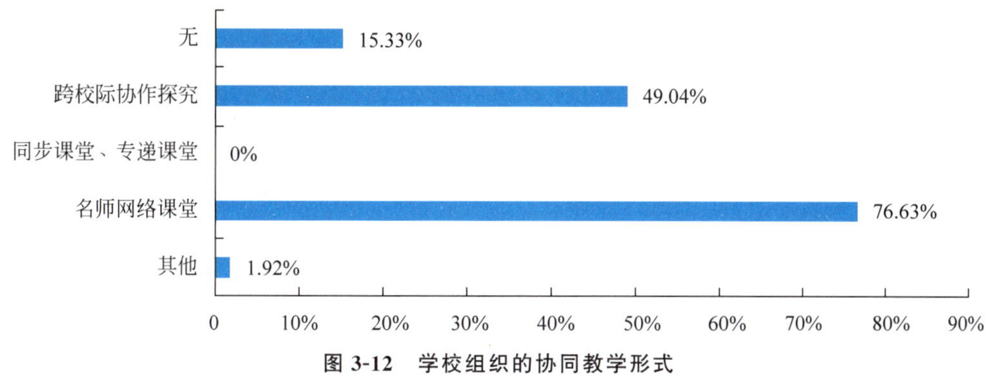

图 3-12 学校组织的协同教学形式

3.3 深化学校网络环境和课程建设，强化协同教学组织形式

深圳市基础教育互联网时代的学校管理与办学特征的分析结果表明，学校管理者在互联网环境建设发展思路上保持高度的一致性，即继续深化学校的网络环境建设。与此同时，大部分学校为推进互联网教学和学习的发展采取了多方面的制度保障措施，如为学生提供互联网学习方法专题指导等。此外，学校较为重视师生学习资源的使用需求，并以多种途径创建、共享学习资源。

在学校课程建设方面，学校管理者与企业以及社会机构存在合作关系，且部分先锋学校已经建设了虚拟科技馆、虚拟实验室、虚拟博物馆等教学场所。这说明深圳市基础教育互联网学习建设正从常规不断向协作性共创课程、技术性支撑场景的方向发展。

在学校组织的教学形式方面，大部分学校都能够开展名师网络课堂、跨校协作探究等协同教学活动。但是，仍有少部分学校并未开展过协同教学活动。这说明深圳市基础教育互联网教学组织形式仍需进一步开发、拓展。

综上所述，深圳市基础教育互联网学习发展仍需进一步深化学校网络环境和课程建设，强化同步课堂等协同教学组织形式。

第4章 深圳市基础教育领域互联网时代的环境建设

4.1 管理者视角的互联网环境建设

4.1.1 互联网平台与系统

学校管理者所在学校的平台与系统建设情况如图4-1所示。管理者普遍认同其所在学校能够开通个人网络学习空间(79.42%),能够经常使用网络学习空间开展日常管理工作(85.20%),并能够为学生提供丰富的数字化学习资源(80.87%)。结果表明,深圳市基础教育学校在平台与系统方面的建设和配备较为完善,能够满足管理人员开展教学管理工作的需求。

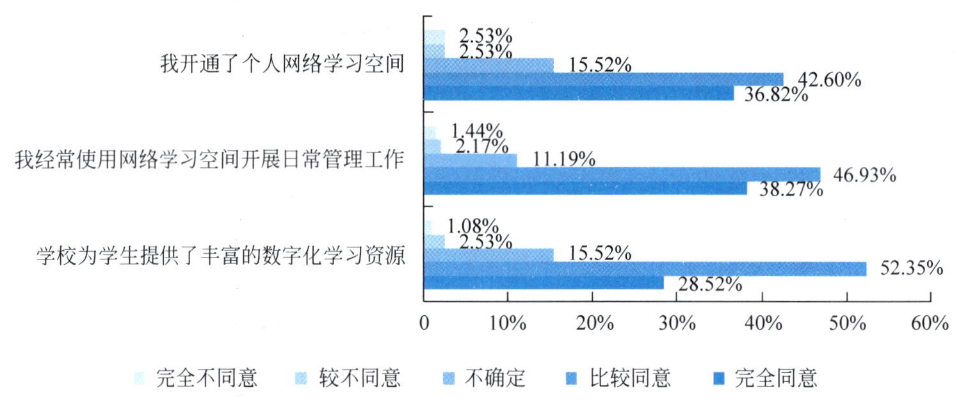

图4-1 管理者视角的平台与系统建设情况

4.1.2 互联网终端设备

学校管理者所在学校的终端设施建设情况如图4-2所示。管理者普遍认同所在学校能为教师和学生提供开展线上教与学的设备,占比分别为93.14%、76.89%。这表明深圳市基础教育学校在终端设施方面的建设和配备较为完善,能够满足师生开展教育教学工作的需求。

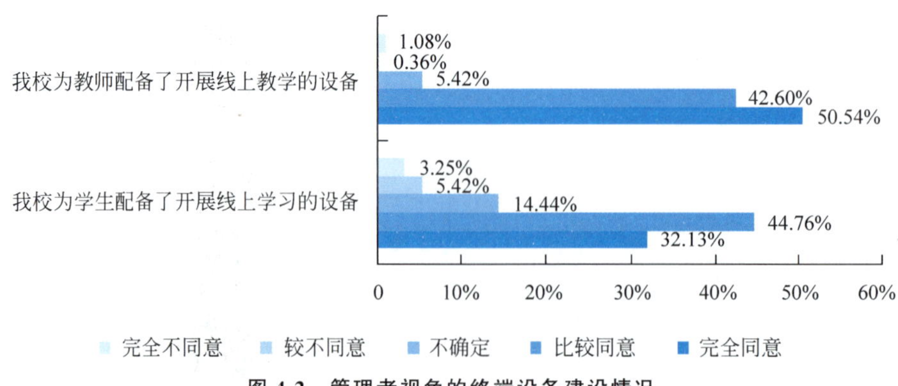

图4-2 管理者视角的终端设备建设情况

4.1.3 互联网基础设施

1. 学校网络接入方式

学校管理者所在学校的网络接入方式如图 4-3 所示。结果表明，大部分学校的网络接入方式为光纤接入(72.56%)，仅有少部分学校采用有线宽带(13.72%)、移动网络(2.53%)等方式接入。结果表明，深圳市基础教育学校网络接入方式较为先进，但仍有少部分学校的网络接入方式需要更新改进。

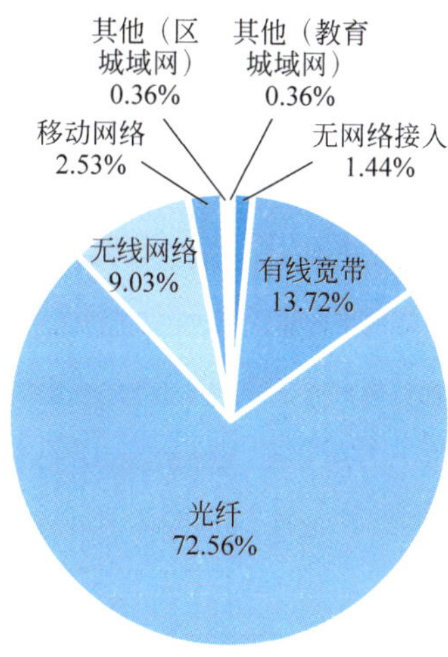

图 4-3 学校网络接入方式

2. 学校网络情况

学校管理者所在学校的网络情况如图 4-4 所示。结果表明，学校管理者普遍认同所在学校网络建设情况良好，主要表现在校园网络全面覆盖(96.03%)、网络稳定性(86.64%)、网速(85.56%)、日常管理便捷性(93.15%)以及终端连接便利性(94.95%)等方面。

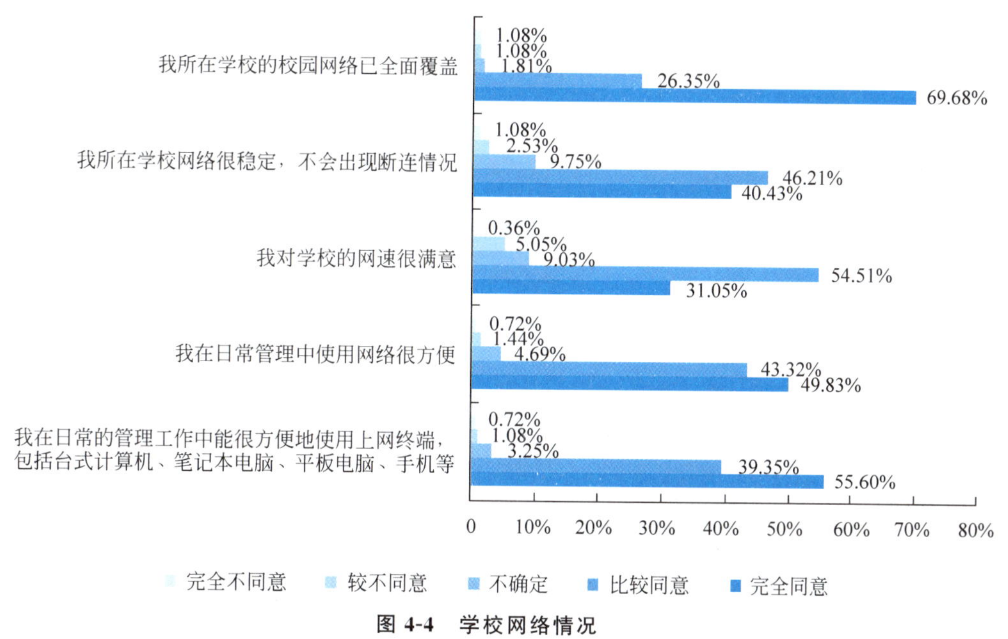

图 4-4 学校网络情况

3. 管理工具类型

学校管理者在日常工作中使用的管理工具类型的情况如图4-5所示。数据显示，学校管理者普遍使用教师管理类工具对学校教师队伍进行管理(90.61%)，其次是学校办公类管理工具(87.73%)。此外，后勤服务类、教学资源管理类、学生管理类工具也有使用。相较而言，仅有一半左右的学校管理者使用教学评价类工具(53.43%)。总的来说，学校管理者日常使用的管理工具类型基本覆盖学校管理工作的各个方面，但其中教学评价管理工具的利用率相较其他管理工具的利用率稍低，说明市面上的教学评价类管理工具较少或者在功能上无法满足学校管理者的需求，需要进一步开发完善。

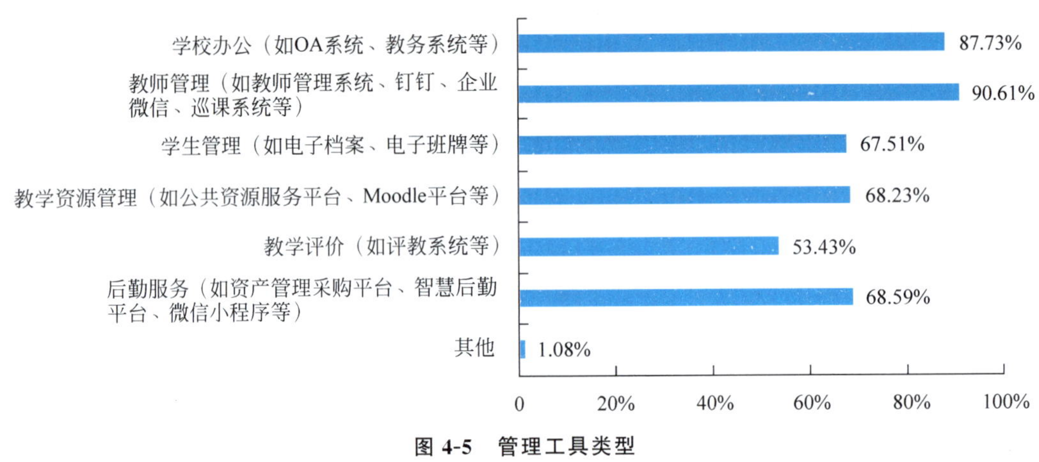

图4-5 管理工具类型

4. 管理工具的功能

学校管理者日常使用的管理工具的功能如图4-6所示。调查共列举了较为典型的四种功能，分别是大数据分析、智能推荐、智能管理、实时预警。其中智能管理功能(73.29%)受到较多学校管理者的认同，其次分别是大数据分析(58.48%)功能和智能推荐(45.13%)功能；实时预警(33.57%)是管理工具相对欠缺的功能。结果表明，学校管理者日常使用的管理工具基本具备智能管理的功能。

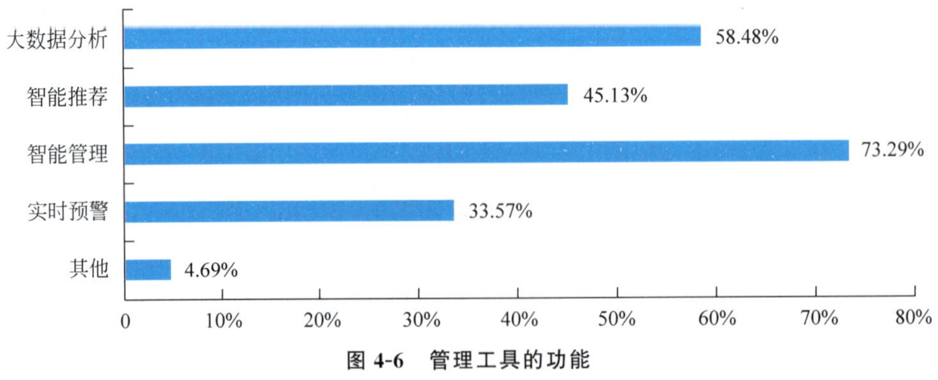

图4-6 管理工具的功能

5. 管理工具的可用性和易用性

学校管理者所使用的管理工具的可用性和易用性情况如图4-7所示。结果表明，学校管理者普遍认为所使用的管理工具在功能上能满足其工作需求(89.90%)，工具获取便利

(89.54%),界面友好(91.70%),操作简单(91.34%)。

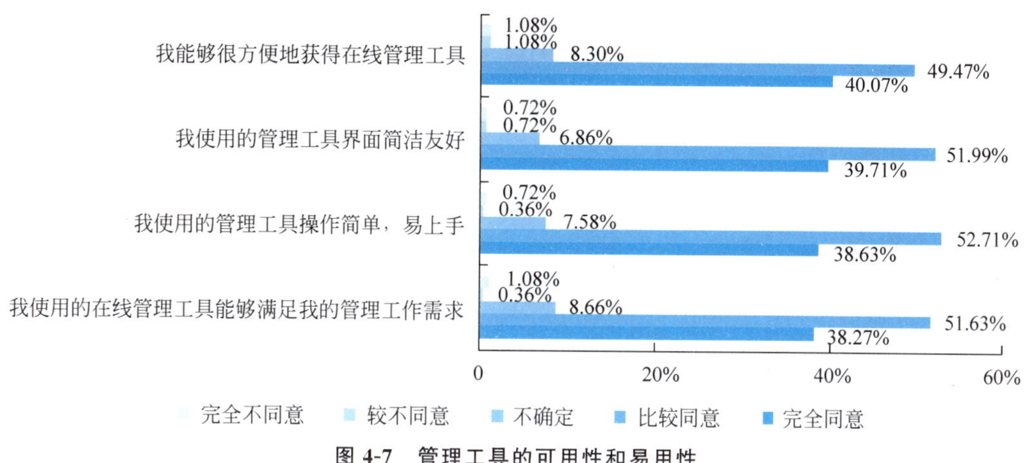

图 4-7 管理工具的可用性和易用性

4.2 教师视角的互联网环境建设

4.2.1 互联网教学平台与系统

在开展互联网教学的过程中,教师视角的平台与系统情况如图 4-8 所示,77.05%教师认为所使用的互联网教学平台能够满足其教学需要;74.05%教师认为有很多能够支持互联网教学的平台;71.21%教师能够经常利用网络学习空间组织教学活动;75.16%教师能够经常利用网络学习空间整合教育资源;68.93%教师开通了个人网络学习空间。

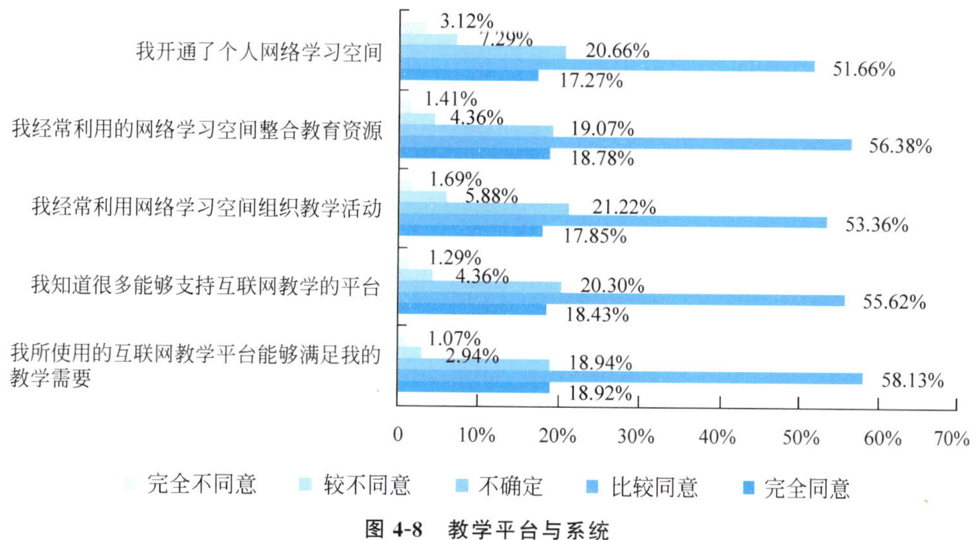

图 4-8 教学平台与系统

在开展互联网教学的过程中,互联网教学平台的获取途径情况如图 4-9 所示,学校提供教学平台的占比最高,为 53.06%;自行搜索和同行推荐的占比分别是 31.37%和 13.37%;专家推荐的占比最低,仅为 2.20%。结果表明,部分教师获得互联网教学平台的途径较少,缺乏主动性与专业性。

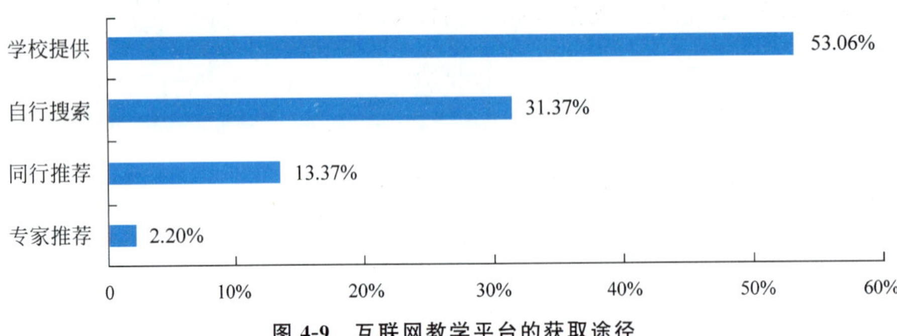

图 4-9 互联网教学平台的获取途径

4.2.2 互联网教学终端设备

在开展互联网教学的过程中，教学终端设备的可获得性如图 4-10 所示，83.89%教师认为在家里使用上网学习设备（如手机、计算机等）很方便；84.69%教师认为在学校使用上网学习设备（如手机、计算机等）很方便。由此可见，在教学终端设备的获得场所方面，家庭和学校之间并无明显差别。

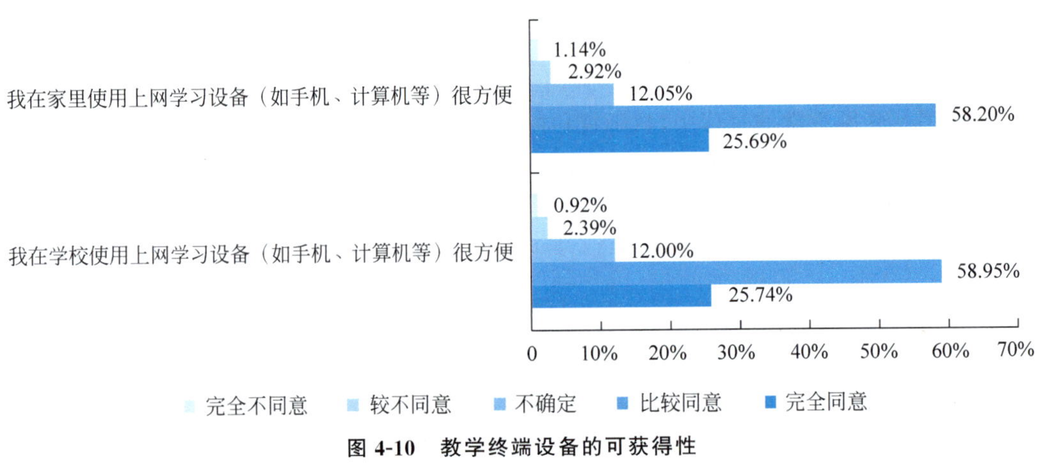

图 4-10 教学终端设备的可获得性

在开展互联网教学的过程中，教师可获得的设备终端类型如图 4-11 所示。其中，教师使用智能手机的占比最高，为 63.56%；使用笔记本电脑、台式计算机和平板电脑的占比分别是 60.45%、57.53%和 36.18%。结果表明，教师在开展互联网教学的过程中，较多地使用智能手机和笔记本电脑。

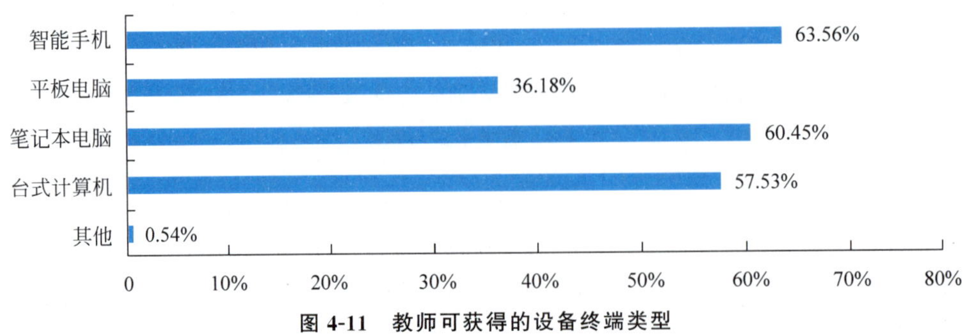

图 4-11 教师可获得的设备终端类型

4.2.3 互联网教学基础设施

在开展互联网教学的过程中，教学基础设施情况如图 4-12 所示。70.25%的教师对学校的网速很满意；66.28%的教师认为在学校的任何地方都可以使用网络；66.40%的教师认为在开展互联网教学的过程中，网络很稳定、不会出现突然断网的情况；72.48%的教师对家里的网速很满意。

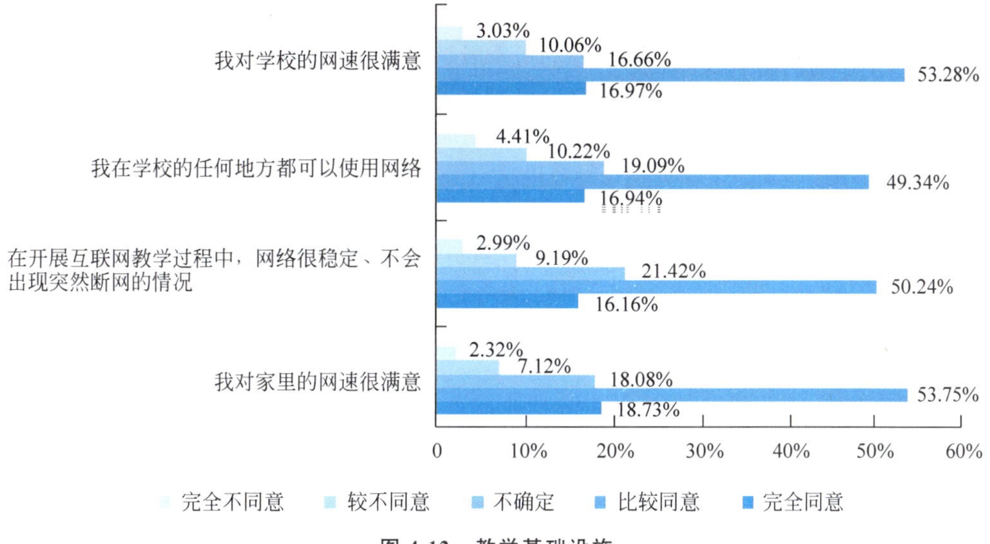

图 4-12 教学基础设施

4.2.4 互联网教学场所

在开展互联网教学的过程中，教师开展互联网教学的场所情况如图 4-13 所示，86.35%的教师开展互联网教学的场所是在家中，疫情可能是原因之一；多媒体教室和学校任何地方所占的比例分别是 45.01%和 43.01%；智能教室和创客教室的占比分别为 10.66%和 6.71%。

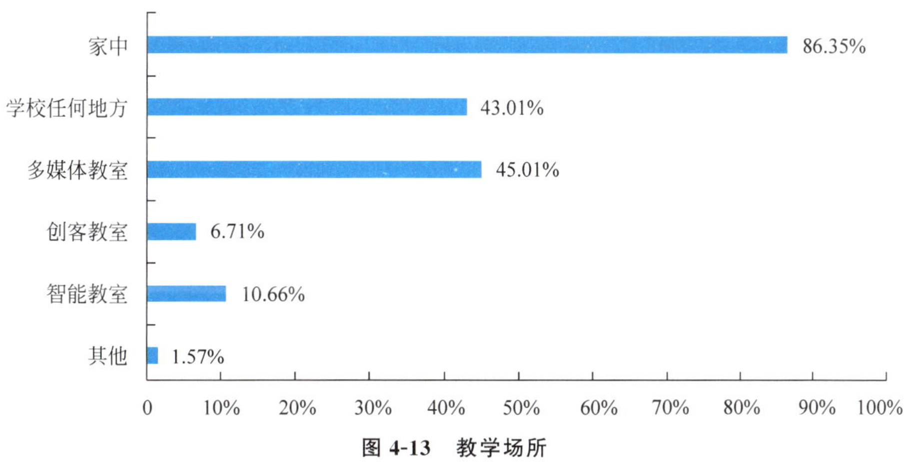

图 4-13 教学场所

4.3 学生视角的互联网环境建设

4.3.1 互联网学习平台与系统

学生视角的"平台与系统"部分主要调查学生网络学习空间的开通情况和使用频率。调查结果如图 4-14 所示，约 60%的学生开通了个人网络学习空间，表明学生网络学习空间的开通情况一般，在环境、设备等允许的情况下，建议引导学生充分利用网络空间来支撑学习；60%左右的学生表示经常使用网络学习空间开展学习；对于网络学习平台的看法，接近 70%的学生表示自己知道很多能够支持互联网学习的平台，并且认为自己所使用的互联网学习平台能够满足学习需要。结果表明，网络平台的功能基本能满足大部分学生学习的需要。

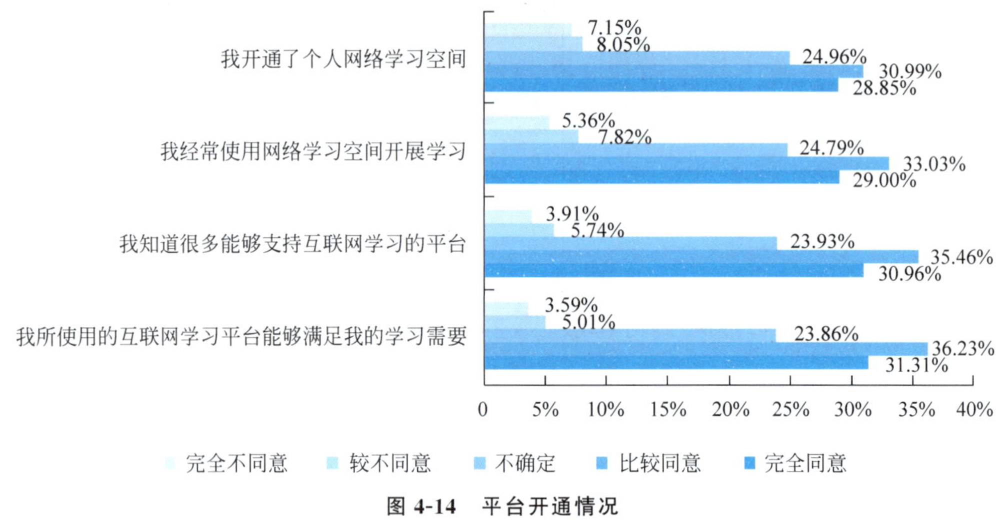

图 4-14 平台开通情况

如图 4-15 所示，"互联网学习平台使用"部分主要调查学生所使用的互联网学习平台提供者的相关情况，共列举了 6 个选择项，占比情况从大到小分别是学校提供(58.23%)、教师推荐(46.81%)、自行搜索(37.62%)、家长购买(30.84%)、同学推荐(27.86%)、没有使用过

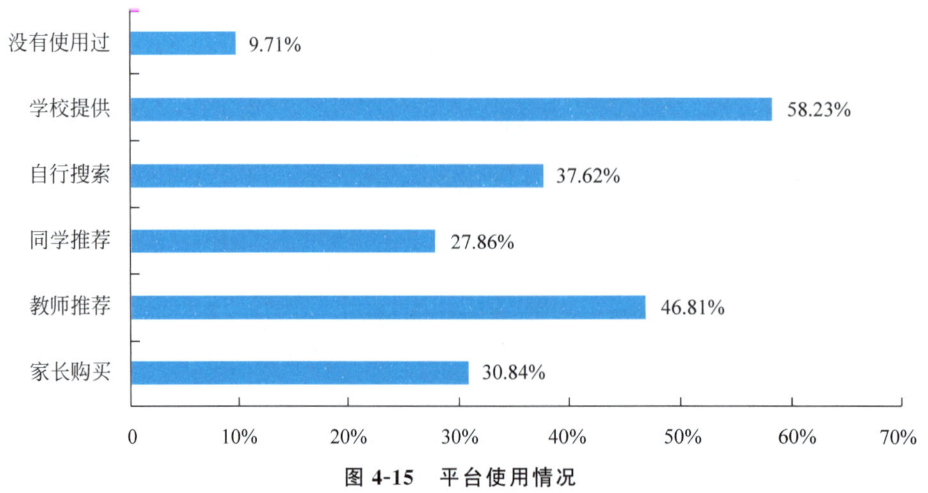

图 4-15 平台使用情况

(9.71%)。结果表明,学生使用的互联网学习平台大部分来自学校提供和教师推荐,因此学校和教师应该更加重视互联网学习平台的选择。

4.3.2 互联网学习终端设备

"终端可获得性"部分主要调查学生在学校和家里两个场所使用终端设备的情况,其调查结果如图 4-16 所示。数据显示,约 80%的学生表示在家使用上网学习设备很方便,而在学校的方便程度相较于家里而言较低,认为在学校使用上网学习设备方便的学生占比近 60%。这说明深圳市普通家庭的终端设备及互联网环境配置良好,为学生在家中获得互联网学习支撑提供了良好的设备环境。

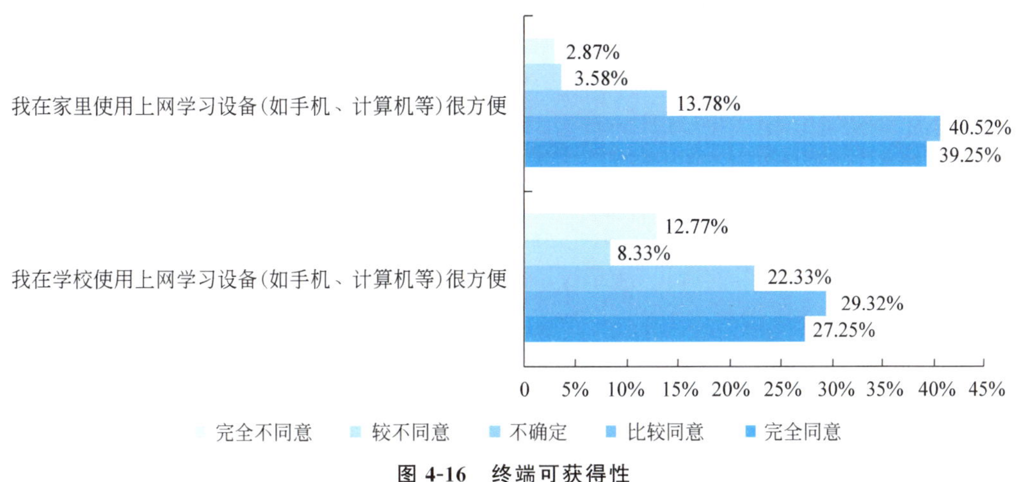

图 4-16 终端可获得性

如图 4-17 所示,"终端设备类型"部分主要调查学生开展互联网学习所使用的终端类型。数据显示,智能手机为学生使用最多的设备,平板电脑第二,笔记本电脑第二,台式计算机最少。结果表明,学生对终端设备的选择,更倾向于便携性较高的设备。

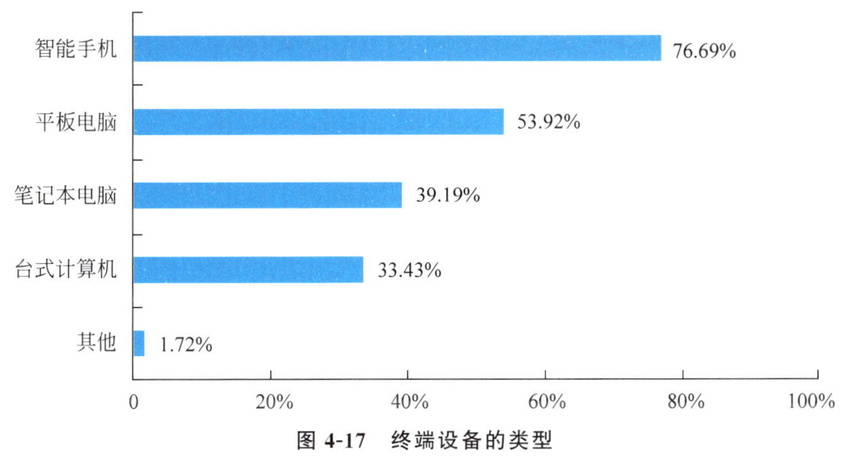

图 4-17 终端设备的类型

4.3.3 互联网学习基础设施

调查情况如图 4-18 所示,"网络满意度"部分主要调查学生在学校和家里两个场所使用网络开展学习时,对网络速度和稳定性的满意度。数据显示,接近70%的学生表示对家里的网速较为满意,65%左右的学生表示对学校的网速较为满意;在稳定性方面,约60%的学生表示在上网学习时,网络比较稳定,不会出现突然断网的情况。综上所述,学校和家里的网络基本能满足学生开展网络学习的需求。

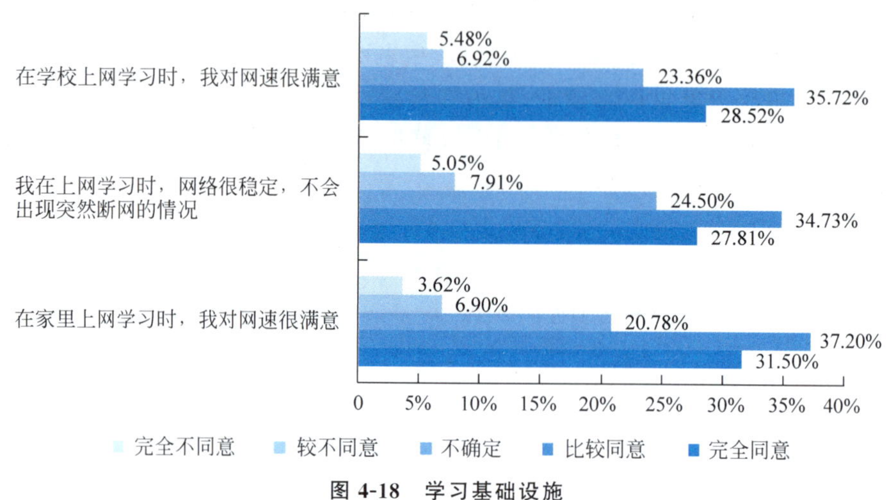

图 4-18 学习基础设施

4.3.4 互联网学习场所

"互联网学习场所"部分主要调查学生开展互联网学习所在的场所,共列举了五个场所,占比情况如图4-19所示,其中占比最高的场所是家中,比例高达93.48%;与此相反,学生利用学校场所开展互联网学习情况的比例较低。这说明尽管学生能够有效开展互联网学习,但是这种学习机会更容易在家中获得,而并非源于学校。

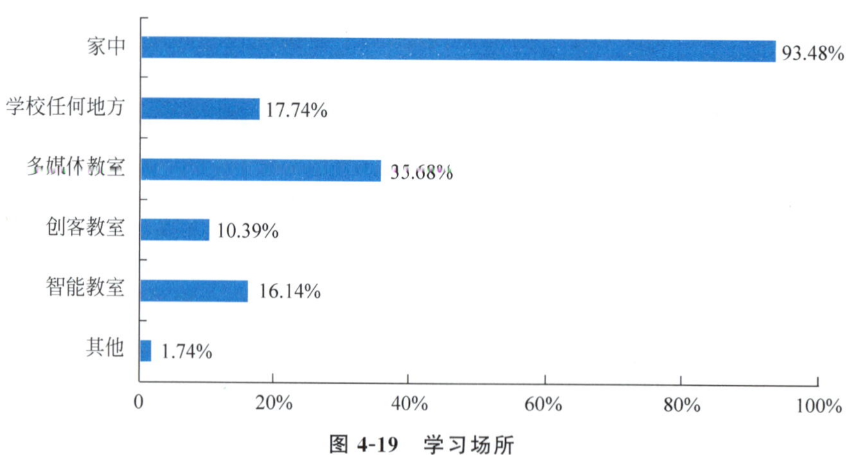

图 4-19 学习场所

4.4 整合学校互联网学习机会,完善教学评价管理工具

学校管理者视角下的深圳市基础教育互联网环境建设的分析结果表明,深圳市基础教育学校在平台与系统、终端设备方面的建设和配备较为完善,能够满足管理人员和师生的日

常工作学习需求。此外，深圳市基础教育学校大多是以光纤的形式接入网络，但校园网络的网速与稳定性尚未达到部分学校管理者的需求，亟须进一步优化改善。学校管理者所使用的管理工具类型多样且智能化程度高，但其中教学评价类管理工具的利用率较低，说明市面上的教学评价类管理工具仍未能满足现实学校管理者的需求，需要进一步开发完善。

教师视角下的深圳市基础教育互联网环境建设的分析结果表明，大部分教师能够经常利用网络学习空间组织教学活动、整合教育资源。此外，与学校管理者相反，大多数教师对校园网络的网速与稳定性感到满意。这一对比表明学校管理者对学校互联网基础设施的要求先于教师，凸显了深圳市学校管理者对改善基础设施的高度责任感。

学生视角下的深圳市基础教育互联网环境建设的分析结果表明，学校网络平台的功能基本能满足大部分学生学习的需要，但是学生使用的互联网学习平台大部分来自学校提供和教师推荐。一方面，学生缺乏获取互联网学习平台的主动性；另一方面，学校和教师在互联网学习平台选择方面应更加重视。

综上所述，深圳市基础教育学校亟须为互联网学习整合相应的学习资源，培养学生互联网学习的主动性，并进一步完善互联网教学的管理评价工具。

第5章 深圳市基础教育领域互联网时代的学习与教学支持

5.1 管理者视角的互联网学习与教学支持

5.1.1 数字校园建设

学校管理者所在学校的数字校园基础设施建设情况如图5-1所示。数据显示，大多数数字校园基础设施均处于建设之中，其中已建成比例较高的是数字终端(42.60%)；其次是资源空间和数字化教学空间，占比分别为31.41%和29.24%；相较而言，文化生活空间的建成比例最低，只有20.58%。另外，数据也显示仍有约10%的学校尚未开始相关数字校园基础设施的建设。结果表明，深圳市大多数学校能够普遍意识到数字校园基础设施建设对学校发展的重要性，但仍有少部分学校需要进一步深化数字校园基础设施建设。

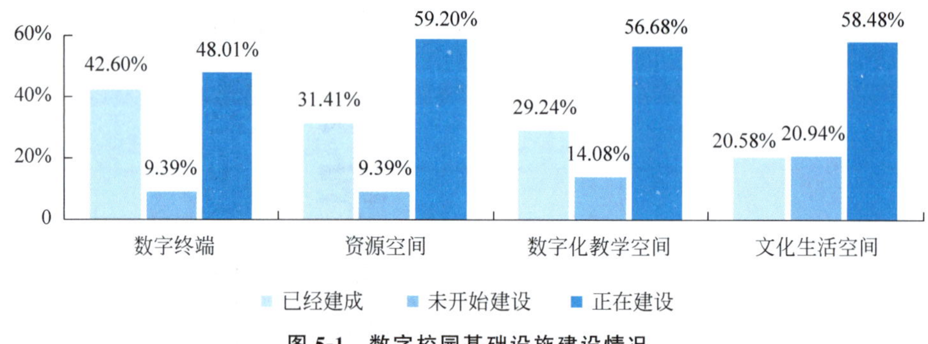

图5-1 数字校园基础设施建设情况

5.1.2 数字校园支持的功能

1. 数字校园对教育教学的支持

学校管理者所在学校的数字校园对教育教学方面的支持情况如图5-2所示。数据显示，学校管理者普遍认同所在学校的数字校园能够提供教学资源(88.81%)，支持教师开展课堂教学(88.09%)、网络教学(85.20%)、网络备课(75.45%)，以及网络教研(72.56%)。总体来看，在深圳市基础教育学校数字校园建设中，教育教学支持的功能得到了较为充分的开发。

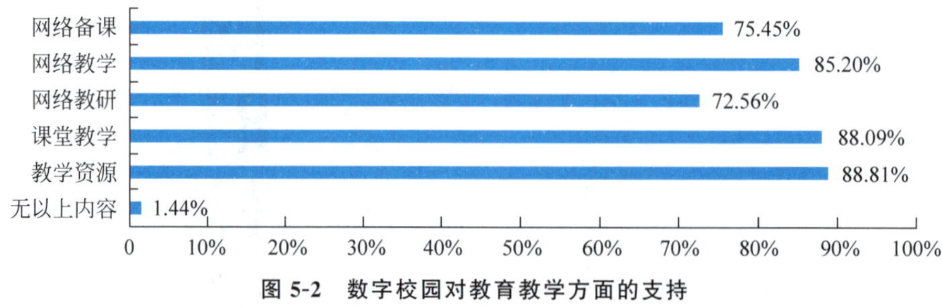

图5-2 数字校园对教育教学方面的支持

2. 数字校园对教育管理的支持

学校管理者所在学校的数字校园对教育管理方面的支持情况如图5-3所示。数据显示，学校管理者普遍认同所在学校的数字校园能够较好地支持教育管理方面的工作，例如教务管理(90.25%)、行政管理(88.81%)、财务管理(81.95%)、人事管理(80.14%)、学生管理(83.03%)、设备资产管理(80.51%)等。数据表明深圳市学校数字校园关于支持教育管理方面的基础设施建设较为完善。

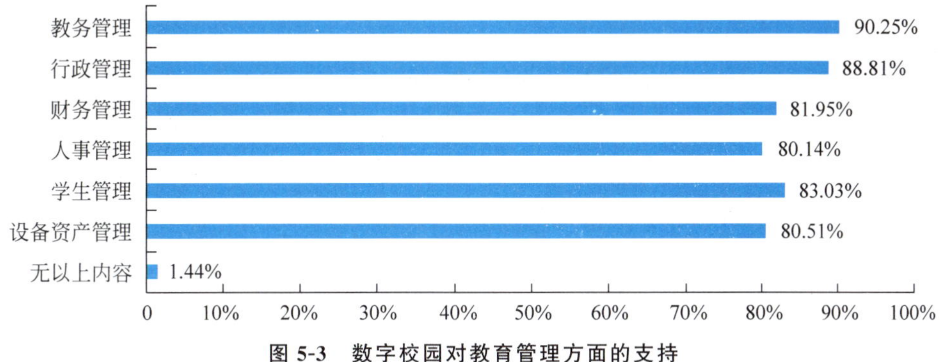

图 5-3 数字校园对教育管理方面的支持

3. 数字校园对教育评价的支持

学校管理者所在学校的数字校园对教育评价方面的支持情况如图 5-4 所示。数据显示,部分学校管理者认同所在学校的数字校园能够支持教师发展性评价(69.23%)、学生发展性评价(64.10%)、教学评价(61.17%)和学校发展性评价(52.01%)等,这凸显了数字校园对教育评价的多元化支持。

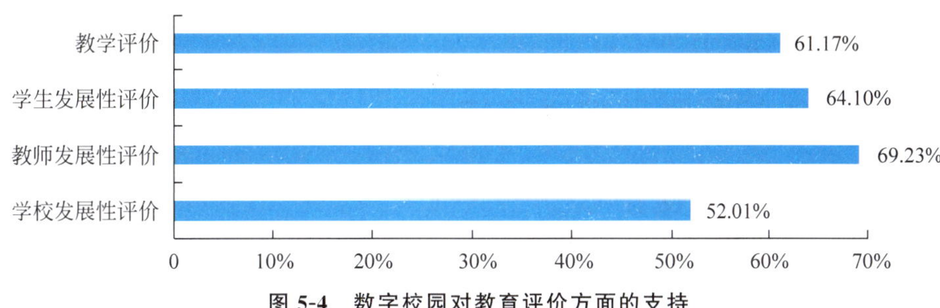

图 5-4 数字校园对教育评价方面的支持

4. 数字校园对生活服务的支持

学校管理者所在学校的数字校园对生活服务的应用情况如图 5-5 所示。数据显示,学校管理者普遍认为所在学校数字校园基础设施对家校互通方面提供了支持(94.22%),也有部

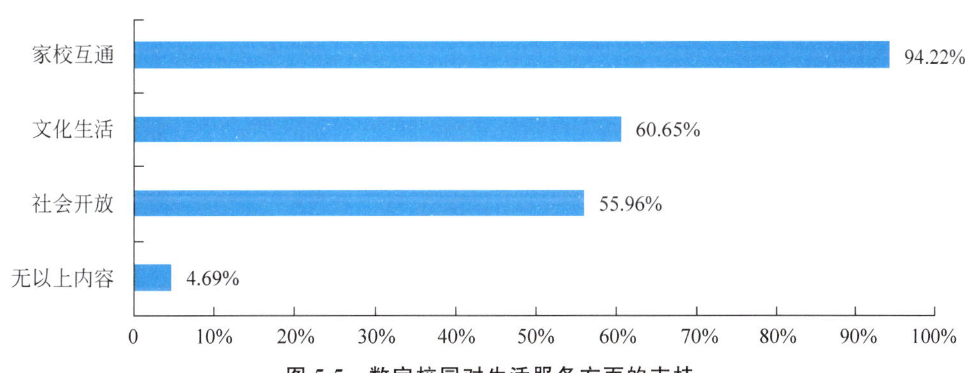

图 5-5 数字校园对生活服务方面的支持

分学校的数字校园建设为文化生活(60.65%)、社会开放(55.96%)等方面的实施提供了一定的支持。

5.1.3 通过数据分析为学生提供的服务

学校管理者所在学校通过数据分析为学生提供服务的情况如图5-6所示。数据显示,学校通过数据分析为学生提供的服务中,即时反应的学生健康服务占比最高,达69.31%;其次是个性化安全保护,占比为63.90%;另外在满足学生需求的饮食服务、文娱设施、体育设施等方面也有体现,占比分别为45.49%、45.49%、48.74%;相较而言,在满足学生需求的住宿环境中,较少学校通过数据分析提供服务(21.66%)。

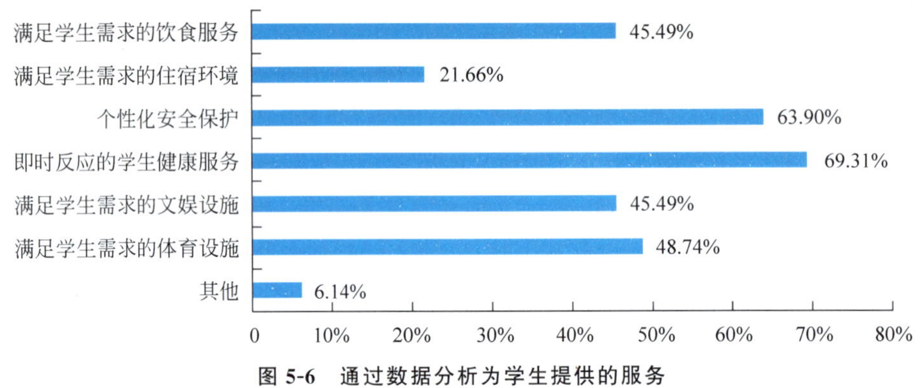

图5-6 通过数据分析为学生提供的服务

5.2 教师视角的互联网教学支持

5.2.1 教学内容与资源支持

在开展互联网教学的过程中,教师使用或改编自网络的学习材料占总体学习材料的比例情况如图5-7所示。数据显示,10%~20%的占比最高(29.93%);其次为20%~30%、30%以上和10%以下,占比分别为24.15%、22.43%和19.08%;不使用的比例最低,为4.41%。结果表明,绝大多数教师能够使用或改编自网络的学习材料对总体学习材料进行补充。

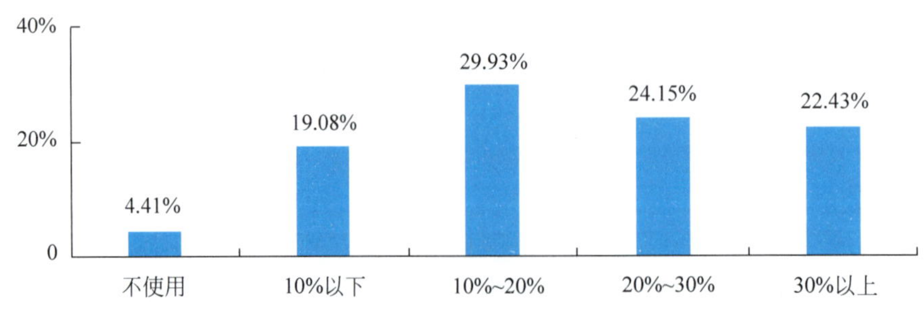

图5-7 教师使用或改编自网络的学习材料占总体学习材料的比例

在开展互联网教学的过程中,教师制作成视频(如微课)的知识点占总体知识点的比例情况图5-8所示。数据显示,教师制作成视频(如微课)的知识点占总体知识点的比例在

10%以下的占比最高，达 30.82%；教师制作成视频的知识点占总体知识点的比例在 10%～20%、20%～30%和 30%以上占比分别为 28.80%、15.99%和 13.78%；没有制作视频知识点的比例最低，为 10.60%；结果表明，大多数教师会制作视频（如微课）来辅助教学。

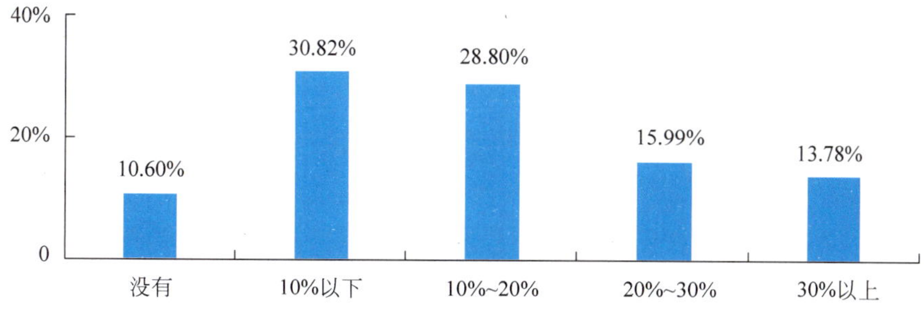

图 5-8　教师制作成视频的知识点占总体知识点的比例

在开展互联网教学的过程中，教师使用的互联网教学资源类型情况如图 5-9 所示。数据显示，教学素材类资源占比最高，为 84.00%；其次为在线教学类工具和资源制作类工具的比例，占比分别为 70.09%和 61.09%；没有使用过网络教学资源的占比最低，仅为 2.20%。结果表明，教师能够多样化地使用互联网教学工具和资源进行教学。

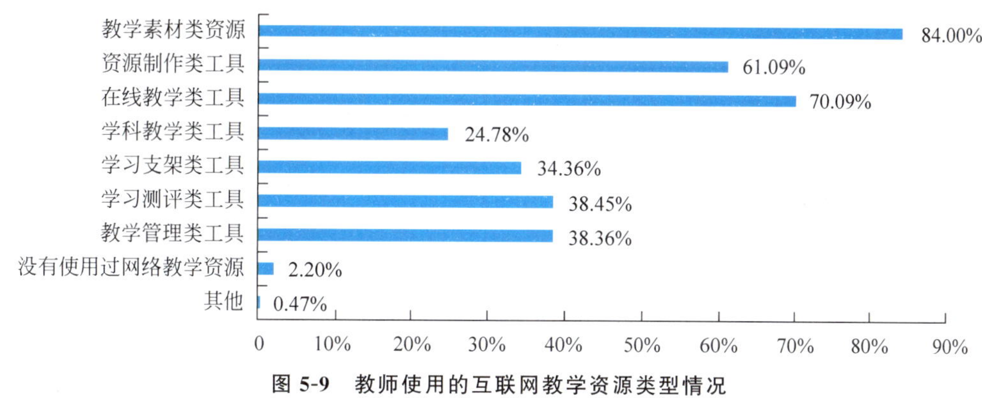

图 5-9　教师使用的互联网教学资源类型情况

在开展互联网教学过程中，教师付费购买互联网教学资源的情况如图 5-10 所示。数据显示，64.10%的教师有付费购买互联网教学资源的经历；35.90%的教师仍然没有付费购买

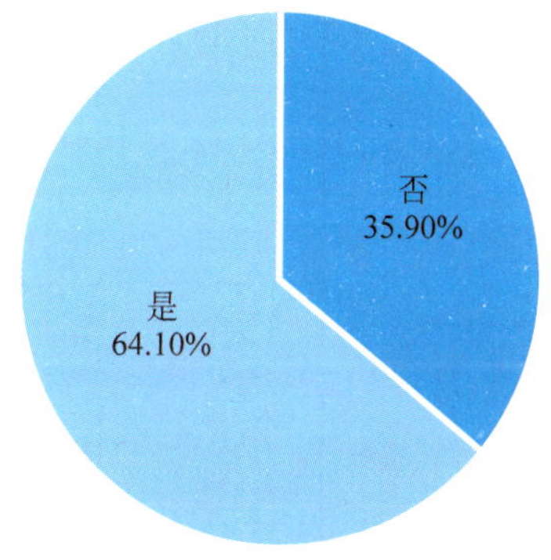

图 5-10　教师付费购买互联网教学资源的经历

互联网教学资源的经历。

在开展互联网教学的过程中，教师自愿付费的意愿情况如图5-11所示。数据显示，46.61%教师表示拒绝为资源付费；31.51%的教师表示愿意为资源付费；仅有2.68%的教师非常愿意接受资源付费。结果表明，一部分教师已经对互联网资源付费持接受态度。

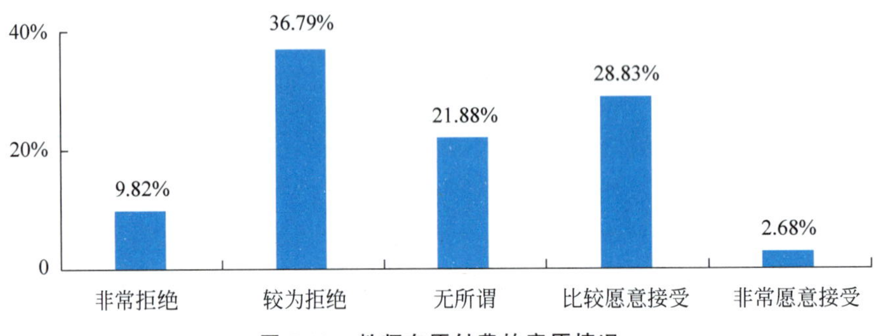

图5-11 教师自愿付费的意愿情况

在开展互联网教学的过程中，教师获取资源的方式如图5-12所示。数据显示，90.94%的教师自己搜索；同事推荐和网络推送的占比分别为62.30%和30.03%。结果表明，绝大多数教师能够根据实际教学需求上网自行搜索相关的教学资料。

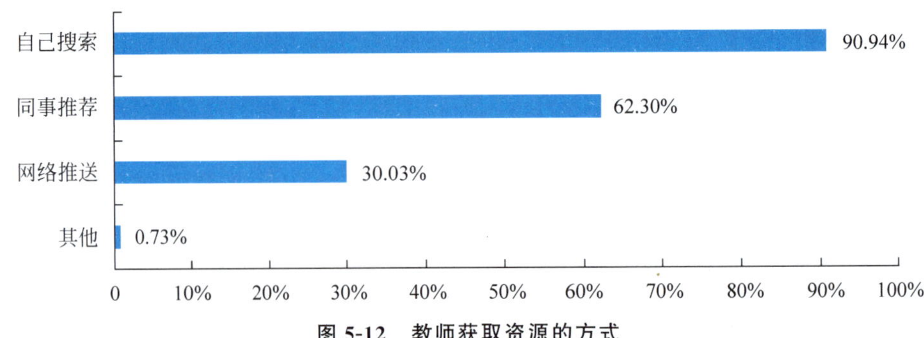

图5-12 教师获取资源的方式

在开展互联网教学的过程中，内容与资源支持情况如图5-13所示。数据显示，73.27%

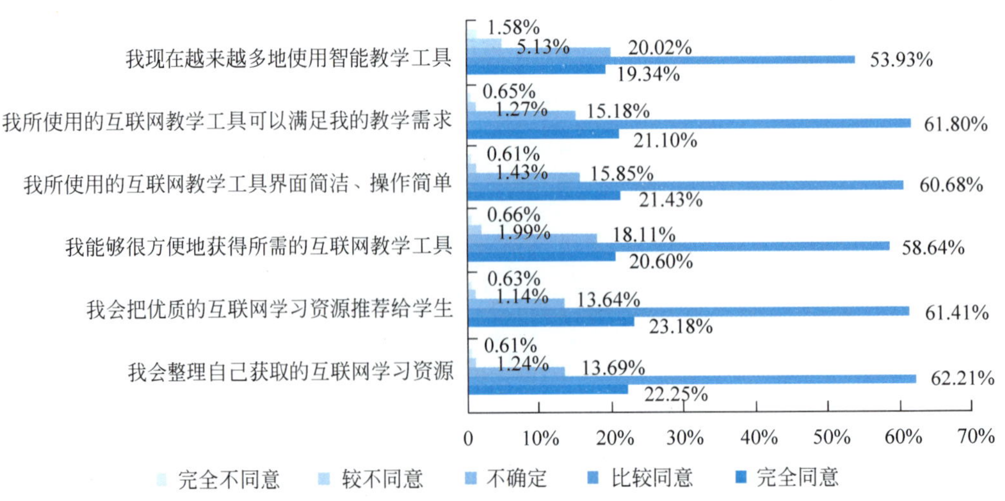

图5-13 内容与资源支持情况

的教师表示能够越来越多地使用智能教学工具；82.90%的教师认为其所使用的互联网教学工具能够满足目前的教学需求；82.11%的教师认为其所使用的互联网教学工具界面简洁且操作简单；79.24%的教师认为其能够很方便地获得所需要互联网教学工具；84.59%的教师能够做到把优质的互联网学习资源推荐给学生。

5.2.2 教学评价与反馈支持

在开展互联网教学的过程中，评价与反馈支持情况如图 5-14 所示。数据显示，74.97%的教师表示能够做到越来越多地关注学生互联网学习能力的评估与诊断；74.16%的教师表示能够经常使用互联网给学生提供在线辅导；77.58%的教师表示能够做到经常使用互联网给学生提供即时反馈。

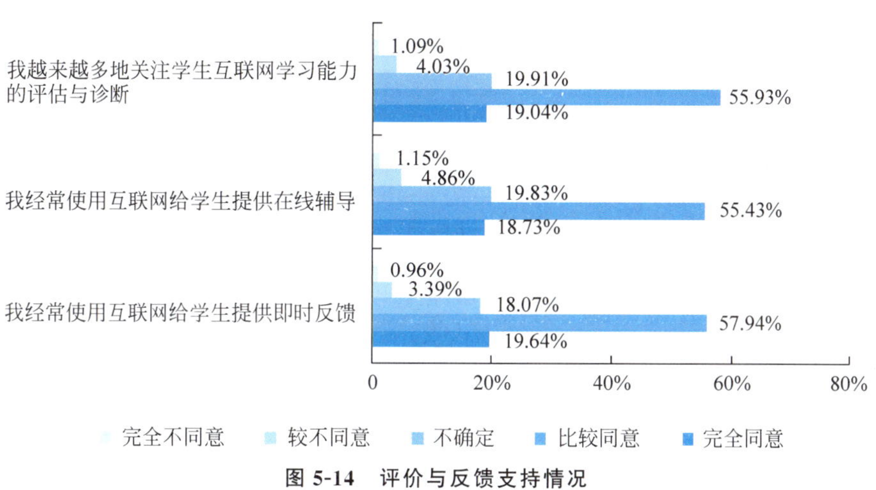

图 5-14 评价与反馈支持情况

5.2.3 策略与技能支持

在开展互联网教学的过程中，策略与技能支持情况如图 5-15 所示。数据显示，77.00%的教师能够积极地根据教学需要或学生兴趣为学生创建学习共同体；74.06%的教师经常给

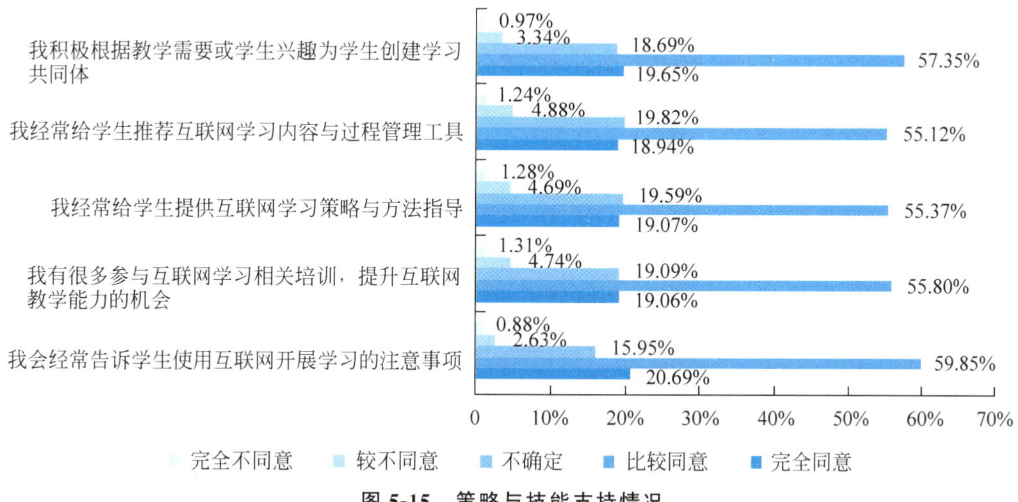

图 5-15 策略与技能支持情况

学生推荐互联网学习内容与过程管理工具;77.44%的教师经常给学生提供互联网学习策略与方法指导;74.86%的教师有过参与互联网学习相关培训并提升其互联网教学能力的机会;80.54%的教师能够做到经常告诉学生使用互联网开展学习的注意事项。

5.2.4 教学动机与情感支持

在开展互联网教学的过程中,动机与情感支持情况如图5-16所示。数据显示,75.44%的教师认为其学校经常组织教师参与互联网教学观摩和培训活动;74.90%的教师经常和同事一起研磨如何进行互联网教学;74.92%的教师经常研磨如何进行互联网教学;78.46%的教师的学校领导鼓励教师开展互联网教学;结果表明,教师参与互联网教学的动机较强,且能从学校领导处获得相应的支持。

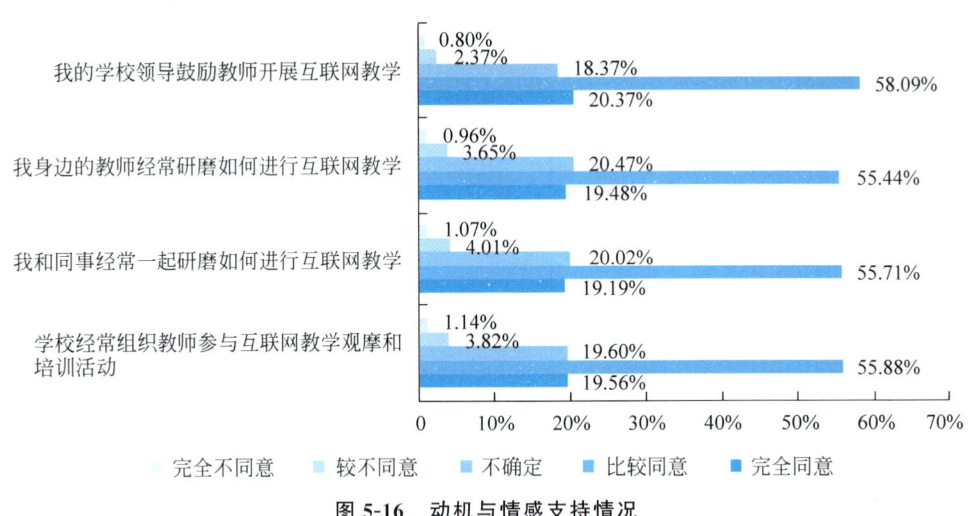

图5-16 动机与情感支持情况

5.3 学生视角的互联网学习支持

5.3.1 学习内容与资源支持

如图5-17所示,“互联网学习资源种类”部分主要调查学生在日常的学习中经常使用的

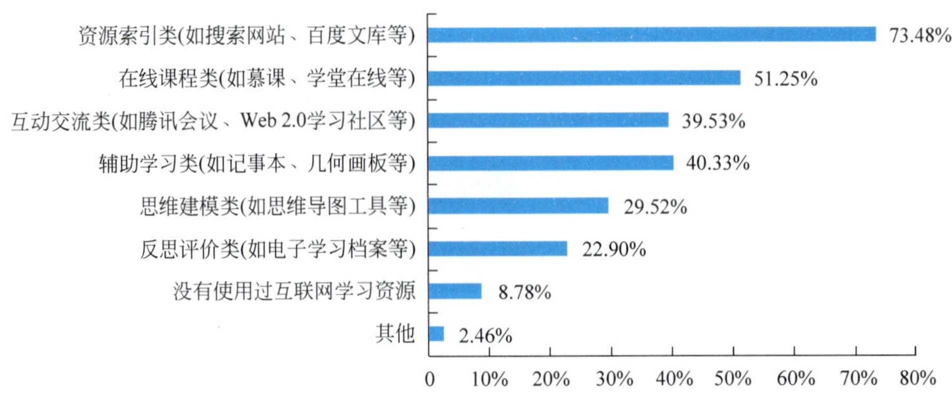

图5-17 互联网学习资源种类

学习资源种类。数据显示，73.48%的学生使用资源索引类（如搜索网站、百度文库等）；51.25%的学生使用在线课程类（如慕课、学堂在线等）；再有，辅助学习类（如记事本、几何画板等）和互动交流类（如腾讯会议、论坛等）分别占比 40.33%和 39.53%；反思评价类（如电子学习档案等）和思维建模类（如思维导图工具等）所占比例较小，分别为 22.90%和 29.52%，而仅有 9%左右的学生表示没有使用过互联网学习资源。综上所述，深圳市基础教育阶段的学生互联网学习资源种类较为多样化，资源内容较为丰富，能从多个方面为学生的学习提供支持；另外也说明了深圳市学生使用互联网学习资源支持学习的情况比较普遍，能够获得较多的互联网学习资源支持。

如图 5-18 所示，“学习资源付费情况”部分主要调查学生是否有付费购买互联网学习资源的经历。数据显示 41.13%的学生表示有付费购买互联网学习资源的经历，而 58.87%的学生表示没有，说明目前大多数学生使用的是免费的互联网学习资源。

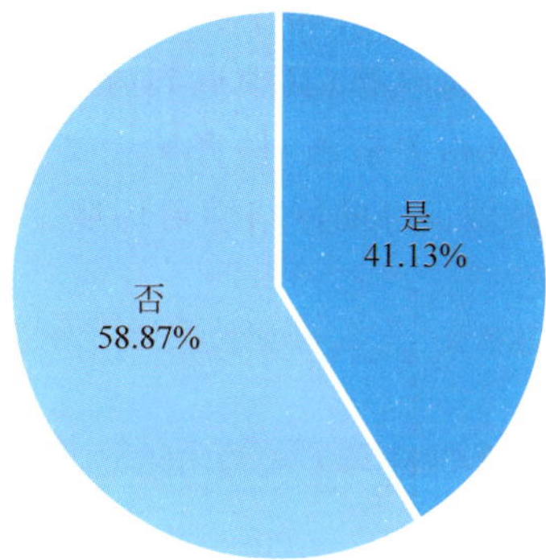

图 5-18 学习资源付费情况

如图 5-19 所示，关于资源付费的意愿调查，仅 5.87%的学生表示非常愿意接受；25.56%的学生表示比较愿意接受；20.83%的学生表示无所谓；而较为拒绝的学生占比为 28.40%，非常拒绝的有 19.35%。由此表明，一部分学生已经对互联网资源付费持接受态度。

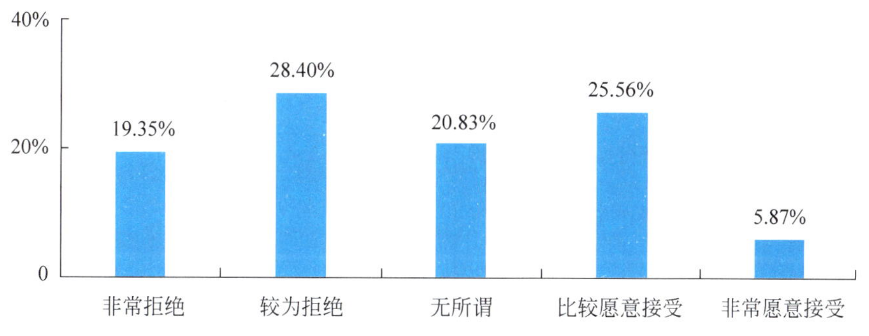

图 5-19 为资源付费的意愿

如图 5-20 所示，“资源获取方式”部分主要调查学生获取资源的常用方式。数据显示，自己搜索获取资源是学生最常用的方式，占比为 75.32%；另外教师推荐占 66.58%；同伴推荐占 46.50%，而网络推送占比较小，仅为 22.12%。数据表明学生获取资源的主要方式为自己搜索和教师推荐。

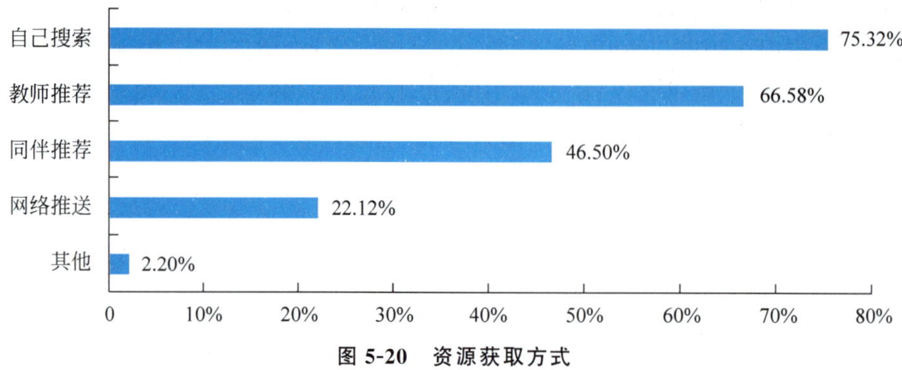

图 5-20 资源获取方式

如图 5-21 所示,"遭受不良信息困扰的情况"部分主要调查学生在使用互联网学习资源时是否遭受不良信息的困扰。数据显示,大部分学生受到了不同程度不良信息的困扰,如普通广告信息、游戏广告信息、不健康信息等,其中遇到游戏广告信息困扰的比例较高。综上所述,互联网信息良莠不齐,需采取相关措施,教育学生文明用网,拒绝不良信息,同时相关部门也要整顿网络环境,给学生提供良好的网络学习环境。

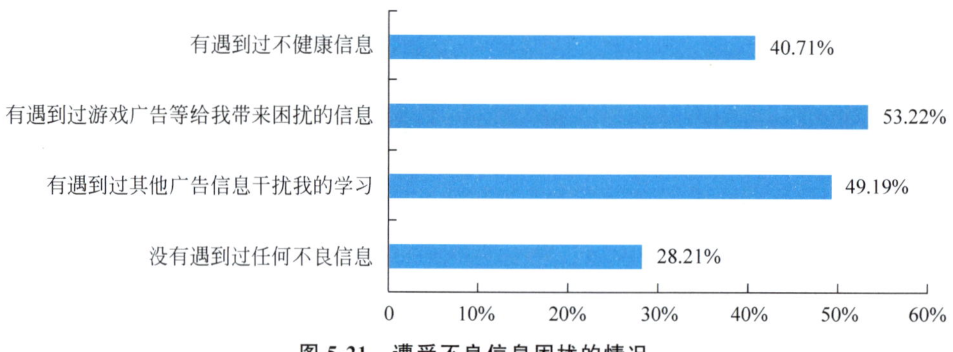

图 5-21 遭受不良信息困扰的情况

如图 5-22 所示,"内容与资源支持"部分主要调查学生使用互联网工具的情况。数据显示,70%以上的学生表示自己能够很方便地获得互联网学习工具,并且认为自己所使用的互

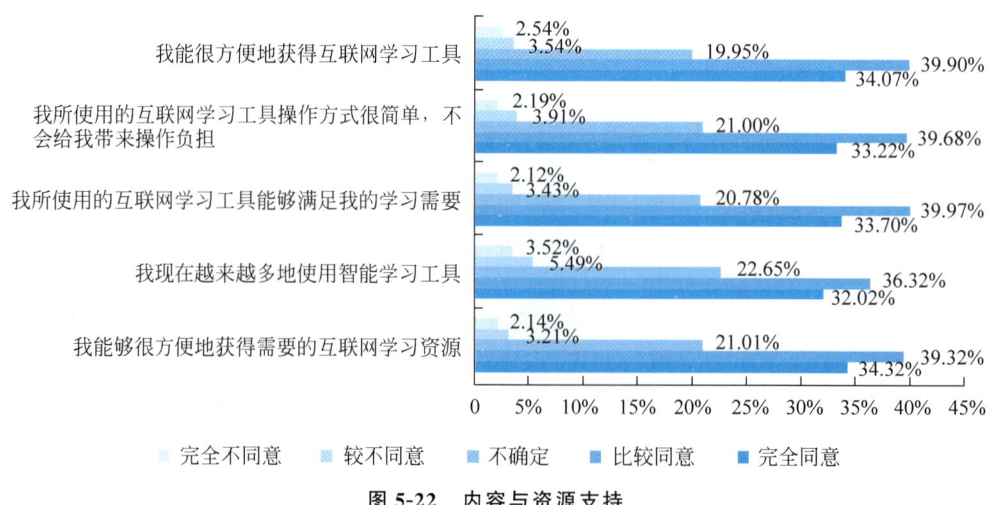

图 5-22 内容与资源支持

联网学习工具操作简便，且能够满足自己的学习需要；另外，近70%的同学越来越多地使用智能学习工具，例如洋葱数学、小猿搜题、英语流利说等。数据总体上反映了互联网学习工具的易用性、可用性和智能性程度均较高，学生普遍熟悉互联网工具的使用。

5.3.2 学习评价与反馈支持

如图5-23显示，“评价与反馈支持”部分主要调查学生认为教师对网络学习的评价与反馈的针对性、对网络学习的评价与反馈的详细程度、系统评价对学习的帮助、教师提供支持的及时性和同学提供支持的及时性等。数据显示，学生普遍认为在参与互联网学习的过程中，教师给予的评价和反馈较有针对性且非常详细；在参与互联网学习的过程中，约70%的学生认为学习系统对学习的评价有较大帮助；另外，在参与互联网学习过程中，学生普遍认为教师和同学能够及时提供支持。

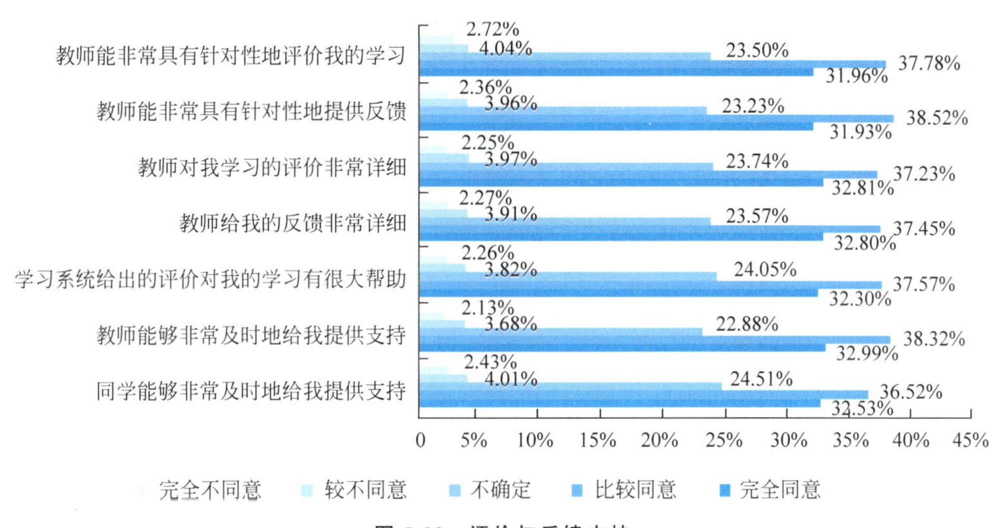

图5-23 评价与反馈支持

5.3.3 学习策略与技能支持

如图5-24所示，“策略与技能支持”部分主要调查教师和家长在互联网学习方面为学生

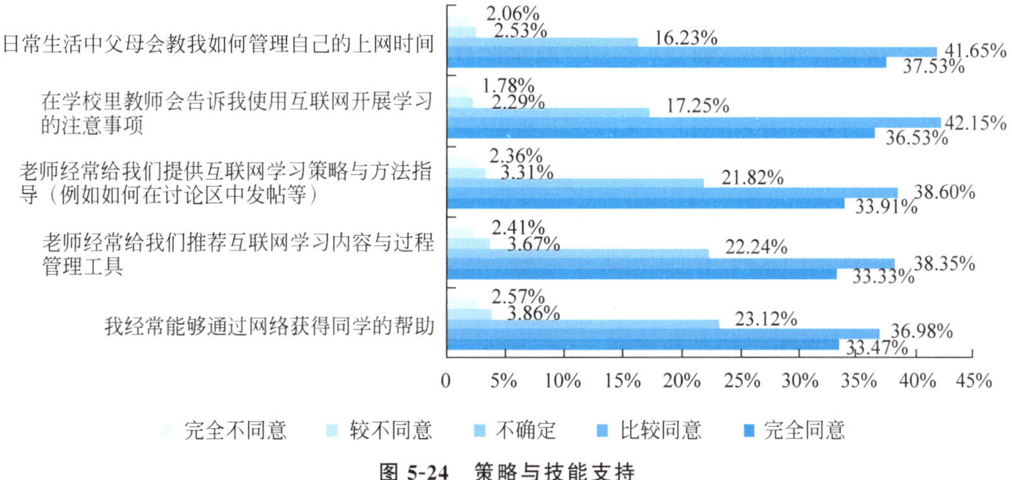

图5-24 策略与技能支持

提供的相关支持。数据显示，接近80%的学生表示在日常生活中父母会教他们如何管理上网时间；70%以上的学生表示在使用互联网开展学习时能获得教师提供的策略与技能支持，如说明注意事项、提供互联网学习策略与方法指导、推荐互联网学习内容与过程管理工具等；也有约70%的学生表示能够通过网络获得同学的帮助。综上所述，教师和家长在学生开展互联网学习上能够提供较好的支持和引导，帮助学生正确使用互联网开展学习。

5.3.4 学习动机与情感支持

如图5-25所示，"动机与情感支持"部分主要是调查学生开展互联网学习中家长与学校的支持情况。数据显示，70%以上的学生表示日常生活中父母允许自己上网学习并会管理自己上网学习的时间，而在学校鼓励学生上网学习方面，表示肯定的占比为57.24%，但仍有接近50%的学生表示不确定或者不同意。结果表明，家长普遍较为支持学生开展互联网学习，即父母对学生使用互联网，表现出有所管制但能提供支持的态度。与家庭支持相比较，学生眼中学校支持的态度较不明显，学校对于学生开展互联网学习的引导需进一步加强。

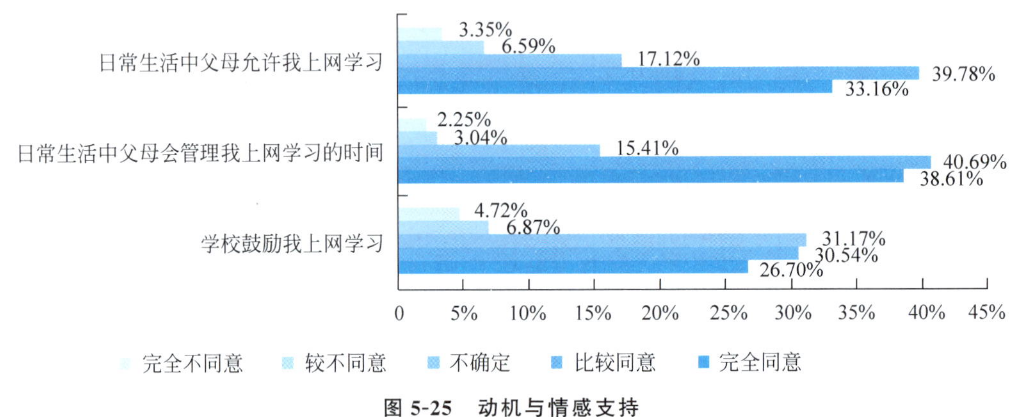

图5-25 动机与情感支持

5.4 开发教育评价应用，促进自主学习能力

学校管理者视角下的深圳市基础教育互联网学习与教学支持的分析结果表明，深圳市基础教育学校普遍能够意识到数字校园基础设施建设对学校发展的重要性，并积极地进行建设。此外，学校管理者普遍认同数字校园对教育管理方面、家校互通方面的支持，并能够通过数据分析为学生提供服务，如个性化安全保护。但是，仍有小部分学校暂时没有教育评价方面的应用，学校管理者应进一步完善数字校园教育评价基础设施的建设。

教师视角下的深圳市基础教育互联网教学支持的分析结果表明，教师能够自主利用互联网学习材料、能够通过录制视频（如微课）等方式，多样化地使用互联网教学工具进行教学，并且能够将优质的互联网学习资源推荐给学生。此外，教师能够关注学生的互联网学习并对其进行评价与诊断，并根据教学需要以及学生的兴趣为其创建学习共同体。总的来说，教师能够高效地支持学生的互联网学习，并为其提供相应的评价与反馈。与之相反，部分学校管理者视角下的教育评价基础设施尚需进一步地升级完善。这一对比表明，尽管教师能够为学生的互联网学习提供诸多支持，但部分学校的教育评价技术尚需深入发展，努力跟上教师支持互联网学习的步伐。

学生视角下的深圳市基础教育互联网学习支持的分析结果表明，互联网学习资源较为丰富，能从多个方面为学生的学习提供支持，学生能够使用互联网资源进行学习活动，诸如检索资料、互动交流等。但是，学生对于反思评价以及思维建模类的资源使用相对欠缺。此外，学生充分肯定其在互联网学习的过程中，教师和家长所给予的评价和反馈支持。与学校管理者和教师视角下的互联网学习支持结果相对比，一方面说明部分学校仍然缺少互联网教育评价类应用，另一方面说明学生更多地依赖教师与家长的评价与反馈，而非借助互联网工具进行自主评价与自我反思。

综上所述，深圳市基础教育学校仍需加大力度拓展教育评价应用，并进一步引导、培养学生自主评价、自主反思的能力。

第6章 深圳市基础教育领域互联网时代的学习与教学应用

6.1 管理者视角的互联网学习与教学应用

6.1.1 互联网应用场景

从学校管理者视角来看，其所在学校师生使用互联网开展教学与学习的情况如图6-1所示。学校管理者普遍认为学校教师能够较好地利用互联网组织教学活动、开展学习活动、开展教学辅导活动和教师教研活动；另外，接近90%的学校管理者认为学生能够利用互联网进行学习。这表明互联网已融入教师的教学与学生的学习活动中，并在教育教学中发挥着重要作用。

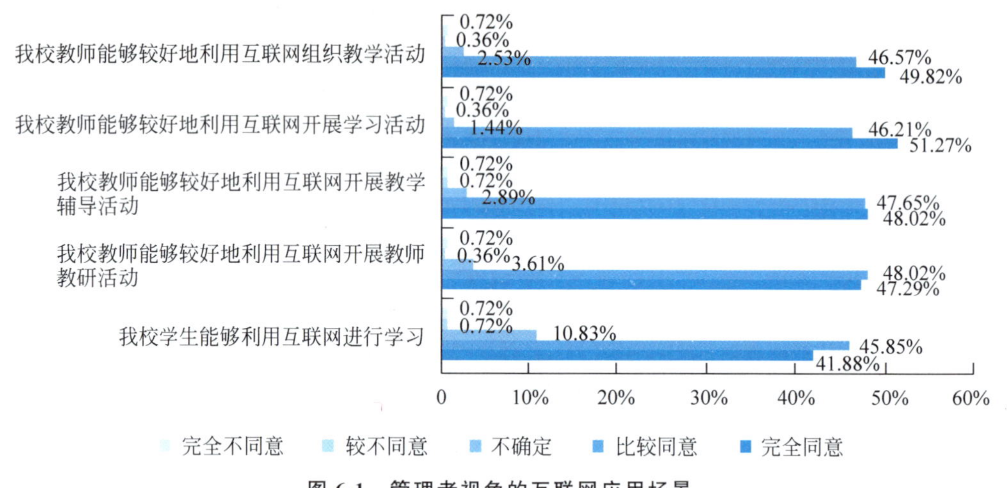

图6-1 管理者视角的互联网应用场景

6.1.2 互联网态度与体验

1. 电子设备使用管理

学校管理者所在学校对每节课使用电子设备的时长要求如图6-2所示。数据显示，有53.80%的学校对每节课的电子设备使用时长有相应规定，其中，13.72%的学校要求把时长控制在10分钟以内；33.94%的学校把时长控制在20分钟以内，仅6.14%的学校把时长放宽到30分钟以内。另外，有46.20%的学校对电子设备的使用时长无统一要求。

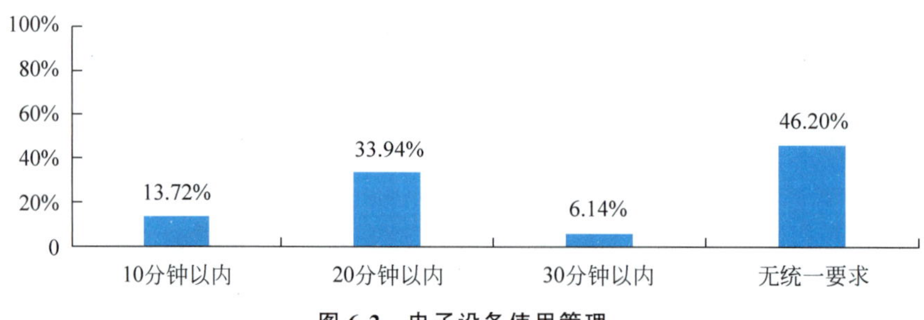

图6-2 电子设备使用管理

2. 移动终端使用态度

学校管理者对学生携带手机、平板电脑等移动终端设备进入学校的态度情况如图 6-3 所示。数据显示，40.07%的学校管理者表示禁止学生携带移动终端进入校园，也有一部分学校管理者同意学生携带移动终端进入校园，并会引导学生合理应用(31.05%)或者管控保管(25.63%)。结果表明，学校比较关注移动终端对学生身心发展的影响。

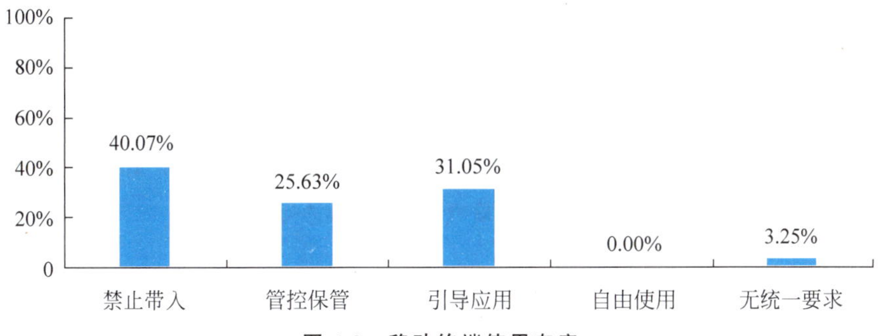

图 6-3　移动终端使用态度

3. 电子设备对视力的影响

学校管理者对使用电子设备进行教学是否会对学生的视力产生影响的态度情况如图 6-4 所示。数据显示，43.31%的学校管理者认为使用电子设备进行教学对学生视力的影响较小；33.94%的管理者认为影响一般；约 13.72%的学校管理者认为影响较大或很大。由此可见，大多数学校管理者认为使用电子设备进行教学对学生视力的影响较小或很小。

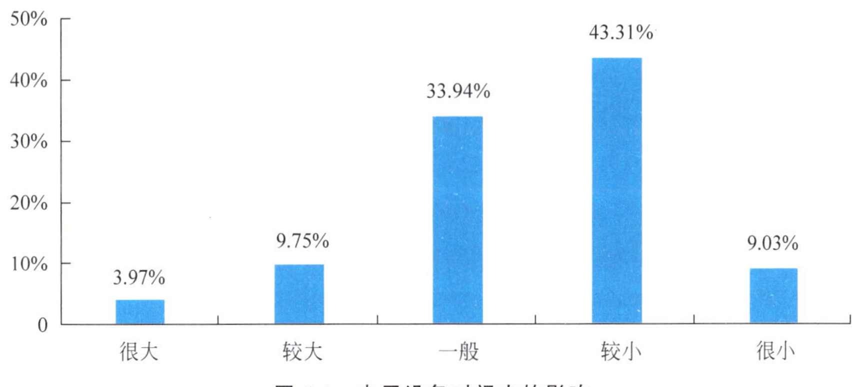

图 6-4　电子设备对视力的影响

4. 教师应对互联网教学中出现的问题和能力

学校管理者对教师和学生利用互联网开展教学和进行学习的态度情况如图 6-5 所示。数据显示，90%以上的学校管理者认为所在学校能够及时解决教师互联网教学中出现的问题并且正在推动教师借助互联网支持开展教学；约 85%的教育管理者倡导学生在课外利用互联网进行学习。综上所述，积极推动教师和学生利用互联网开展教学和学习是促使师生逐渐适应“互联网＋教育”时代的新型教育模式的重要途径，在提升教师教学能力和学生素质方面发挥着重要作用。

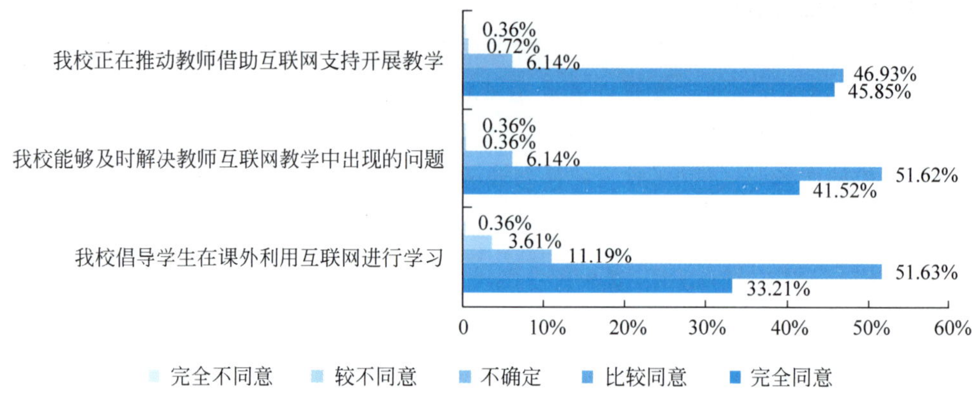

图 6-5 教师应对互联网教学中出现的问题和能力

5. 互联网学习对学校管理的影响

如图 6-6 所示，关于互联网学习对学校管理方面影响的调查结果显示，教育管理者普遍认同互联网学习对学校管理具有积极的作用，例如促进教师专业发展(92.78%)、提供多样化的教育服务(91.70%)、优化学校组织管理和运行(89.53%)、变革教学评价方式(83.03%)、提升管理水平(80.51%)、提升学校对外开放水平(71.84%)、促进校园文化建设(61.37%)、重塑学校办学理念(53.07%)等。这表明在当今互联网飞速发展的时代，学校管理者比较认可互联网学习对学校管理的积极作用，并加以合理利用，以优化学校管理，提升学校整体管理水平和效率。

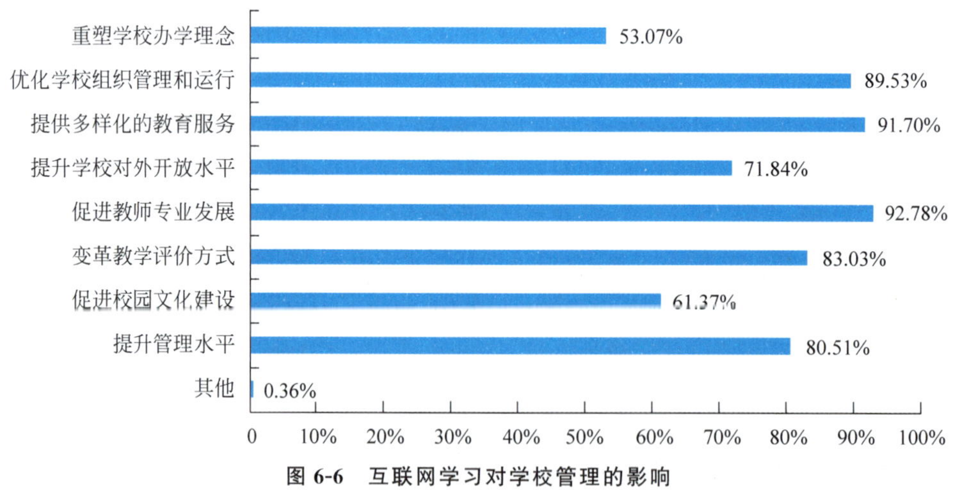

图 6-6 互联网学习对学校管理的影响

6. 互联网学习对教师教学的影响

如图 6-7 所示，关于互联网学习对教师教学方面影响的调查数据显示，学校管理者普遍认同互联网学习对教师教学具有积极的作用。例如课堂呈现多样性和可选择性(92.78%)，打破学校边界、多方提供课程资源(90.25%)，创新教学方式(89.53%)，创新教研方式(82.67%)，创新学校课堂形态(80.14%)，改变学生评价方式(78.34%)，提升教学水平(74.37%)，提升教学反思能力(68.59%)等。

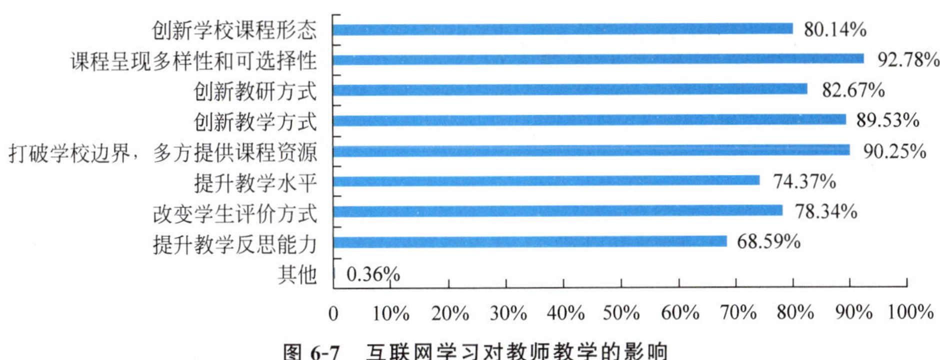

图 6-7　互联网学习对教师教学的影响

7. 互联网学习对学生学习的影响

如图 6-8 所示，关于互联网学习对学生学习方面影响的调查数据显示，教育管理者普遍认同互联网学习能够提高学生的学业水平(64.62%)、改变学生的学习方式(96.39%)、拓展学生的视野(94.22%)、培养学生的问题解决能力(82.67%)。由此可见，互联网学习改变了学生的学习方式，引发了学生学习与思维方式的变革。

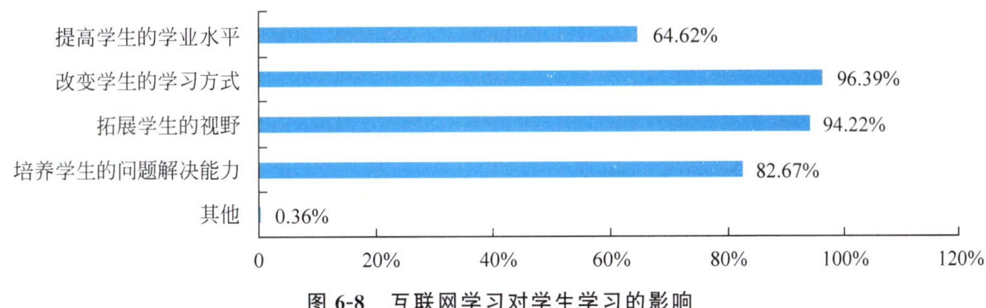

图 6-8　互联网学习对学生学习的影响

8. 互联网学习对家校合作的影响

如图 6-9 所示，关于互联网学习对家校合作影响调查数据显示，学校管理者普遍认为互联网学习对家校合作具有积极的正面影响，包括改变家校合作方式(92.78%)、提升家长参与学校管理的积极性(86.64%)、提升家校合作效果(87.36%)。家校合作是未来学校管理者应着重关注的问题，为培养学生泛在学习的意识和能力，学校管理者需要让信息化环境、资源支撑学生实现无处不在的学习方式，家校合作不断深入是促进泛在学习的桥梁。

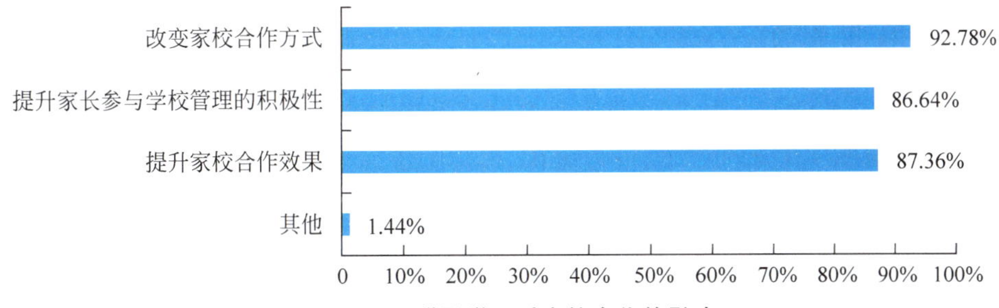

图 6-9　互联网学习对家校合作的影响

6.2 教师视角的互联网教学应用

6.2.1 教学应用场景

如图 6-10 所示，81.46％的教师认为自己能够熟练地利用互联网组织学生开展自主学习；79.45％的教师认为自己能够熟练地利用互联网组织混合式教学；79.93％的教师认为自己能够经常引导学生利用互联网解决问题；79.83％的教师认为自己能够熟练地利用互联网开展（参与）同步课堂；77.29％的教师认为自己能够熟练地利用互联网开展专递课堂；78.81％的教师认为能够熟练地利用互联网开展（参与）名师网络课堂；76.17％的教师认为自己能够熟练地利用互联网开展跨校协作探究教学；80.98％的教师认为自己能够使用互联网对学生进行辅导（如在线答疑、提供资料等）。综上所述，大多数教师能够利用互联网在多种场景中开展教学活动，并且大部分教师认为自己在开展教学活动时能够较为熟练地利用互联网的辅助功能。

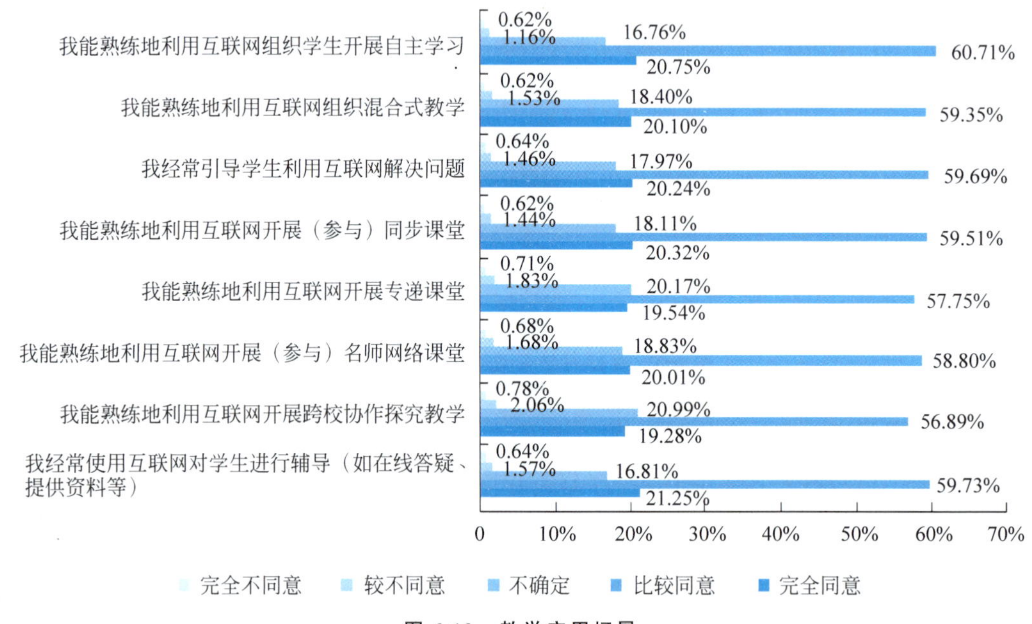

图 6-10 教学应用场景

6.2.2 教学应用情况

在开展互联网教学的过程中，互联网在教学实践中的应用情况主要包括发布学习任务、分享学习资源、组织学生交流讨论、进行讲授、组织学生探究活动、提供学习指导、提供学习反馈、组织学习成果汇报交流和点评学生作业。调查情况如图 6-11 所示，教师利用互联网发布学习任务占比最高，为 87.44％；其次为教师分享学习资源，占比为 84.68％；教师组织学习成果汇报交流的占比最低，为 37.41％；其他类型教学活动的占比范围在 30％～65％。结果表明，教师能够利用互联网的相关功能支撑教学实践环节的进行，有效提高课堂教学效率。

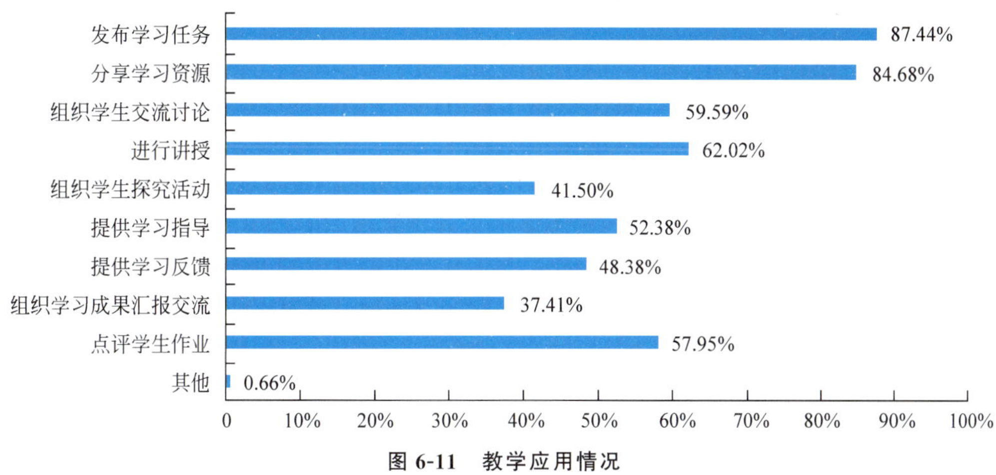

图 6-11 教学应用情况

6.2.3 教学投入

在开展互联网教学的过程中,教师要求学生利用互联网进行学习的时间情况如图 6-12 所示,教师要求学生利用互联网学习的占比为 95.24%,其中,要求学生课后进行互联网学习的占比最高,达 43.80%;课前使用和课中使用占比分别为 30.52%和 20.92%;教师不允许学生进行互联网学习比例最低,仅为 4.76%。这说明教师普遍支持学生使用互联网进行学习,其中大部分教师主要引导学生在课后进行互联网学习。

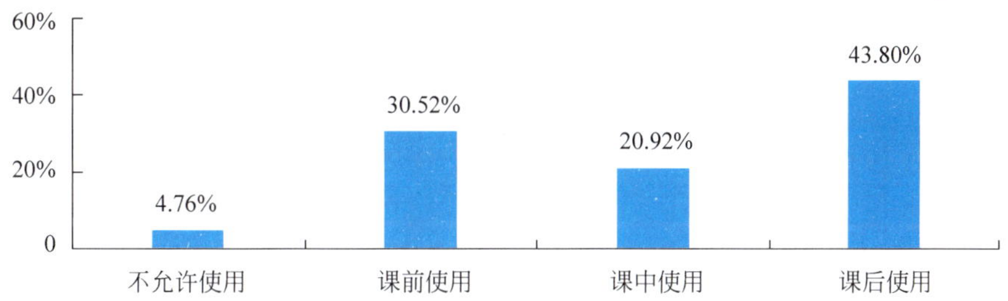

图 6-12 教师要求学生利用互联网进行学习的时间情况

在开展互联网教学的过程中,教师利用互联网进行备课、课件制作等的时间(不包含授课环节)情况如图 6-13 所示。教师花费 1~2 小时的占比最高,达 41.46%;其次为 1 小时以内、2~4 小时、4 小时以上,分别占比 21.36%、25.87%和 9.23%;教师不使用互联网进行备课、课件制作的比例最低,为 2.08%。综上所述,大多数教师利用互联网进行备课和课件制作所

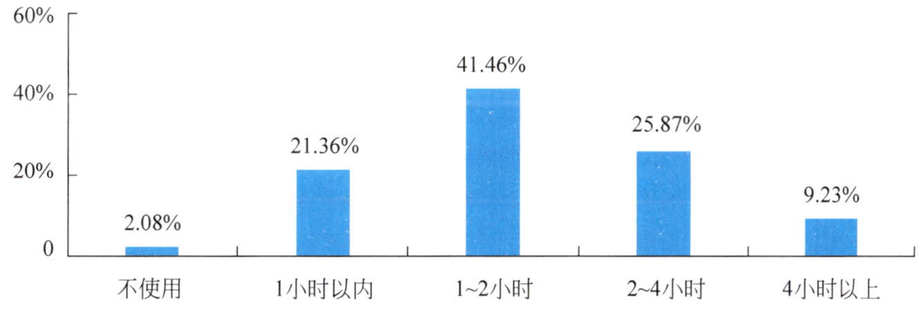

图 6-13 教师利用互联网进行备课、课件制作的时间情况

需要的时间普遍为1～2个小时,表明大部分教师能够较为熟练地使用互联网进行备课和课件制作。

在开展互联网教学的过程中,教师利用互联网开展教学的情况如图6-14所示,教师花费1小时以内的占比最高,达42.10%;其次为1～2小时的和2～4小时,占比分别为32.43%和11.54%;教师花费4小时以上的比例最低,为3.14%;教师不使用互联网开展教学也占据一定的比例,为10.80%。这说明深圳市教师普遍会利用互联网开展教学,且开展互联网教学的时间在2个小时以内的居多。但也存在小部分教师并不利用互联网进行教学活动,背后的原因可能与学科特点、教师素养以及学校环境支持情况等因素相关。

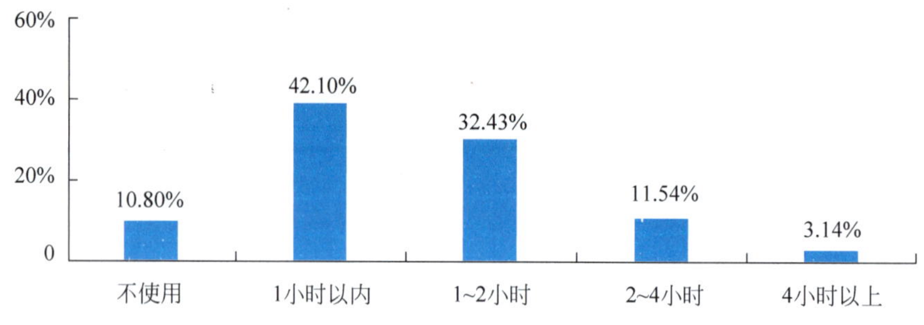

图6-14　教师利用互联网开展教学的情况

6.2.4　教学效果

如图6-15所示,教师认为互联网教学能促进学生自主学习能力、知识与经验积累、问题解决能力、创新型思维等的发展。这表明互联网教学可以促进学生多方面能力的发展,提升教学效果。

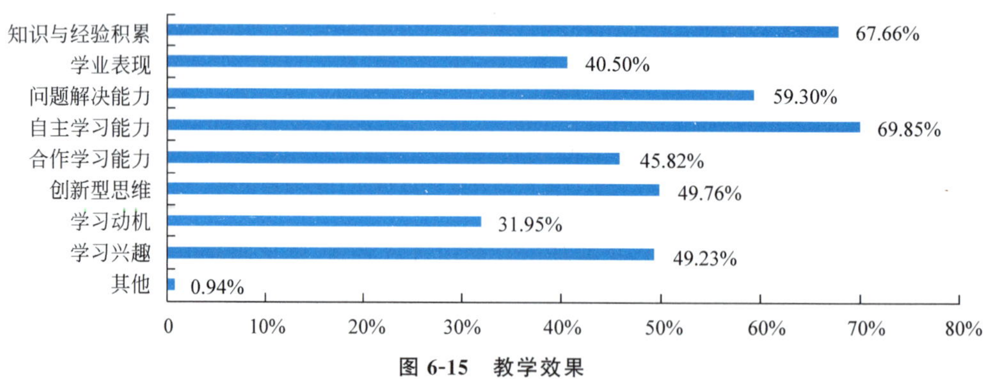

图6-15　教学效果

6.2.5　教学动机与期望

教学动机与期望情况如图6-16所示,88.46%的教师愿意在教学中使用新技术、尝试新方法;在新冠肺炎疫情过后,78.33%的教师仍然愿意开展线上线下相结合的教学;80.08%的教师对利用互联网进行教学很有热情;82.94%的教师能够借助互联网促进自己对学科知识体系的建构;84.91%的教师能够借助互联网更深入地理解各种教学模式并灵活地加以应用;86.26%的教师会主动利用互联网资源提升教学能力;83.11%的教师能够参与专家引领的名师课堂、名师工作室等活动;78.33%的教师愿意参与学校、教研员等组织的网络研修;

88.46%的教师能够利用互联网获取教学和学习资源进行自主研修。综上所述，深圳市教师对利用互联网开展教学、探索新模式新方法、提升教学能力等方面的意愿较为强烈，并期待继续开展线上线下相结合的教学方式。

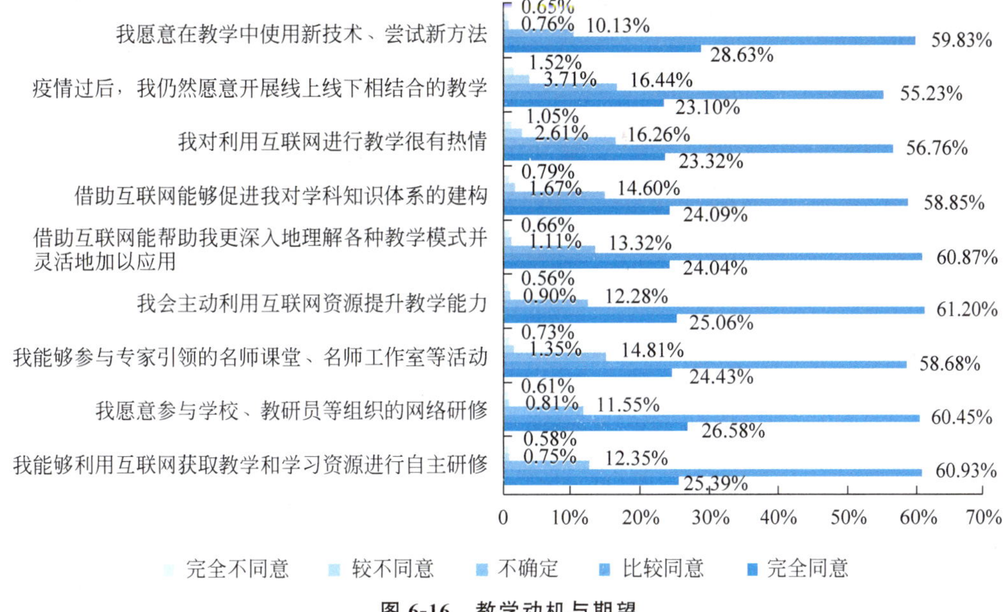

图 6-16　教学动机与期望

6.2.6　教学态度与体验

如图 6-17 所示，在开展互联网教学的过程中，教师能够积极接纳并主动推进的占比最高，为 67.42%；教师完全抗拒并无法理解的占比最低，仅为 0.23%；结果表明，教师比较认同互联网能够给教学带来便利。

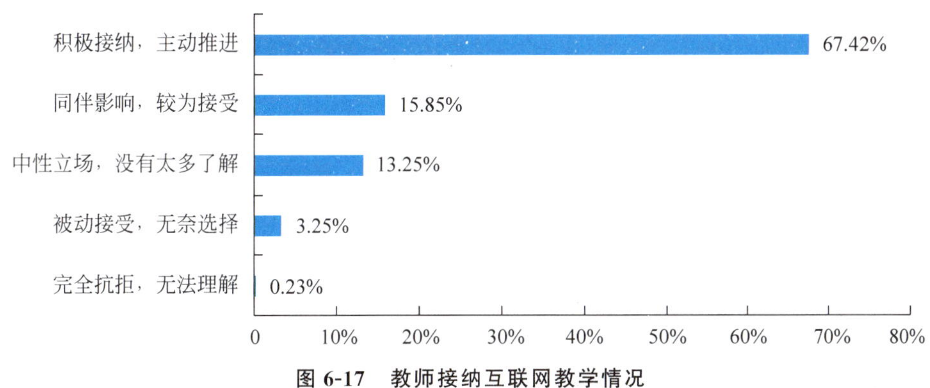

图 6-17　教师接纳互联网教学情况

如图 6-18 所示，74.19%的教师对互联网教学的效果感到满意；在教学实践中，77.33%的教师对自己利用互联网实现“以学生为中心”的教学感到满意；70.29%的教师认为借助互联网进行教学比传统教学方式好；72.55%的教师认为借助互联网进行教学能够让学生理解得更好；72.33%的教师认为课堂中使用互联网不是学生近视的主要因素；76.95%的教师认为让学生利用互联网进行学习，能够提升他们的自主学习能力；78.30%的教师能够自如地在线上与线下教学中进行切换；70.26%的教师认为互联网教学增加了自己的工作量，效果还不理想；75.95%的教师认为新冠肺炎疫情过后，还可以借助互联网开展教学，对面对面教学进行补充；79.44%的教师感受到了新技术和教育理论与传统教育理念的碰撞和冲突。综上所述，大部分深圳市教师认为互联网教学能够提升教学效率，培养学生的自主学习能力，促进师生共同成长。

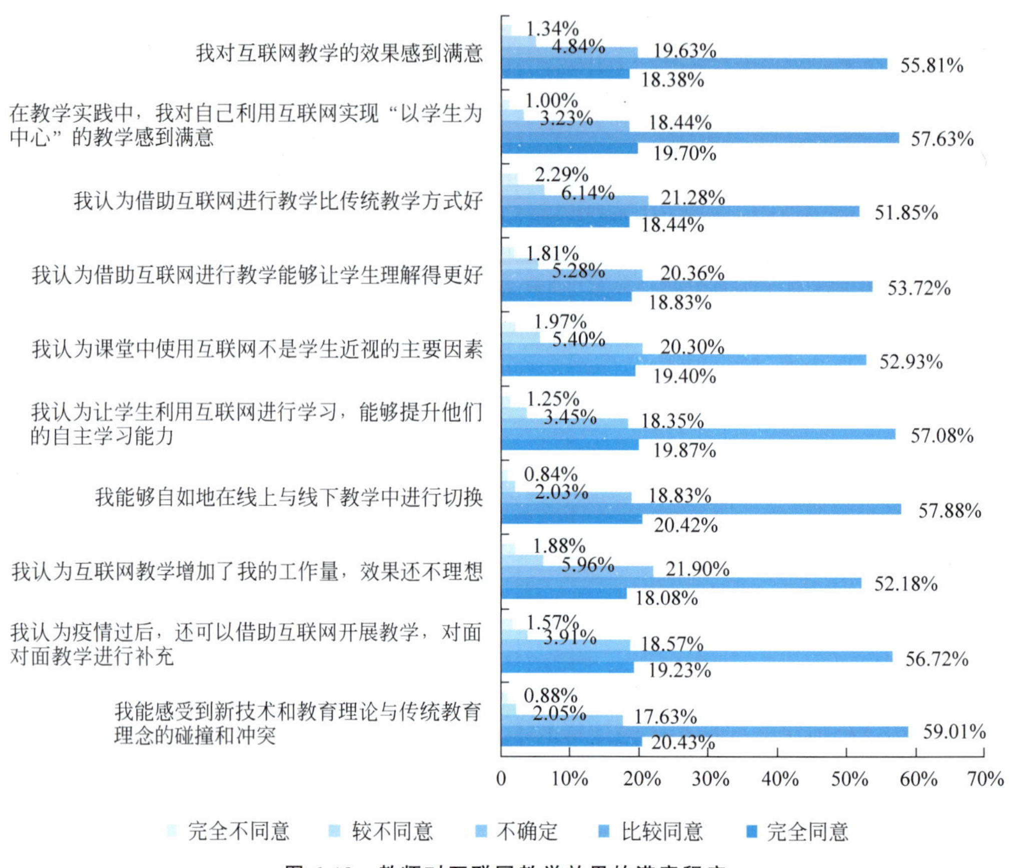

图 6-18　教师对互联网教学效果的满意程度

6.2.7　教学挑战与支持

教师在开展互联网教学的过程中，遇到的障碍情况如图6-19所示。结果表明，教师在当

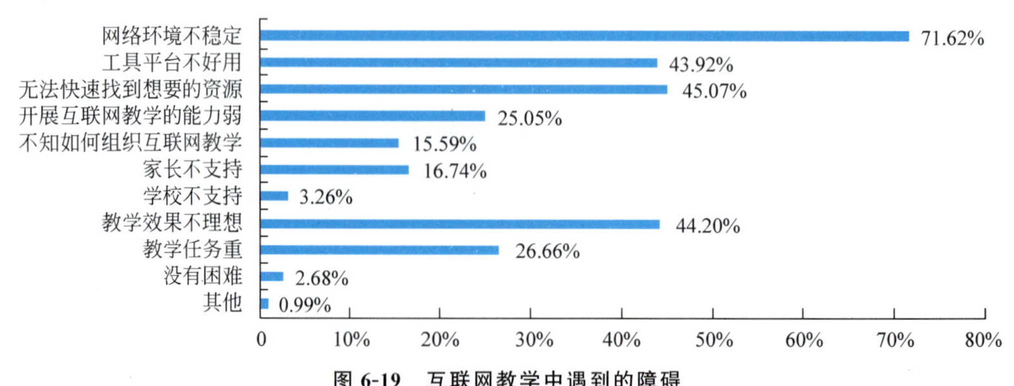

图 6-19　互联网教学中遇到的障碍

前“互联网+”环境下开展教学遇到的障碍主要有网络环境不稳定(71.62%)、无法快速找到想要的资源(45.07%)、教学效果不理想(44.20%),以及工具平台不好用(43.92%)。这表明教师在开展互联网教学中仍面临诸多挑战,需要资源、环境、技术等多方面的支持。

教师在开展互联网教学的过程中,需要的支持情况如图 6-20 所示。其中,技术环境支持的占比最高,为 84.11%;其次为学生技术应用支持、国家政策支持等。这表明在整体的教学支持方面,教师在开展互联网教学过程中对技术环境与技术应用方面的需求最大。

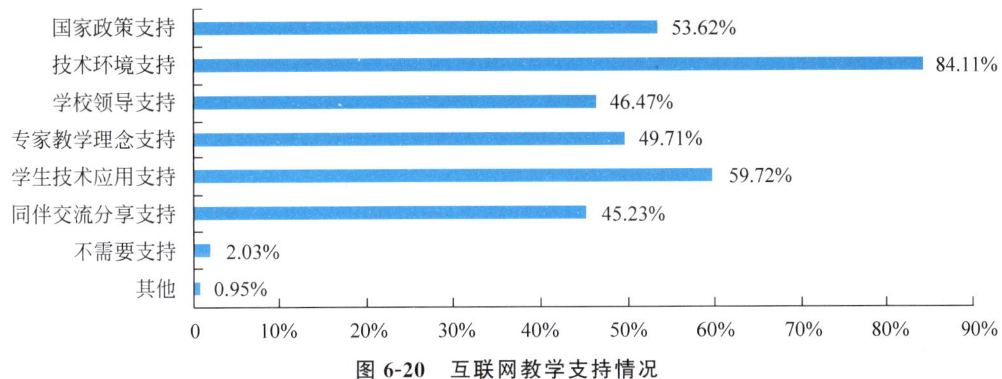

图 6-20 互联网教学支持情况

在开展互联网教学过程中,教师希望获得的资源支持情况如图 6-21 所示,教学资源支持的占比最高,为 89.37%;教学工具支持和交互工具支持的占比分别为 75.14%和 53.60%;其中,需要智力资源支持的占比最低。结果表明,在资源支持方面,教师对教学资源和教学工具等的支持需求更为迫切。

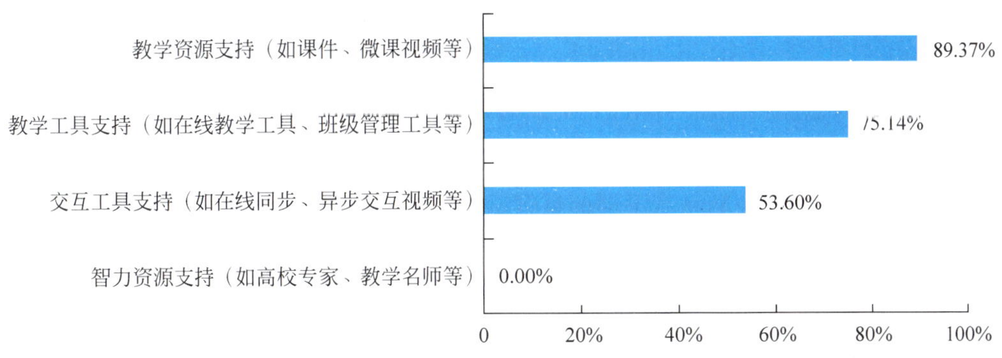

图 6-21 互联网教学资源支持情况

6.3 学生视角的互联网学习与教学应用

6.3.1 学习应用场景

应用场景部分主要是调查学生在不同学习模式下,如自主学习、探究学习、混合式学习等,利用互联网学习开展学习的情况。调查结果如图 6-22 所示,其中约 70%的学生对自主学习模式下互联网提供的动态服务、学习数据记录和学习进程管理表示满意;另外,在探究学习中,70%左右的学生认为互联网能够为他们的学习提供资源支持和小组协作支持;再者,从数据中可看出,教师在课前课后引导学生运用互联网进行学习的情况在深圳市基础教育中是普遍的现象，且学生无论是生活中还是学习上，遇到问题通过互联网手段寻找解决问题的意识普遍较高，说明深圳市基础教育中互联网在学生的学习和生活中的应用范围较广，且对学生的学习和生活产生积极的影响。

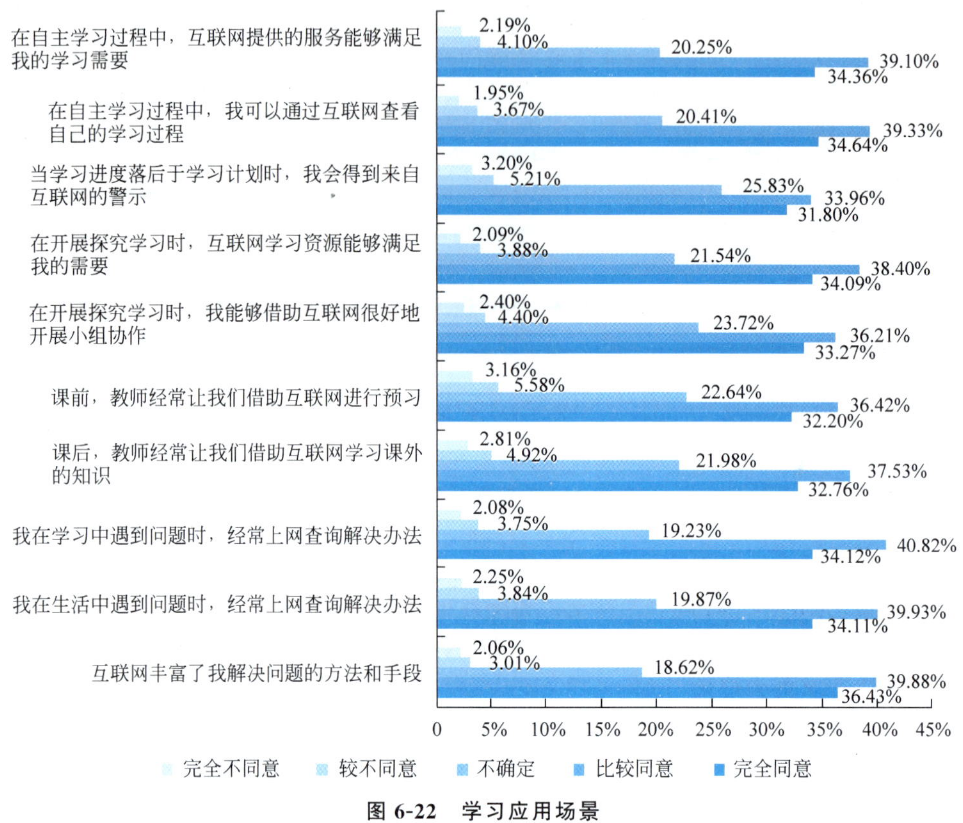

图 6-22 学习应用场景

如图 6-23 所示，33.73％的学生表示没有参加过同步课堂，另外 66.27％的学生对同步课堂的学习方式有一定的接触且有不同的反馈。其中 46.58％的学生认为通过开展同步课堂激发了他的学习动力，30.08％的学生认为同步课堂的学习方式未对他的学习成绩造成负面影响；32.45％的学生认为同步课堂的学习方式提高了他的学习成绩，说明了同步课堂的学习方式能普遍为学生所接受，并且能对学生的学习产生积极的影响。值得注意的是，有小部分的学生认为同步课堂的学习方式给他们带来了不良情绪，对于这部分学生，教师应采用多元化教学策略并及时给予学生有效的引导。

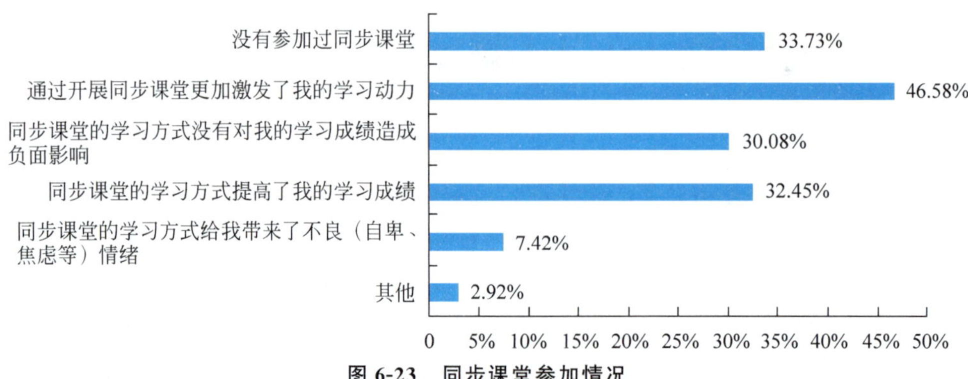

图 6-23 同步课堂参加情况

6.3.2 学习应用

关于学生利用互联网开展学习活动的目的调查情况如图 6-24 所示。其中听教师直播讲课所占比例高达 81.67%，观看教学视频比例也达到了 75%以上，说明学生开展互联网学习活动主要是参与线上课程学习活动；另外接近 60%的学生表明，他们开展互联网学习活动主要是为了完成课后作业；再者，还有其他多种多样的互联网学习目的，例如，优化学习方法、获得同学或者教师的评价、获得教师的教学辅导、解决疑惑、沟通交流、分享和获取学习资源、开展同步课堂等，所占比例均在 20%～40%。这说明互联网学习在深圳市基础教育中的运用覆盖了学生的多种学习活动，支撑了多样化的学习方式。

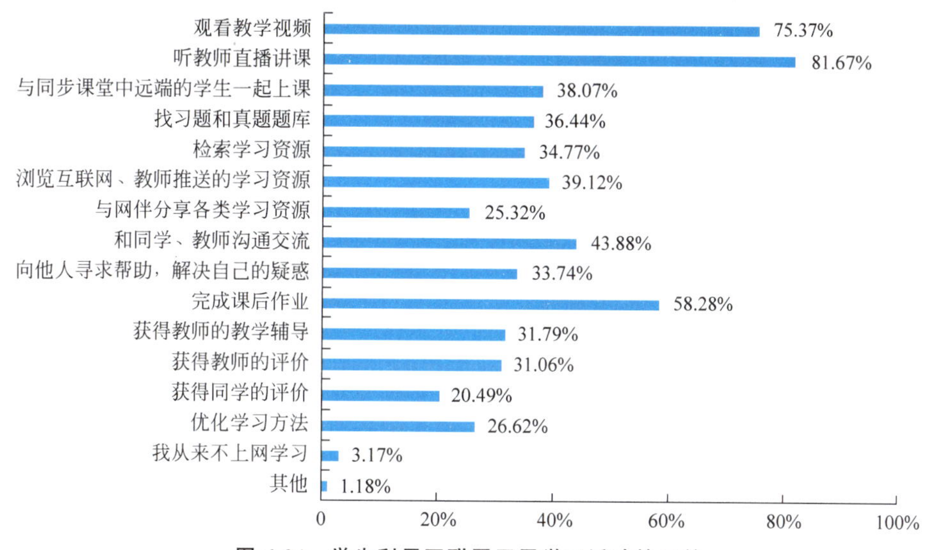

图 6-24 学生利用互联网开展学习活动的目的

关于学生是否能较好区别互联网活动种类的调查情况如图 6-25 所示。调查结果表明，学生在学习过程中接触较多的是教师利用互联网发布学习任务(85.31%)和分享学习资源(67.43%)；还有，对于点评作业(51.20%)、组织交流讨论(49.85%)、提供学习指导(48.25%)、进行讲授(44.66%)、提供学习反馈(38.77%)、组织学习成果汇报交流(33.11%)、组织探究活动(30.38%)等互联网活动，也是学生在学习过程中会接触到的互联网活动。综上所述，深圳市基础教育中，教师在多个教学环节中利用互联网组织的活动，涵盖了教育教学的整个过程，丰富了师生互动的方式，促进了教与学的相互促进提高。

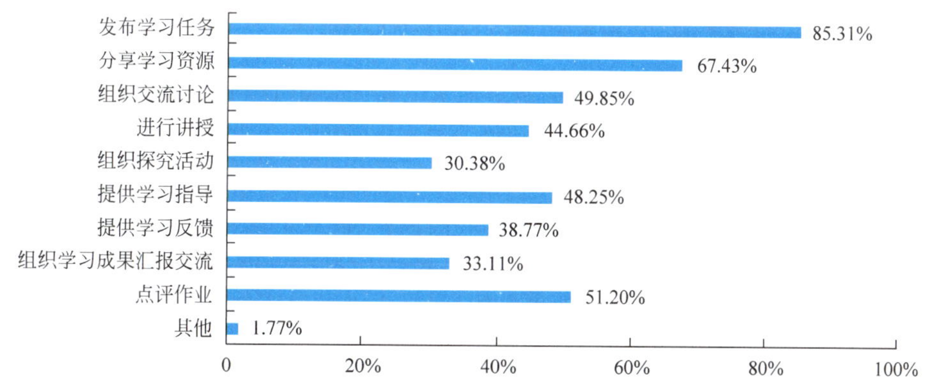

图 6-25 学生是否能较好区别和认识教师使用互联网组织的活动种类

6.3.3 学习投入

关于学生每天使用互联网进行学习的时长的调查情况如图6-26所示。调查结果显示，互联网学习时长在1小时以内的学生有35.48%，在1～2小时的学生有33.12%，在2～4小时的学生有16.83%，而在4小时以上的有9.95%，另外，仅有不到5%的学生每日不使用互联网进行学习。这说明了深圳市基础教育中，学生普遍每日都会利用互联网学习，学习时长在2小时以内的居多。

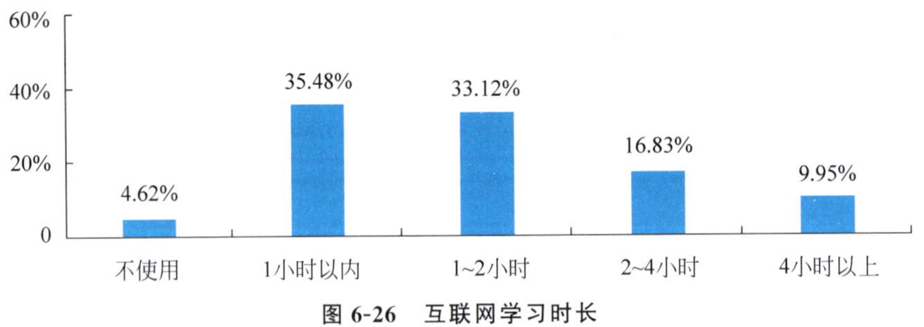

图6-26 互联网学习时长

6.3.4 学习效果

关于学生遇到问题后，会借助互联网开展哪些活动来帮助问题解决的调查结果如图6-27所示。数据显示，表示会借助互联网查询与问题有关的信息和借助互联网分析问题的学生所占比例均达到60%以上，遇到问题借助互联网向他人寻求帮助的学生不到一半，而借助互联网分享个人收获的学生仅占了26%左右。结果说明了学生在查找资料、分析资料方面表现较好。但是，部分学生在遇到问题时更倾向于自己解决而不是向他人寻求帮助，借助互联网进行合作与分享的意识稍显淡薄。

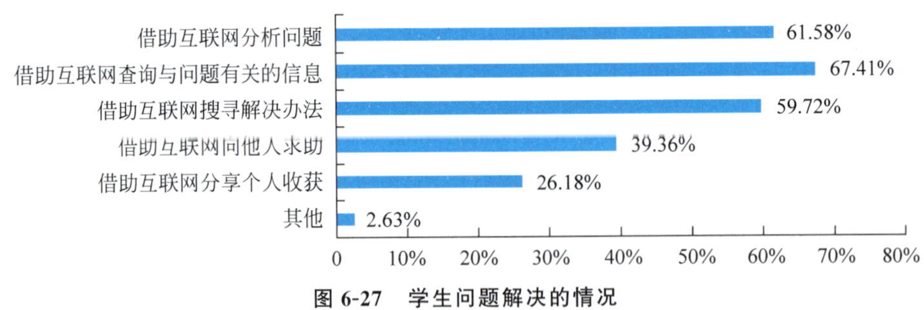

图6-27 学生问题解决的情况

“学习效果”部分主要调查学生问题解决能力是否有所提升、参与合作学习是否有所收获、参与合作学习能力，以及自主学习中制定学习目标的能力是否有所提升等。如图6-28所示，75%以上的学生在网上学习遇到困难时，能够寻求他人的帮助；关于合作学习，大部分学生均认为能够做到与他人配合，互相帮助，共同成长；而对于自主学习中制定学习目标能力方面的调查，约70%的学生认为自己在经过多次自主学习后，能够逐渐制定学习目标。综上所述，学生利用互联网学习的学习效果总体较好，表现在问题解决能力的提升、合作学习的收获与能力的提升、制定目标能力的提升等方面。

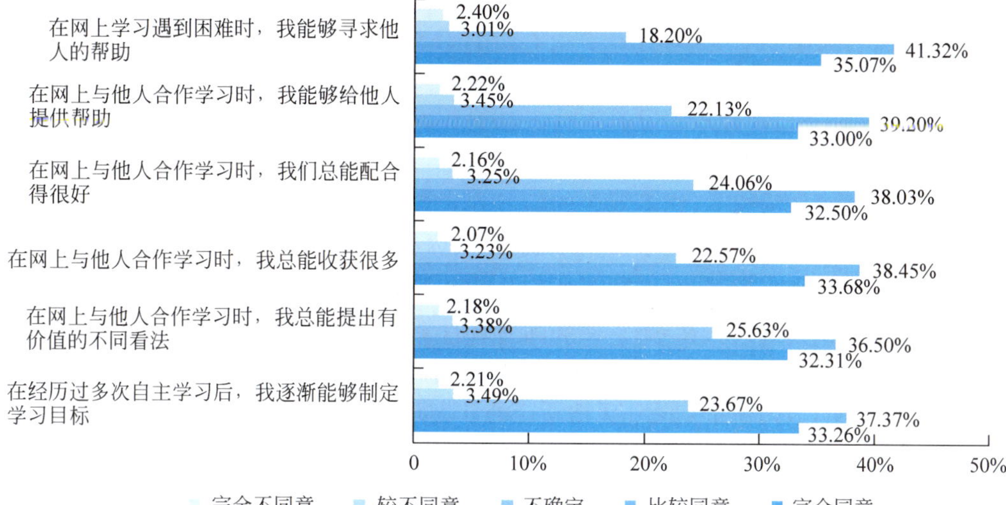

图 6-28 学生学习效果情况

6.3.5 学习动机与期望

关于学生参与互联网学习的动机和期望的调查情况如图 6-29 所示，67%左右的学生同意自己在上网学习的内容选择上主要是出于自我的兴趣爱好；56%左右的学生同意上网是想向同学、教师展示自我能力；另外，有约 70%的学生上网学习是希望成为更有学问的人；而关于上网学习是因为想提高自己在班级的成绩排名，有 67.95%的学生同意此结论。综上所述，学生参与互联网学习的动机上内在动机占主要方面，主要体现在学生更注重根据自身的需要参与互联网学习；而在参与互联网学习的期望上，大多数学生希望能通过互联网学习提升自己的能力。

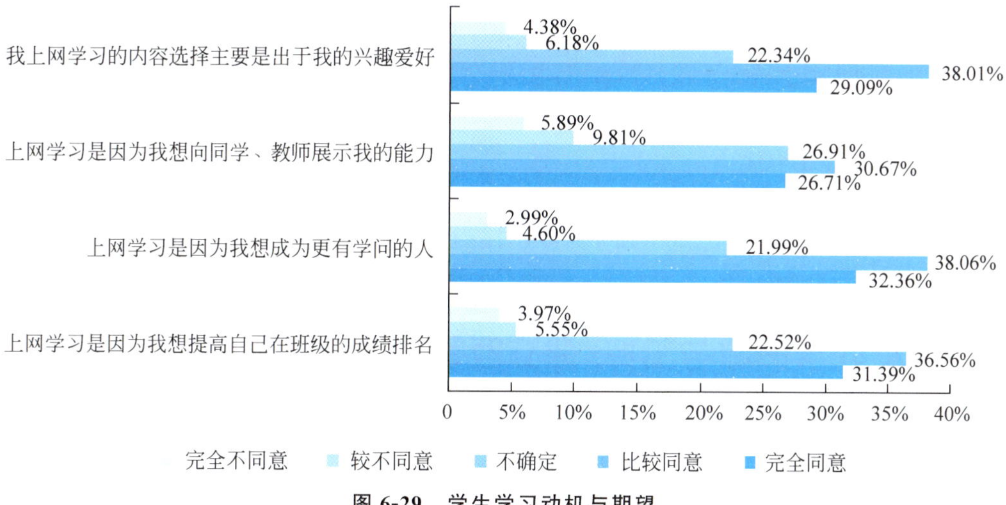

图 6-29 学生学习动机与期望

6.3.6 学习态度与体验

“态度与体验”部分主要调查学生借助互联网参与自主学习和探究学习的体验、对待混合式学习的态度和参与混合式学习的体验。如图 6-30 所示，70%以上的学生认为借助互联网进行自主学习和探究学习的体验良好；约 70%的学生认为自己已逐渐适应了线上、线下混合的上课形式，并且认为线上、线下混合的学习方式有利于自己的学习，应该推广；另外，大部分学生喜欢参加老师组织的互联网学习活动，认为在互联网学习中老师能及时提供学习指导，给了很多鼓励和支持，同时也能够经常跟同学交流，及时得到同学的帮助；值得关注的是，70%以上的学生认为借助互联网，能够随时进行学习，问题也能及时得到解决。综上所述，学生对待互联网学习的态度和体验普遍较好，但仍存在小范围的学生无法从互联网学习中获得良好的体验，教师需重点关注无法适应的学生并加以引导。

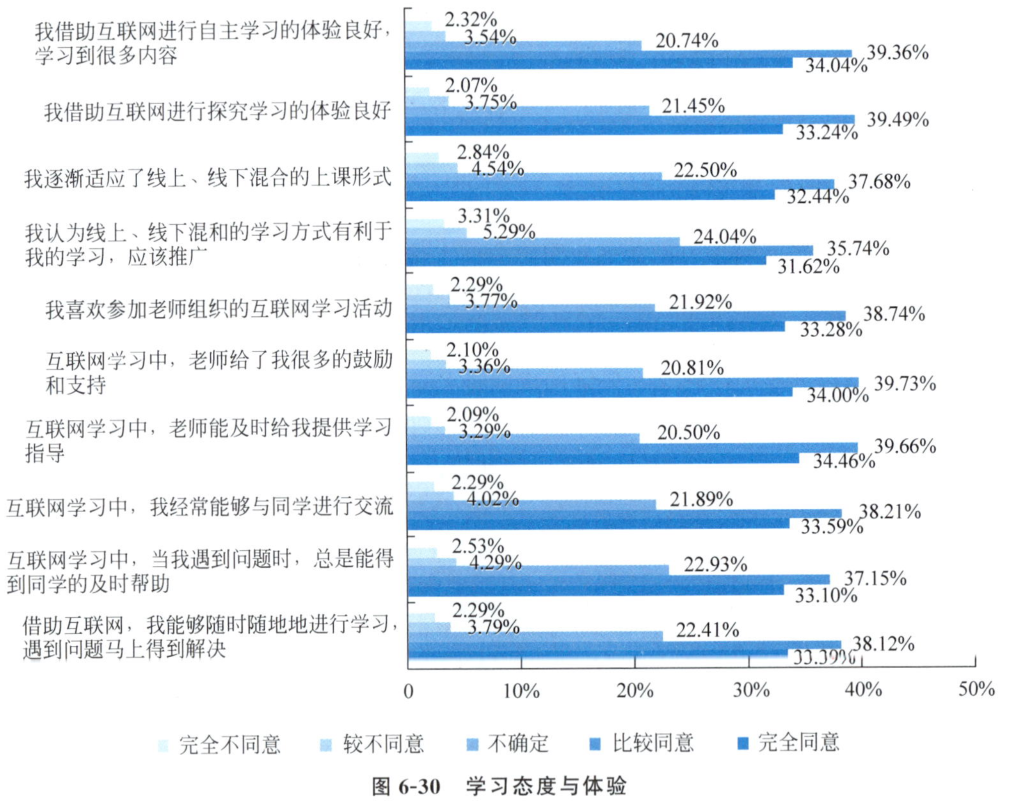

图 6-30 学习态度与体验

6.4 开发教学资源与工具，建立互联网学习共同体

学校管理者视角下的深圳市基础教育互联网学习与教学应用的分析结果表明，教师能够较好地利用互联网组织教学活动、开展学习活动、开展教学辅导活动和教师教研活动。此外，学校管理者普遍认为互联网的发展对学校管理、教师教学、改变学生学习方式、家校合作等方面具有积极的作用，认为其能够及时解决教师在互联网教学中出现的问题，并且正在推动教师借助互联网支持开展教学。

教师视角下的深圳市基础教育互联网教学应用的分析结果表明，教师能够应用多样化的互联网应用场景开展教学、教研活动，如利用互联网组织学生开展自主学习、开展名师网络课堂和跨校协作探究教学等。但是，教师更多地使用互联网发布学习任务、分享学习资源而非组织学习成果的汇报、培养自主学习等方面的教学活动。此外，尽管大多数教师认为互联网教学可以多方面提高学生的能力、给教学带来便利，但并不是所有的教师都能够有效开展互联网教学活动。一方面，教师可能明显感受到新技术和教育理论与传统教育理念之间产生的碰撞和冲突；另一方面，教师在开展互联网教学过程中面临诸多挑战，需要多方提供支持，尤其是教学资源、教学工具等方面的支持。

学生视角下的深圳市基础教育互联网学习应用的分析结果表明，学生对自主学习模式下互联网提供的动态服务、学习数据记录和学习进程管理表示满意，认为同步课堂等互联网自主学习模式能够激发其学习动力、提高学习成绩。但是，极小部分学生亦识别出教师利用互联网组织的教学活动主要是发布学习任务和分享学习资源，其并不擅长于借助互联网向他人寻求帮助，也并不常借助互联网分享个人收获，这与教师视角下部分的互联网教学应用结果相一致。结果表明，部分教师和学生的互联网学习应用更多地局限于学习任务的分发、资料的分享等活动，而并未有效借助互联网创建高效的充满社交学习文化的学习共同体。

综上所述，深圳市基础教育学校管理者应与教师携手合作，开发拓展更为有益的教学资源和教学工具；教师与学生应借助互联网教学资源与教学工具，积极创建互联网学习共同体，发挥学生之间的同辈影响，从而更加深入地促进学生的学习资源分享、学习经验共享，并携手推动集体知识的进一步发展。

第7章 深圳市基础教育领域互联网时代的学习与教学能力

7.1 教师视角的互联网教学能力

7.1.1 技术知识

关于在互联网学习过程中教师的技术应用能力水平情况的调查结果如图7-1所示，数据显示，约70%的教师认为在互联网学习过程中自己能够解决互联网教学中遇到的技术问题；在使用互联网教学及资源制作工具上，75%左右的教师认为自己能够熟练使用不同类型的互联网教学工具，72%左右的教师认为自己能够熟练使用不同类型的资源制作工具；在互联网教学及资源制作工具的获取上，大部分教师表示能够及时了解与掌握最新的互联网教学与资源制作工具；在工具的掌握上，75%左右的教师表示自己能够迅速学会互联网教学与资源制作工具的使用；78%左右的教师表示自己的技术能力水平能够满足教学需要。综上所述，大部分深圳市教师能够适应技术更新迭代的速度，并且能够及时了解并学习掌握新技术以促进教学效率，说明教师的信息技术知识与应用能力普遍较高；但仍存在小部分教师对互联网技术的了解与掌握不够及时和熟练，教学管理部门需提供相应的支持和培训，帮助教师更加顺畅地进行互联网教学和学习。

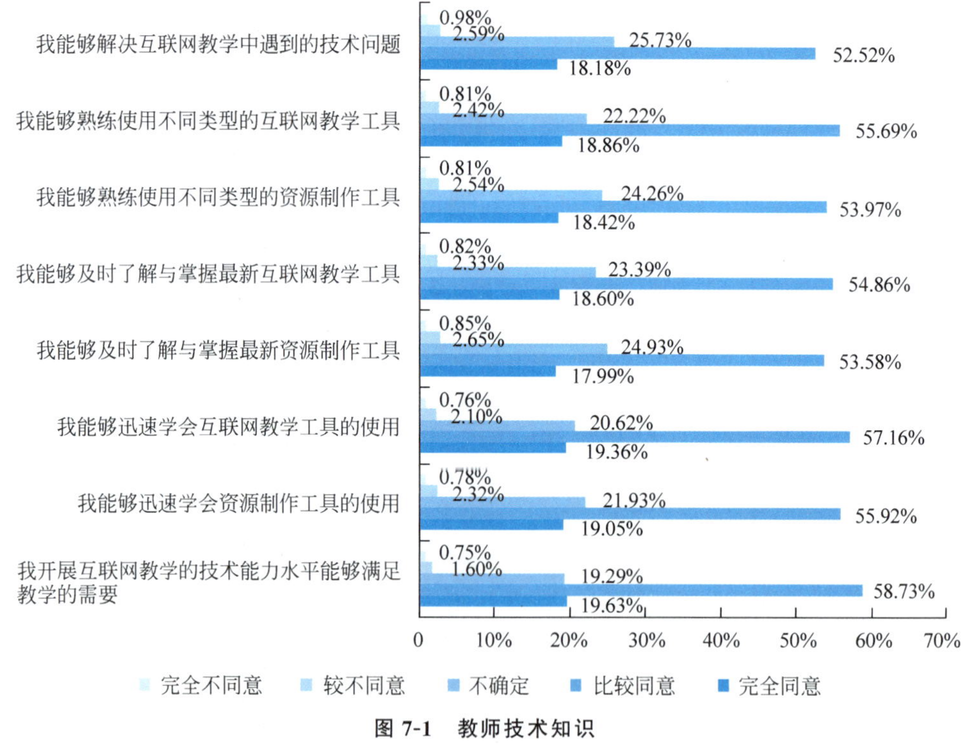

图7-1 教师技术知识

7.1.2 资源整合

关于在互联网学习过程中教师的资源整合水平情况的调查结果如图7-2所示，数据显示，在资料的获取上，约84%的教师同意自己能够借助互联网查询到自己需要的资料，并且82%左右的教师认为自己能够通过比较各种信息来源来判断网络信息的真实性；在资料的整理上，大部分教师认为自己能够结合教学目标与情境对互联网教学与学习资源进行改编，并且有选择地使用与教学目标、教学情境相符合的互联网教学与学习资源；另外，在资源自主创作上，有 80%左右的教师认为自己能够根据教学需要创作合适的互联网教学与学习资源。结果表明，深圳市教师对互联网教学与学习资源进行整合的能力较强，也在一定程度上能反映出教师的技术素养普遍较高。

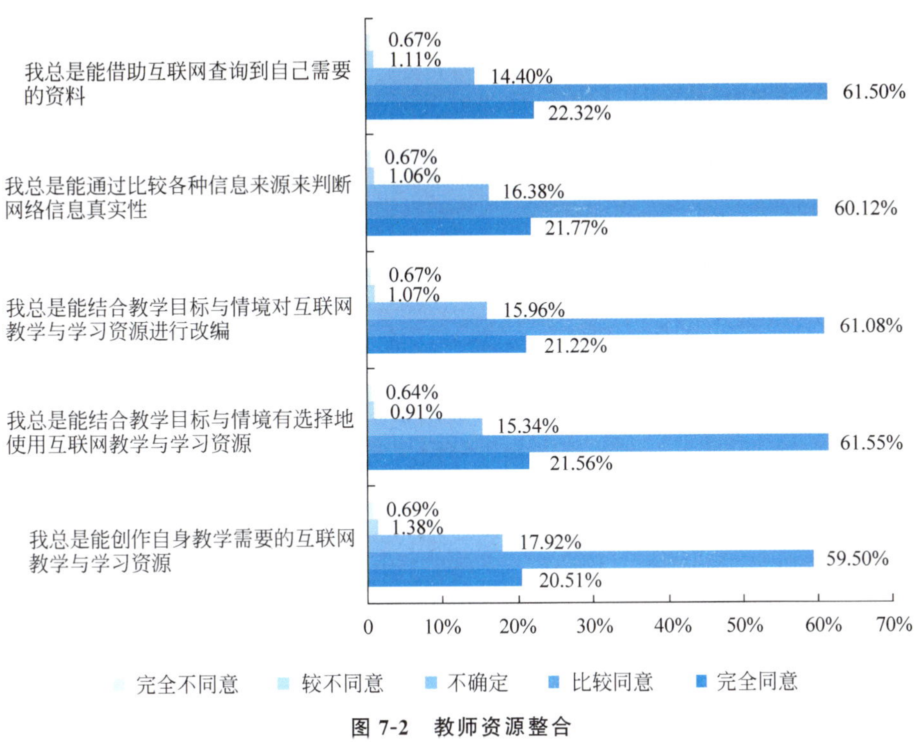

图 7-2 教师资源整合

7.1.3 教学促进

关于互联网工具与资源对促进教学的情况调查结果如图 7-3 所示，数据显示，在学生学习需要上，80%左右的教师认为自己能够利用互联网工具和资源满足不同学习者的学习需要，并且能够促进学生的合作与交流；在教学指导与反馈上，80%左右的教师认为自己能够利用互联网工具与资源及时为学生提供有针对性的指导和反馈；在教学效果提升上，大部分教师比较认同自己能够利用互联网工具与资源提升教学效果；在活动组织上，80%左右的教师比较认同自己能够利用互联网工具与资源组织多种类型的活动，例如支持探究活动的开展；在学生引导上，大部分教师认为自己能够引导学生利用互联网工具与资源解决问题，也认为能够引导学生利用互联网工具与资源主动参与学习，并且进行创造性思考和表达；在教学方法创新上，大部分教师认为自己经常探索如何利用互联网工具与资源创新教学方法。综上所述，教师普遍能充分利用互联网工具与资源来促进教学，并且能够充分引导学生合理利用互联网工具与资源进行学习和创新性思考，说明深圳市教师的互联网工具与资源应用能力普遍较高。

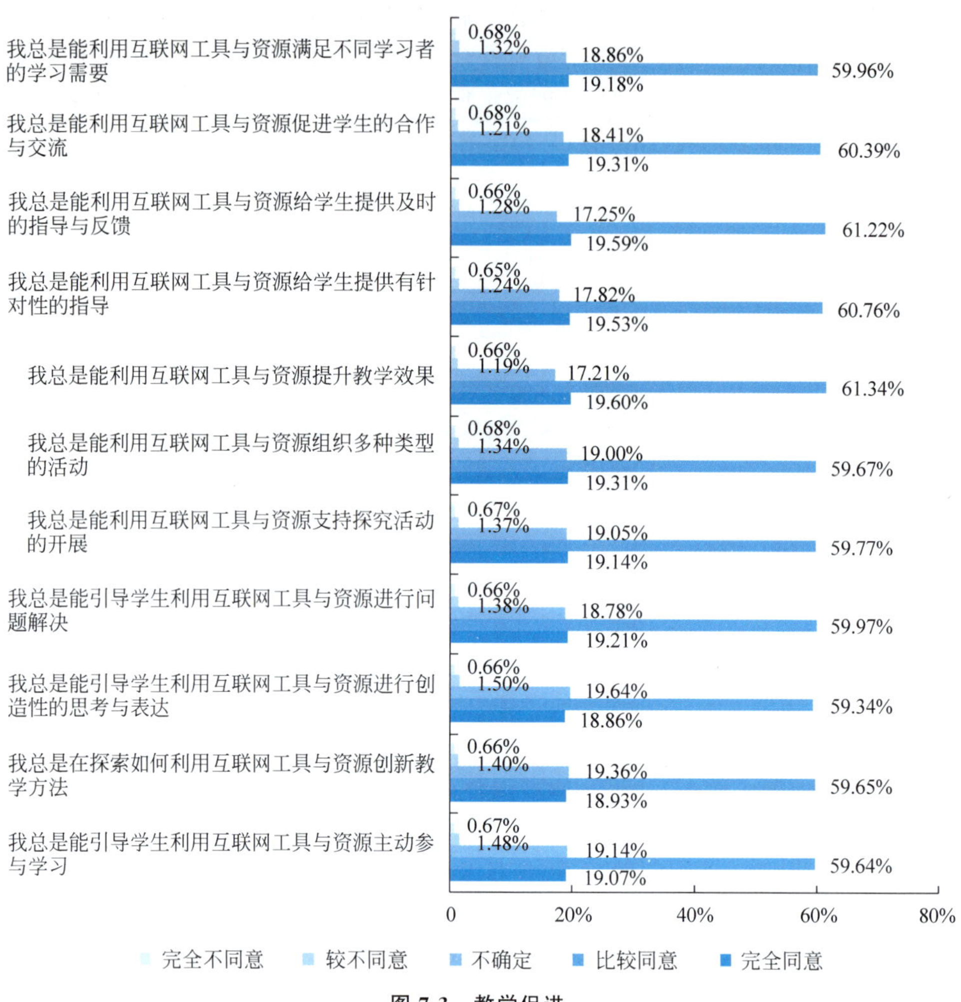

图 7-3 教学促进

7.1.4 学习评价

互联网学习评价是从教师视角调查互联网对支持其教学评价的态度，调查情况如图 7-4 所示。其中，79.34%的教师能够借助网络所记录的数据并反思怎样更好地组织互联网教学；78.89%的教师认为其能够借助互联网所记录的数据对学生进行学习诊断；77.15%的教师能够引导学生利用互联网进行自评和同伴互评；78.53%的教师对使用互联网工具评价学生学习目标达成情况持积极态度；77.72%的教师能够利用互联网平台对学生学习过程进行监督管理；79.60%教师能够借助互联网获得的学习过程性数据对学生进行评价。综上所述，大部分教师能够借助互联网进行学生评价，并认为互联网能够丰富学生评价的方式，能够通过数据更加客观地对学生进行评价。这表明深圳市教师普遍认同互联网对教学评价的支持作用。

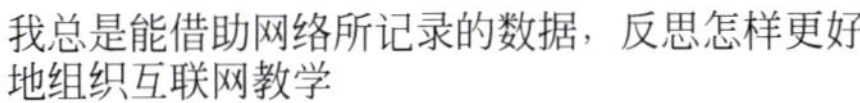
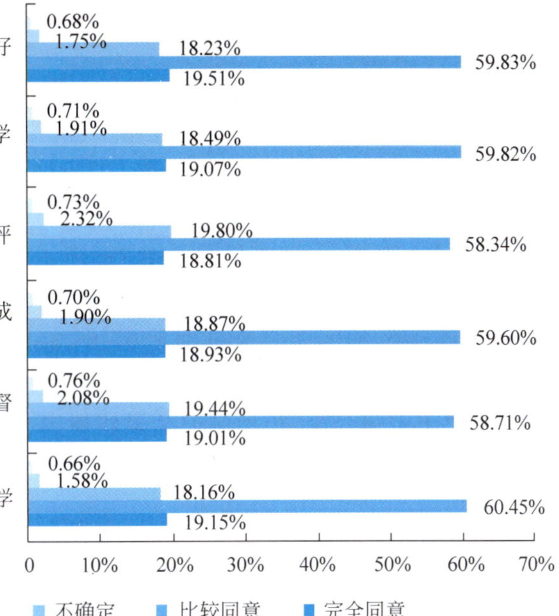

图 7-4　学习评价

7.1.5　学科教学

如图 7-5 所示，81.63%的教师能结合学科特点选择适当的互联网工具；81.60%的教师结合学科特点选择适当的互联网资源；80.67%的教师能够借助互联网工具、资源引导学生对学科内容进行深入思考；81.05%的教师能够从教学的需求出发，将学科内容、技术与教学方法进行有机整合，而不是为了使用技术而使用技术。结果表明，教师普遍能够将所教学科与互联网工具和资源进行融合，不断改进教学方法，提高教学质量。

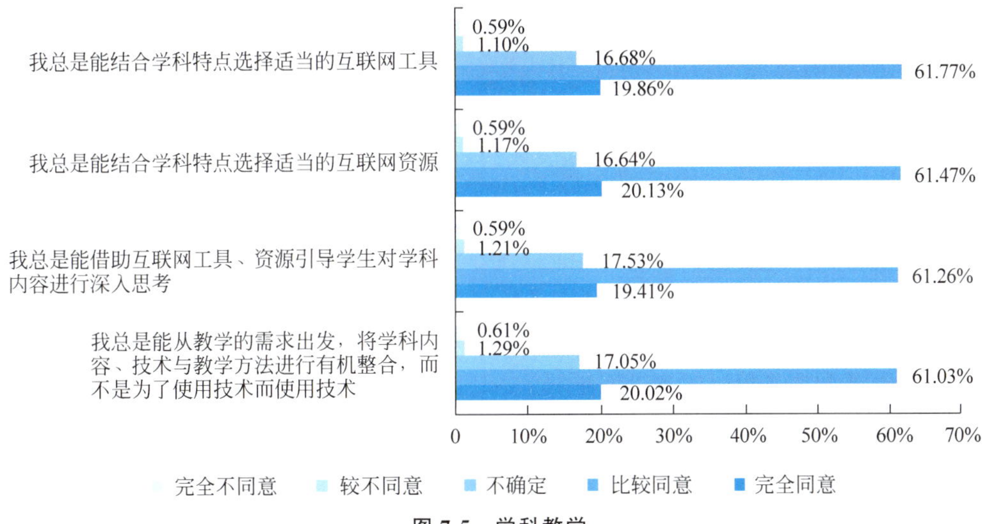

图 7-5　学科教学

7.1.6 伦理安全

在开展互联网教学的过程中，教师应用互联网开展教学活动的能力中"伦理与安全"部分主要包括：①引导学生遵循学术规范和学术诚信（如不抄袭别人的作品等）；②引用别人的观点、借鉴其他教师课件时，总是能够注明出处，而不是拿来随便使用；③保护学生数据隐私；④采取措施保障避免互联网对学生身心健康产生不良影响（例如教会学生如何避免网络欺凌、保护个人隐私等）。调查情况如图7-6所示，85.90%引导学生遵循学术规范和学术诚信（如不抄袭别人的作品等）；84.04%教师能够做到引用别人的观点、借鉴其他教师课件时，总是能够注明出处，而不是拿来随便使用；86.37%教师能够有意识地保护学生数据隐私；86.49%教师能够采取措施保障避免互联网对学生身心健康产生不良影响。综上所述，教师的信息伦理素养普遍较高，隐私保护意识较高，教师能够在教育教学过程中，充分引导学生树立正确的信息伦理意识，教导学生文明用网，自我隐私保护。

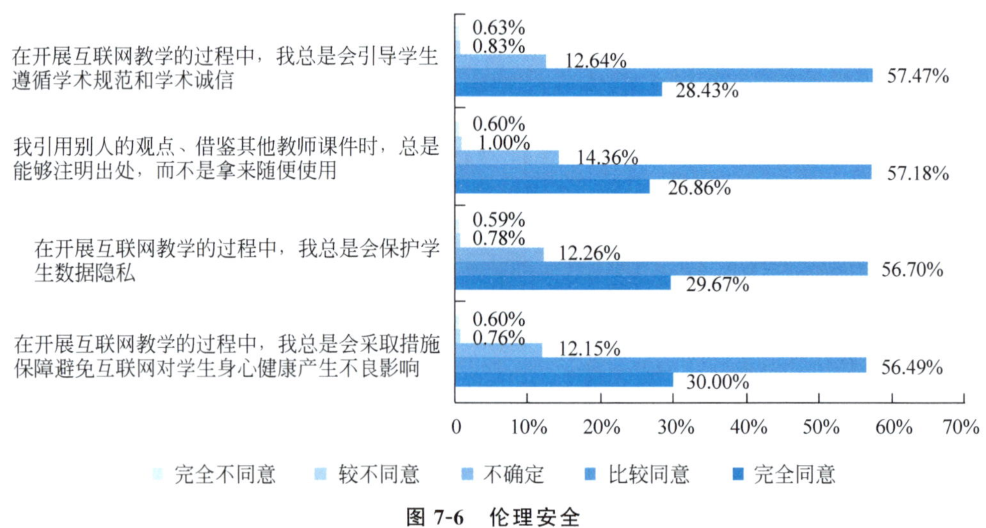

图7-6 伦理安全

7.2 学生视角的互联网学习能力

7.2.1 自我调控

"自我调控"部分主要是调查学生借助互联网开展学习时的自我调控能力，主要包括是否能给自己制定学习目标、是否能按时完成学习计划、是否能控制自己的学习进度、是否希望自己做得更好、是否在发现自己学习不专心时能调节自己集中精神、是否能专心致志地学习和是否能有效利用零碎时间来上网学习。

调查情况如图7-7所示，第一，针对学生借助互联网开展学习的学习计划实施情况调查结果显示：67.30%的学生表示能给自己制定学习目标；73.03%的同学认为自己能按时完成学习计划；67.62%的学生认为自己能很好控制学习进度。调查表明，一半以上的学生认为自己能在借助互联网开展学习时，较好地规划自己的学习目标，同时也说明有小部分同学仍然未能自主做好学习规划，因此，教师及家长需进一步引导学生在开展互联网学习时做好学习规划。第二，关于学生借助互联网开展学习的学习效率调查显示，认为自己能专心致志学习并且在不专心时能做到自我调整的学生比例约占60%～70%，说明仍然有30%～40%的学生无法做到集中精神学习，教师及家长应注重学生专注度的培养。

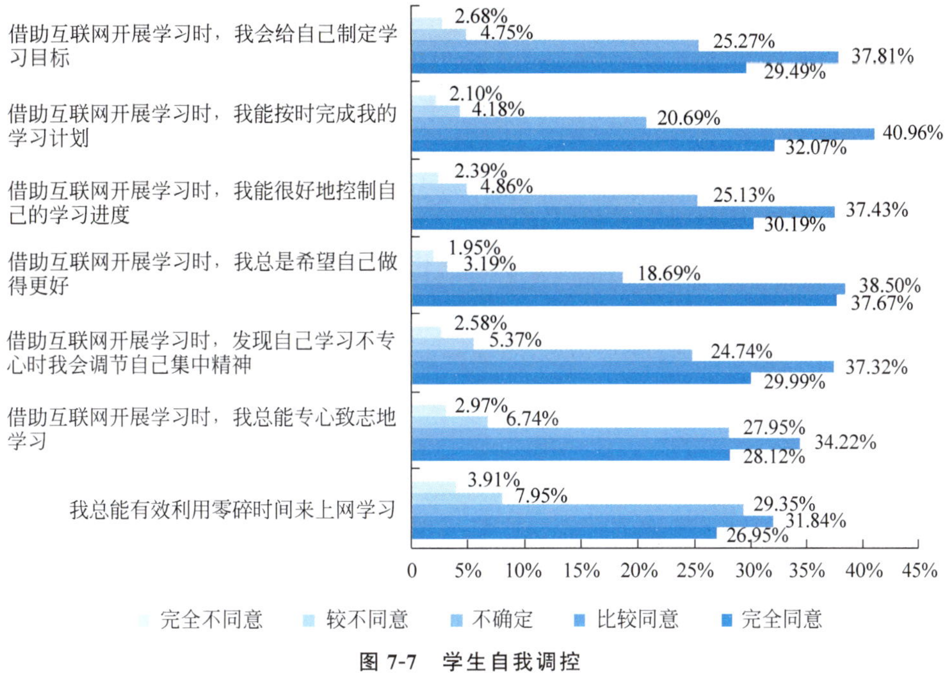

图 7-7 学生自我调控

7.2.2 数字素养

“数字素养”部分主要是调查学生搜索与遴选学习信息的能力、评估信息可靠性的能力、检索和分析整理网络信息和文献资源的能力、保护自己与他人隐私的意识、利用互联网解决问题的思维以及网络道德意识等。

调查情况如图7-8所示，第一，对学生搜索与遴选信息能力的调查主要通过是否能通过社交平台习得知识、是否能通过线上与他人交流习得知识、是否能通过借助互联网查找所需资料习得知识三项进行，结果表明，大部分学生认为自己的网络检索能力较好，也肯定了社交平台对他们习得知识提供了很大帮助；第二，针对信息可靠性的评估能力的调查，接近70%的学生认为自己能够通过比较信息来源判断信息的真实性；第三，关于检索和分析整理网络信息和文献资源的能力调查，约70%的学生认为自己能够借助互联网工具对信息进行分析整合，并且认为自己能识别和选择不同类型的软件工具提高自己的学习效率，表明深圳市学生的信息检索和分析能力较强，但仍有小部分学生检索和分析网络信息和文献的能力有待加强；第四，对于自己和他人隐私的保护，大部分学生认为自己能够注意和保护他人的信息隐私并且具有尊重他们版权的意识；第五，对于利用互联网解决问题的思维，通过数据表明，大部分学生面对问题时能够主动利用互联网搜索解决办法；第六，关于网络使用的道德意识，70%～80%的学生认为自己能够文明用网，自觉抵制不良信息且不参与网络欺凌行为，但数据显示仍然有极小部分学生无法做到正确使用网络，需引起教师及家长的重视，并进一步采取措施提升学生的网络道德意识。综合来看，学生在互联网学习的整体数字素养较高。

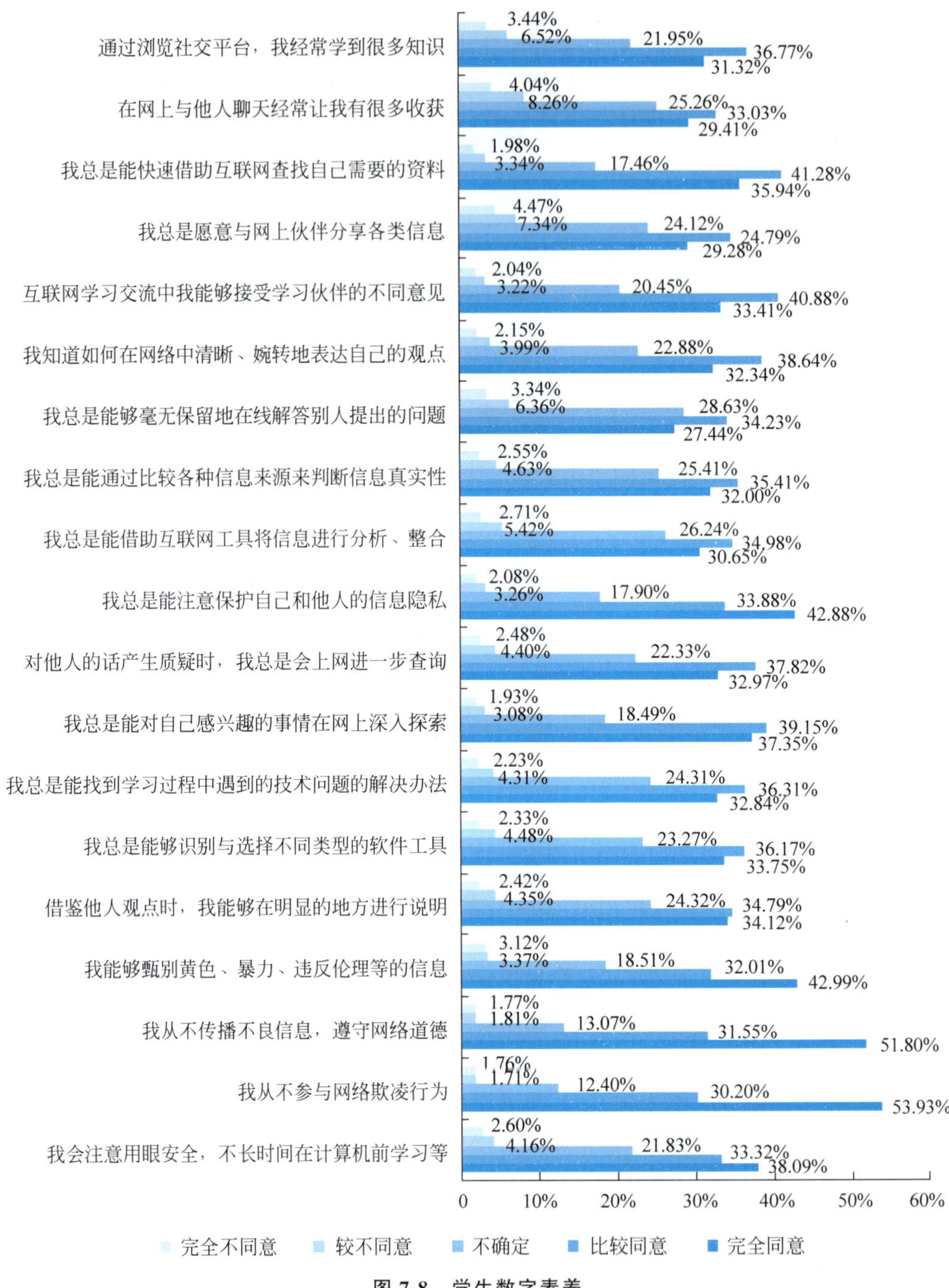

图 7-8 学生数字素养

7.3 深化互联网教育与学习，促进教师学生教学相长

教师视角下的深圳市基础教育互联网教学能力的分析结果表明，教师开展网络教学的技术能力水平高，能够及时了解并迅速掌握互联网教学工具与资源制作工具的使用，并能够解决互联网教学中遇到的大多数技术问题。此外，教师能够有效地对互联网教学资源进行

整合，如创作自身教学需要的互联网资源、结合教学目标与情境改变互联网资源等。教师能够高效借助互联网开展教学活动，诸如引导学生使用互联网工具与资源主动参与学习、为学生提供及时的指导与反馈，组织多种类型的活动等提升教学效果。教师能够借助互联网获得的学习过程性数据对学生进行学业评价、引导学生利用互联网进行自评和同伴互评等，并能够结合学科教学特点，从学习需求出发，引导学生对学科内容进行深入思考等。

学生视角下的深圳市基础教育互联网学习能力的分析结果表明，大多数学生在开展互联网学习时，能够规划学习目标，专心致志地学习并且在不专心时进行有效的自我调整。此外，学生普遍认为自己的网络检索能力较好，也肯定了社交平台对他们习得知识提供了很大帮助；认为自己能够通过比较信息来源判断信息的真实性；认为自己能够借助互联网工具对信息进行分析整合；认为自己能识别和选择不同类型的软件工具提高学习效率；强调自己在面对问题时能够主动利用互联网寻求解决办法。

综上所述，在学校创建的互联网学习环境和提供的各级各类互联网学习的支持下，在主动应用互联网开展教学和学习活动的过程中，深圳市基础教育教师具有较强的利用信息技术提高教学水平的能力，如利用互联网进行教学资源整合、促进教学等；学生在整体上也具有较强的信息素养，如具有较好的自我调控能力和数字素养能力。因此，深圳市基础教育学校应进一步深化互联网教育与学习，促进教师学生教学相长。

第8章 疫情期间深圳市基础教育领域互联网学习发展概况

8.1 管理者视角的疫情期间互联网学习发展概况

8.1.1 教学管理方式

学校管理者在疫情期间开展教学管理工作的方式如图 8-1 所示。数据显示，学校管理者开展教学管理工作的方式多种多样，较为普遍的方式有利用视频会议平台(89.53%)、利用社交软件(79.78%)、利用在线管理平台(78.70%)和在线管理系统(44.40%)等。结果表明，视频会议平台更能有效促进疫情期间的教学管理工作。

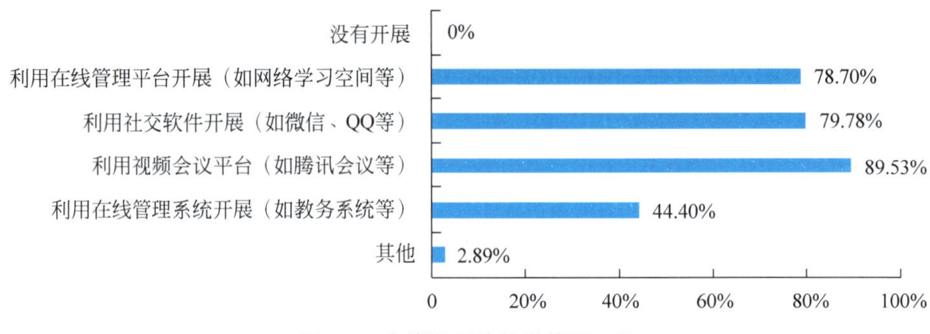

图 8-1 疫情期间的教学管理工作

8.1.2 教学保障

疫情期间，学校管理者为保障学校教学而主要采取的措施如图 8-2 所示。数据显示，学校普遍开展了教师互联网教学培训以保障“停课不停学”(92.06%)；其次是及时为教师和学生提供教学以及学习资源(分别为 90.97%、83.75%)；再者制定疫情期间互联网教学相关制度以保障教学有序进行；在设备的配置方面，有一半的学校为保障教学开展购买或提供互联网教学平台；也有学校为部分困难家庭提供上网学习设备，以尽可能保障全体学生“停课不停学”。综上所述，在面对突发情况，深圳市基础教育学校能够及时采取相关措施保障教学的正常开展，反映了学校管理者的高效应急应变能力。

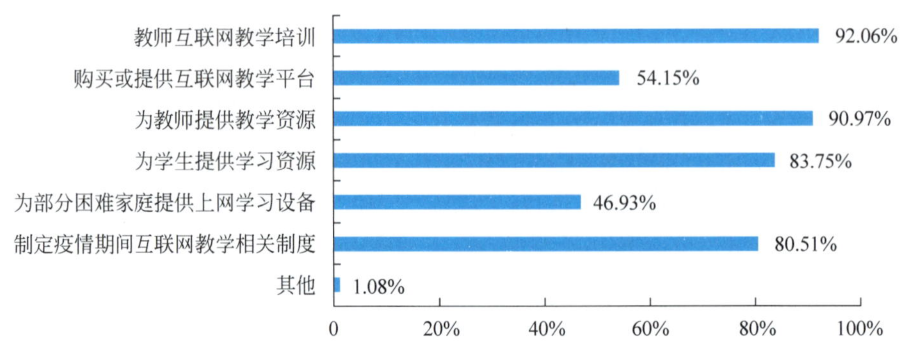

图 8-2 疫情期间学校采取的保障教学的措施

8.1.3 教研方式

新冠肺炎疫情期间，学校采取的教研方式的调查如图 8-3 所示。数据显示，学校管理者所在学校普遍采用教研组探讨的方式开展教研活动(93.14%)；其次是通过本校优秀教师示范的形式进行(86.28%)；再者是教育教学专家指导(68.23%)；也有部分学校采取了外校名师引领和跨校际同伴互助的形式。结果表明，疫情期间，深圳市基础教育学校仍坚持开展教研活动，并尽可能通过丰富教研活动的形式来促进教师的专业化成长。

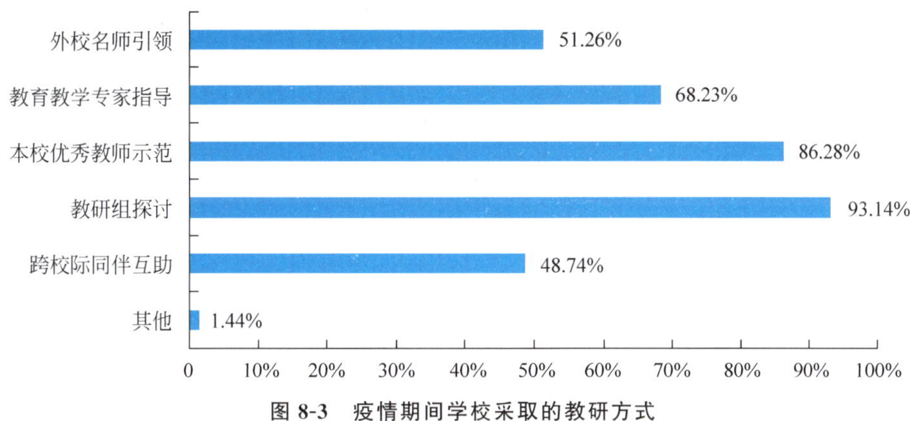

图 8-3 疫情期间学校采取的教研方式

8.1.4 教学效果

学校管理者对疫情期间互联网教学效果的态度如图 8-4 所示。学校管理者认为互联网教学效果达到及优于线下教学的占比为 37.19%，认为其教学效果较线下教学效果差的管理者占比为 62.81%。这说明多数的学校管理者对本次疫情期间开展的互联网教学效果并不乐观，学校应重视师生对互联网教学适应性的培养，逐渐提升互联网教学质量。

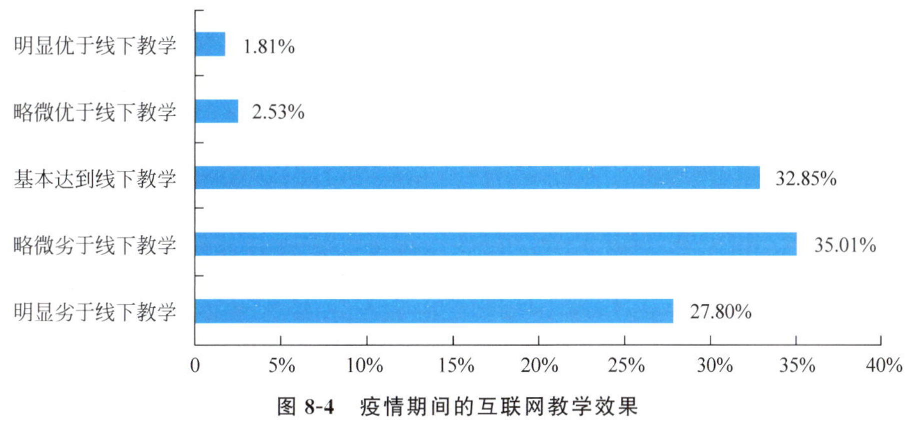

图 8-4 疫情期间的互联网教学效果

8.1.5 教学挑战

学校管理者对所在学校互联网教学开展所面临的挑战情况见图 8-5。结果表明，较多的管理者认为所在学校互联网教学存在优质资源结构性短缺(64.98%)、学校互联网教学基础环境建设有待优化(63.18%)、互联网教学或管理平台建设有待改善(59.93%)、家长理念有待转变(55.96%)等问题。这说明了互联网教学在开展过程中仍存在较多问题,会进一步影响教学效果,学校管理者有必要根据本校的具体情况,探寻解决问题的策略。

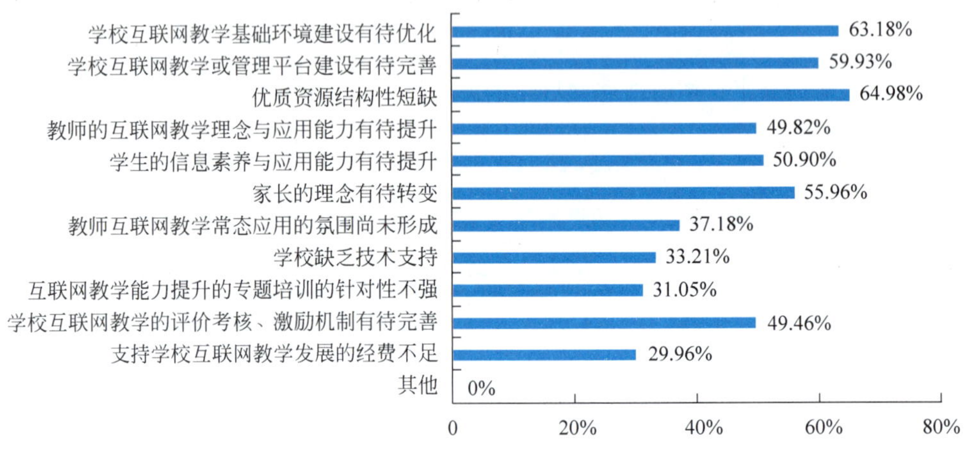

图 8-5 疫情期间的互联网教学挑战

8.1.6 互联网教学支持

学校管理者为推进学校互联网教学发展,希望上级主管部门提供的支持情况见图 8-6。数据显示,学校管理者普遍希望上级部门提供的支持是"提供更加优质的互联网教学资源,稳步提高教学质量",占比 92.06%;其次是"提供更加优质的互联网教学与管理平台,改善在线教学环境",占比 85.92%;另外在经费投入、教师培训、管理人员培训、专家指导、跨校交流等方面也有一定的需求。综上所述,深圳市基础教育学校管理者认为学校的互联网教学亟须上级部门提供相关的协助,以促进学校互联网教学的有效发展。

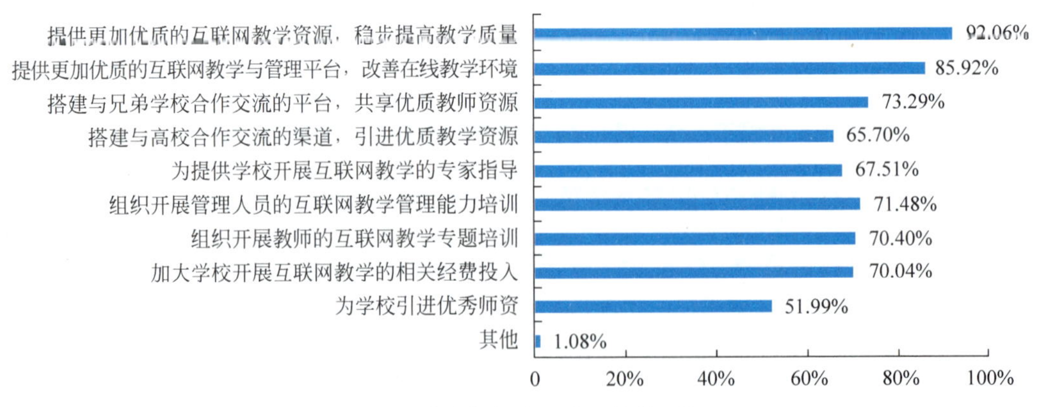

图 8-6 疫情期间的互联网教学支持

8.2 教师视角的疫情期间互联网学习发展概况

8.2.1 教学态度

教师对于疫情期间互联网教学的态度调查情况如图 8-7 所示，近 50%的教师认同互联网教学的独特优势，认为疫情过后应该作为教学辅助手段应用到常规教学中去；33%的教师认为互联网教学是疫情下的无奈之举，认为疫情结束后就会停止；11%的教师希望能够接受更多的教学技能培训；也有小部分教师认为互联网教学不符合教学规律，不适合基础教育。综上所述，教师对互联网教学的态度，认同与不认同的约各占一半，表明在疫情期间开展的互联网教学中，仍有较多的教师不适应互联网教学或者无法在互联网教学过程中实现较好的教学效果。信息时代，互联网教学将是未来教育中不可或缺的一部分，因此有必要采取相关措施进一步提升教师的互联网教学技能和信息技术应用能力，提高教师对开展互联网教学的接受度。

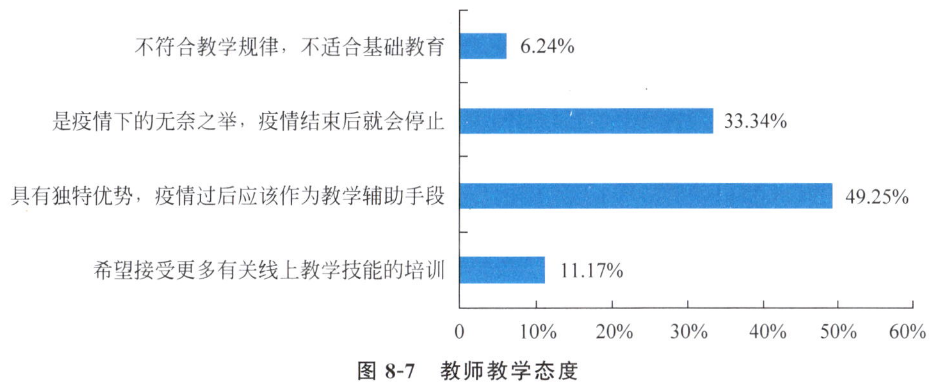

图 8-7 教师教学态度

8.2.2 教学组织形式

教师在疫情期间组织的互联网教学形式的调查情况如图 8-8 所示，疫情期间教师普遍组织的互联网教学形式是在线互动直播（78.69%）；另外在名师直播课堂（56.92%）、在线协同教学（42.04%）、网络录播-自己录制（43.29%）、网络录播-选用已有资源（18.80%）和自主学习（31.71%）等形式也占有一定比例。数据表明，新冠肺炎疫情期间，教师能够根据教学任务调整互联网教学的组织形式。对于录播资源的选取，教师更倾向于选择自己录制。

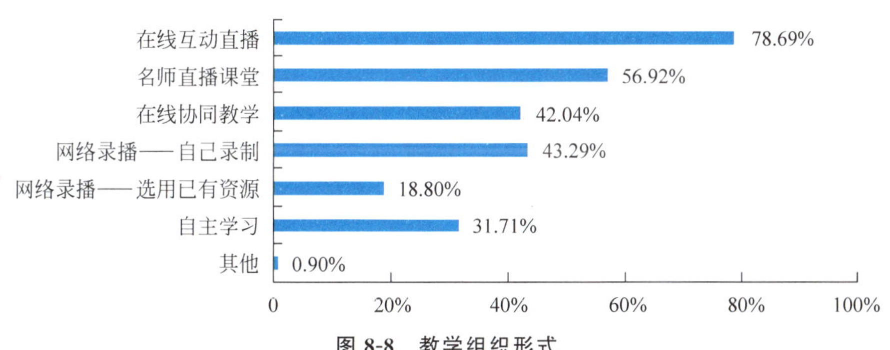

图 8-8 教学组织形式

8.2.3 教学资源的可及性

调查情况如图8-9所示,"疫情期间互联网教学资源的可及性"部分主要调查教师在疫情期间的互联网教学能够获得资源种类的情况。数据显示,教师普遍获得的资源是教学平台和工具;接着是线上教学指南资源;另外,名师资源和教师教学资源的占比也较高;相较而言,教研资源和学生学习资源的获得较少,可能是因为教师对这两方面资源的需求较低,或者是资源本身不容易获得。因此,可以进一步根据教师的需求拓展资源获取的渠道以及深入开发各类教学资源。

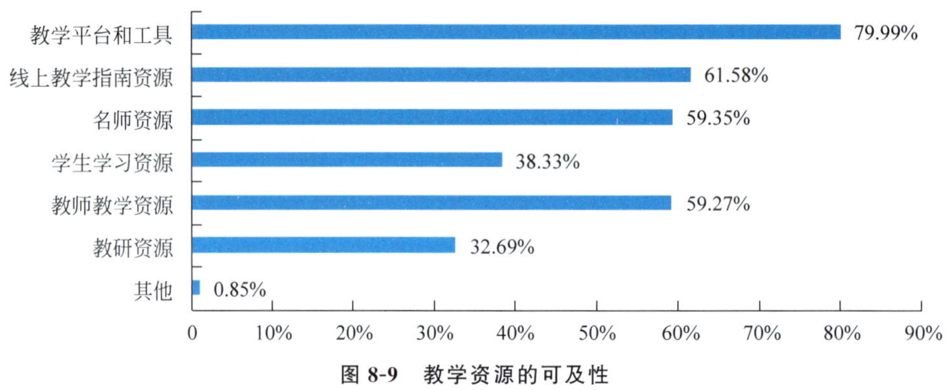

图8-9 教学资源的可及性

8.2.4 教学适应性

教师在疫情期间开展互联网教学时的适应情况(是否感到焦虑)如图8-10所示。结果表明,大部分教师比较能够接受教学形式的改变,对疫情期间开展互联网教学的形式比较适应,然而有接近20%的老师在开展互联网教学时经常感到焦虑。因此,有必要在疫情过后的常规教学中融入互联网教学,使更多的教师能够适应互联网教学的新形式。

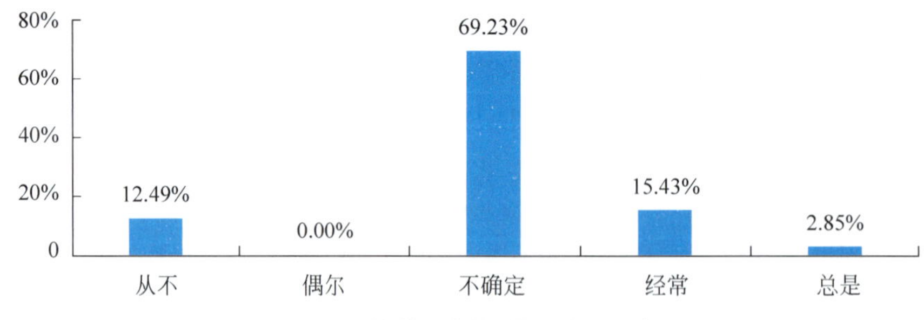

图8-10 教学适应性(是否感到焦虑)

8.2.5 学生学习状态与效果

教师在疫情期间开展互联网教学时,对学生学习状态的感受情况如图8-11所示。87.52%的教师认为学生在互联网教学过程中,只达到浅层学习。由此可见,学生在参与互联网学习的学习状态和效果方面还需要加强。因此,有必要采取相关的措施提升学生的互联网学习适应性,培养学生利用互联网开展自主学习的能力,引导学生合理利用互联网支撑学习，提高学习效度，逐渐由浅层学习向深度学习发展。

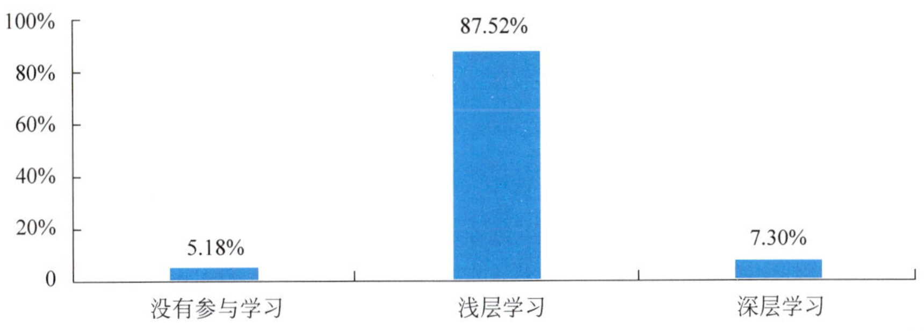

图 8-11 学生学习状态

教师在疫情期间开展互联网教学时，对学生学习效果的感受情况如图 8-12 所示，70% 以上的教师认为疫情期间开展互联网教学，学生的学习效果比线下学习差。这表明学生可能无法较好地适应教学形式的转变，或是教师的教学方法没有及时调整，有必要根据具体情况培养教师与学生对互联网学习的适应性。

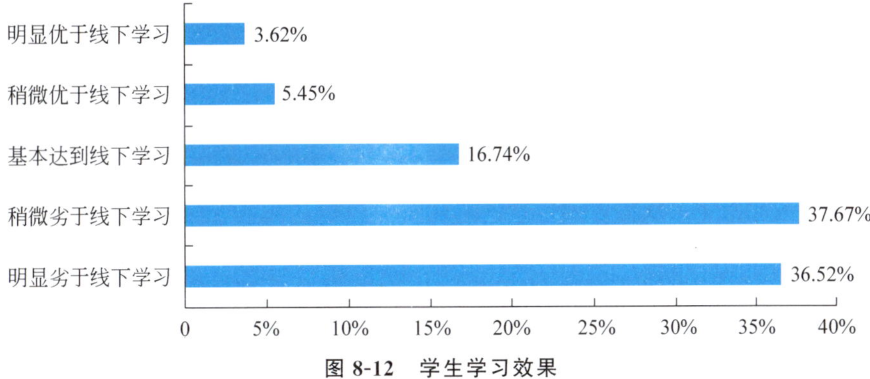

图 8-12 学生学习效果

8.2.6 教学挑战

关于教师疫情期间开展互联网教学时遇到的挑战的调查情况如图 8-13 所示，60.47% 的教师认同网络的顺畅度是主要的挑战；55.31% 的教师认同缺乏课堂面对面的氛围，缺少与学

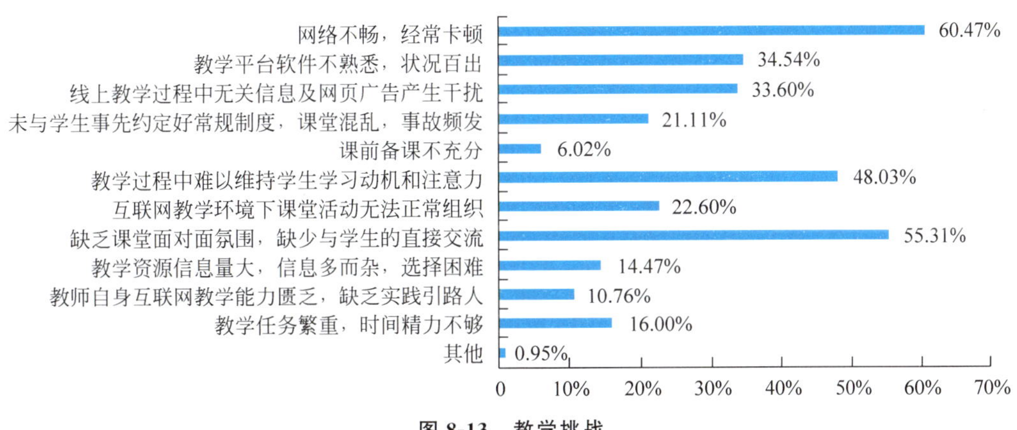

图 8-13 教学挑战

生的直接交流是比较主要的挑战；另外，教师对于所列举的挑战均有不同比例的认同感，说明教师在疫情期间开展互联网教学还面临较多的挑战，有必要结合不同的挑战采取相应的措施加以改进，以促进互联网教学的顺利开展并提高互联网教学的质量。

8.2.7 教学问题的解决方式

关于教师疫情期间互联网教学中遇到问题的解决方式的调查情况如图 8-14 所示，74.08％的教师在互联网教学期间遇到问题会选择通过互联网自己寻找解决办法；69.08％的教师会向同事寻求帮助；55.89％会通过互联网向他人寻求帮助；另外还会向技术专家(30.80％)、互联网服务单位寻求帮助(17.46％)。这表明教师在面对问题时，普遍会积极寻找解决办法。但是，仍然存在小部分教师遇到问题解决不了就放弃了的情况。针对这一问题，可以从学校或相关部门出发，做好互联网教学过程中的技术支撑，以帮助教师更好地解决问题。

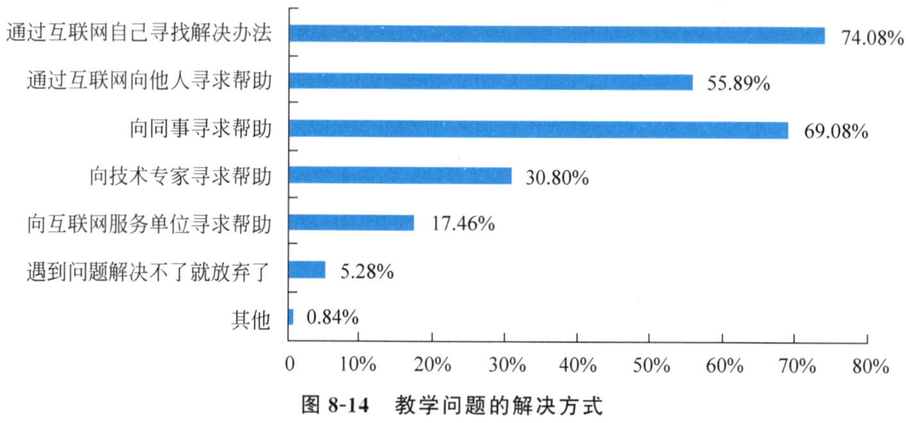

图 8-14 教学问题的解决方式

8.2.8 期望的教学支持

教师在改进在线学习方面，希望得到的支持情况如图 8-15 所示。数据显示，85.07％的教师希望得到的支持是提供更加优质的教学资源，以促进互联网教学质量的提高；76.51％的教师希望提供更加优质的信息化管理，以改善线上教学环境；另外，也有部分教师从自身的

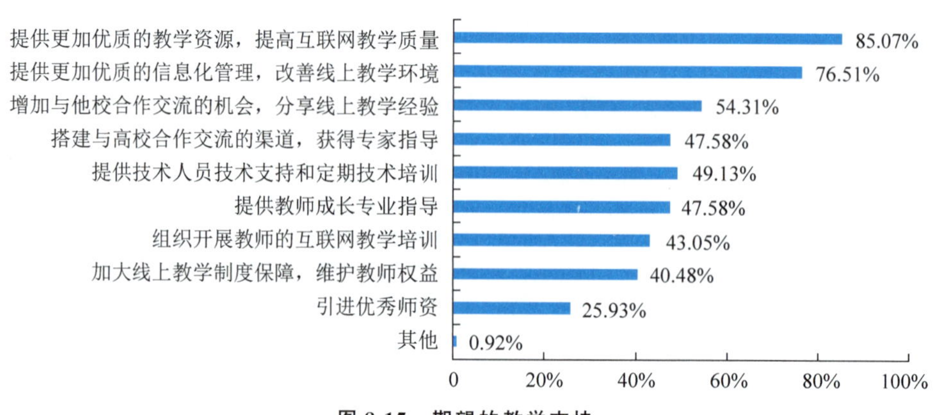

图 8-15 期望的教学支持

成长角度出发，希望能够获得教师成长专业指导、互联网教学培训和互联网技术培训等；再者，有部分教师希望能够加大线上教学制度保障，维护教师权益。综上所述，有必要根据教师的期望，对教师提供必要的支持，来优化互联网教学的实施方案，提高教师在线教学的效果。

8.3 学生视角的疫情期间互联网学习发展概况

8.3.1 参与情况

疫情期间，学生开始接触互联网学习时的感受情况如图 8-16 所示。数据显示，63.80％的学生认为在参与互联网学习的过程中，能够借助网络学习更多的知识；而对于互联网学习中的不适应状况也较为明显，37.31％的学生表示容易走神；30.51％的学生表示教师不能及时解答自己的疑问，学习效果不理想；在整个学习过程中，27.27％的学生表示能感受到教师的努力，但效果并不理想，也有 27.64％的学生能感受到教师的努力，并且学习效果大幅提升；另外，在整个课程中，有小部分学生不适应课程形式的变化。结果表明，深圳市学生在疫情期间，接触在线课程的初期，不适应的情况较为明显，但学生能够不断地适应在线学习，并且借助网络学习更多的知识。仍然存在少部分的学生不适应在线课程的形式，需在正常的教学中，适当增加在线课程，帮助学生适应新的课堂教学形式。

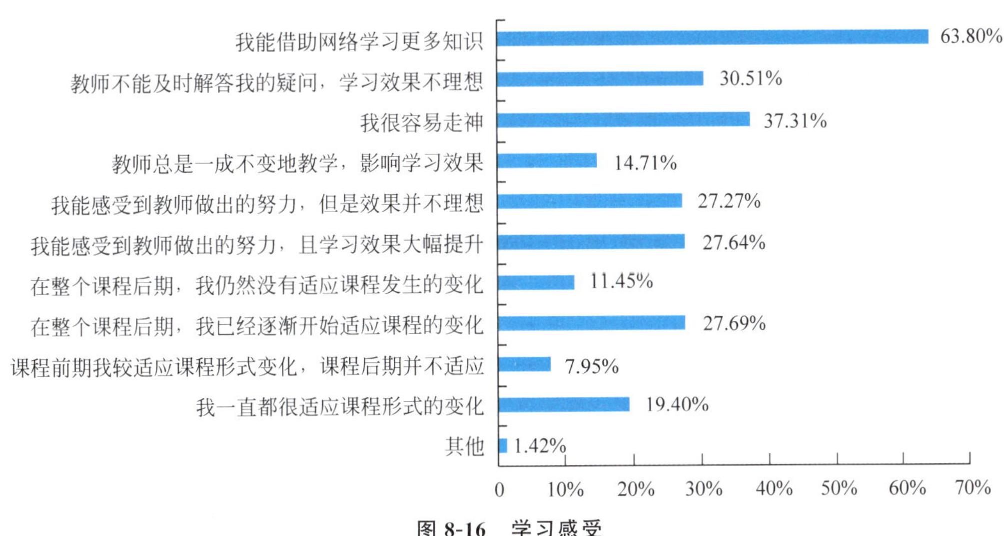

图 8-16 学习感受

8.3.2 教学组织方式

调查情况如图 8-17 所示，“疫情期间教学组织方式”部分主要调查学生参与的互联网学习的类型，共提供 6 种类型，包括在线互动直播（67.88％）、名师直播课堂（50.09％）、在线协同教学（36.33％）、网络录播——教师自己录制（37.33％）、网络录播——选用已有资源（17.01％）、自主学习（28.19％）。其中在线互动直播和名师直播课堂的占比较高，表明疫情期间主要采取的教学组织方式就是直播授课。选用网络录播如 MOOC 平台等进行学习的比例最少，仅占 17.01％。

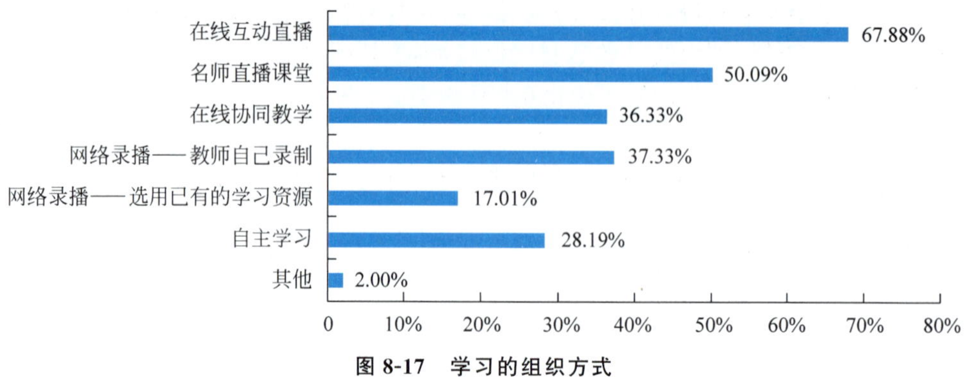

图 8-17 学习的组织方式

8.3.3 存在的问题

学生在疫情期间开展的互联网学习存在问题的情况如图 8-18 所示。数据显示，在家庭方面，存在由于经济负担问题而缺少上网设备和网费开支过大的问题以及网络信号差的问题；在教师方面，存在教师教学方式不适合在线学习、教师不能及时解答疑惑、教师计算机应用能力水平有限等问题；在平台与资源方面，存在学习资源缺乏、学习平台不统一、学习平台不稳定不便操作等问题；在学生适应性方面，存在对学习内容不适应和对授课教师的不适应；另外，互联网环境的干扰也是较大的存在问题。其中，学生较为关注的是教师无法及时解答自己疑惑的问题。综上所述，学校管理者需进一步优化完善教育信息化基础设施的建设，为学生创设良好的互联网学习环境，教师也要进一步提升自身的信息技术应用能力。

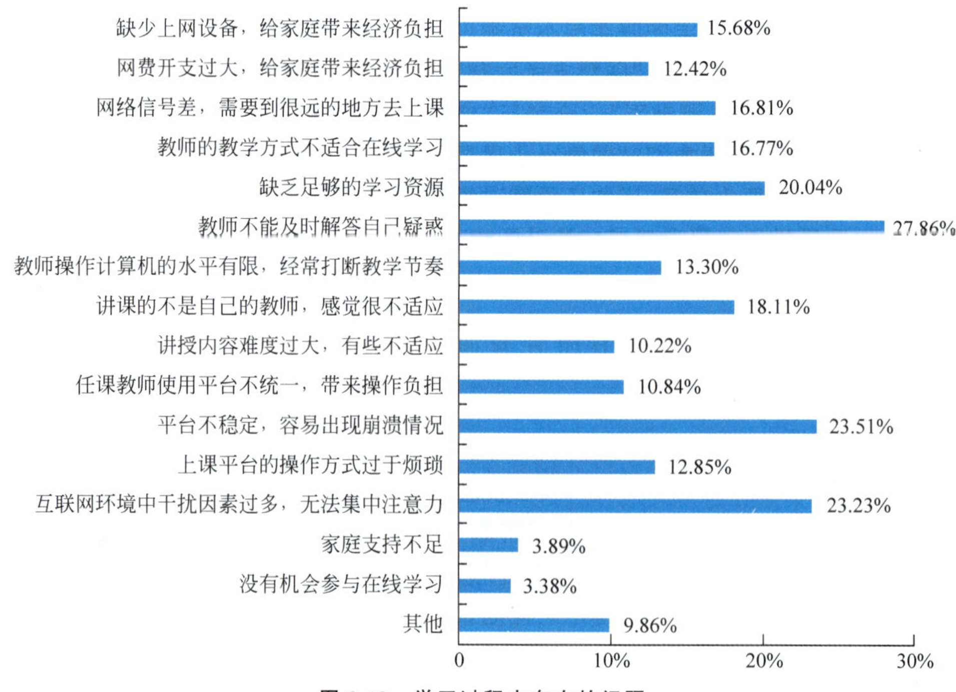

图 8-18 学习过程中存在的问题

8.3.4 互联网学习的改进建议

“改进建议”部分主要调查学生对互联网学习存在问题的改进建议，共列举 8 项建议，占比情况如图 8-19 所示，其中丰富现有学习资源和提高教师互联网教学能力的建议占比较高，达到 50%以上；另外学生较为认同的建议包括提高教师技术操作能力、优化平台、倡导自主学习等。这表明学生最希望改进的是丰富现有的学习资源及提高教师的互联网教学能力。

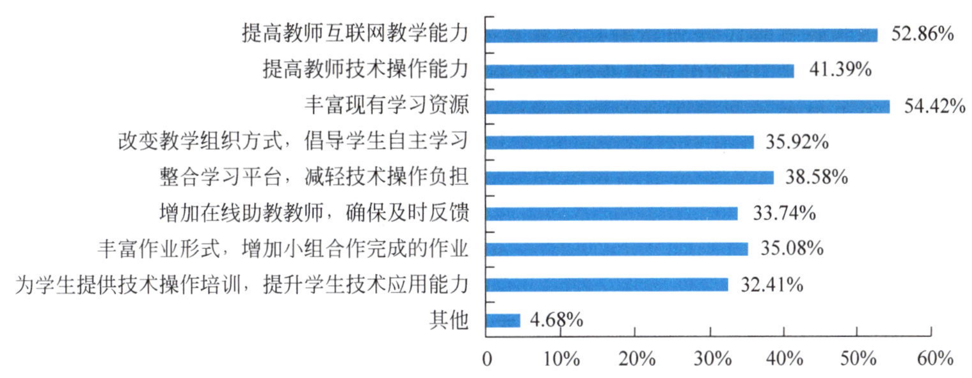

图 8-19 疫情期间互联网学习的改进建议

8.4 优化互联网教学资源，开展深层次教学教研培训

学校管理者视角下的疫情期间互联网学习发展概况的分析结果表明，学校在疫情期间能够采取相关措施保障教学的正常开展，坚持开展教研活动，并尽可能地提供丰富的教研活动以促进教师的专业化成长。此外，学校管理者普遍较为认同互联网教学效果基本达到线下教学效果。但是，学校管理者亦认识到所在学校互联网教学存在优质资源结构性短缺、学校互联网教学基础环境建设有待优化、互联网教学或管理平台建设有待改善、家长理念有待转变等问题。这说明了互联网教学在开展过程中仍存在较多问题，亟须上级管理者的大力支持，诸如提供更加优质的互联网教学资源，提供更加优质的互联网教学与管理平台等。

教师视角下的疫情期间互联网学习发展概况的分析结果表明，尽管部分教师较为认同互联网教学，但仍有小部分教师不适应或者无法达到较好的教学效果。此外，尽管教师能够根据教学任务调整互联网教学的形式，能够充分利用名师资源和教学资源，但是教师对教研资源和学生学习资源探索得相对较少，同时教师亦普遍认为学生在互联网教学过程中，只达到浅层学习。与学校管理者视角的疫情期间教学与学习结果相对比，结果说明尽管学校为教师提供充足的教研资源和机会，部分教师的发展仍趋于被动，缺乏主动借助互联网教研资源自我发展、成长的意识。此外，教师对学生浅层学习的识别亦说明尽管教学资源充足丰富，教学组织形式丰富多样，部分学生仍缺乏互联网自主学习的经验与能力。在此基础上，教师普遍希望能够获得更加优质的教学资源支持，希望获得教师成长专业指导、互联网教学培训和互联网技术培训等。这一结果与学校管理者视角下的疫情期间的教学相一致。

学生视角下的疫情期间互联网学习发展概况的分析结果表明，学生能够不断去适应在线学习，并且借助网络学习更多的知识，体现了深圳市学生的信息素养和适应能力普遍较高。此外，疫情期间主要采取的教学组织方式就是直播授课，部分学生较少选用MOOC平台等开展学习活动，说明这些学生并非自主自立地通过学习平台自主选择学习内容，开展深层次的学习活动。在此基础上，学生普遍希望能够丰富现有学习资源和提高教师互联网的教学能力，同时希望能够提高教师的技术操作能力、优化学习平台，并倡导自主学习。

综上所述，深圳市基础学校管理者、教师和学生在疫情期间能够快速转变相应的管理、教学，以及学习形式，适应互联网学习在突发状况下的快速普及。与此同时，教师和学生视角下的疫情期间教学与学习活动仍需要更优质的互联网教学资源的支持，开展更深层次的教学教研活动，从而促进疫情期间互联网教学与教学的深入管理、教师互联网应用能力，以及学生借助互联网开展自主学习的能力发展。

第9章 深圳市基础教育领域互联网学习发展案例

9.1 基本信息

本次中国互联网学习案例征集活动共收集到 99 份案例，深圳市编写团队首先根据案例的主题内容分布、案例内容水平，以及案例所呈现的经验和启示水平三个方面进行了分析，确定五种案例的类型。通过整合、对比的方式筛选典型性案例，并以此描绘深圳市基础教育互联网学习发展的整体实践特色。

9.1.1 主题内容分布

根据调查所征集的 99 份案例，其主题内容分布包括"创新型评价和教育治理""代表性学习环境""互联网学习的典型应用""创新型教学模式""疫情期间在线教学"这五种类型。调查情况如图 9-1 所示，数据显示，68.69％的案例属于"疫情期间在线教学"，大量的案例数据表明疫情期间的互联网教学已趋向稳定与普及。但是，"代表性学习环境"(5.05％)与"创新型教学模式"(5.05％)相对匮乏，可能从另一方面说明"具有代表性的互联网学习环境"与"创新的互联网教与学模式"仍处于发展阶段，亟须更加深入地开发与探索。

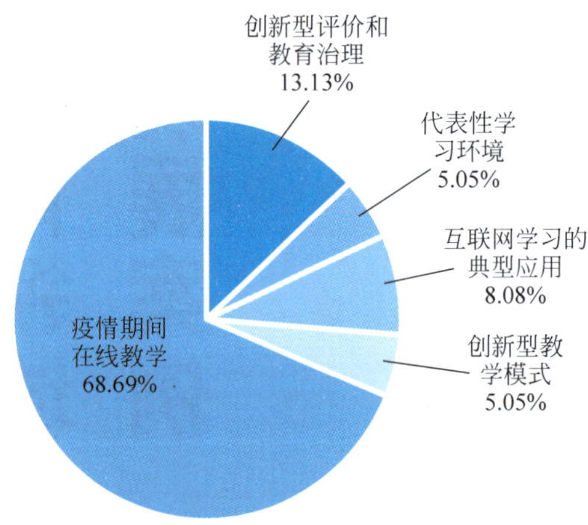

图 9-1 案例的主题内容分布

9.1.2 案例内容水平分析

根据案例的内容，深圳市编写团队将所征集到的 99 个案例划分为 5 个质量不等的水平，即从水平 1 至水平 5。如水平 1 为"过程不够清晰，尚未凸显互联网的意义"，水平 5 为"凸显互联网对'过程性'学习的支持；由教转'学'；案例的时间、地点、实践过程及成效撰写清晰，案例可复制性强"。具体内容详见表 9-1。

表 9-1 案例的内容水平及其相应特征

水平	案例的内容特征
水平 1	过程不够清晰，尚未凸显互联网的意义
水平 2	过程清晰，借助互联网辅助线上教与学的活动
水平 3	使用某些互联网工具，教学清晰，工具的作用有凸显，但并未上升到理论层次

续表

水平	案例的内容特征
水平 4	凸显互联网对“过程性”学习的支持；由教转“学”；但案例的时间、地点、实践过程及成效等内容的撰写仍需改进
水平 5	凸显互联网对“过程性”学习的支持；由教转“学”；案例的时间、地点、实践过程及成效撰写清晰，案例可复制性强

案例的内容水平分布如图 9-2 所示。结果表明，58.59％的案例能够借助互联网辅助线上教与学的活动，达到水平 2；18.18％的案例能够借助互联网工具从事教学活动，强调互联网对过程性学习的支持；14.14％的案例达到水平 5，即清晰地展示利用互联网进行过程性学习的操作性过程，可借鉴性、复制性强。

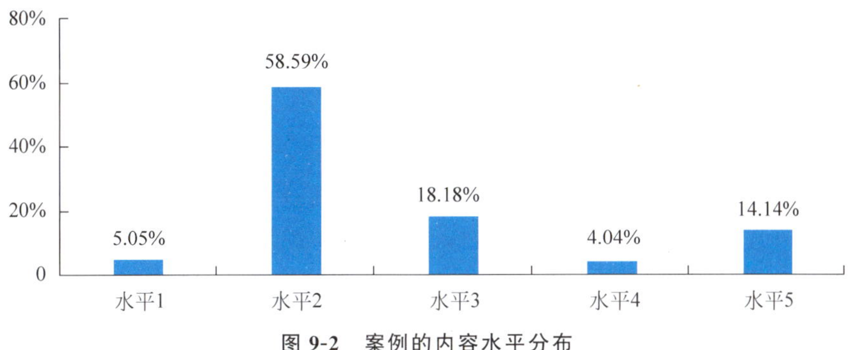

图 9-2　案例的内容水平分布

9.1.3　案例经验和启示水平

根据案例的经验和启示水平，深圳市编写团队将所征集到的 99 个案例划分为 5 个质量不等的水平，即从“借助互联网‘直播’类（如腾讯会议等）工具进行在线教育”（水平 1）逐渐上升为“借助某些互联网工具开展教与学活动，其使用具有典型性和推广价值；能够丰富互联网学习的策略和方法；具有示范作用”（水平 5）。具体内容详见表 9-2。

表 9-2　案例的经验和启示水平及其相应特征

水平	案例的经验和启示特征
水平 1	借助互联网“直播”类（如腾讯会议等）工具进行在线教育
水平 2	借助某些互联网工具辅助学科教与学活动，但仍需进一步强调过程性学习
水平 3	借助某些互联网工具开展教与学活动，其使用能够真正解决常规教学解决不了的问题
水平 4	借助某些互联网工具开展教与学活动，其使用具有典型性和推广价值；但其具有非常强的学科/年级等方面的局限性
水平 5	借助某些互联网工具开展教与学活动，其使用具有典型性和推广价值；能够丰富互联网学习的策略和方法；具有示范作用

案例的经验和启示水平分布如图 9-3 所示。结果表明，绝大多数案例能够借助互联网“直播类”工具进行在线教育（57.58％）；18.18％的案例能够借助其他互联网工具辅助学科教与学活动；6.06％的案例能够借助互联网工具解决常规教学解决不了的问题；16.16％的案例具有典型性和推广价值，能够丰富互联网学习的策略和方法，具有示范作用。

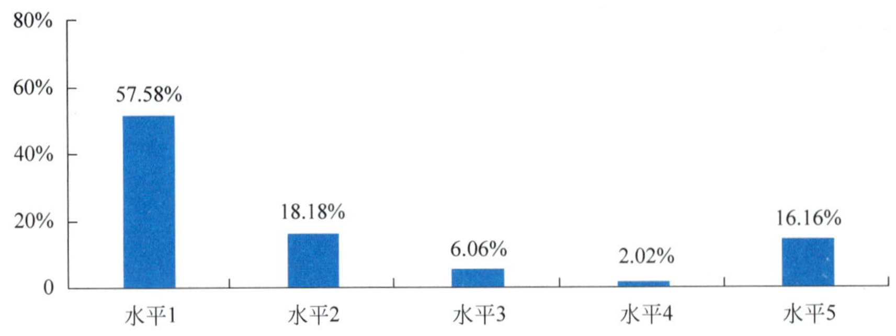

图 9-3 案例的经验和启示水平分布

9.1.4 支持过程性学习，发展互联网学习新范式

案例的内容水平分布结果表明，深圳市基础教育互联网学习发展正从借助互联网辅助教学的普及阶段向借助互联网支持过程性学习、由“教”转“学”的阶段迈进。此外，案例的经验和启示水平分布结果表明，深圳市基础教育互联网学习发展情况正从借助互联网直播工具辅助线上教学的普及阶段向借助互联网发展教与学新范式的阶段迈进。

为进一步彰显深圳市基础教育互联网学习的实践特征与特色，深圳编写团队根据“创新型教育管理(AD)”“代表性学习环境与支持(E 和 S)”“互联网学习的典型应用(A)”“创新型教学模式(C)”“疫情期间在线教学(OT)”五种案例的类型，从 99 个案例中筛选出 17 个案例，详见章节 9.2—9.6。

9.2 创新性教育管理

9.2 案例全文

9.2.1 龙华区“停课不停学”：基于“三龙”战略优势的在线教育

“三龙战略”是指龙华区与腾讯合作“龙腾计划”，通过腾讯云引入覆盖全区的智慧校园平台和课程体系，通过物联网、大数据、人工智能等技术，打造未来学校高品质的“入口”；与科大讯飞合作“龙飞行动”，让人工智能与龙华教育深度融合，打造人工智能环境下的智慧学习空间，成为未来学校的“中枢”和“大脑”；与华为合作“龙为工程”，借助全光网和云计算，成就未来学校的“神经”和“心脏”，为物联网、虚拟现实等技术落地教学，提供最可靠的网络保障。通过“三龙战略”，龙华区已初步建立未来教育生态体系，也标志着龙华教育在网络应用环境方面处于全国领先地位。在疫情期间，龙华教育充分发挥“三龙”战略优势，初步落实“龙华云校”实施方案，确保全区“停课不停学”，即通过“龙华云校”将资源推送给每一所学校、每一个学科教师、每一个学生、每一个家庭；通过有线电视推送龙华课程学习资源；将龙华区教学资源作为全省的主要资源向全省推送。

9.2.2 全息未来教室：面向未来的 5G+ 智慧教育

5G 是新一轮科技革命的制高点，是推动产业发展和社会进步的重要引擎，在区域完成 5G 网络基站建设、实现 5G 网络全覆盖的前提下，在教育领域构建“5G＋智慧教育”生态，是“5G＋智慧教育”探索的主要课题。宝安区以两所试点学校为起点，打造具有本地区教育特色的“5G＋智慧教育”发展新模式。

宝安中学(集团)实验学校全息未来教室占地面积约 120 平方米,通过采用全息互动镜面墙、互动投影墙、投影设备共同构建低延时、高清的全息未来教室的沉浸式空间,助力教师开展沉浸式互动主题科普教育(见图 9-4)。宝民小学 5G+智慧教育 VR/AR 未来教室包含 AR 教学系统、教学显示屏、摄像机、教师端 PAD 等模块。教师于教学一体机区常规授课,教学一体机可用于播放显示教师的教学素材,如 PPT、Flash 动画、课件视频等(见图 9-5)。

图 9-4　宝安中学(集团)实验学校 5G 全息教室应用场景

图 9-5　宝民小学 VR/AR 未来教室

9.2.3　创新未来,智慧先行:面向教育信息化 2.0 的 CTO 培养

龙华区教育信息化人才培训工程从优化人才队伍和提升信息技能出发,从学校领导、学校教师、服务团队和专家团队等对象着手,打造“素质好、教学优、懂技术、会应用、善指导”的培训指导 CTO 团队,助力龙华区教育信息化人才水平与能力提升。

通过梯队式 CTO 队伍的培养,区级统筹、区域影响,龙华区形成了以打造“教育智能体”为引擎的品牌效应,实现了教育高位均衡发展,引领和提升教师应用创新能力(教育治理能力、课程开发能力、教学改革能力等),打造课程改革示范校和未来学校样板间,实现传统教育向智能教育的转型发展,创新先行先试变革。

9.2.4 疫情管控,安全校园:基于人工智能的光启智能头盔推广

智能头盔具有体温检测、人脸识别、二维码识别、车牌识别和后台大数据管理等多种功能。智能头盔可应用于卡口单人体温检测、大人流快速体温检测、人脸识别测温、校园安全巡查及校园配电柜、设施设备检测等场景。比如在体温检测中,发现体温超过37.3℃的人员时,智能头盔会通过声音和AR显示屏发出声光告警,工作人员可以及时处置(见图9-6)。

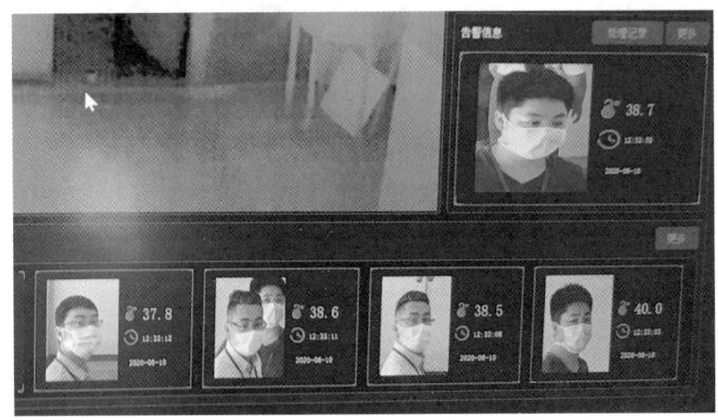

图9-6 光启智能头盔信息处理界面

光启智能头盔已在深圳中学、福田区黄埔学校、龙华区龙华第二小学、罗湖区东方学校开展试点(见图9-7),拟在全市中小学和幼儿园推广使用。2020年9月25日,深圳市完成17所市直属中小学校和22所市直属幼儿园的100顶智能头盔的采购工作,可实现直属校园系统全覆盖,投入经费496万元。

图9-7 龙华第二小学光启智能头盔应用

9.3 代表性学习环境与支持

9.3 案例全文

9.3.1 空中课堂教育平台:校企行政区的合作发展

根据疫情期间"停课不停教、不停学"等相关指示,宝安区教育局高度重视疫情防控与开学准备工作,把握区情,迎难而上,及时组织实施宝安区中小学"空中课

堂"课程、教学在线学习平台建设与教学组织系列工作，在指导思想、目标任务、主要工作、保障措施等关键环节形成体系化支撑，有效托起了宝安区"空中课堂"的精彩绽放。

宝安区学校开展"空中课堂"课程与教学在线学习，经过十几天的磨合，平台使用、在线教学已逐步进入常态化，师生也逐步熟悉和接受了新型的学习方式。可以预见，以"线上＋线下"融合式的智慧现代学校，必将会成为宝安教育现代化中国特色社会主义先行示范区先锋城区建设的一张靓丽的名片。

9.3.2 全景课堂平台：基于微课反思的教研共同体

锦田小学英语科组雷厉风行，以较高站位和较宽视野，充分认识到"停课不停学"的重要性，以最快速度制定了"锦田方案"，以最高标准上好线上课程。锦田小学英语科组在线教研与备课同步，依靠多层次教师队伍，实施多样化在线课程，构建多路径教学模式，达成全方位学生培养目标。有制度保证、重集体教研、变教学形态、促家校沟通，线上课程达到了良好的教学效果。

未来，锦田小学将夯实基础，向"数字＋教学""线上＋线下"的方向大步前进，重点强调建立资源库，完善可共享、高质量的线上资源；实现数字化技术与课堂教学的深度融合，真正实现个性化学习；实现从"教的课堂"向"学的课堂"的转变，落实学生主体地位；重视教学模式总结和理论研究，形成带有"锦田"特色的英语教学模式及理论；实践出真知，行动促发展。锦田小学英语科组会不断前进，努力打造高品质英语课堂。

9.3.3 教育资讯资源共享：基于云端学校的微课实践

本案例源于深圳市教育科学研究院德体艺教育研究中心倡导和组织的"新美育"课程，从经典名作中选取，由一线老师做专业介绍与解读，通过微视频的学习方式引导孩子们培养正确的图像识读、审美判断、文化理解能力。在结合市、区对美术课前三分钟欣赏课的要求后，罗湖区教科院组织全区近 60 名青年教师参与了此次实践活动，从核心成员的网络研讨到可行方案的敲定到最终成果的展示与课堂的落实，历时 8 个月，参与此项目的一线老师在一个个具体的教学视频制作过程中，明显提升了自身专业水平的发展。名画赏析视频的推出有利于学生核心素养的形成和培育，最终落实了新课标的精神。

9.4 互联网学习的典型应用

9.4 案例全文

9.4.1 环保银行：基于五育教育的 5G+ 智慧教育应用

环保银行是深圳市翠竹外国语实验学校垃圾分类"互联网＋"智慧平台（见图 9-8），它依托"深分类"小程序线上环保银行系统，更是一种垃圾分类新型"家校社"联动的模式。该模式以全校师生联动、"家校社"联动、线上线下联动为特色，激发学生参与垃圾分类的热情，记录学生的参与行为。

深圳市翠竹外国语实验学校带领学生回收牛奶盒已经长达 4 年，如何以牛奶盒为材料，从装饰、实用等角度将牛奶盒制成手工作品，加强学生"废物再利用"的思想品德将是接下来的发展方向。但同时亦值得注意的是，当撤回环保银行这一智慧平台后，学生的环保意识仍存多少尚不可知。因此，环保银行智慧平台的使用应促进学生形成环保的行为，但这一行为

图 9-8　环保银行智慧平台

如何转变为环保精神，尚需探讨。

9.4.2　3D 虚拟学习：基于云课堂的创客教育

近年来，从固有的实体教室到承载特殊功能的功能室、阅读室、学习室，再到具有学校特色的各类创客室，关于学习空间的研究越来越多。但是，受到场地与资金等的诸多限制，一所学校很难开发很多多功能的学习空间，难以满足不同类别的学习体验需求。故此，凤凰山小学开发了以网络技术、智能技术、虚拟现实技术为支撑的“3D 虚拟学习体验馆”，真正实现全学科、融合性、多元性的学习空间，通过打造“五馆合一”逐步形成由 3D 虚拟体验馆向 3D 虚拟学校过渡的立体、大型创新学习空间。凤凰山小学的“3D 虚拟学习体验馆”主要运用现代智能技术和设备，以“互联网＋教育”的理念拓宽学习空间，目前主要覆盖四大教学应用场景，包括 3D 爱国主义教学场景、3D 安全教育教学场景、3D 经典诵读教学场景、3D 艺术创想教学场景。

9.4.3　远程双师：基于外国-本土教师联合的在线教育

深圳中学龙岗初级中学引进远程双师外教课。通过 Zoom 视频系统，由新西兰凯涛初级中学外籍老师对七年级学生进行实时授课，本校英语老师进行协助，给学生创建真实的英语交流环境，提升学生的学习兴趣和口语表达能力。

远程双师外教课堂，对学生来说，是一个非常好的学习过程。有本班英语老师在场，他们跟外教交流时更有安全感，在不确定的时候，他们会先求助本班英语老师，再去表达。对于跟班英语老师来说，这样的课堂也是很有帮助的。小到课堂指令的简洁化，大到不同的备课思路和授课风格，都对跟班英语老师有着积极的影响。平时都是老师创造一些课题引导学生在课堂中使用英语，而在这个课堂上，老师很多时候也可以把自己当作学生中的一员，参与到欢快轻松的课堂中来。

9.5 创新型教学模式

9.5 案例全文

9.5.1 停课不停学：问题引导的个性化在线教学解决方案

为保障疫情期间在线教学质量，实现线上与线下教学实质等效，福田区福南小学在上级教育部门的主管领导下，立足于学情、校情，制定了系统化的在线教学实施方案，如问题引导的先期准备、变通灵活的组织管理、稳步推进的在线教学，总结出系统组织与推进在线教学、有效应用数据支撑决策、注重家校共建形成合力等发展经验。在线教学实践在取得显著成效的同时，也提升了教师融合技术改善教学的能力，丰富了学生的学习体验，并加强了家校之间的联系。总而言之，此次疫情期间的在线教学实践是化危为机的有效尝试，学生的学习质量没有因为疫情而滑坡，而且无论是学校师生还是管理者，都在疫情的考验下得到了快速成长。

9.5.2 思维导图：在线教育的创新作业

互联网作为信息集中的主要平台，蕴含着丰富的学习资源。教师可以借助互联网进行远程授课，不受地点的限制，课堂呈现方式也丰富多彩，学生有较强的学习兴趣。但是，互联网学习的弊端也很明显，学生学习效率难以保证，学生对知识的理解程度难以把握。针对这些问题，结合历史学科的特点，罗湖区教科院附属学校的侯悦老师利用思维导图，设计了符合学生学情的在线教育创新作业。

作业是教师与学生进行文本互动的一个重要途径，历史教师能把对学生思维能力的培养渗透在日常的作业中，大胆创新，锻炼学生的思考能力，就能加深学生对历史学科本身的认识和理解，从而在答题时实现知识的灵活运用，提高人文素养。思维导图是锻炼学生逻辑思维能力的一种途径，学生是不同的个体，这就要求教师要继续努力，在作业方面大胆创新、不断突破。

9.5.3 爱与尊重促教学：面向校园内外的在线教育

2020年疫情期间，在百花齐放的线上教学方式中，人大附中深圳学校独辟蹊径选取了较为小众的教学平台，积极进行教学方式创新探索，如小班教学、全员参与、巡课制度、线下测试等，有效地保证了特殊时期的教学质量，得到了师生和家长的一致好评，获得了区教育部门的肯定。在此过程中，人大附中深圳学校可借鉴的经验主要包括：理念先导，迎难而上；未雨绸缪，有备无患；多管齐下，密切合作；打破时空，创新互动。虽然人大附中深圳学校在多方面进行创新，保障了线上教学的有效进行，但限于当前研究尚不充分，因此还存在诸多问题无法解决，如学情与德育方面仍需要进一步研究。

9.6 疫情期间在线教学

9.6 案例全文

9.6.1 空中巡课：在线教与学过程性管理

深圳市教育科学研究院的《义务教育阶段在线教学第八周巡课工作总结》明确了疫情复学后将在思想、理念、内容、方法、技术、标准、评价、范式等方方面面，形成一整套教学改革的方案，为下阶段深圳市义务教育的“深度变革”积累经验，为深圳基础教育“双示范”奠定基础。因此，深圳市福田区全海小学的孙胜发老师整合全海小学线上教学教研情况，总结了全海小学空中课堂的发展现状与应用经验。发展现状方面，强调有自己的线上教学台账、有自己的个人特色材料、有翔实的线上教学分析和总结材料。从应用经验上来说，强调整理推荐教师日志，总结上周线上教学亮点，重视师生心理危机和不良情绪的发现、干预，做好线上公开课的准备。

9.6.2 线上教学共成长，网络学习同坚守：基于云端学校的特殊教育

为确保疫情期间在线教学工作有序、规范开展，深圳元平特殊教育学校成立了深圳元平特殊教育学校新型冠状病毒感染肺炎疫情防控期间网上教学工作领导小组，制定了《深圳元平特殊教育学校疫情防控期间线上教学实施方案》，深圳元平特殊教育学校四个教育教学部从 2020 年 2 月 17 日开始至 2020 年 6 月开展了为期十五周的“空中课堂”教学活动，总结出以“生活即教育”为理念协调开展学科建设与班主任管理工作，家校互动、传递关怀，网络教研同坚守、线上教学共成长等在线教学发展经验，取得了良好的教学效果，受到了学生和家长的一致认同。

9.6.3 小组学习：在线教育的精细化管理

靖轩小学的魏秀霞老师成立了班级线上学习小组，以实现疫情期间在线教育的精细化管理，并总结出四点发展经验：线上学习小组之分组原则、线上学习小组之组长培训、线上学习小组之文化建设、线上学习小组之职责分配。在线学习小组为学生提供了相应的锻炼机会，培养了学生的管理能力、组织能力、协调能力、沟通能力、抗压能力和的责任心。同时，在线小组学习更是凝结了班主任的智慧，充分落实了“人人有事做、事事有人做”的管理理念。但是，在线学习小组仍面临着很多挑战，如缺少切实有效的指导、对学生视力的影响、信息滞后等。

9.6.4 五彩缤纷的四季：基于在线教育的生命启蒙

翠竹外国语实验学校的郭炼老师通过对四季色彩的描述，引导学生认识和了解每个季节独特的颜色和魅力，感受人与季节独一无二的精彩，激发他们的生命活力。本案例以腾讯课堂、班小二小程序、深圳市教育局推送的英语教学视频为依托，利用其生动活泼、快速便捷的特点，吸引学生进入英语学习《Unit7 Seasons》的殿堂。首先，学生学习四季的单词后，画出四季景色图，上传至班小二小程序。然后，请几位孩子拍摄学唱歌曲“Four Seasons”的视频，并上传给老师在课堂上进行分享。在本课的最后环节，教师用 PPT 循环播放学生上传的视频。学生虽然在家，依然可以体会到英语学习的乐趣和激情。教师结合一年级的实际情况，设计出了一堂别开生面的在线课堂，通过互联网教学的方式，让孩子眼中充满四季的颜色，向孩子传达对追求美好事物的理念。

第10章 深圳市基础教育领域互联网学习发展趋势与关键问题

10.1 深圳市基础教育领域互联网学习发展趋势

10.1.1 校企合作共创互联网学习空间

"互联网+"在中国迅猛发展,承载着人才培养重任的教育行业也面临着机遇和挑战。在新浪潮下,学校和企业如何更高效地利用互联网平台,实现资源共享、优势互补,达到"双赢"模式,是当下不容忽视的课题。2018年教育部发布的《教育部关于加强网络学习空间建设与应用的指导意见》中提出:"充分发挥市场机制的作用,引导企业、科研机构等社会力量参与,构建共建共用、共享共赢的良好生态。"深圳市基础教育互联网时代的办学管理在发展思路上坚持多元合作,持续深化学校的网络环境建设。此外,深圳市尤为重视师生学习资源的使用需求,并以多种途径与企业、社会机构等合作,共同创建学习空间与资源,如深圳市龙华区教育系统CTO培养案例即实施校企合作"双师型"教师培养,打造信息化未来教育实施队伍,形成区域智慧教育名片工程。

10.1.2 多元主体共享互联网教育平台与资源

终身教育体系和学习型社会的实现需要依赖开放公共服务平台与开放学习资源的建设。目前,深圳市公共服务平台与开放学习资源的建设呈现出多元主体共享的发展态势。首先,学校在平台与系统、终端设备方面的建设和配备较为完善,能够满足管理人员和师生的日常工作需求;其次,大部分教师能够经常利用网络学习空间组织教学活动、整合教育资源。此外,开放共享的互联网学习资源种类亦向多样化的趋势扩展,能从多个方面帮助学生的学习。

10.1.3 家校互通共建互联网学习共同体

在现代学校制度框架下,学校将家庭纳入学校管理体系中,实现家校有效沟通、相互支持和通力合作。通过学习这个关键因素,学校和家庭成为同呼吸、共命运的共同体,这是新时期学校指导家庭教育工作的重要突破口。随着知识经济的到来和终身教育的发展,学习共同体逐渐得到了研究者的广泛关注。家校互联网学习共同体,就是以学习为逻辑起点,以互联网为支撑,以学校和家庭中所有成员的发展作为终极目标,以共同愿景、平等尊重、自主合作、共学共享为表现形态的学习型组织。它将学习视为持续的、积极的必备过程,是一个推动学校、家庭所有成员持续学习和不断成长的过程。

深圳市基础教育学校普遍认同数字校园对家校互通工作的支持,并能够通过数据分析为学生提供服务。大部分学校有意愿要求学生家长共同参与校园互联网学习建设,并且家长也能够积极提供参考意见。此外,深圳市基础教育学校普遍能够引导家长利用家校互动平台与学校互动,共同教育学生,学校管理者也会通过家校互助平台向家长介绍家庭教育的相关知识。因此,深圳市基础教育学校普遍认同互联网的发展对家校合作具有正面的积极影响,包括改变家校合作方式、提升家长参与学校管理的积极性、提升家校合作效果等。

10.1.4 跨校协作共启互联网教研新模式

跨校协作的互联网教研新模式就是要充分发挥优质校的辐射和示范作用,发挥名师传帮带作用,促进优质教育资源共建共享。跨科组的协作教研能够打造异质交融的教研形态,跨校社的协作能够营造多元参与的教学氛围。通过跨院校协作搭建新手教师的成长阶梯，能够有效地推进学校教学文化由优质走向卓越。疫情期间，深圳市基础教育学校仍坚持开展跨校教研活动，并尽可能通过丰富教研活动的形式来促进教师的专业化成长，如利用互联网开展名师网络课堂和跨校协作探究教学等教研新模式。

10.1.5 师生互助共促互联网教学相长

深圳市基础教育教师开展网络教学的技术能力水平较高，教师能够借助互联网高效开展教学活动，如引导学生使用互联网工具与资源主动参与学习、为学生提供及时的指导与反馈和组织多种类型的活动等提升教学效果。教师能够借助学习过程性数据对学生进行学业评价、引导学生利用互联网进行自评和同伴互评等，并能够结合学科教学特点，从学习需求出发，引导学生对学科内容进行深入思考等。学生在开展互联网学习时，能够规划学习目标，专心致志地学习并且在不专心时进行有效的自我调整。此外，学生普遍认为自己能够借助互联网工具对信息进行分析整合，认为自己能识别和选择不同类型的软件提高自己的学习效率，强调自己在面对问题时能够主动利用互联网寻求解决办法。在深圳市基础教育互联网教与学的双向活动中，教师与学生实现了教学相长、共同进步。

10.1.6 疫情期间的互联网学习："选择"变"亟须"

深圳市基础教育学校在疫情期间能够采取相关措施保障教学的正常开展，坚持开展教研活动，并尽可能地提供丰富的教研活动以促进教师的专业化成长，保障互联网教学效果达到线下教学的效果。在此过程中，互联网学习对于深圳市基础教育学校来说由"选择"变成了"必须"。随着教师和学生对互联网教学与学习的不断认同、持续适应，甚至是借助互联网开展自主学习活动，互联网学习的进一步推进与发展，对深圳市基础教育学校来说，则由"必需"变成了"亟须"。

10.1.7 疫情期间的互联网学习："广度"到"深度"

深圳市基础教育互联网学习发展情况正从借助互联网辅助教学的普及阶段向借助互联网支持过程性学习的阶段迈进。具体来说，随着教师和学生对互联网学习的不断适应，互联网教学亦从借助互联网直播工具辅助线上教学的普及阶段向借助互联网发展教与学新模式的阶段迈进。因此，深圳市基础教育学校借助疫情这一时机，从必需的互联网学习的广度普及，过渡到对互联网学习的深度学习需求。

10.2 深圳市基础教育领域互联网学习发展关键问题

10.2.1 开发优质的互联网教学资源，加强资源与学校教学内容的互补配合

深圳市基础教育学校普遍认为学校互联网教学存在优质资源结构性短缺的问题。教师所获得的教研资源和学生学习资源相对较少，一方面可能是因为优质资源本身的规模有待提高，另一方面可能是因为符合师生需求的本地化资源有待提高。因此，深圳市基础教育互联网学习发展不仅需要提高优质资源的数量与种类，更要关注资源能否符合师生的教与学需求，从而进一步加强互联网学习资源与学校教学内容的互补配合。

10.2.2 完善互联网教师教育培训，进一步提升教师信息化教学能力

尽管大多数教师认同互联网教学可以多方面提高学生的能力、给教学带来便利，但并不是所有的教师都能够有效地开展互联网教学活动。一方面，教师能够明显感受到新技术和教育理论与传统教育理念之间产生的碰撞和冲突，另一方面，教师在开展互联网教学的过程中仍需要多方提供支持，尤其是开发能够促进自主探究的教学资源、教学工具等。由此导致的结果是学生的学习会更多地停留在浅层学习层面。在此次的调查中，教师的反馈也验证了这一点。在此基础上，教师普遍希望能够获得促进学生自主学习的教师成长专业指导、互联网教学培训和互联网技术培训等。

10.2.3 探索互联网混合式学习新模式，创建新型互联网教学关系

在此次疫情期间，出现了不少优秀的互联网学习案例，在教学模式上呈现出多样化的创新型模式，如体现课前自学、课堂内化的“先学后教”和思维线性化的创新型在线作业“思维导图”等。但是，并不是每一位教师都能够成功开展创新型互联网教学活动，一部分教师仍然存在教学模式单一的问题，如主要采用直播授课的教学组织方式而非主动应用MOOC等平台开展自主学习活动。对于这部分教师，仍需鼓励其探索、建立更为创新的互联网教学关系，如扩大优秀教学案例的宣传力度，为这些教师提供相应的经验与参考。此外，学校教育应不断地探索基于新技术的教育教学模式改革，创建新型的互联网教学关系，加快推进线上线下课程教学模式改革步伐，通过线上线下深度融合，推动教与学模式的变革，全面推行在线学习与课堂教学相结合的教学模式，实行“互联网＋”线上线下相结合的混合式教学模式，在教学实践中实现教学模式的优化。

10.2.4 完善互联网学习评价体系，促进学生自主学习能力发展

“互联网＋教育”时代，互联网环境下的学习逐步成为信息时代学习方式的主流。由于互联网学习的特殊性，传统的教育评价体系无法完全适用于互联网学习，建立和完善互联网学习评价体系势在必行。同时，互联网学习背景下的评价体系应该能够促进学生自主学习能力的发展。目前，深圳市基础教育互联网建设在数字校园等方面获得成效，并能够根据数据分析为学生提供服务；深圳市基础教育教师能够使用互联网资源开展教学教研活动，如名师课堂、跨校协作等；学生亦充分肯定其在互联网学习过程中，教师和家长所给予的评价和反馈支持。因此，深圳市基础教育应继续开发创新型互联网评价应用，完善互联网学习的评价制度，从而进一步促进学生的自主学习能力。

10.2.5 整合互联网学习资源，建立互联网学习共同体

互联网学习共同体的建立能够为个性化学习提供技术支持，有利于学生主观能动性的发挥和创新能力的培养，促进学生的深度学习，提高学生的学习效果。深圳市基础教育充分肯定互联网学习共同体的重要性，在学校管理、教师教研教学、学生学习的过程中亦构建了促进多元主体共同学习的平台与资源。但是，互联网学习过程中仍然出现某些现象，如部分教师和学生的互联网学习应用更多地局限于学习任务的分发、资料的分享等活动，而并未有效借助互联网创建高效的充满社交学习文化的学习共同体。因此，深圳市基础教育互联网发展应尝试整合互联网学习资源，为教师与学生创建互联网学习共同体，以共同创建集体学科知识。

附录

2020年中国互联网学习区域发展报告——深圳区域编写团队介绍

主　编

张惠敏　深圳市教育信息技术中心

执行主编

赵建华　南方科技大学

冯雪琦　南方科技大学

副主编

魏晓亮　深圳市教育信息技术中心

陈　颖　深圳市教育信息技术中心发展研究部

编　委（以姓氏拼音为序）

陈卫纯　佛山科学技术学院

冯　亮　深圳市教育信息技术中心发展研究部

龚　恺　深圳市教育信息技术中心发展研究部

孔　晶　佛山科学技术学院

廖素芬　佛山科学技术学院

缪静敏　南方科技大学

彭凤琴　南方科技大学

王雷岩　南方科技大学

王晓媚　深圳市教育信息技术中心发展研究部

2020年
中国互联网学习区域发展报告
南京区域

教育部教育管理信息中心
百度文库
编著

清华大学出版社
北京

内容简介

《2020年中国互联网学习区域发展报告》分为青岛区域、深圳区域、南京区域、吉林区域四个分册，从年度特征词、教师发展、学生变化、教育变革、典型案例、发展趋势和关键问题等方面进行了分析和阐述。本书以科学视角分析教育信息化面向互联网时代的转型格局，理解信息技术与教育教学深度融合"最后一公里"的旅程，客观、全面地理解中国教育信息化发展进程，并以"互联网＋"思维推动教育信息化建设模式的时代发展，推动体制内外协同视角下教育系统重构及教育信息化服务系统重塑。

图书在版编目(CIP)数据

2020年中国互联网学习区域发展报告/教育部教育管理信息中心，百度文库编著. —北京：清华大学出版社，2021.9

ISBN 978-7-302-59135-1

Ⅰ. ① 2… Ⅱ. ①教… ②百… Ⅲ. ①教育工作—信息化—研究报告—中国—2020 Ⅳ. ①G52

中国版本图书馆CIP数据核字(2021)第182810号

责任编辑：赵轶华
封面设计：常雪影
责任校对：李　梅
责任印制：沈　露

出版发行：清华大学出版社
　　网　　址：http://www.tup.com.cn，http://www.wqbook.com
　　地　　址：北京清华大学学研大厦A座　　**邮　　编**：100084
　　社 总 机：010-62770175　　**邮　　购**：010-62786544
　　投稿与读者服务：010-62776969，c-service@tup.tsinghua.edu.cn
　　质量反馈：010-62772015，zhiliang@tup.tsinghua.edu.cn
印 装 者：三河市龙大印装有限公司
经　　销：全国新华书店
开　　本：185mm×260mm　　**印　　张**：25.75　　**字　　数**：626千字
版　　次：2021年10月第1版　　**印　　次**：2021年10月第1次印刷
定　　价：145.00元(全四册)

产品编号：093565-01

《2020年中国互联网学习区域发展报告——南京区域》
编　委　会

目　　录

第1章 概述

随着大数据、人工智能等新一轮信息技术的发展，以互联网为基础设施和创新要素的经济社会发展新形态正在不断形成，互联网与教育融合创新进程持续加速。2015年，李克强总理在政府工作报告中首次提出"互联网＋"行动计划，"互联网＋教育"自此成为国家"互联网＋"行动计划的重要组成部分。"十三五"期间，我国持续加强信息化基础设施建设，大力推进公共服务平台协同服务建设，深入实施互联网背景下教与学模式变革，持续推进管理者和教师信息化能力建设，逐步形成互联网时代教育治理新模式。在"互联网＋教育"背景下，南京市积极践行互联网学习的探索与实践，以"智慧教育"为依托，不断推进互联网技术在教学改革、管理创新等方面的应用，逐步从"关注课程融合"走向"关注学生发展"，形成具有南京特色的互联网学习应用成果。

根据《教育信息化十年发展规划(2011—2020年)》、江苏省人民政府发布的《省政府关于推进智慧江苏建设的实施意见》等相关文件，南京市政府于2015年12月发布《市政府办公厅关于推进智慧教育的实施意见》，以"智慧南京"推动"智慧教育"建设，大力开展智慧教育基础环境提升工程、智慧教育资源服务提升工程、智慧教育应用能力提升工程、智慧教育应用融合示范工程。2016年11月，南京市教育局率先发布《〈关于推进智慧教育的实施意见〉行动方案》，文件要求，到2020年，全市建成120所"智慧校园"示范校，基础教育、职业教育各级各类学校全部基本建成智慧校园。2017年3月，南京市教育局发布《南京市中小学智慧校园建设指导意见》《南京市中小学智慧校园建设评估细则(试行)》，注重从智慧环境、智慧管理、智慧教学和特色发展四个方面进行建设。为贯彻落实《中国教育现代化2035》《教育信息化2.0行动计划》，2019年3月和2020年4月，南京市教育网络安全和信息化领导小组办公室陆续发布《关于做好2019年全市智慧校园建设与应用工作的通知》《关于做好2020年全市智慧校园建设与应用工作的通知》，在圆满完成智慧校园创建目标和任务的基础上，强调要进一步加强区域智慧校园建设的推进工作，精心打造智慧校园典型案例，做好2020年智慧校园创建学校管理和2020年智慧教育示范区的试点工作。

南京市作为创新名城，近年来持续通过智慧校园建设、互联网学习、信息技术与教育教学的深度融合等项目，引领和推动南京市智慧教育高位均衡发展，借助大数据、人工智能等新技术，重构教育治理体系，全面打造了南京市智慧教育生态系统。2020年，在新冠肺炎疫情的影响下，南京教育悄然发生了一些改变，各级各类学校从以"面对面"为主要形式的课堂教学形态，直接过渡到了以"互联网学习"为主要形式的学习形态，并在返校复学后，逐步探索"互联网学习"与"面对面"教学融合的可行方式。在此背景下，学校的多元化学习平台与多样化学习资源得以充分利用，各类教育教学活动得以持续探索与创新，并通过政策引领、平台搭建、应用驱动、机制创新、校企合作等多项举措，基本形成了区域统筹、学校主导、企业参与、家校合作的"互联网＋教育"多元格局，有效探索形成南京市互联网学习新样态。

中国互联网学习白皮书项目于2014年启动，由教育部教育管理信息中心牵头，北京师范大学、百度教育提供支持，联合国内知名大学、行业权威专家、研究机构、教育企业等编写，旨在呈现互联网教育整体特征，反映互联网教育应用实践现状和动态趋势，进而有效推动我国教育信息化实践进程。南京市基础教育信息化教育实践成果在2017—2019年连续三年入选《中国互联网学习白皮书》，逐步提炼总结形成了一系列互联网学习典型案例与实践成果，较好地发挥了研究与引领作用。2020年，南京市作为区域代表独立编制成册，通过展示实践、提供经验，以期全面反映南京市互联网学习的基本样态，持续推动南京市教育信息化融合创新实践进程，探索符合南京市互联网学习发展的新范式。

1.1 报告编制的基本情况

本报告调研了南京市不同教育相关者在互联网学习中的主要实践，在总结经验与成效的基础上，明确未来发展趋势，认清进一步发展的关键问题，对后续更好地推进南京市互联网学习发展、促进信息技术与教学教育融合实践至关重要。本报告一方面能够为教育行政部门了解南京市互联网学习的实际状况、制订工作方案、出台相关政策等提供参照依据，另一方面能够为广大中小学教育实践者探索互联网学习实践应用提供经验，帮助他们更好地适应线上线下教学相融合的教育新生态。

1.1.1 基本思路

本报告是对南京市互联网学习实践情况的整体描绘，既是对已有教育变化的一次系统反思，也是对在线教育如何与线下教育相结合、从而形成对常态化教学更深入的思考。因此，本报告的目标主要包括：第一，准确把握南京市互联网学习（受新冠肺炎疫情影响）的基本情况；第二，了解不同教育相关者对于互联网学习的基本态度、看法、实践与变化；第三，总结并呈现体现南京市特色的互联网学习实践案例；第四，系统思考未来互联网学习的发展趋势并探讨需要解决的关键问题。

南京区域报告编制的基本思路如图 1-1 所示。首先，应用文献分析法梳理南京市发布的互联网学习相关政策文件，参照“中国互联网学习 CASE 模型”，从能力（C）、应用（A）、支

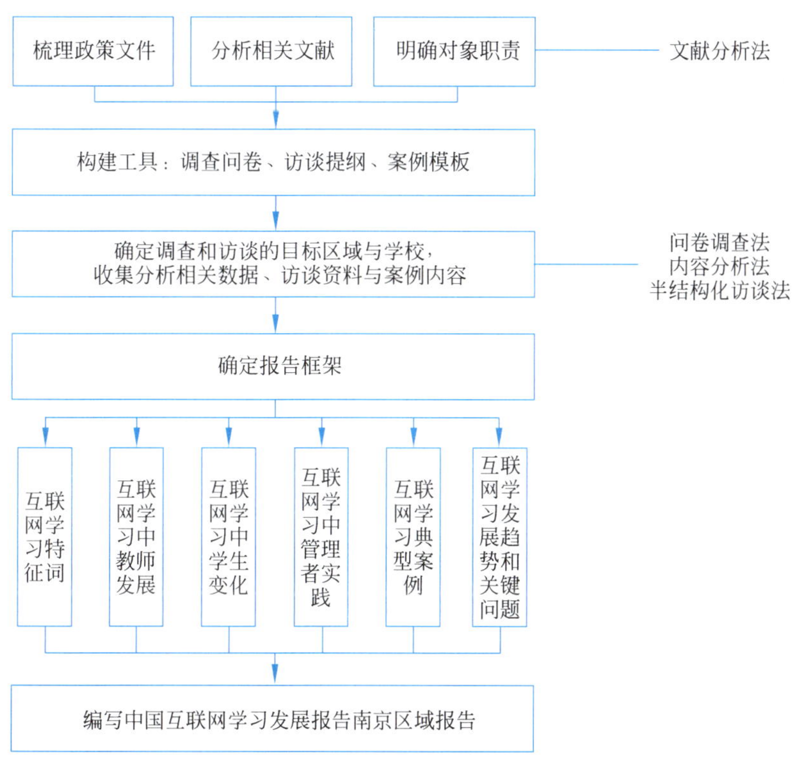

图 1-1 报告编制的基本思路

持(S)、环境(E)以及疫情期间互联网学习开展情况等方面，构建此次调研的理论工具，包括面向不同教育相关者的调查问卷以及面向校长及教师的访谈提纲；其次，确定调查和访谈的目标区域与学校，应用问卷调查法、内容分析法与半结构化访谈法，收集相关数据与访谈资料，并对其进行分析，依据数据分析结果、案例分析结果和访谈内容得出研究结论；最后，从互联网学习特征词、互联网学习中教师发展、互联网学习中学生变化、互联网学习中管理者实践、互联网学习典型案例、互联网学习发展趋势和关键问题六个方面制定本报告的结构框架，编制白皮书报告。

1.1.2 数据来源

本报告中的数据主要包括问卷数据、访谈数据与案例数据。问卷数据是采用分层抽样的方式，通过调查南京市部分管理者、教师、学生的方式获得；访谈数据是采用随机抽样的方式，对南京市7个区的17所中小学校的校长和教师进行访谈获得；案例数据是通过线下征集遴选的方式获得。

1. 问卷数据的来源与分布

课题组采用两阶段分层抽样的方式，采用25%的抽样比例，抽取南京市部分学校及其管理者、教师、学生，抽样样本覆盖全市所有区域与所有学段，数据采集名额分配情况如表1-1所示。

表1-1 数据采集名额分配情况

区属	学前教育	小学	初中	高中
玄武区	10	5	2	1
秦淮区	15	8	2	1
建邺区	10	5	2	1
鼓楼区	20	10	2	1
栖霞区	20	8	2	1
雨花台区	15	4	1	1
江宁区	40	10	8	1
六合区	15	8	5	1
溧水区	20	5	2	1
高淳区	15	7	2	1
江北新区	20	8	4	1
浦口区	10	5	2	1

2020年11月15—25日，课题组通过问卷星平台向全市部分学校的管理者、教师、学生发放调查问卷，共收到来自南京市12个区的调查问卷。不同调研对象问卷回收数量如表1-2所示。

表 1-2 不同调研对象问卷回收数量

调研对象	问卷总数/份	有效问卷/份	有效比例/%
管理者	710	501	70.56
教师	11817	10720	90.72
学生	69274	58758	84.82

2. 访谈数据的来源与分布

课题组对南京市部分中小学校长和教师进行了面对面访谈。通过随机抽样方式，选择了南京市江宁区、江北新区、秦淮区、栖霞区、雨花台区、玄武区、建邺区 7 个区的 17 所中小学，对 17 位校长和 42 名学科教师进行了面对面半结构化访谈，共获得了 17 个校长案例和 42 个教师案例。

3. 案例数据的来源与分布

课题组面向全市开展《2020 年中国互联网学习发展报告》优秀案例的征集遴选工作，共收到来自 11 个区的 41 个案例，经专家评审，共形成 15 个案例，其中包括 3 个区域案例，12 个学校案例。

1.2 南京区域基本情况

近年来，南京市不断加大投入，创新体制机制，积极推进信息技术在教学与管理中的深度应用，以应用促融合，以融合促创新，推动教育思想和理念的转变，更好地服务师生信息素养的提升，促进学生的全面发展，努力形成与教育现代化发展目标相适应的南京市智慧教育体系。

1.2.1 南京市教育概况

“十三五”期间，南京市教育部门以推进公平发展、质量提升为中心任务，健全立德树人的落实机制，推动教育发展迈上新台阶。

1. 教育事业再上新台阶

“十三五”期间，南京市持续推进教育现代化。全市义务教育巩固率达到 100%，小学学龄儿童入学率为 100%，义务教育阶段人口覆盖率达到 100%。在全省教育现代化水平监测中，南京市连续五年位列第一。全市现有高中 57 所，义务教育阶段中小学 586 所，幼儿园 1010 所。“十三五”期间新开办高中 8 所、中小学 106 所、幼儿园 271 所，全市共有教师 75183 人，在校学生 965662 人。2020 年年底已实现优质教育资源全覆盖。

2. 教育惠民取得新成效

全市小学实行“弹性离校”，实现城乡、学校、年级全覆盖，市、区两级财政四年共安排专项资金超过 1.5 亿元。南京市全面启动“名师空中课堂·金陵微校”项目，向全市中学、小学及幼儿园学生提供免费优质在线教育资源，自 2019 年 5 月至 2020 年 9 月，“金陵微校”平台资源总数为 3197 个，平台教师注册人数为 100351 人，学生注册人数为 817196 人，累计浏览量近 2 亿次。

3. 教师队伍获得新发展

师德师风建设不断加强。推进“师德建设年”三年行动计划，每年市区联动评选表彰

10个“师德先进群体”和100个“师德先进个人”。打造“南京教师志愿者联盟”“名师公益大讲堂”“南京教育好故事”等师德品牌。建立名师培养孵化辐射机制，建立124个市级名师工作室，覆盖中学、小学、幼儿园及职业教育的20余个学科。实施“百校千师携手共进计划”，全市9个区之间相互结对，结对校达244所。实施“领雁工程”，加强乡村教师培训。建成一批高质量师资培训基地，数量居全省首位。

4. 教育保障推出新举措

全市各级各类学校办学条件得到整体提升，为100所中小学建设综合实践活动课程专用室。深入推进智慧教育建设，建成市智慧校园459所，其中包含示范校210所。疫情防控期间，全市建立“双护学岗”及“五个一”保障体系，防疫工作有序有力，并实现了“停课不停教，停课不停学”，保障了后续安全有序的复学工作。

5. 教育公平得到新推进

优质教育资源在全市范围内不断扩大，南京市出台文件鼓励推动优质资源向新区、郊区、保障房片区辐射，义务教育由“基本均衡”迈向“优质均衡”，特殊教育水平稳步提升。全市各区实现特殊教育学校全覆盖，所有街（镇）实现学前、义务教育阶段学校融合教育资源中心全覆盖，建立市、区、校三级随班就读资源中心体系，基本普及残疾儿童少年15年教育。

1.2.2 南京市教育信息化概况

近年来，南京市充分利用政府相关发展专项推进教育信息化示范性应用，以信息化引领教育现代化，不断提升教育信息化水平，持续创新体制机制，形成教育现代化建设的领跑态势和竞争优势。2020年，教育部基础教育司委托研究项目“中小学信息技术与教育教学深度融合”落户南京市；1所学校入选全国首批中小学人工智能教育实验校（小学阶段）；3个案例入选中央电化教育馆——英特尔“智能互联教育”项目“停课不停学”在线教育典型案例集；8个智慧教育实践案例入选《中国智慧教育区域发展研究报告》。

1. 教育信息化专项保障有效实施

“十三五”期间，南京市教育信息化专项资金投入达1.7亿元，市区两级教育信息化基础设施装备投入30亿，主要用于智慧教育、创新教育、资源建设等领域的基础设施和重点项目。截至2020年9月，全市建设智慧校园459所，省级智慧校园示范校5所；建设创新教育基地112个，其中包括107所学校和5个区域中心；建立数字教育资源研发基地7个；建设农村小学教学点多功能学科专用室12个、基于移动终端的数字音乐教室82间、综合实践活动专用教室100间。

2. 教育信息化公益活动成效显著

依托南京市自建的已拥有百万注册用户的“先锋网上作文”学习平台，南京市开展阅读指导和网络作文公益活动，制作与小学语文课程配套的“情景教学习作微课”资源42集，以及好书导读微视频605集，启动教师志愿者网上作文点评，3个特级教师工作室的208位教师志愿者参与点评，帮扶高淳、六合等教育薄弱地区，开展“你问我答”“读书沙龙”“城乡共读一本书”等活动，定期邀请名师到学校指导师生开展阅读与写作。开展公益志愿服务，做好名师公益大讲堂摄制工作。2014年至今，共拍摄166讲，总时长约13000多分钟。南京校园电视网总点击量约30万次，南京电视台已播出约300余期。2018年至今，共举办“南京教育好故事”分享会60余场，走出南京，走出江苏，通过信息化手段讲好南京教育故事，展现南京教育情怀。与南京市中小学生科技活动基金会合作开展社区电子阅览室建设，建立约

100 人的志愿辅导教师团队，深入社区开展服务，编写辅导教材免费配送到每个社区的电子阅览室。

3. 教师信息化能力提升覆盖全员

南京市中小学教师信息技术应用能力提升工程自 2015 年全面实施和推进，完成全市 6.5 万名中小学(幼儿园)教师每人 50 学时培训要求，初步形成覆盖全员的教师信息技术应用能力培训体系；重点开展骨干人员的培训，如学校管理者教育信息化领导力培训班、首席信息官培养对象高级研修班、数字化学习高级研修班、学科教师信息化应用能力培训班等；在全市范围内完成一轮校长信息化领导力培训，参训校长达 600 人。2020 年启动学校中层干部信息化领导力培训，先行启动初中学校教务主任、德育主任、总务主任培训班，结合教育信息化发展的新形势和新要求，切实提升学校管理团队信息化领导力建设。

4. 中小学创新教育实验成果丰硕

南京市科教综合实力位居全国前列。自 2017 年以来，全市开展创新教育实验，加快南京市创新人才培养，培养学生的创新精神和实践能力。依托系统化的培训项目、持续化的竞赛活动、科学化的课题引领、创新化的课程实践，目前全市已建成百余所创新教育实验基地学校和区域中心，基本覆盖学前、小学、初中、高中以及职业教育。近年来，南京市在创新教育比赛中成绩屡创新高，积极参加世界青少年机器人大赛等国际赛事，并在多项赛事中取得佳绩。此外，南京市中小学创新教育课程开发呈现繁荣景象，雨花外国语小学物联课程、摄山中学航模外形设计课程等数十个系列的创新教育校本课程陆续推出，不仅丰富了学生的学习活动，更让南京市的创新教育真正落到实处。

5. 教育信息化扶贫扶智落到实处

南京市重视教育信息化在教育脱贫攻坚中发挥的重要作用，深入推进网络扶智工程攻坚行动，促进东西部地区教育均衡。第一，主动开展送培活动。南京市与青海省西宁市和陕西省商洛市等地开展教育扶贫协作，组织安排教育信息化专家团队为当地开展信息技术应用能力培训；梳理南京市优质数字教育资源，采取链接方式对接到商洛市教育局门户网站，为商洛市教师提供优质的数字教育资源。第二，深入推进专递课堂。南京市推动建邺实验小学等 6 所主讲学校常态化开展远程互动教学，要求做到每学期不少于 2 门学科的互动课堂教学，每周不少于 5 节互动课堂，每周 1 次协同备课，每月至少 1 次线上交流活动，每学期 1 次线下活动。在充分实践的基础上，全市开展网络环境下远程互动教学应用的研究，探索远程互动教学的规律和特点，探索更加科学合理的活动形式与活动内容。

第2章

南京市基础教育领域互联网学习年度特征词

2.1 疫情期间“在线学习”

面对 2020 年年初突如其来的疫情，南京市教育局按照教育部和江苏省统一部署，及时行动，研究制订方案，创新机制，加强对全市各区域、各学校疫情防控期间线上教学工作指导。全市近 7 万名教师争当南京教育最美“逆行者”，第一时间响应市教育局的号召，全体参与在线教学，有效保障全市学生“停课不停教，停课不停学”，取得抗疫决战的胜利。人民网、中国教育报、中国青年报等中央媒体多次报道，“学习强国”近 20 次介绍南京市疫情期间“在线教学”的情况。

2.1.1 基本背景

2020 年 1 月 29 日，南京市教育局下发《关于做好延期开学期间相关工作的通知》，要求各区各校充分利用各种在线教育平台和各类网络媒体，为中小学生提供免费优质的在线教育、答疑辅导等教育服务。2020 年 2 月 4 日，南京市教育局再次召开全市教育领域新冠肺炎疫情防控工作视频会议，全面部署全市教育领域疫情防控工作。2 月 10 日起，全市全面启动中小学线上教学和幼儿园线上家庭教育指导。幼儿园和义务教育学校按照“一区一策”的原则，由各区教育部门对线上教学活动进行统一管理和指导；高中学校按照“一校一案”的原则，做好教学安排，由南京市教研室、职教（成人）教研室进行教学指导和管理。

2.1.2 核心内涵

2020 年疫情期间开展的“在线学习”是为防控新型冠状病毒肺炎疫情，落实教育部号召，由国家、省、市、区统筹协调，在学校延期开学期间，教师利用各种网络平台和优质资源进行教，学生借助各种网络终端进行学的一次大规模应急性居家学习。这次在线学习高效地集聚了社会各地的优质教学资源，极大地促进了在线教育的发展，加快了教育信息化进程。

2.1.3 主要应用

疫情期间，南京市教育局进行顶层设计、做好统筹规划，积极采取各项措施，确保所有学生“停课不停教，停课不停学”，取得抗疫决战的胜利。

1. 加强省、市、区、校四级联动，丰富平台资源供给

市教育局切实加强省、市、区、校四级联动，统筹协调各区、校开展在线教育教学工作，由区、校自定具体实施方案，为本区、本校师生提供适切的在线教与学方式。不同区域会重点打造自己的平台，但同时也注重将省“名师空中课堂”、市“金陵微校”平台作为重要补充，如玄武区“爱・学习”平台、雨花台区“雨 e 学堂”、鼓楼区“鼓楼 e 学校”、栖霞区“栖霞云课堂”等。此外，部分学校也建有自己的平台和资源，形成省、市、区、校互相补充的平台资源供给机制，提升在线学习效果。

2. 鼓励名区、名校、名企业分享资源，促进优质教育均衡发展

全市坚持一盘棋，鼓励教学资源丰富的名区、名校对部分薄弱区、薄弱校提供资源支持，鼓励“鼓楼 e 学校”“建邺云课堂”“秦淮 e 学堂”等平台将优质教学资源共享给全市学生，促进优质教育均衡发展。“鼓楼 e 学校”共有 2136 位老师，开设了 2236 节课程，日均访问量 120 万次，服务学生 42 万人（其中区外学生 30 万），并将优质资源分享给湖北省黄石市

325 所学校，湖北省的点击量高达 211.2 万次。“秦淮 e 学堂”直播总时长达 810 个小时，内容涵盖小学一年级到高中三年级各门学科，共包括 2467 节课，直播 45 天消耗了 3500TB 的 CDN 流量。阿里钉钉、学习强国、学而思、沪江 CCtalk 等知名企业也主动利用平台支撑能力和资源优势为南京市在线教育服务。

3. 打造特色课程，坚持五育并举

结合疫情防控实际，南京市教育部门坚持把立德树人落到实处，要求除文化课外，坚持上好四门特色课程。

（1）上好“疫情教育课”，围绕科学防控、责任担当、致敬英雄、家国情怀、人类命运共同体等内容开展教育，如推出“红色研学”“国家相册”等专题，激发学生爱国情怀。

（2）上好“身心健康课”，开设 16 节“心理抗疫”教育专题课，增强中小学生心理防护能力；同时对学生开展居家体育指导，鼓励学生在家中合理安排室内体育锻炼。

（3）上好“劳动教育课”，新上线《宅家抗“疫”：金陵娃，一起劳动吧！》专题平台，鼓励学生在家参与劳动；推出“智老师的招招鲜”系列微视频、“金陵微校 · 牛课堂”职业课程，充分满足广大学生的技能学习需求。

（4）上好“学生家长课”，引导家长做好孩子特殊时期的“老师”，增加亲子阅读、游戏、锻炼等活动，加强沟通交流，增进亲子之情，引导孩子学会自律、学会做事、学会合作，增强自我管理能力。

4. 提供设备保障，支持多途径传播

疫情期间，南京市教育局关注乡村学校及困难学生，提供设备保障。南京市教育局紧急为乡村小规模学校配备 435 台数字化教学设备，并安装各类教学资源 APP，确保所有设备都能使用“省名师空中课堂”和“金陵微校”等在线教学资源，为缺乏在线学习设备的多名农村地区学生提供帮助。为便于学生居家学习，“金陵微校”平台、南京有线电视台、南京广播电视台、“牛咔视频”APP、江苏电信 iTV 五大媒体，发挥教科、少儿频道优势，将优质的教育资源通过网络、电视、手机等方式多途径传播，覆盖南京市全体学生，实现优质教育资源的共享。

此次抗疫，南京市走在全国的前列，教育部特意感谢南京市为疫情教育做出的贡献。同时，这次在线学习也为今后南京市基础教育在线学习的发展带来了难得的机遇和经验，今后“线上线下”的混合式学习将是未来南京市基础教育教学改革的趋势。

2.2 金陵微校

“金陵微校”是南京市打造的体现南京特色的在线教育资源平台，2020 年抗击疫情期间，“金陵微校”展现出强大的支撑力，在确保各校防疫、教学两不误方面发挥了中流砥柱的作用。

2.2.1 基本背景

2019 年 2 月，中共中央、国务院印发《中国教育现代化 2035》，文件指出“推进教育现代化要更加注重面向人人，更加注重因材施教，更加注重融合发展，更加注重共建共享。”为了促进南京市优质资源共享，促进教育均衡，创新教学模式，南京市电化教育馆（南京市教育信息化中心）推出“金陵微校”，在 2019 年 5 月 15 日举行开播仪式。2020 年 1 月 29 日，南京市教育局下发《关于做好延期开学期间相关工作的通知》，要求各区各校充分发挥“名师空中课堂·金陵微校”在线教育平台和各类网络媒体作用，为中小学生提供免费优质的在线教育、答疑辅导等教育服务。

2.2.2 核心内涵

“金陵微校”是具有南京特色的教育、教学、综合评价、学生自主学习的网络平台，目前建设有省名师空中课堂（答疑、直播、点播）、市区校直播、精品课例、心理健康、家园共育五个模块，推出“金陵微校”的目的是共享优质资源，促进教育均衡，让学生更平等、更便捷地享受免费优质的在线教育资源。

2.2.3 主要应用

为确保延期开学期间，全市 96 万名中小学、幼儿园学生“停课不停学”，“名师空中课堂·金陵微校”团队推出疫情“特别订制课程”，课程分三批上线。

1. 第一批：“1000＋”名特优教师指导假期生活

南京市教育局组织专家，整合多方面优质教育资源，精挑 1000 多节课程，按照学段、学科进行分类，于 2 月 3 日起陆续上传至南京教育云平台。这些课程涉及德、智、体、美、劳各方面，涵盖科技、人文、艺术等多领域，全部是获得市级以上荣誉的微型课程，内容覆盖各学段、全学科。学生登录“名师空中课堂·金陵微校”平台，可以挑选喜爱的课程在线学习。

2. 第二批：“100＋”名特优教师线上答疑

自 2020 年 2 月 5 日起，“名师空中课堂”在线答疑版块每天都有不同学段、不同学科的老师在线答疑，老师随时解答学生在假期学习和生活中遇到的难题，为学生提供专业指导。

3. 第三批：“ 100＋”名特优教师“专递课堂”

为了打造优质精品课程，把名师“送”到每个孩子身边，南京市邀请 100 多位名特优教师录制教学视频，排出延期开学期间名师课堂课表。这些教师大都拥有市学科带头人及以上称号，其中 50％以上是江苏省特级教师和正高级教师。教学视频是针对每个学段主要学科中的重要教学内容，提炼制作的专题性学习指导课程，突出趣味性、探究性、指导性，这些精品课程于 2 月 10 日通过五大平台播出，让包括边远乡村在内的全市中小学生实现同步共享。

“名师空中课堂·金陵微校”视频资源采用多种播出方式：

（1）“名师空中课堂·金陵微校”平台网络点播，随时观看；

（2）南京有线电视台名师空中课堂“金陵微校”版块，滚动播出；

（3）南京广播电视台教科频道、少儿频道，滚动播出；

（4）牛咔视频 APP“牛课堂”，视频点播；

（5）江苏电信 iTV，电视点播，随时观看。

截至 2021 年 2 月，“金陵微校”平台资源总数为 2922 个。在“停课不停教，停课不停学”期间，平台共上传中、小、幼、职各学科优质资源 2315 个，平台教师注册数为 92978 人，学生注册数为 767980 人，安排中、小、幼答疑名师 474 人在线答疑。“金陵微校”平台累计浏览量近 2 亿次；学前教育累计 1431 个咨询接入，507 位家长提问；中小学在线答疑累计 2278 人次；各平台媒体平台用户累计点播 2838.3 万人次，视频播放时长累计 130096.34 小时。

“金陵微校”制作的疫情教育示范课程，在教育部国家中小学网络云平台上播放，得到了教育部和中央电教馆的充分肯定，并入选中央电化教育馆英特尔“智能互联教育”项目“停课不停学”在线教育典型案例。

2.3 智慧课堂

新一代信息技术的发展，促使“智慧课堂”走进基础教育领域，打造“智慧课堂”，是南京市教育信息化聚焦于教学、课堂、师生活动的客观需求，是南京市积极探索智能技术与教育教学融合创新的必然选择。

2.3.1 基本背景

为进一步以信息化带动教育现代化，从 2015 年年底开始，南京市以“三通两平台”的建设、管理和应用为抓手，推广普及智慧教育，提升师生信息素养，促进教育公平发展和质量提升，全面推进智慧校园建设与应用。截至目前，南京市教育信息化专项资金投入达 1.7 亿元，市区两级教育信息化基础设施装备投入 30 亿元，主要用于智慧校园的基础设施和重点项目建设。目前，共建成市级智慧校园 459 所，其中示范校 210 所，已建成省级智慧校园示范校 5 所，为智慧课堂教学变革创建了良好的空间和技术支持。2020 年 3 月，南京市教育局受教育部基础教育司委托开展“中小学信息技术与教育教学深度融合”项目研究，通过区域性教育实践，探索“互联网＋”教育背景下教学的内容与形式、资源表征方式与供给方式、网络学习空间与环境支持等方面的创新，打破现有教学空间、教学形式、教学手段，优化教育生态，构建体现区域特征的中小学信息化教学模式，智慧课堂是一个重要的途径。

2.3.2 核心内涵

智慧课堂是基于“互联网＋”的思维方式和人工智能、大数据、云计算等新一代信息技术打造的人机协同、培养学生智慧的课堂，它基于“云、网、端”的运用，能够动态记录、采集和分析教学数据，实现教学行为数据化、评价反馈即时化、交流互动立体化、资源推送智能化，以促进全体学生个性化成长和智慧发展。

2.3.3 主要应用

2020 年，随着南京市教育信息化工作重点由“建设”转向“应用”，各个区域、各个学校抓机遇、落行动，在已有智慧校园建设的基础上，积极探索智慧课堂的学科应用模式。

建邺区以南京市前瞻性智慧课堂教学改革实验项目为驱动，由区域管理者、高校专家、企业技术人员、学校师生、家长等组成多元化团队，积极开展智慧课堂教学探索。项目以备、教、学、评四个环节为切入点，以过程性学情数据和适应性学习内容为抓手，构建智能化“备”、精准化“教”、个性化“学”、发展性“评”的智慧课堂一般模式，通过试点与示范校的实践，探索不同学科风格和学校特色的具体教学样式，旨在形成具有学校、区域特色的可复制、可推广的智慧课堂模式，目前已有十几所中小学校参与。示范校建邺初级中学将“智能技术”与校本特色的“任务单”相结合，选择语文、数学、物理、化学四门科目，利用智学网、悠数学、火花学院等平台进行教学创新，探索出“精准诊学、调整教学、及时评学、灵活练学”的智慧课堂教学模式，为提升新优质初中质量奠定基础。

浦口、江宁等区积极探索智慧课堂教学方式，逐渐形成“1＋N”的智慧课堂模式，即学校形成“1”个智慧课堂应用模式，并在“N”个学科中推广使用。南京汉开书院、南京市东山小学等多所学校积极引进智慧课堂系统，聚焦智慧课堂的课前、课中和课后三阶段，形成“课前先学后教，以学定教；课中教师主导，学生主体；课后反思评价，精准提升”的模式。在此过程中，智慧课堂丰富的数字资源、智能的软硬件交互和精准的教育大数据评测，有效地促进了学生个性化成长。

玄武区打造的“爱·学习”在线教学平台在智慧课堂教学中发挥了重要作用，学校在运用平台开展智慧课堂教学过程中经历了从适应到稳定的过程，最后形成了常态化发展机制。学校教师借助智慧平台提供的翻转课堂、组卷、个性化练习等功能，在学生学习的各个阶段提供有效支持。此外，教师借助平台记录学生的学习情况数据，对学生的整体学习过程和阶段性学习成果进行记录，形成学生学习足迹，并推送有针对性的练习，提供更具个性化的辅导。

整体来看，由于智能技术还有待进一步提升，学校变革体制机制还未成熟，南京市的智慧课堂教学变革目前还处于起始阶段，如何让科技更好地赋能教与学，让教育信息化更好地引领教育现代化，需要教育者长期探索。智慧课堂教学变革任重道远，永远在路上！

第3章

互联网学习中的南京市教师发展

互联网学习在疫情期间受到了极大地推动，教师线上教学和学生居家学习成为当时学校教育的主要形态。在后疫情时期，互联网学习以其独特的优势在学校教育领域继续发挥着不可替代的作用。教师的互联网教学能力、先进技术的应用以及教学活动实际开展情况将直接影响教学质量与效果。教师发展部分重点是关注教师视角下互联网教学的开展情况及效果，并深入分析了影响教师教学的重要因素。

3.1 整体情况

受疫情影响，互联网学习以其独特的优势成为目前教育信息化领域的焦点。为探讨南京市教师互联网学习发展整体概况，以及疫情导致的教育新形态，团队对南京市各区中小学校教师进行调查。问卷按照“互联网学习 CASE 模型”进行设计，共包含 133 项内容，回收问卷 11817 份，其中有效问卷为 10720 份，有效率为 90.72%。回收数据 α 信度系数为 0.991，具有较好的信度。调查发现，在互联网教学过程中，互联网学习空间持续优化，先进技术的应用不断创新，教师信息技术应用能力提升效果显著，促进了互联网教学过程变革。

3.1.1 基本信息

对开展互联网教学的教师基本信息的调查主要包括年龄、教龄、任教科目、任教学段、任教学校所在区域、任教学校区域类别、学历、参加互联网教学培训频率。被调查的教师中，26～35岁的教师占比最高(40.28%)，25 岁以下的教师占比最少(16.08%)；教龄在 5 年以下的教师占比最多(36.31%)，20 年以上的次之(27.26%)，教龄在 6～20 年的教师占比相对较少；语文教师最多(31.02%)，数学教师次之(21.23%)，相较而言，思想品德和体育教师占比稍多，分别为 8.33%和 7.74%；小学教师占比最多(65.23%)，高中教师占比最少(10.06%)，这也与南京市师资队伍数量结构较为相符；在江宁区任教的教师占比最高，达到了 52.71%，在六合区任教的教师次之，占比为 12.60%，鼓楼区教师占比最少，为 0.67%；在市区学校任教的教师所占比例最大，为 37.59%，城镇次之(34.50%)，乡村学校占比最少(27.91%)；学历为本科的教师占比远远超过其他学历的教师，达到了 84.91%，硕士研究生次之(11.89%)，学历为博士和专科及以下的教师占比最少，分别为 0.08%和 3.12%；大多数教师每年均能参加多次互联网教学培训(62.24%)，仅有 9.54%的教师没有参加过互联网教学培训。

3.1.2 基本状态

互联网学习是指教师在互联网提供的灵活时空中，利用互联网资源与工具组织学习活动，帮助学生获得知能结构，促进能力发展。调查发现，教师教学状态与教学过程的呈现都与常规的线下教学形式有较大不同。

在教学能力上，教师十分注重互联网教学的伦理安全，资源整合能力具有较大提升；

在教学空间上，教学活动能够在网络空间得以顺利开展，教学所依靠的互联网环境普遍处于良好状态，教学设备设施齐全，平台系统较为完善；

在教学应用上，互联网教学中采用多种先进技术，提供了有效的内容资源与策略技能支持，同时学校鼓励教师开展互联网教学活动，积极组织信息技术应用能力提升培训；

在教学过程上，教师对于开展互联网教学态度积极，无论是在教学准备方面还是实际授课方面都投入了大量的精力，在教学效果上也得到了一定的回报。

疫情期间，教师主要采用组织学生观看名师课堂、开展在线互动直播的方式开展互联网教学，能够充分发挥互联网教学优势，愿意常态化开展互联网教学实践。

3.2 教师教学状态分析

根据“2020 年互联网学习基于 CASE 模型的指标体系”，教师视角的互联网学习情况调查从教师教学能力的变化、教学空间的变化、先进技术的支持、教学过程的变革以及疫情期间互联网教学开展情况五个方面进行分析。

3.2.1 教学能力的变化

随着疫情期间互联网教学的广泛开展，教师积累了大量的互联网教学经验，信息技术应用能力提升显著，主要体现在技术知识、资源整合、教学促进、学习评价、学科教学和伦理安全六个方面。

教师应用互联网开展教学活动的能力整体处于较高水平，均值为 3.85 分(如表 3-1 所示)。

表 3-1 教师应用互联网开展教学活动的能力统计(N＝10720)

维　度	平均值	标准差
技术知识(C1)	3.67	0.81
资源整合(C2)	3.95	0.71
教学促进(C3)	3.86	0.73
学习评价(C4)	3.76	0.81
学科教学(C5)	3.92	0.73
伦理安全(C6)	4.14	0.72
能力(C)	3.85	0.68

调查发现，教师在互联网教学的伦理与安全方面表现较好(均值为 4.14 分)，说明教师在互联网教学中非常重视引导学生遵循社会规范、保护学生隐私数据，关注学生身心发展；技术知识方面的平均值较低(均值为 3.67 分)，表明教师在互联网教学的技术知识、利用互联网解决问题能力等方面有进一步提升的空间。

1. 技术知识

对“技术知识”的调查主要是了解教师互联网教学技术知识的储备情况(如图 3-1 所示)，结果表明，教师开展互联网教学的技术能力水平能够满足教学的需要(均值为 3.82 分)，并且能够迅速学会互联网教学工具的使用(均值为 3.73 分)，当教师在互联网教学中遇到技术问题时能够自行解决，但教师在及时了解与掌握最新资源制作工具方面还有待加强(均值为 3.57 分)。

2. 资源整合

对“资源整合”的调查主要是了解教师开展互联网教学的资源整合能力(如图 3-2 所示)，结果表明，教师总是能够借助互联网查询到教学所需要的资料(均值为 4.05 分)，并且能够结合教学目标与情境合理选择真实准确的网络资源来服务教学(均值为 3.99 分)，但对于独立创作互联网教学资源的能力还有待进一步提高(均值为 3.84 分)。

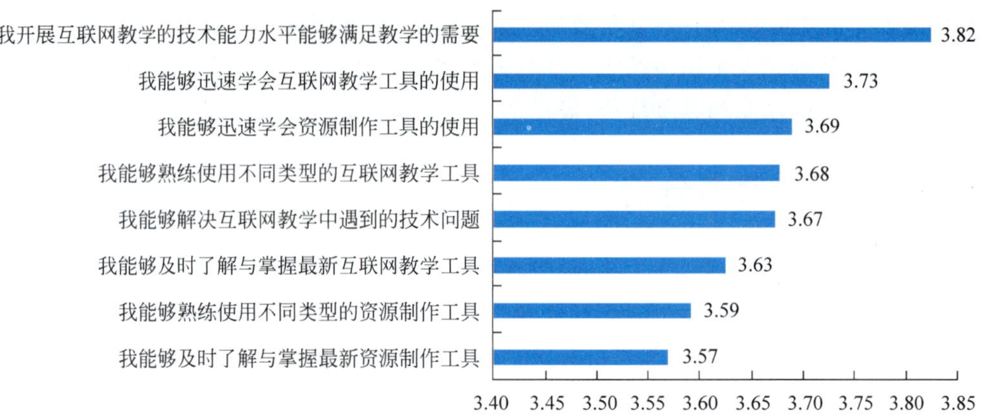

图 3-1 教师开展互联网教学技术知识能力情况

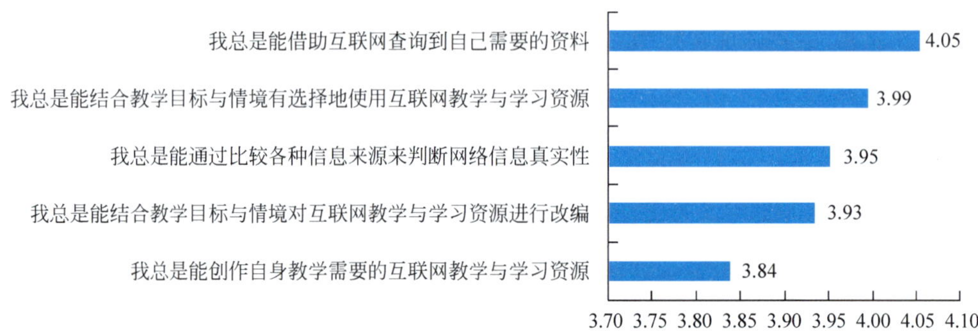

图 3-2 教师开展互联网教学资源整合能力情况

3. 教学促进

“教学促进”部分主要是调查教师使用互联网工具和资源促进教学的能力，结果表明，教师在教学促进方面的能力处于较高水平（如图 3-3 所示）。教师能使用互联网工具和资源有效提升教学效果（均值为 3.93 分），能及时为学生提供有针对性的指导（均值为 3.90 分），促进学生合作与交流（均值为 3.89 分），但在引导学生进行创造性的思考与表达方面有待提高（均值为 3.81 分）。

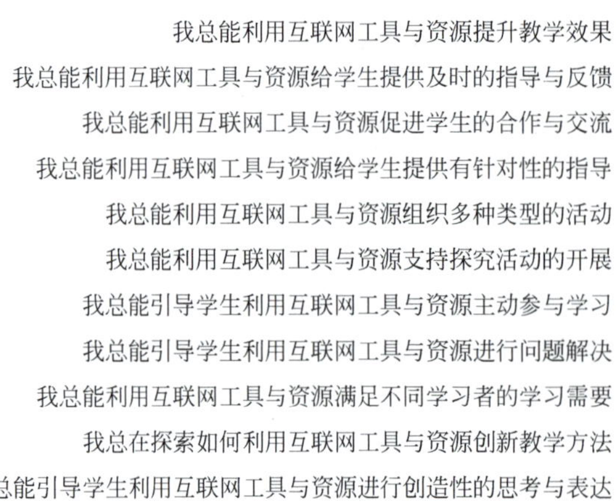

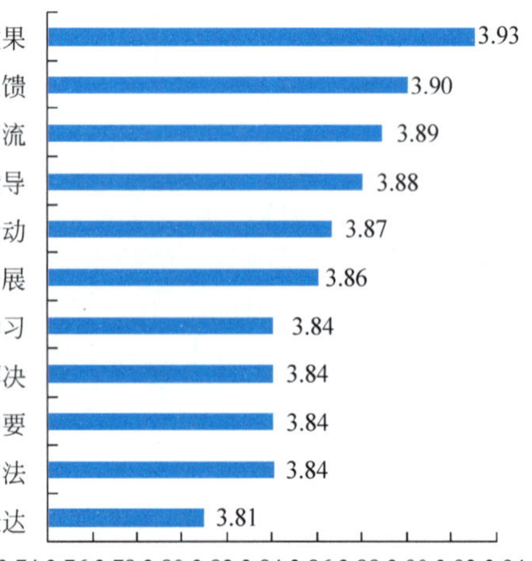

图 3-3 教师教学促进能力情况

4. 学习评价

“学习评价”部分主要是调查教师借助互联网工具对互联网教学进行学习评价的能力，结果表明，教师开展互联网教学进行学习评价的能力总体处于较高水平(如图 3-4 所示)。在教学改进方面，教师能够主动参考网络记录数据来改进教学，但教师引导学生利用互联网进行自评与互评的能力还有待提升(均值为 3.79 分)；在过程性评价方面，教师能够利用过程性数据对学生进行评价，但是对学生学习过程的监督管理能力相对较弱(均值为 3.77 分)；在学习诊断方面，教师能够借助互联网所记录的数据对学生进行学习诊断，评价学生学习目标达成情况(均值为 3.75 分)。

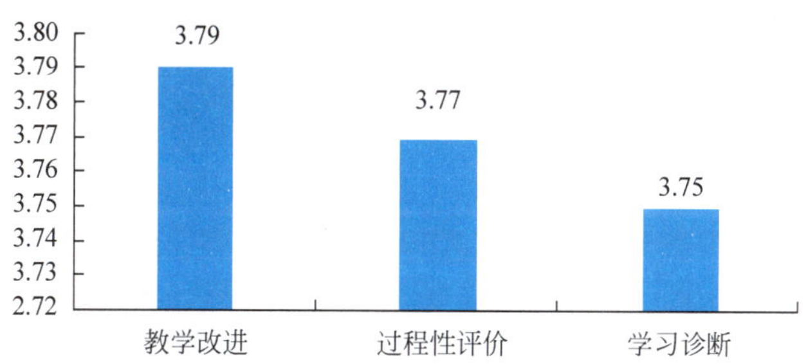

图 3-4 教师开展互联网教学进行学习评价能力情况

5. 学科教学

“学科教学”部分主要是调查教师开展互联网学科教学能力情况，如图 3-5 所示。调查发现，75%以上的教师能够结合学科特点，从教学需求出发，准确选择适当的互联网工具(均值为 3.93 分)和资源(均值为 3.94 分)开展网络教学，引导学生进行深入思考(均值为 3. 89 分)，

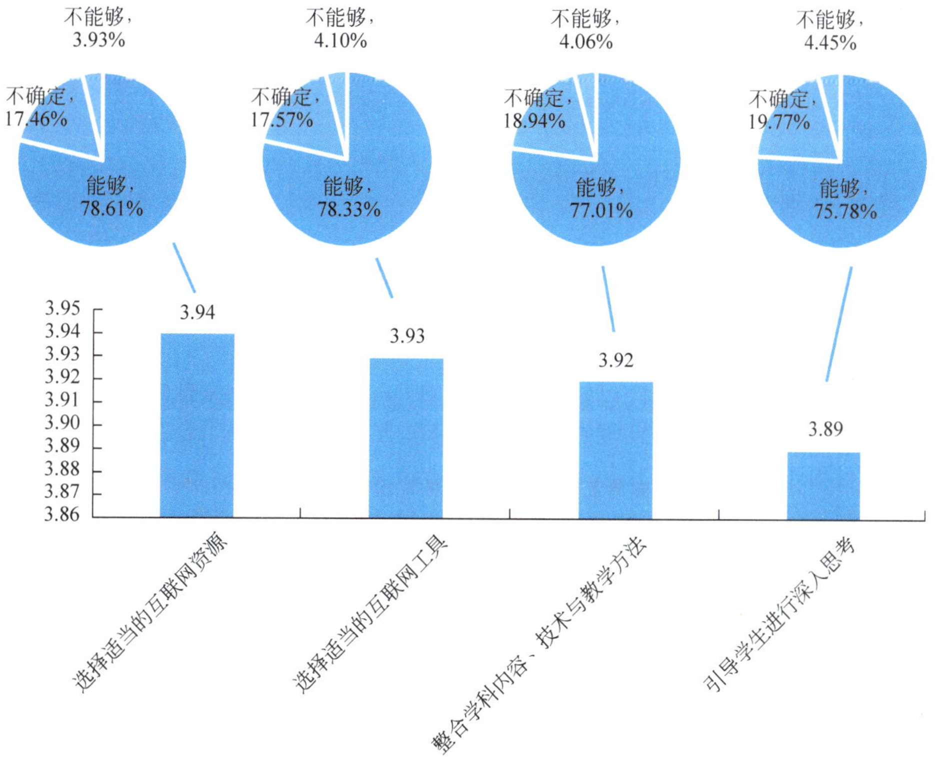

图 3-5 教师开展互联网学科教学能力情况

具有较高的整合学科内容、技术与科学方法的水平(均值为3.92分)。

6. 伦理安全

"伦理安全"部分主要是调查教师开展互联网教学所具备的伦理安全相关能力。结果表明,教师在互联网教学的伦理与安全方面的能力水平非常高(如图3-6所示)。超过八成的教师能够积极采取措施保护学生的身心健康不受互联网的负面影响,保护学生的数据隐私,具有较强的版权意识,并且能够引导学生遵循学术规范和学术诚信。

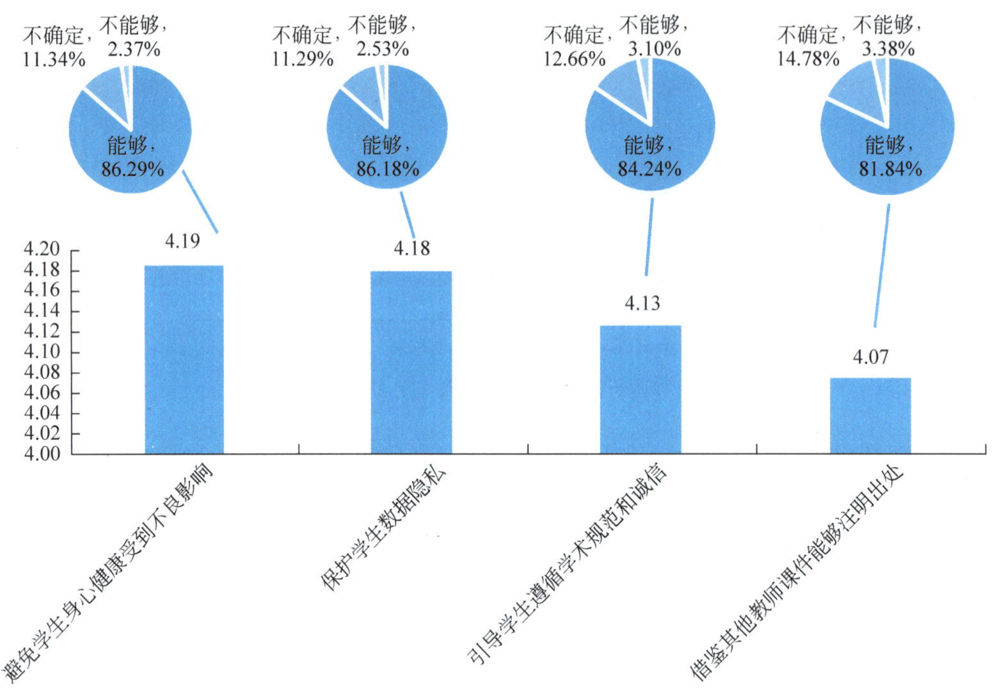

图3-6 教师开展互联网教学伦理安全相关能力情况

3.2.2 教学空间的变化

教学空间是保障互联网教学有序开展的基础条件。随着智能技术的发展,现代教学空间逐步由线下实体教室转变为线上线下混合学习空间,主要体现在平台与系统、设备终端、基础设施、教学场所和学校文化等方面。

调查发现,支持互联网教学开展的环境均值为3.76分,说明环境总体呈良好状态,教学设备设施齐全,平台系统较完善,能够有效助力互联网教学的开展(如表3-2所示)。

表3-2 支持互联网教学开展的环境统计(N=10720)

维　度	平均值	标准差
平台与系统(E1)	3.71	0.86
设备终端(E2)	4.14	0.73
基础设施(E3)	3.76	0.81
学校文化(E5)	3.92	0.78
环境(E)	3.76	0.70

整体来看，“设备终端”维度平均值较大，说明在互联网教学环境中，教学设备终端配备齐全，能够助力教师进行高效教学；“平台与系统”方面平均值较低，表明支持互联网教学的平台与系统有待进一步开发与完善。

1. 平台与系统

整体来看，教师能够积极开通网络学习空间，运用已有的网络平台开展互联网教学，平台与资源来源丰富，整体呈现多样性，注重针对性，教师满意度较高。

(1) 网络学习空间开通情况

对教师个人网络学习空间开通情况的调查结果表明(如图 3-7 所示)，大多数教师都已开通个人网络学习空间，占比 60.89%；还有 16.70%的教师尚未开通个人网络学习空间。

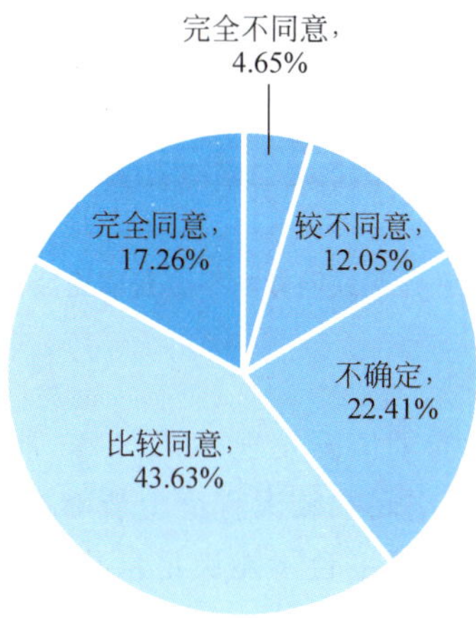

图 3-7 教师个人网络学习空间开通分布情况

(2) 网络学习空间使用情况

对教师利用网络学习空间整合教育资源、组织教学活动的调查结果表明(如图 3-8 和图 3-9 所示)，69.15%的教师经常使用网络学习空间整合教育资源，主动使用网络学习空间进行教学准备与资源储备；65.27%的教师经常使用网络学习空间组织教学活动，但仍有 11.72%的教师尚未将网络学习空间融入正常教学活动当中。

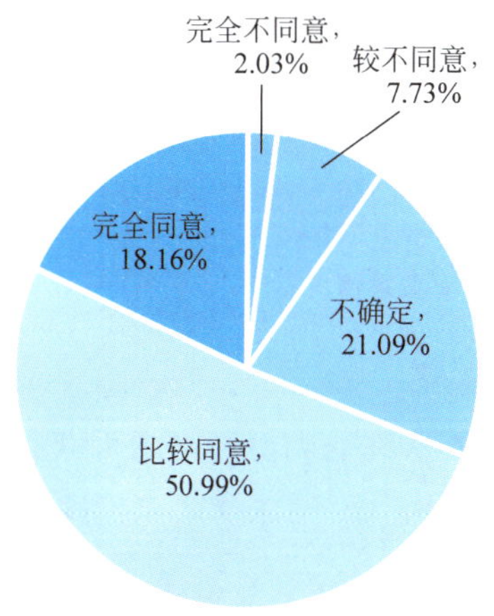

图 3-8 教师利用网络学习空间整合教育资源情况

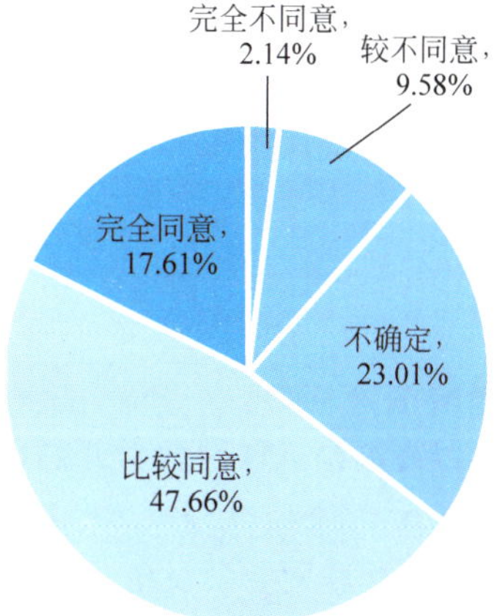

图 3-9 教师利用网络学习空间组织教学活动情况

（3）互联网教学平台的来源

互联网教学平台的来源主要有学校提供、自行搜索、同行推荐与专家推荐等方式。调查发现，大多数教师采用学校提供的互联网教学平台（占比为44.42%），36.98%的教师通过自行搜索获得网络教学平台，通过同行推荐和专家推荐的方式获取互联网教学平台的教师分别占16.21%和2.39%（如图3-10所示）。

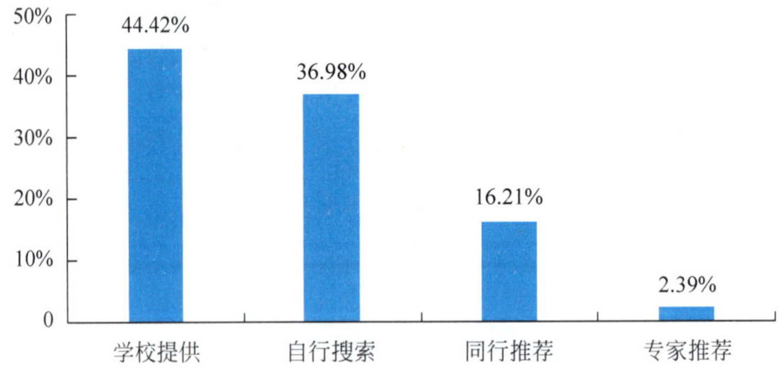

图3-10 教师互联网教学平台获取途径分布情况

（4）教师对平台的满意度

了解教学平台满足教师教学需求情况发现（如图3-11所示），71.47%的教师对网络教学平台满意度较高，说明互联网学习空间在较大程度上能够助力教师有效开展在线教学，但仍有7.37%的教师认为目前互联网学习平台不能满足自身教学需要。需要进一步了解教师对平台的需求，与平台供应商合作提供有针对性、个性化的支持服务。

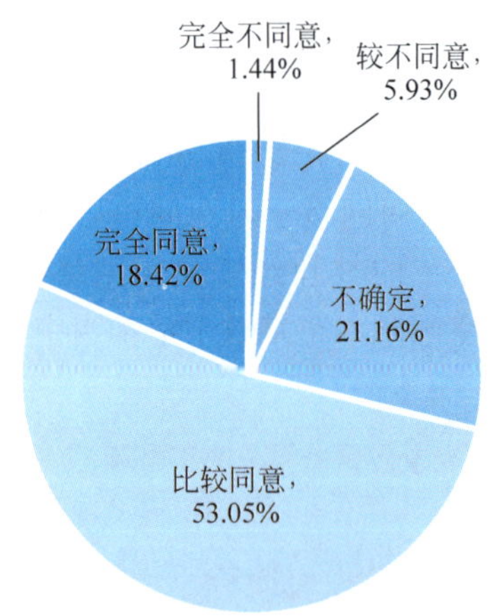

图3-11 教学平台满足教师教学需求情况

2. 设备终端

移动学习终端是互联网教学开展的必要条件，主要从终端类型与终端可获得性方面进行了调查。

（1）常用的互联网教学设备

对教师开展互联网教学常用的互联网教学设备调查发现（如图3-12所示），81.08%的教师经常使用智能手机开展互联网教学活动，此外，台式计算机（占比67.47%）和笔记本电脑（占比65.21%）也是较为常用的教学设备。

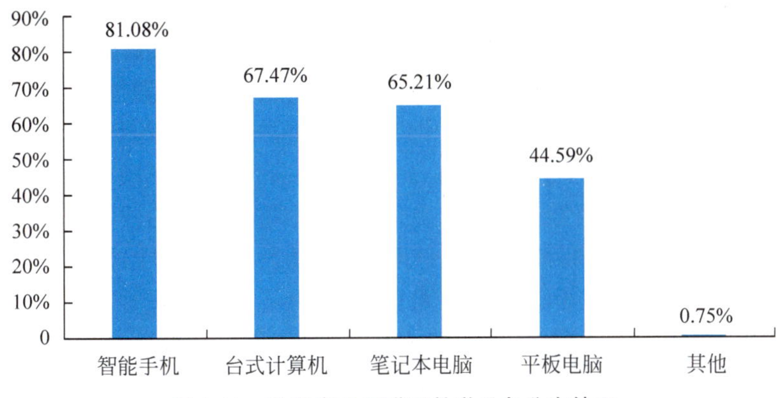

图 3-12 教师常用互联网教学设备分布情况

(2) 上网学习设备的可获得性

调查发现,教师在学校和在家使用上网学习设备很方便(分别占比 86.83% 和 86.92%),绝大部分的教师能够较轻松地使用学习设备并能顺利开展教学活动(如图 3-13 所示)。

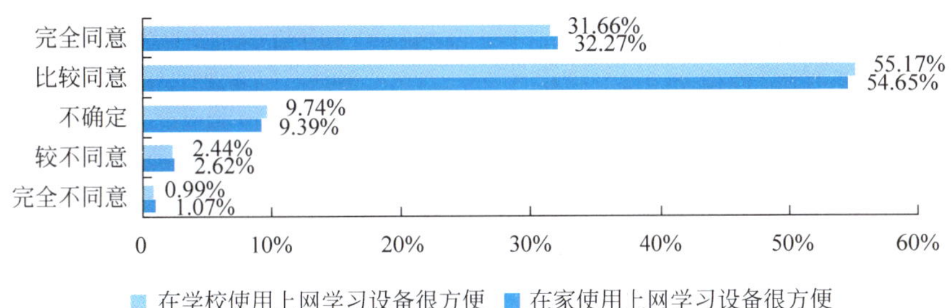

图 3-13 上网学习设备的可获得性

3. 基础设施

网络基础设施是开展互联网学习的基础与前提。调查发现,目前学校网络覆盖率较广(均值为 3.69 分),能够为教师提供录制课程视频的设备(均值为 4.03 分),但是网络流畅性和稳定性有待加强(均值为 3.62 分)(如图 3-14 所示)。

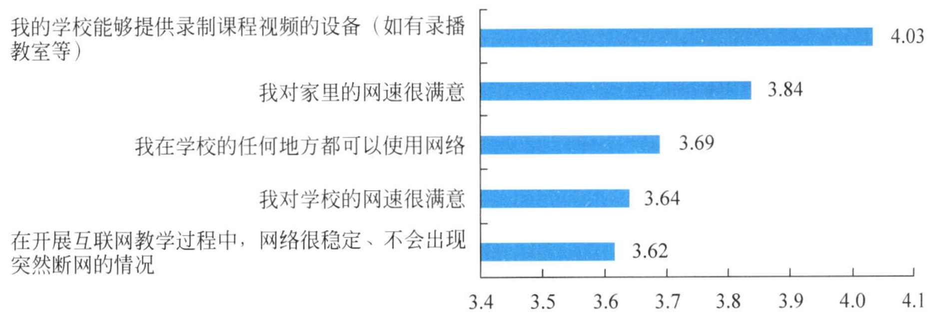

图 3-14 基础设施保障情况

4. 教学场所

互联网学习融通了线上与线下空间,超越了传统教学的时空限制。对互联网教学场所的调查发现(如图 3-15 所示),家庭(占比 70.91%)和多媒体教室(占比 69.24%)是教师开展互联网教学的主要场所。其中家庭所占比例如此之高的现象离不开上半年疫情对教学形式的影响，此外学校为教师线上教学提供了泛在的活动场所，但智能教室（占比24.49%）和创客教室（占比11.89%）的使用率有待进一步提高。

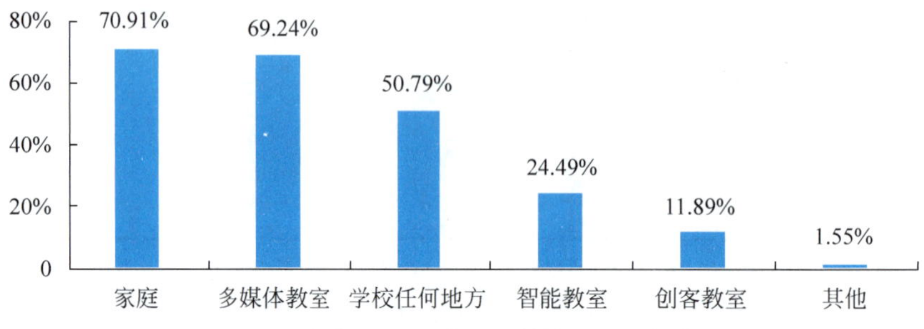

图 3-15 教师开展互联网教学的场所分布情况

5. 学校文化

好的文化浸润代表着学校为师生提供充分的教与学支持，促使师生更愿意借助互联网开展教与学活动。调查发现（如图3-16所示），学校对教师的教学能力培养和技术培训方面给予了大力支持，不仅提供外出培训和研讨交流的机会（均值为4.01分），还为教师开展互联网教学给予政策支持（均值为3.83分）。

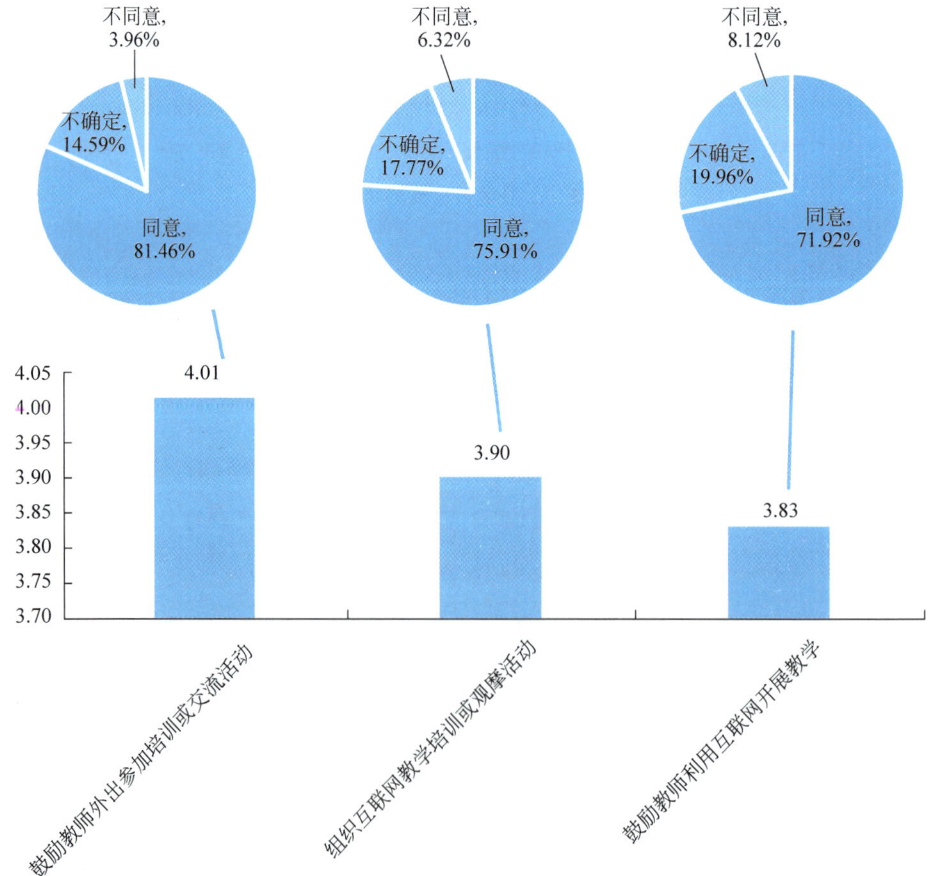

图 3-16 学校对教师的支持情况

3.2.3 先进技术的支持

互联网教学中先进技术的支持可以促进教师有效开展互联网教学，主要包括内容与资源支持、评价与反馈支持、策略与技能支持、动机与情感支持等部分。

调查发现，教师获得了丰富的动机与情感支持、多样化的内容与资源支持，并且，教师为学习者互联网学习提供了多方面的策略与技能支持以及较为充分的评价与反馈支持（如表 3-3 所示）。

表 3-3 教师为学习者互联网学习提供的支持统计（N＝10720）

维　　度	平均值	标准差
内容与资源支持(S1)	3.73	0.66
评价与反馈支持(S2)	3.74	0.86
策略与技能支持(S3)	3.78	0.84
动机与情感支持(S4)	3.88	0.74
支持(S)	3.78	0.71

整体来看，“动机与情感支持”的平均值较高（3.88 分），说明在学校为教师提供的动机与情感支持、教师之间的相互支持较为充分，促使互联网学习能够得以顺利开展与积极推进；其余几个方面的支持力度较为平均，后续需适当加强内容资源与评价反馈方面的支持力度。

1. 内容与资源支持

数字资源的来源多样，整体种类呈现出多样性。教师对资源的接受度较高，部分教师愿意付费购买资源。

（1）资源支持类型

互联网学习中教师能够获得多种类型的资源支持（如图 3-17 所示）。调查发现，92.04%的教师能够获得教学资源支持，其次是教学工具支持（79.88%），但智力资源支持较为缺乏（52.37%）。这说明教师能够使用多样化的教学工具、借助数字化资源开展互联网教学活动，从其他教师、高校专家等方面获得的帮助相对较少。

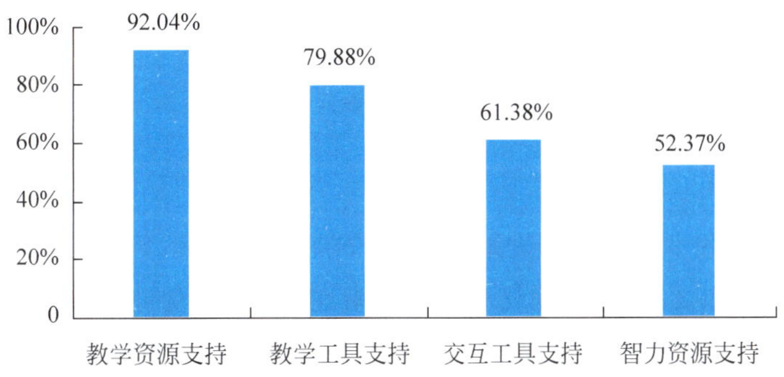

图 3-17 开展互联网教学过程中教师获得的资源支持分布情况

（2）资源获取方式

互联网学习中，教师主要通过自行搜索（92.96%）、同事推荐（68.23%）、网络推送（30.70%）的方式获取资源（如图 3-18 所示）。

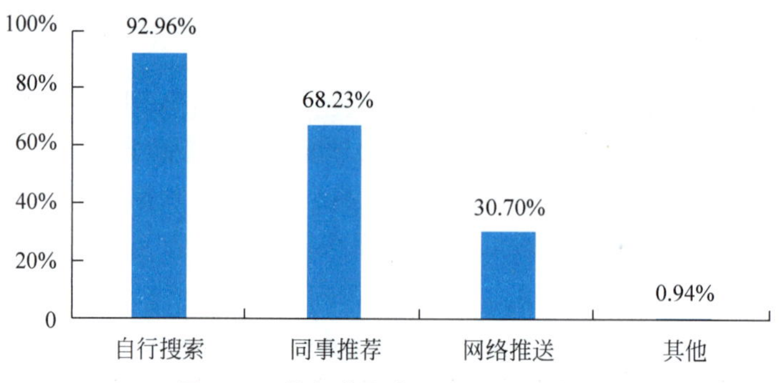

图 3-18 教师获取资源方式分布情况

(3) 资源使用种类

在互联网教学中,教师能够借助多样化的资源与工具开展教学活动(如图 3-19 所示)。调查发现,教师更倾向于使用教学素材类资源与资源制作类工具(分别占比 88.17%和 72.32%),使用学科教学类工具(27.96%)与学习测评类工具(32.17%)较少。这说明教师开展互联网教学时,对教学工具选择的针对性和学习测评的专业性有待进一步提升。

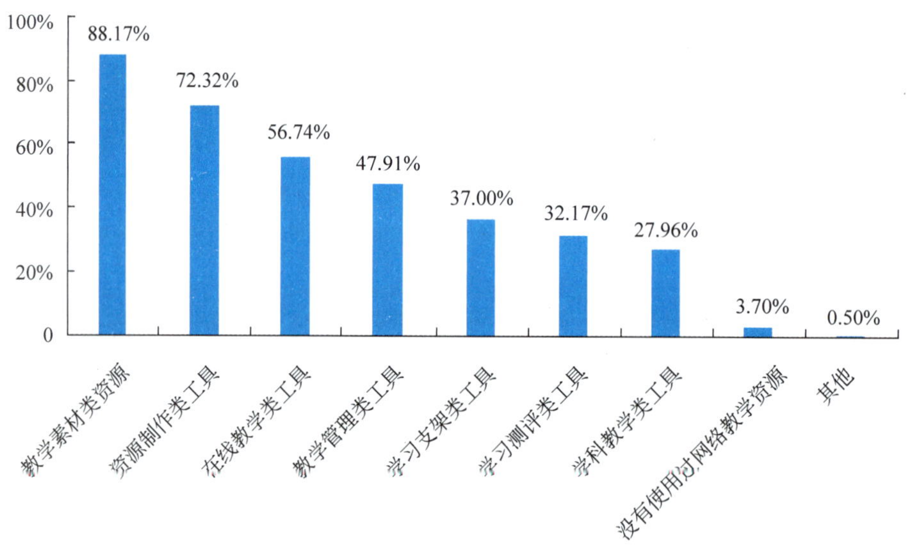

图 3-19 教师使用的互联网教学资源种类

(4) 资源购买情况

关于教师对资源付费意愿的调查结果表明(如图 3-20 所示),48.03%的教师倾向于拒绝付费购买资源,只有 29.09%的教师比较愿意付费购买资源,表明多数教师更倾向于获取免费资源。进一步分析教师的资源付费经历可以发现(如图 3-21 所示),61.99%的教师曾付费购买过互联网教学资源,对比付费购买资源的意愿调查结果,表明一部分教师不得不付费购买互联网教学资源,从侧面反映出当前学校和教育主管部门为教师提供的免费资源有所缺乏。

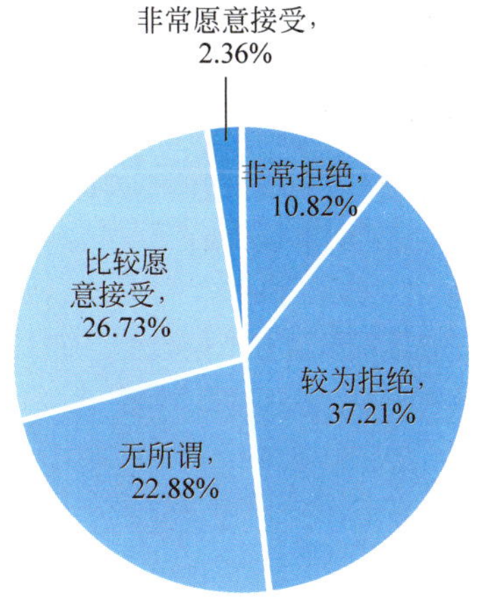

图 3-20 教师为资源付费意愿分布情况

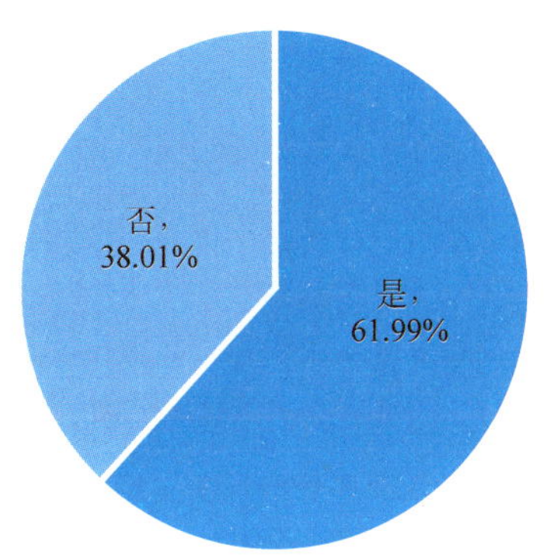

图 3-21 教师付费购买互联网教学资源的情况

(5) 资源的接受度

对教师资源与内容支持情况的调查表明(如图 3-22 所示)，教师总是能够将优质互联网学习资源推荐给学生(均值为 3.98 分)，并有意识地对学习资源进行整理(均值为 3.96 分)。此外，虽然教师所使用的互联网教学工具能够满足其教学需求(均值为 3.93 分)，但教学过程还可以适当地增加智能教学工具的应用(均值为 3.70 分)，不断丰富教师的网络课堂。

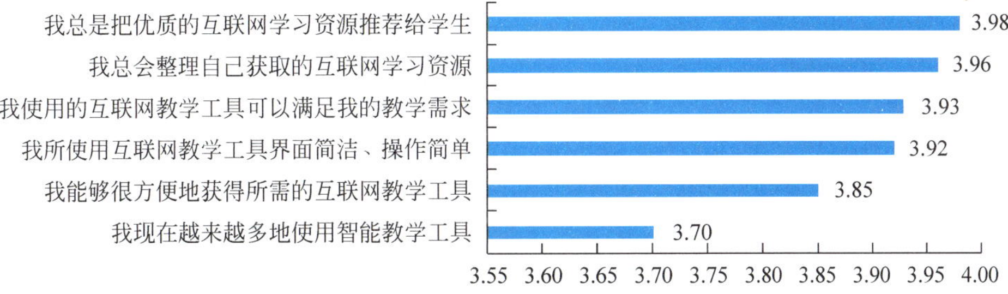

图 3-22 教师资源与内容支持情况

2. 评价与反馈支持

对教师评价与反馈情况的调查表明(如图 3-23 所示),69.88%的教师经常借助互联网为学生提供即时反馈,66.58%的教师注重对学生互联网学习能力进行评估与诊断,但是对学生的在线辅导环节应给予更多的重视。

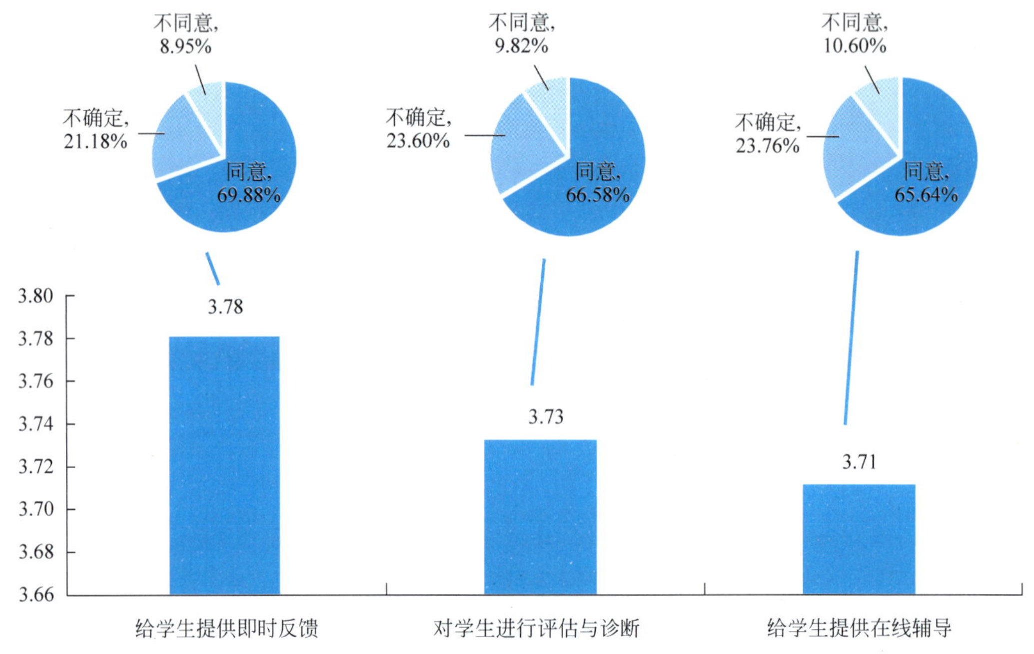

图 3-23 教师评价与反馈支持分布情况

3. 策略与技能支持

互联网教学中教师为学生提供了丰富的策略与技能支持(如图 3-24 所示)。调查发现,教师能够经常告诉学生互联网学习的注意事项(均值为 3.87 分),根据教学需要或学生兴趣创建学习共同体(均值为 3.80 分),后续建议为学生推荐更多的互联网学习内容和过程管理工具。

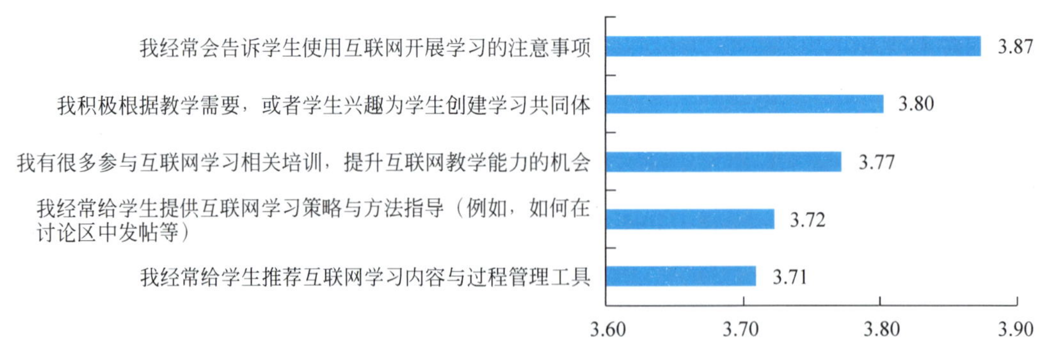

图 3-24 教师为学生提供策略与支持情况

4. 动机与情感支持

学校为教师提供了丰富的动机与情感支持(如图 3-25 所示)。调查发现,超过七成的学校鼓励教师积极开展互联网教学,教师之间会研讨进行互联网教学的有效方式。

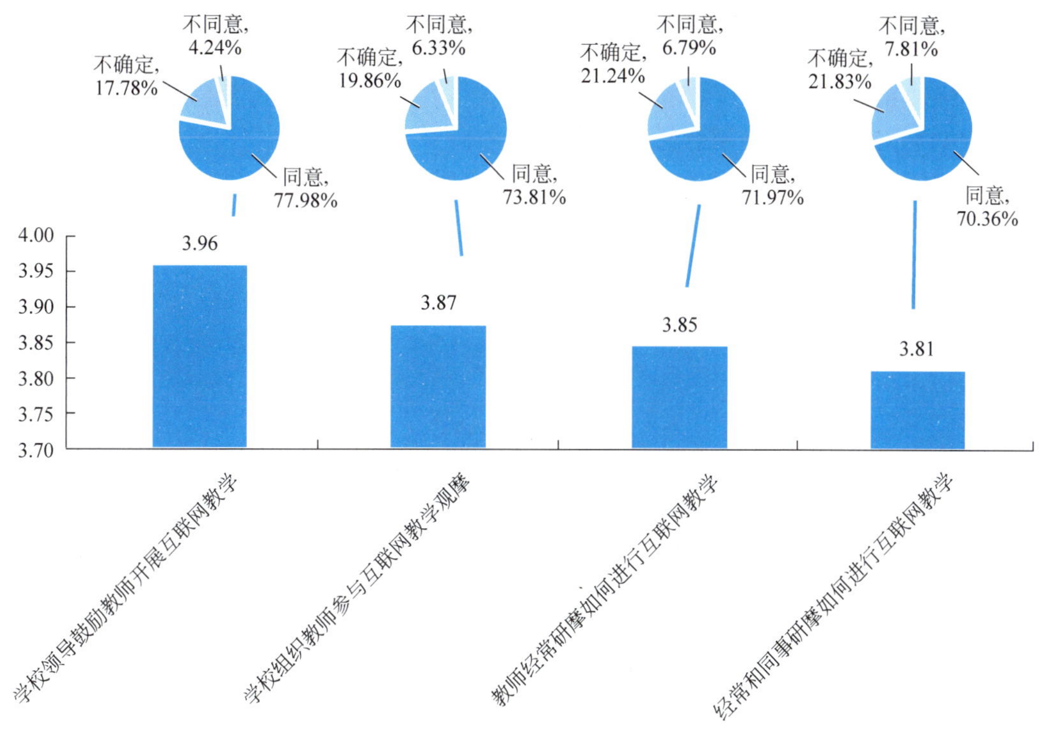

图 3-25 学校为教师提供动机与情感支持情况

3.2.4 教学过程的变革

互联网技术的持续发展丰富了教学过程的表现形式，并为其增添了前所未有的活力，尤其是经历疫情期间的在线学习之后，线上线下相混合的现象已成为教育教学的新常态。探索混合新常态下教学过程的新样态，成为当前需要关注的重要问题。教学过程的变革主要体现在教师教学实践中应用互联网的情况。

1. 教师互联网教学应用情况

调查发现，教师互联网教学应用情况较好，均值为 3.93 分（如表 3-4 所示）。

表 3-4 互联网在教师教学实践中的应用统计（N＝10720）

维　度	平均值	标准差
动机与期望	4.02	0.74
应用场景	3.84	0.76
教学投入	4.11	0.69
态度与体验	3.92	0.62
教学应用	3.93	0.58

整体来看，教师对互联网教学有较高投入度（均值为 4.11 分），在多种场景中应用互联网教学的能力还有待加强（均值为 3.84 分）。

2. 动机与期望

对动机与期望的调查主要包括教师在教学中使用新技术的意愿以及对互联网教学的期望两个部分。

（1）教师对新技术的使用意愿

对教师在教学中使用新技术的意愿调查结果表明（如图3-26所示），89.44%的教师表示愿意在教学中使用新技术，说明绝大多数教师都会有意识地使用新技术来支持教学，并积极尝试在技术应用方面进行新探索。

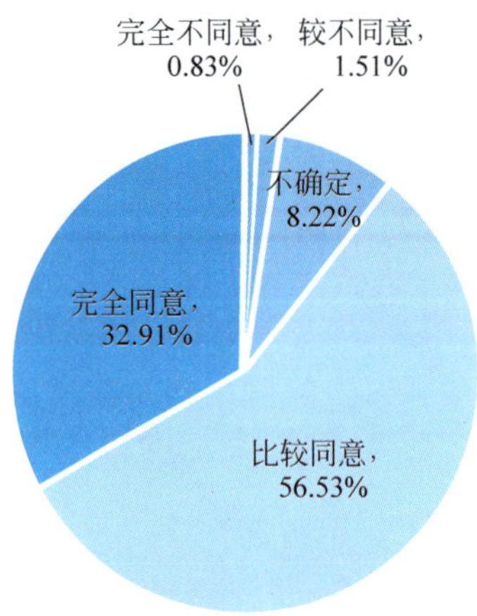

图3-26 教师在教学中使用新技术的意愿

（2）教师对互联网教学的期望

通过调查教师对互联网教学的期望发现（如图3-27所示），83.07%的教师认为借助互联网能够促进自身知识体系的建构，说明教师对借助互联网教学从而提升自身专业水平抱有较大期望；84.13%的教师表示互联网能够帮助自身加深对教学模式的理解，并能更加深入地掌握其灵活应用，说明教师希望通过互联网改进教学模式，优化教学实践（如图3-28所示）。

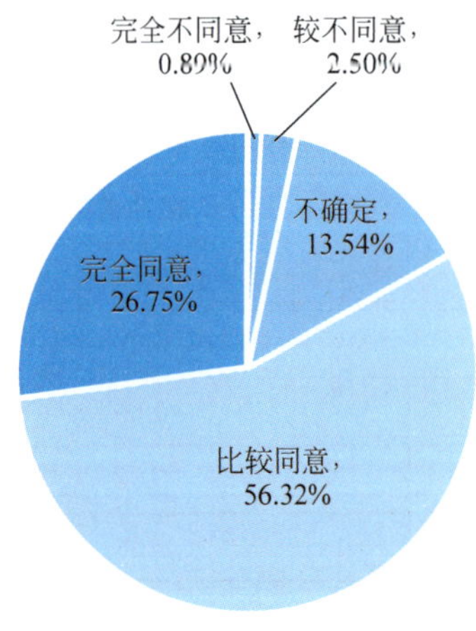

图3-27 教师借助互联网促进知识体系建构情况

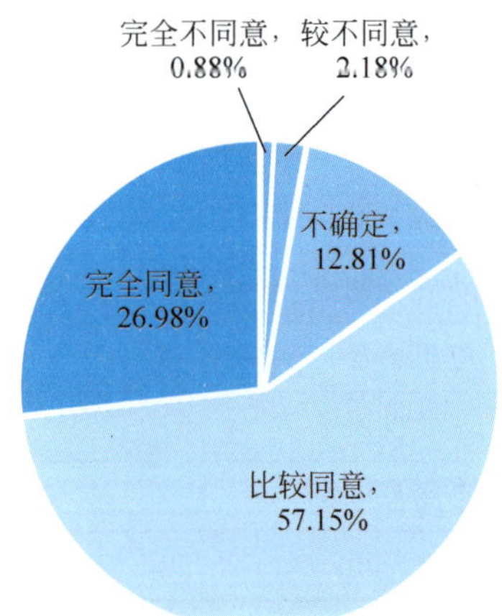

图3-28 教师借助互联网深入理解教学模式情况

3. 教学应用

教师依托互联网能够开展丰富多样的教学活动。调查发现，大多数教师都能够与学生分享学习资源(89.46%)，发布学习任务(83.72%)，为学生提供学习指导(60.85%)，但引导学生进行深度学习的情况一般，缺少对探究活动(45.07%)与学习成果汇报交流活动(42.21%)的组织(如图 3-29 所示)。

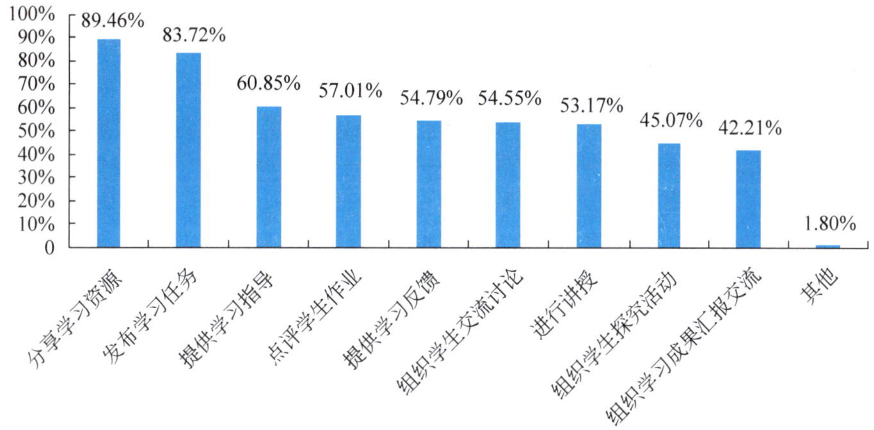

图 3-29 教师基于互联网开展的教学活动类型

4. 应用场景

教师互联网教学的应用场景丰富多样(如图 3-30 所示)。调查发现，教师能够熟练利用互联网组织学生开展自主学习(均值为 3.89 分)，并进行在线答疑、提供资料等辅导，但对于熟练开展专递课堂的能力还有所欠缺(均值为 3.77 分)。这说明教师能够使用互联网开展常规教学，但对于跨区、跨校协作的互联网探究教学专递课堂的实践应用需要加强。

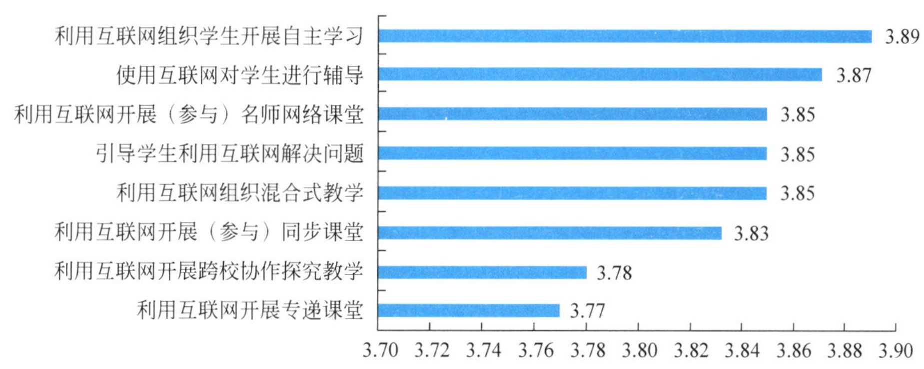

图 3-30 教师互联网教学应用场景分布情况

5. 教学投入

对教学投入的调查主要从互联网学习的时段以及教师教学投入情况两部分开展。

(1) 互联网学习的时段

对互联网学习时段的调查发现(如图 3-31 所示)，47.40%的教师要求学生在课后使用互联网进行学习，其次是在课前使用，说明教师更希望学生在课下利用互联网开展学习活动。

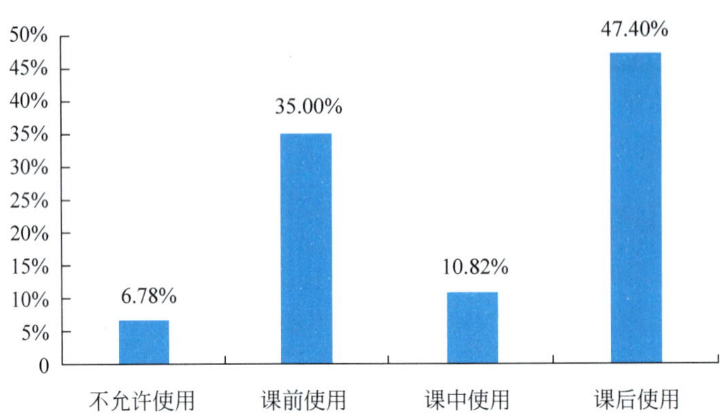

图 3-31　教师要求学生利用互联网进行学习的时间分布情况

对教师每天利用互联网备课与实施教学的调查发现(如图 3-32 和图 3-33 所示)，97.64%的教师均能利用互联网备课、课件制作等，其中每天花费 1～2 小时的教师最多(占比为 44.21%)；90.23%的教师每天利用互联网开展教学，其中每天花 1 小时以内开展互联网教学活动的教师最多(占比为 48.48%)。

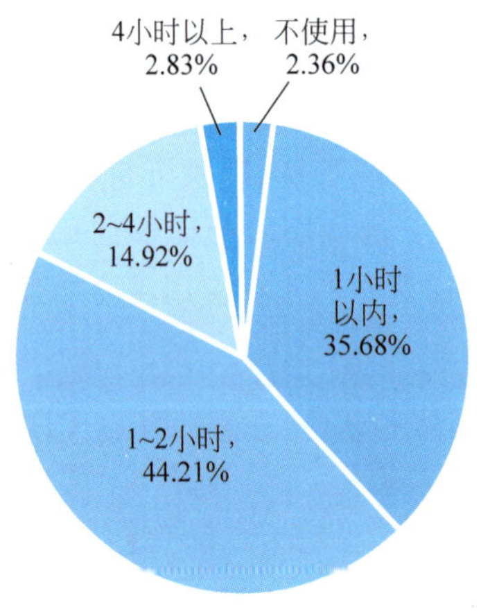

图 3-32　教师每天利用互联网备课的时间分布情况

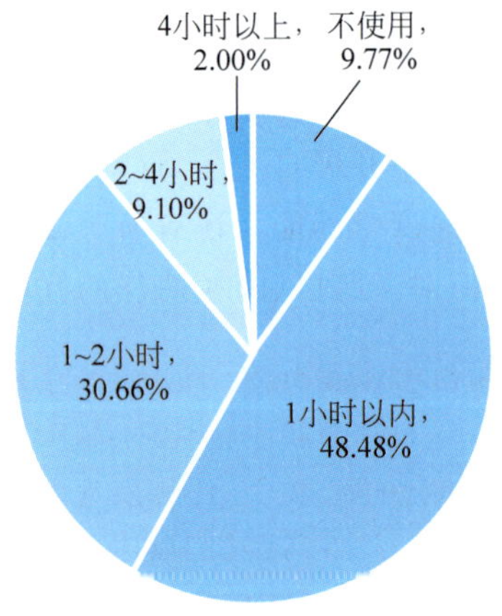

图 3-33　教师每天使用互联网开展教学的情况分布

(2) 教师教学投入情况

对教师互联网教学投入情况的调查发现(如图 3-34 所示)，87.82%的教师愿意参加学校、教研员等组织的网络研修活动，说明教师在提高教学能力上较为积极，更倾向于参加学校组织的研修活动。相比较而言，教师参加由专家引领的名师课堂、名师工作室等活动略显不足。

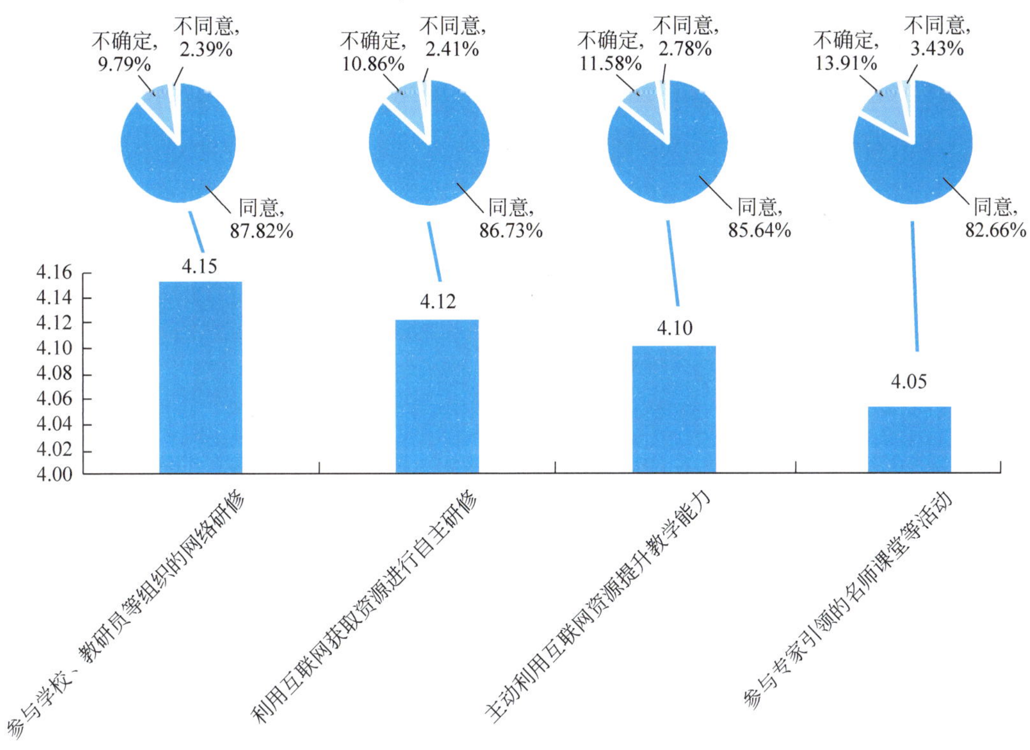

图 3-34　教师互联网教学投入情况

6. 教学效果

对互联网教学效果的调查表明(如图 3-35 所示)，教师认为互联网教学效果尚佳，对学生的知识技能等方面都产生了一定的积极影响。其中，知识与经验的积累最为显著(78.30%)，学生的自主学习能力(69.44%)与问题解决能力(67.31%)都得到了一定程度的锻炼，但是互联网教学对于学生学习动机的影响仍有待加强(35.31%)。

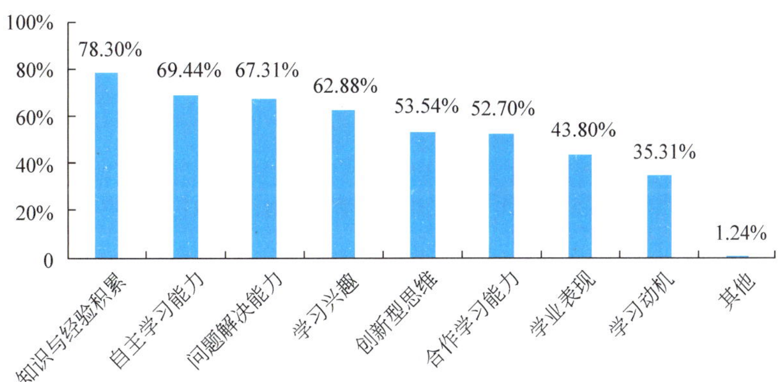

图 3-35　互联网教学对学生产生的影响分布情况

7. 态度与体验

对态度与体验的调查主要包括教师对互联网教学的态度、满意度以及持续意愿三个部分。

(1) 对互联网教学的态度

关于教师对互联网教学的态度调查结果表明(如图 3-36 所示),70.91%的教师对于互联网教学是积极接纳且主动推进的,说明互联网教学模式在教师中的接受度比较高。

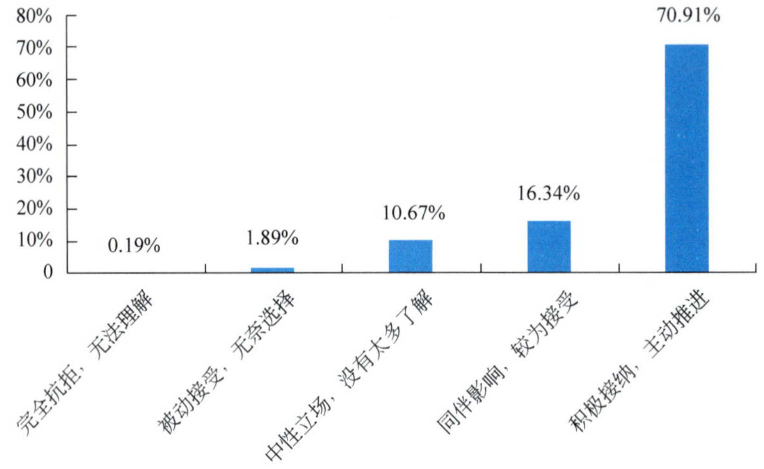

图 3-36 教师对互联网教学的态度分布情况

关于教师对互联网教学的热情程度调查结果表明(如图 3-37 所示),78.02%的教师对于开展互联网教学具有较高热情,体现出互联网教学在教师群体中的受欢迎程度较高。

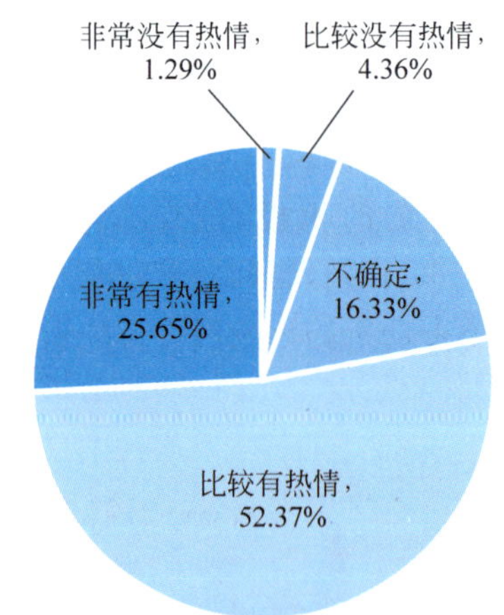

图 3-37 教师对互联网教学的热情分布情况

(2) 对互联网教学的满意度

关于教师对互联网教学满意度的调查结果表明(如图 3-38 所示),教师对学生在线学习表现的满意度较高(均值为 3.89 分),而对自己的满意度相对略低(均值为 3.82 分),可能是由于教师对自身要求较高或具有过高教学期望所致。

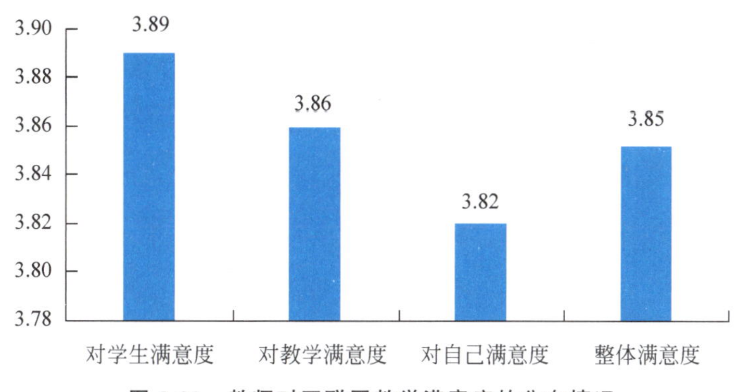

图 3-38 教师对互联网教学满意度的分布情况

(3) 持续开展互联网教学的意愿

对教师持续开展互联网教学意愿的调查结果表明(如图 3-39 所示),76.07%的教师表示愿意在疫情后开展线上线下融合教学活动,说明疫情期间的互联网教学为教师带来了较好的教学体验。

对教师开展互联网教学持续意愿的调查结果表明(如图 3-40 所示),75.19%的教师表示有意在疫情后继续借助互联网开展教学互动,说明通过疫情期间的互联网教学实践,教师已经掌握了开展互联网教学的基本技能,积累了相关教学经验,并且收获了一定的教学效益。

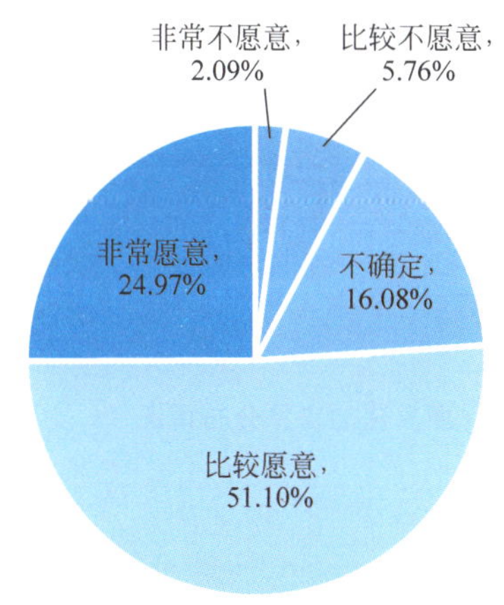

图 3-39 教师在疫情后开展线上线下融合教学的意愿分布情况

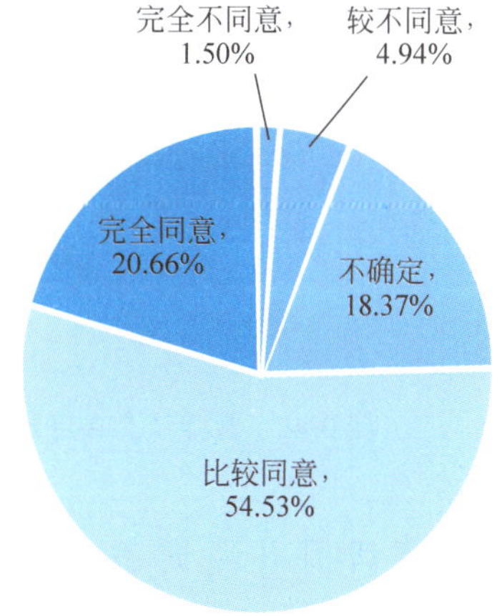

图 3-40 教师在疫情后借助互联网开展教学的意愿分布情况

8. 遇到的障碍及需要的支持

对教师所遇障碍及所需支持的调查主要包括教师开展互联网教学过程中遇到的障碍以及需要的支持两个部分。

(1) 遇到的障碍

教师在开展互联网教学的过程中遇到了多方面的障碍(如图 3-41 所示),主要集中于互联网应用方面,例如,开展互联网教学时网络环境不够稳定,资源与平台的可使用性有所欠缺。

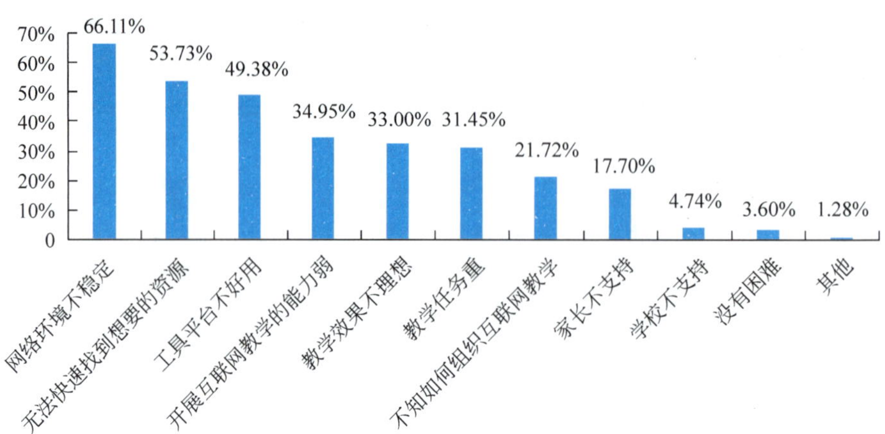

图 3-41　教师在"互联网＋"环境下开展教学遇到的障碍

（2）需要的支持

教师开展互联网教学中需要的支持主要是技术环境支持，其次是学生技术应用支持，此外他们也希望获得来自国家政策与学校领导的相关支持（如图 3-42 所示）。

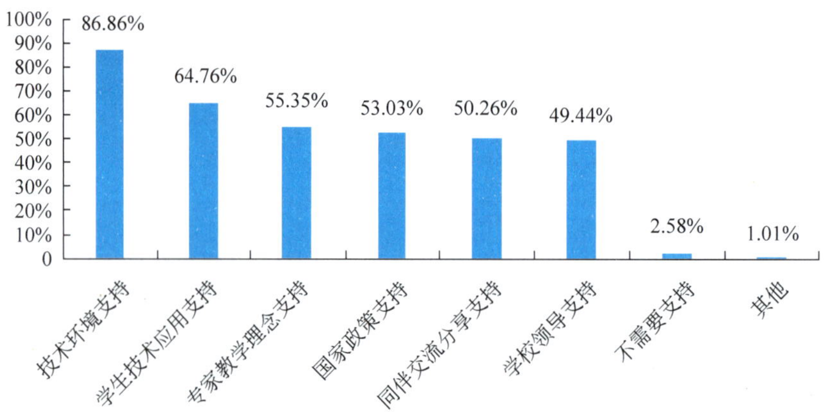

图 3-42　教师认为在开展互联网教学的过程中需要强化的支持分布情况

3.2.5　疫情期间互联网教学开展情况

突如其来的疫情促使互联网教学在全国范围内得到了广泛应用与深入发展。基于此，课题组对教师疫情期间开展互联网教学情况进行分析，包括态度与看法、组织方式、资源的可及性、学生学习效果、存在的困难、解决问题的方式、期望得到的支持、焦虑程度八个部分。

1. 态度与看法

教师对互联网教学的态度表明，58.47％的教师认为互联网教学具有其独特优势，疫情过后应该作为辅助教学的重要手段，13.86％的教师希望接受更多有关线上教学技能的培训（如图 3-43 所示）。但是，仍有 27.67％的教师对互联网教学持有不太赞同的态度，认为这是疫情之下的无奈之举。后续如何引导这类教师转变观念，加强互联网教学的持续意愿，值得进一步思考。

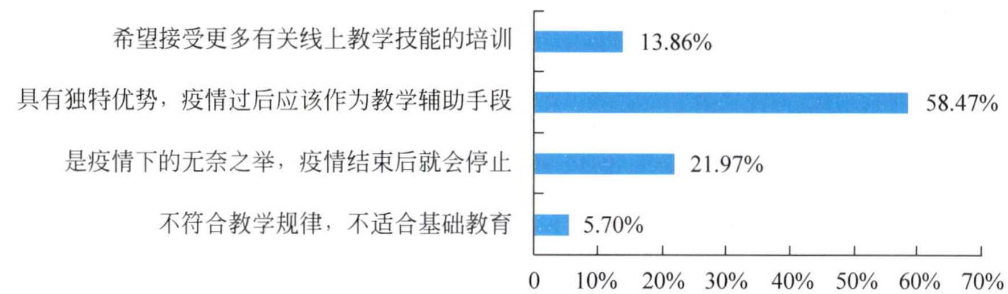

图 3-43　教师对互联网教学的看法分布情况

2. 组织方式

互联网教学组织方式如图 3-44 所示，整体呈现出多样性特征。教师更倾向于采用名师课堂直播（观看其他教师的直播）、使用腾讯会议等进行在线互动直播的方式开展互联网教学（占比分别为 66.05%、65.50%），通过分发资源包引导学生自主学习的教师占比为 49.56%，48.87%的教师使用在线协同教学（观看其他教师的直播，本教师解答学生问题），还有部分教师采用录播的方式（包括自己录制与选用已有慕课平台的录播资源）开展互联网教学（占比分别为 36.90%与 21.47%）。

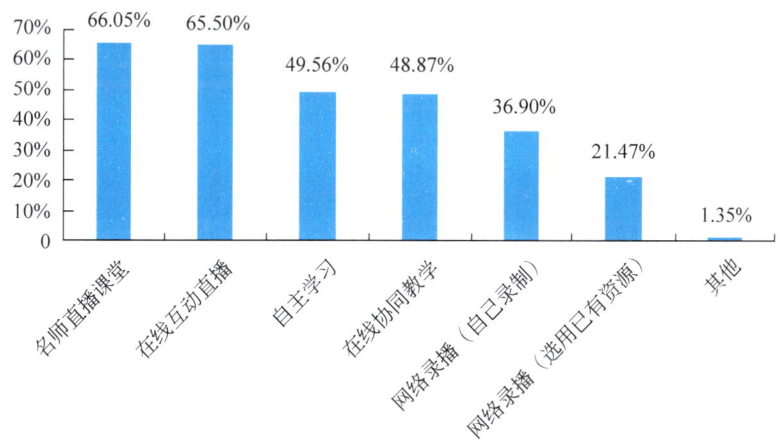

图 3-44　教师组织互联网教学类型分布情况

3. 资源的可及性

疫情期间，教师互联网教学中获得的资源种类较为丰富（如图 3-45 所示），77.80%的教师能够获得教学平台和工具，大部分教师均能获得名师资源、教师教学资源、线上教学指南资源等。

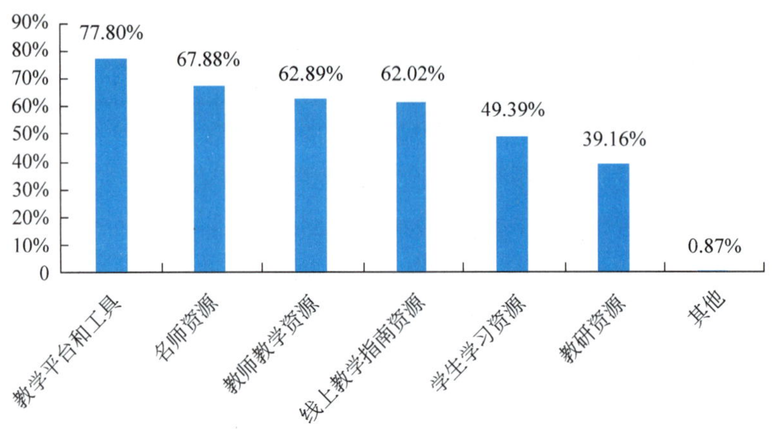

图 3-45 教师在互联网教学中能够获得的资源种类分布情况

4. 学生学习效果

对于教师感知的学生互联网学习效果调查如图 3-46 和图 3-47 所示。在知识掌握方面，88.92%的教师认为学生处于浅层知识学习状态，只有 6.28%的教师认为学生到达了深层学习状态，4.80%的教师认为学生没有参与学习。这表明大多数教师认为学生在互联网教学中的学习状态不够深入。在学习效果方面，77.48%的教师认为互联网学习效果不如线下学习，14.83%的教师认为互联网学习效果基本达到线下学习水平，只有 7.69%的教师认为互

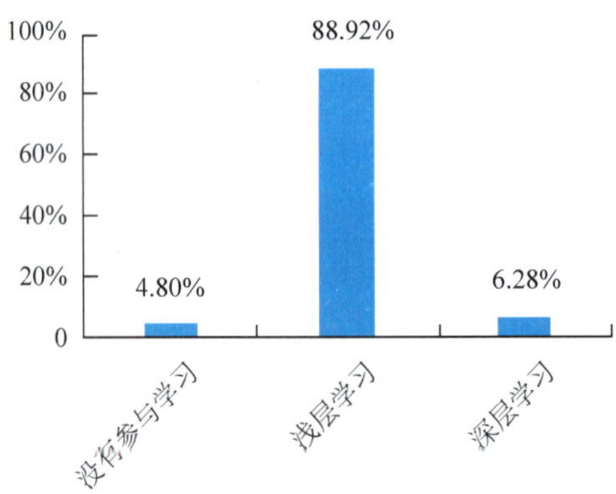

图 3-46 教师感知的学生知识达成情况

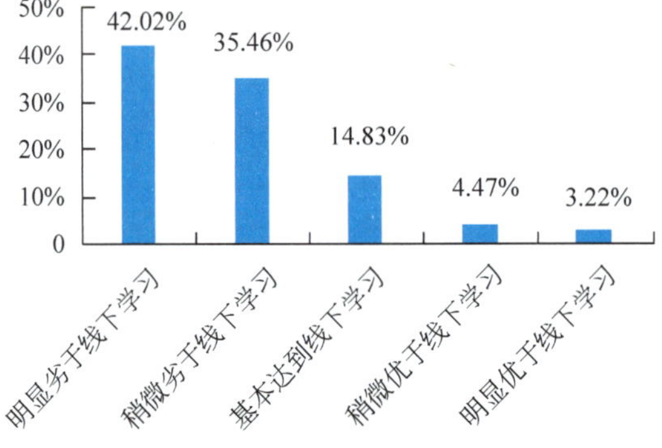

图 3-47 教师感知学生学习效果分布情况

联网学习优于线下学习。虽然在互联网教学满意度的调查中发现教师对学生互联网学习表现较为满意，但他们仍认为线上教学总体而言效果不理想。因此，后续需要关注如何促进学生在互联网学习中达成深度目标，促进互联网教学与线下教学"实质等效"。

5. 存在的困难

疫情突如其来，教师在线教学从"被迫"到"适应"，转变过程中遇到了多方面的问题。调查发现，缺乏课堂面对面氛围、缺少与学生的直接交流是目前最大的挑战，55.27％的教师感觉网络不畅，经常卡顿，50.97％的教师认为教学过程中难以维持学生学习动机和注意力。此外，教师还面临对教学平台软件不熟悉、无关信息及广告干扰教学、未设置互联网学习规则、教学任务繁重、自身信息素养不充分、课前备课不充分等方面的问题(如图 3-48 所示)。

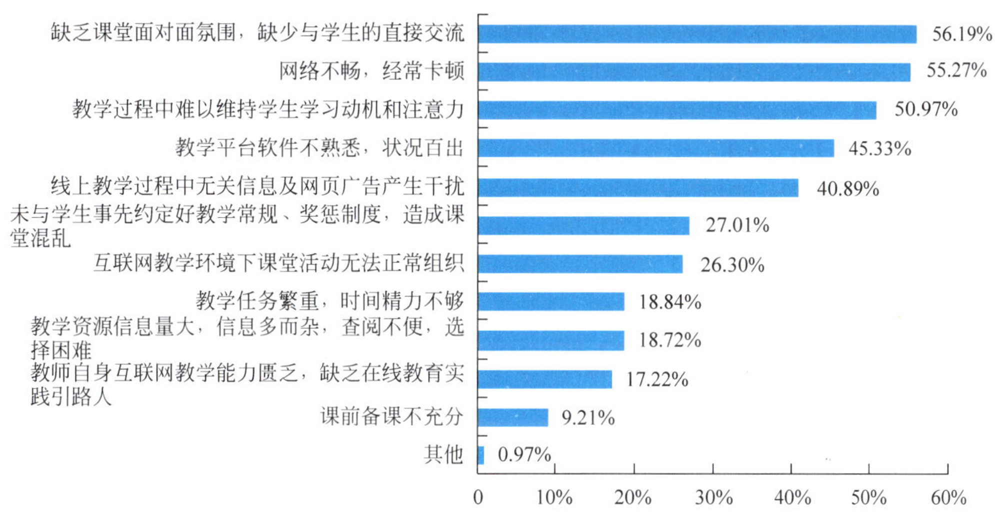

图 3-48　教师开展互联网教学主要挑战分布情况

6. 解决问题的方式

为了应对上述问题，教师采用了多种问题解决方式。调查发现(如图 3-49 所示)，71.69％的教师会自己寻找解决办法，69.48％的教师会通过向同事寻求帮助的方式解决问题，有 56.15％的教师会通过互联网向他人寻求帮助，只有 9.46％的教师会放弃解决问题。这表明教师在遇到问题时会较为积极地向多方寻求帮助，直至解决问题。

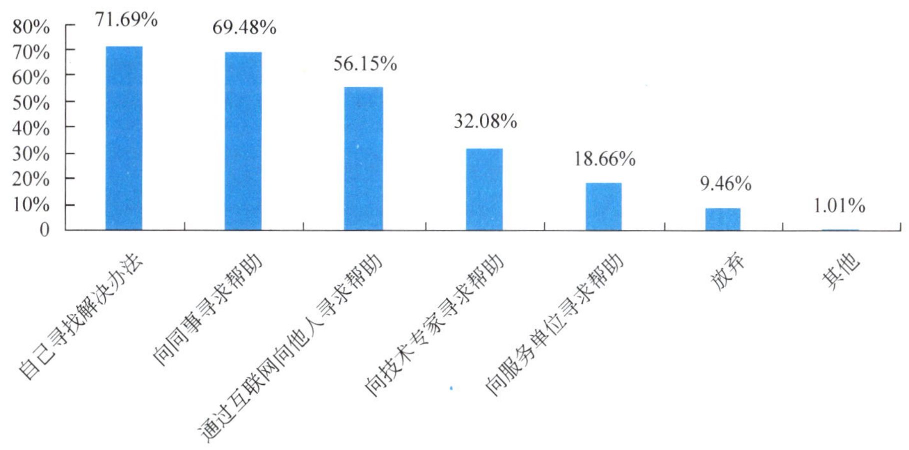

图 3-49　教师遇到问题采取解决方式分布情况

7. 期望得到的支持

对教师希望得到的支持调查发现(如图3-50所示),绝大多数教师希望获得更优质的教学资源和信息化管理方式,以提高互联网教学质量,改善教学环境,这与当前教师在内容与资源方面获得的支持相对较少的现状相一致;一半左右的教师希望增加与兄弟学校交流的机会、搭建与高校合作的渠道、获得定期的技术培训等;40.57%的教师希望加大线上教学制度保障,维护教师权益。

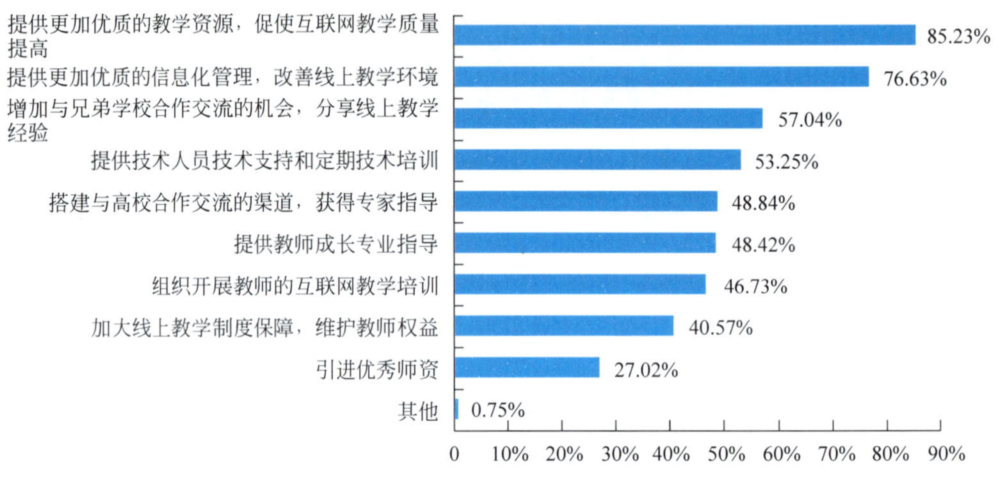

图3-50 教师希望得到的支持分布情况

8. 焦虑程度

教师开展互联网教学的焦虑程度调查结果表明(如图3-51所示),总体上看,教师开展互联网教学的焦虑程度处于中等偏下水平。超过一半的教师在开展互联网教学的过程中偶尔会感到焦虑,19.44%的教师较为焦虑。

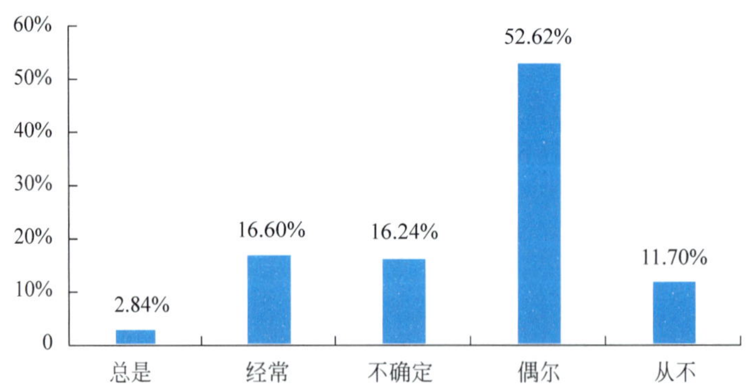

图3-51 教师开展互联网教学的焦虑程度分布情况

3.3 互联网背景下的教师成长

教育信息化2.0进程中,教师的互联网教学实践和教学状态较以往有了更好的提升。疫情期间的互联网教学,是对广大教师信息技术应用能力的一次最为广泛、深入的培训,极大地提升了教师对新型空间的感知,丰富了先进技术的支持,也促进了教学形态向学习形态转变。结合 CASE 评价指标及权重发现，互联网学习中南京市教师发展的整体指数为 3.83 分(满分为 5 分)，说明南京市教师整体的互联网教学情况良好。

3.3.1 教师能力有所提升，重视互联网伦理与安全

教师是互联网教学的实践者与推动者。整体上看，教师在伦理与安全方面的得分最高(均值为 4.14 分)，表明当前开展互联网教学的教师较为注重互联网教学的伦理与安全。大多数教师能保护学生的数据隐私，引导学生遵循学术规范和学术诚信，避免学生身心健康受到不良影响。但在技术知识方面，教师还存在一定程度的不足(均值为 3.67 分)，虽然多数教师能够借助互联网整合教学资源，将互联网技术应用到教学实践当中，但是资源制作的能力相对较弱，难以根据实际教学需要自主创作合适的教学资源。在教学能力方面，教师认为应用互联网教学能够有效提升教学效果，但是在引导学生进行深入思考及培养学生创造性思维方面还有待加强。

此外，通过分析不同特征的教师在互联网教学能力上的差异发现，年轻教师在应用互联网开展教学活动方面的能力显著高于其他年龄段的教师，并且参加培训也能有效提高教师互联网教学能力。这说明年轻教师本身具有较高的信息素养和信息技术应用能力，作为教师队伍中的新鲜血液，通过进一步的专业培养，能够全面提升教师的信息技术应用能力，有效促进互联网教学的顺利开展。

3.3.2 教师整体满意度高，互联网教学持续意愿高

教师对互联网教学的态度会影响互联网实践的意愿与结果。超过七成的教师正积极接纳和主动推进互联网教学，对于开展互联网教学的热情普遍较高。在满意度方面，教师对于开展互联网教学的总体满意度较高，尤其对学生互联网学习的满意度最高(均值为 3.89 分)，从侧面反映出学生作为“数字原住民”，对于互联网教学形式的适应度较好。在持续意愿方面，大部分教师认为互联网教学具有独特优势，在后疫情时期可以辅助日常教学，愿意在疫情过后持续开展线上线下相融合的教学活动。总的来说，目前教师对互联网教学持积极乐观态度，且持续意愿较高，说明在未来信息技术与教育教学将实现深度融合，教师通过将互联网应用到教学实践中，不断提升自身的信息技术应用能力和信息素养，持续推动教育信息化发展。

3.3.3 获得丰富教学支持，丰富数字资源设计应用

教师能够获得多样的内容资源支持、充分的动机情感支持，为学生提供多维的策略技能支持、及时的评价反馈支持。在学校组织层面，学校鼓励教师开展互联网教学活动(均值为 3.92 分)，并为教师提供教学培训与研讨交流的机会，提高教师的学科教学能力与信息技术应用水平，更好地开展互联网教学活动。在教师教学层面，教师在应用互联网进行教学准备的过程中尚不满足目前已有资源，85.23%的教师倾向于获取更多的优质教学资源。

同时为了充分发挥互联网教学的优势，进一步提高课堂教学质量，在教学过程中还应为教师提供更多的教学工具，如测评工具、学习支架类工具、交互工具等，促进过程性评价的开展，引导学生构建知识体系，并增加师生间的交互行为。在学科教学方面，需要为教师提供

能够凸显学科特色的专业教学工具，实现互联网技术与学科教学的深度融合。

3.3.4 推动教学过程变革，直播与互动成主流形式

依托多样化的空间与平台，教师互联网教学投入度较高，能够设计丰富的互联网教学活动，开展及时评价与辅导，确保互联网教学不打折扣。调查发现，大部分教师开展互联网教学的场所为家庭或多媒体教室，出现这种情况主要是受到疫情的影响。在教学投入方面，82.40%的教师要求学生在课前或课后利用互联网学习，说明教师主要希望学生借助互联网对课堂知识进行预习和复习。79.89%的教师利用互联网进行教学准备的时间不超过2个小时，接近半数的教师每天开展互联网教学的时间在1小时以内，表明教师目前能较好地利用互联网开展教学相关工作，极少出现投入过多精力的现象。

在组织方式上，教师主要以观看名师直播课堂(66.05%)和在线互动直播(65.50%)的形式展开教学。由于互联网教学中，教师难以和学生实现面对面交流，因此直播与互动成为保证教学效果和教学活动顺利开展的重要方式。在教学应用方面，教师主要通过互联网分享学习资源、发布学习任务，利用互联网教学平台、名师直播课堂等多种方式，有效引导学生自主学习，适时提供在线辅导，确保互联网教学有序推进。

3.3.5 师生情感交流缺失，整体学习质量有待提升

对教师关于在开展互联网教学过程中遇到的障碍及困难调查发现，目前教师面临的较大障碍是网络情况不稳定(66.11%)、难以获得适合实际教学的教学资源(53.73%)、互联网教学平台及工具使用存在困难(49.38%)。面对互联网教学这一新的教学形式，教师难免存在对未知的焦虑情绪，如果在上课过程中出现网络连接断开或者教学平台工具出现故障，可能会影响教学效果。

此外，调查发现88.92%的教师认为学生在互联网学习过程中仍处于浅层学习状态，且大多数教师认为互联网教学的教学效果明显劣于线下教学。互联网教学无法实现教师与学生的面对面交流，教师难以维持学生的注意力，学生缺乏对所学知识的深入理解和创造性思考。大多数教师在遇到问题时通常只能自己寻找解决方法，有9.46%的教师在遇到问题时选择放弃，说明教师还需获得更多在信息技术以及互联网教学方法等方面的支持。

第4章 互联网学习中的南京市学生变化

互联网学习中学生的表现究竟如何，这是一个不可忽视的社会关注点。互联网学习过程中，学生的互联网学习空间、获得的先进技术支持、学习能力以及学习过程创新均会影响学生的互联网学习效果。本部分重点关注互联网学习中的南京市学生学习状态，并深入分析影响学生参与互联网学习活动的因素。

4.1 整体情况

目前，互联网学习形式正日益渗透至基础教育，学生作为互联网学习的参与者、实践者，他们的学习体验能够反映互联网学习的实践情况。为探讨南京市基础教育阶段学生互联网学习发展的整体概况以及疫情期间互联网学习开展情况，调查团队对南京市各区中小学校学生进行了调查。问卷按照“互联网学习 CASE 模型”进行设计，共包含 110 项内容，回收网络问卷共计 69274 份，其中有效问卷为 58758 份，有效率为 84.82%。回收数据 α 信度系数为 0.987，具有较高信度。

4.1.1 基本数据

对学生互联网学习基本信息的调查主要包括性别、年级、所在区域与城乡四个方面。整体来看，男、女生的比例比较均衡（占比分别为 51.65%、48.35%）；小学阶段占比最多，主要集中在三年级（20.46%）、四年级（17.66%）、五年级（17.03%），其次是初中阶段，高中阶段占比最少；六合区和江宁区学生相对较多（占比分别为 23.80%、22.65%），栖霞区、浦口区次之（占比分别为 11.29%、10.77%），鼓楼区最少（0.80%）；市区学校的占比最高（70.29%），其次是乡镇学校（24.69%），农村学校占比最少（5.02%）。

4.1.2 主要状态

对 2020 年南京市中小学互联网学习情况的调查结果显示，南京市学生的整体表现较好。在学习能力方面，大多数学生能够进行自我调控，具备较高的数字素养，注重保护自己的隐私，能够遵守相应的道德伦理；在学习空间方面，学生对基础设施的建设较为满意，能够获得互联网学习的终端设备，能够借助互联网学习平台开展学习，但网络学习空间的开通以及使用情况不佳，接近半数的学生不确定或没有开通网络学习空间；在先进技术应用方面，学生能够获得丰富的内容与资源，对教师、同学以及系统的评价反馈较为满意，能够得到教师、家长以及同学策略技能方面的帮助；在学习过程的变革方面，大多数学生能够适应线上线下的混合学习形式，互联网学习的应用比较广泛，对互联网学习效果较满意。

疫情期间，绝大部分南京市学生都参与了语文、数学、英语等科目的互联网学习，通过观看名师直播课堂、在线互动直播等方式开展学习活动，但名师直播课堂一般都不是自己的教师进行授课，学生较为不适应，且在互联网学习中，教师不能及时解答学生的疑难问题。在后续互联网学习中，更多学生希望丰富现有的学习资源，提高教师的互联网教学能力。

4.2 学生学习状态分析

学生互联网学习状况调查包括互联网学习能力、学习空间、先进技术的支持、学习过程的变革、疫情期间互联网学习开展情况五个部分。

4.2.1 学习能力的变化

互联网学习能力指学习者有效应用互联网开展学习活动所需的能力。调查发现，南京市学生整体的互联网学习能力处于较高水平，自我调控能力较强，互联网数字素养较高。

学生互联网学习能力分为自我调控和数字素养两个维度，数字素养分为信息获取、信息分享、信息可靠性、互联网思维、隐私伦理五个维度。调查发现，学生互联网学习能力处于较高水平，均值为 3.83（由表 4-1 所示）。数字素养的五个维度中，隐私伦理维度均值较高（4.14 分），说明学生在利用互联网学习的过程中，互联网隐私伦理意识较强，做到了遵守网络道德，文明健康上网；信息分享能力相对于其他维度来说偏低（均值为 3.54 分），有进一步提升的空间。

表 4-1　学生应用互联网开展学习活动的能力

维　度	平均值	标准差
自我调控(C1)	3.89	0.87
数字素养(C2)	3.82	0.75
信息获取	3.85	0.81
信息分享	3.54	0.88
信息可靠性	3.57	1.10
互联网思维	3.73	0.91
隐私伦理	4.14	0.77
能力(C)	3.83	0.75

1. 自我调控

学生自我调控能力是影响互联网教学效果的关键因素之一。调查发现（如图 4-1 所示），学生在制订和完成学习计划上有较高的能力水平（均值分别为 3.94 分、4.08 分），并希望自己做得更好（均值为 4.16 分），说明学生的自我调控能力较强。而学生利用碎片时间进行上网学习的能力水平稍低（均值为 3.58 分），说明后续需要引导学生借助互联网有效开展碎片化学习。

2. 数字素养

互联网时代学生的数字素养能够引导学生更好地参与当下和未来社会。调查发现（如图 4-2 所示），学生在隐私伦理方面的表现较好（均值为 4.14 分），说明学生普遍具有正确的网络信息意识和互联网资源应用的版权意识，遵守网络道德，注意保护自己和他人的信息隐私，不会传播不良信息。在信息分享、信息可靠性判断上的能力水平较低（均值分别为 3.54 分、3.57 分），学校、社会、家长要齐心协力，提高学生对信息的甄别能力，培养学生的信息资源共享意识。

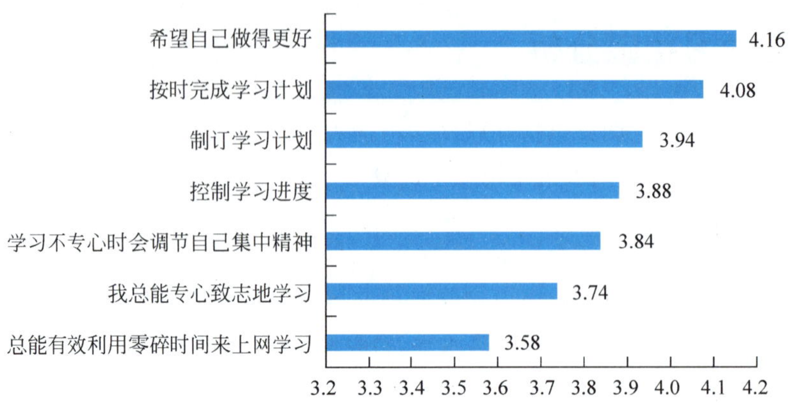

图 4-1 学生互联网学习自我调控能力

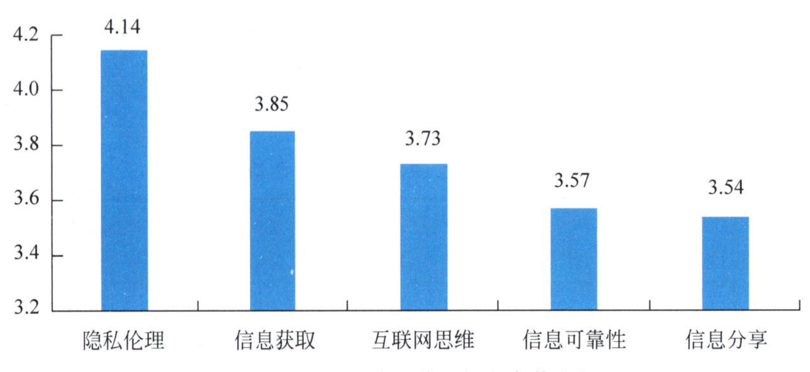

图 4-2 学生互联网学习数字素养分析

4.2.2 学习空间的变化

学习空间是支撑学习者进行互联网学习的基本条件。对互联网学习空间的调查从平台与系统、终端设备、基础设施、学习场所四个方面进行。

调查发现，学生感知的互联网学习空间整体情况较好（均值为3.60分）（如表4-2所示）。

表 4-2 学生互联网学习空间整体情况（N=58758）

维　度	平均值	标准差
平台与系统(E1)	3.47	1.06
终端设备(E2)	3.64	0.97
基础设施(E3)	3.74	0.91
环境(E)	3.60	0.83

互联网学习空间中基础设施建设较好（均值为3.74分），说明学校和家庭的网络环境大都能够支撑学生进行互联网学习。互联网学习空间中平台与系统维度的值偏低（均值为3.47分），说明互联网学习平台与系统建设仍需进一步改善。

1. 平台与系统

互联网学习平台与系统调查了网络学习空间开通情况、网络学习空间使用情况、互联网学习平台的来源以及学生对学习平台的看法。

(1) 网络学习空间开通情况

调查学生开通网络学习空间情况发现(如图 4-3 所示),45.85%的学生表示自己开通了个人网络学习空间,仍有 26.99%的学生表示自己没有开通个人网络学习空间,后续需要继续推进“网络学习空间人人通”建设,打通学生互联网学习“最后一公里”。

(2) 网络学习空间使用情况

调查学生网络学习空间使用情况发现(如图 4-4 所示),50.38%的学生表示自己经常使用网络学习空间开展学习,仍有 22.90%的学生表示自己不经常使用网络学习空间,这一结果也与网络学习空间开通情况较为符合。

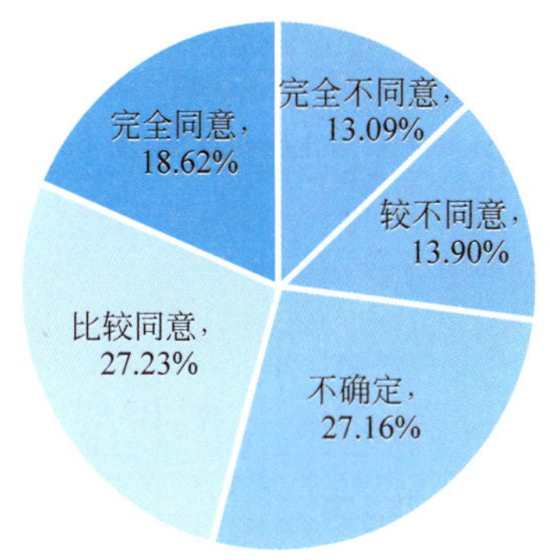

图 4-3 学生网络学习空间开通情况

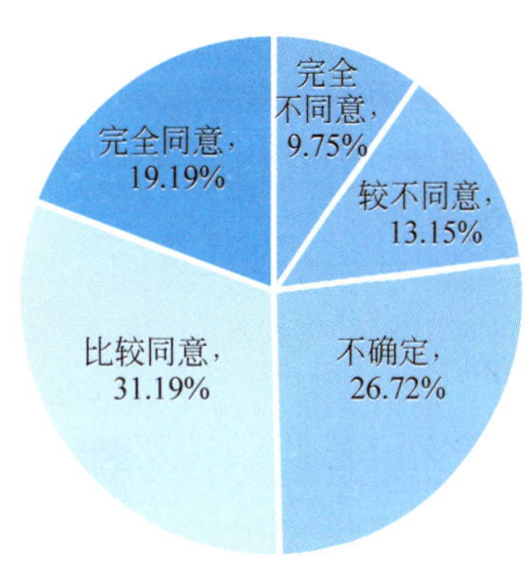

图 4-4 学生网络学习空间使用情况

(3) 互联网学习平台的来源

学生互联网学习平台来源广泛,包括学校提供(46.40%)、自行搜索(43.63%)、老师推荐(43.21%)和家长购买(41.71%)等(如图 4-5 所示),仍有 9.12%的学生没有使用过互联网学习平台。

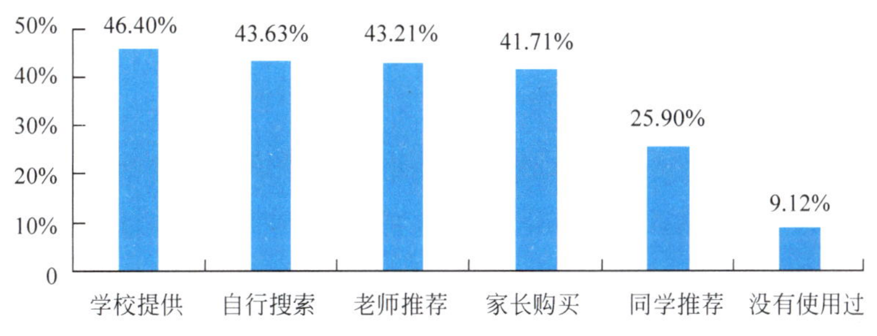

图 4-5 使用的互联网学习平台来源

(4) 学生对学习平台的看法

调查学生对学习平台的看法发现(如图 4-6 所示),62.24%的学生认为使用互联网学习平台能够满足自己的学习需要,仍有 13.03%的学生认为学习平台难以满足自己的学习需要。

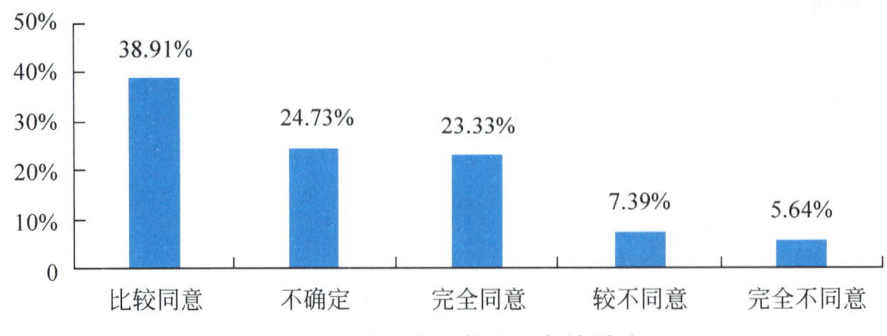

图 4-6 对互联网学习平台的看法

2. 终端设备

对互联网学习终端设备的调查主要包括两个方面：一是学生在互联网学习过程中常用的移动终端类型；二是移动终端的可获得性。

（1）常用的移动终端类型

学生互联网学习时常用的终端设备以移动设备为主，主要包括智能手机、平板电脑等（如图 4-7 所示）。

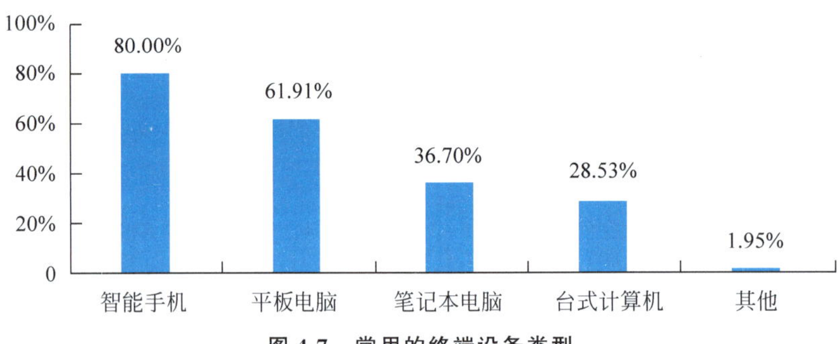

图 4-7 常用的终端设备类型

（2）移动终端的可获得性

80.64%的学生认为在家能够方便地使用上网学习设备，认为在学校能方便地使用上网学习设备的学生比认为在家能够方便上网的学生少了接近一半，占比为 48.19%（如图 4-8 所示），表明学校对学生移动终端的获取有一定的要求与限制。

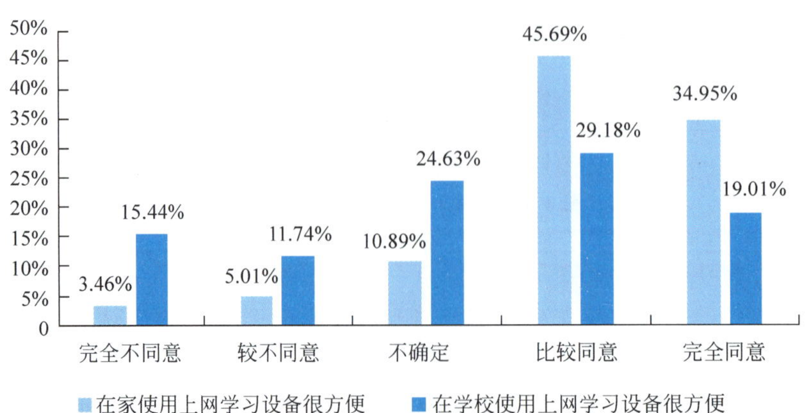

图 4-8 在家和学校移动终端的可获得性

3. 基础设施

网络流畅度是影响互联网学习的重要因素。调查发现(如图 4-9 所示),71.72%的学生对在家里上网学习的网速满意,61.00%的学生对学校网速很满意。

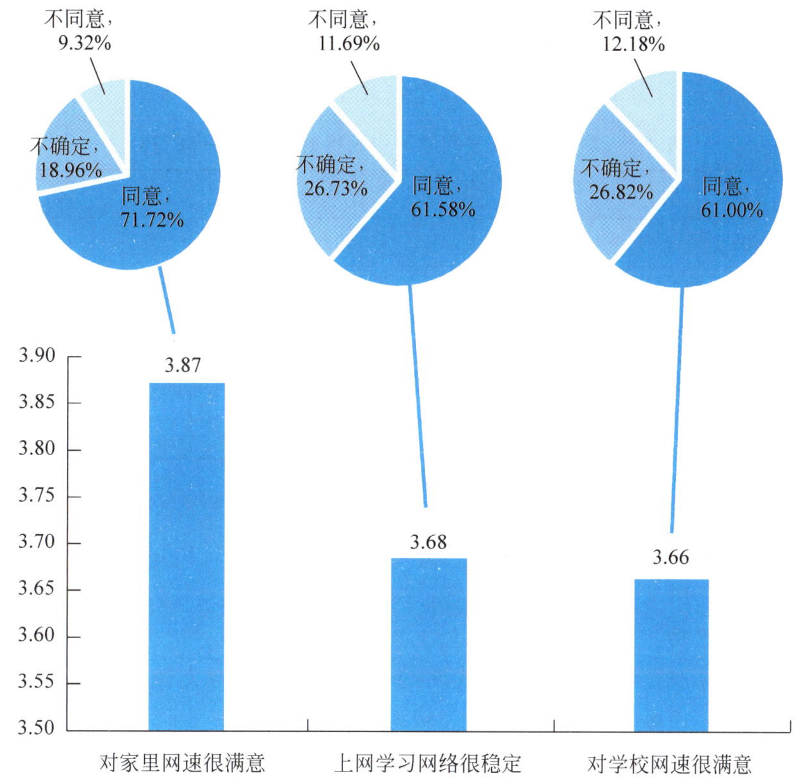

图 4-9　学生对网速的看法

4. 学习场所

互联网学习是移动的、泛在的。调查学生开展互联网学习的场所发现(如图 4-10 所示),95.51%的学生能够在家中开展互联网学习,49.75%的学生在多媒体教室中开展互联网学习,也有部分学生在智能教室、学校的任何地方和创客教室等地参与互联网学习。

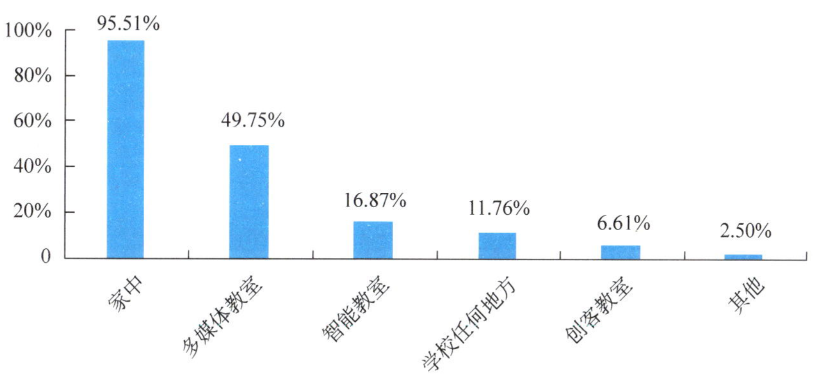

图 4-10　参与互联网学习的场所

4.2.3 先进技术的支持

互联网学习支持是指为学习者提供的资源与过程支持。在先进技术的驱动下，学生在互联网学习中获得的支持主要包括内容与资源、评价与反馈、策略与技能和动机与情感四个维度。

调查发现，学生在四个维度方面整体处于较高水平（如表 4-3 所示）。

表 4-3　学习者在互联网学习中获得的支持（N＝58758）

维　　度	平均值	标准差
内容与资源支持(S1)	3.86	0.86
评价与反馈支持(S2)	3.87	0.89
策略与技能支持(S3)	3.96	0.82
动机与情感支持(S4)	3.77	0.86
支持(S)	3.87	0.76

学生获得的策略与技能支持最高（均值为 3.96 分），动机与情感支持最低（均值为 3.77 分）。这一结果与对教师的调查结果较为一致，教师为学生提供了丰富的互联网学习策略与技能支持。

1. 内容与资源支持

互联网学习实践很大程度上依赖于优质的数字内容与资源支持。目前南京市学生使用的资源类型与获取方式多样，资源接受程度较好，且有一定的资源付费意愿。

（1）使用的资源类型

学生常用的资源类型丰富（如图 4-11 所示）。在参与调查的学生中，大多数学生常用资源索引类学习资源进行学习，占比为 75.76%。有超过半数的学生常用在线课程类资源进行学习，占比为 54.48%。还有部分学生使用辅助学习类、互动交流类、思维建模类、反思评价类的学习资源进行互联网学习。仅有 7.07%的学生没有使用过互联网学习资源。

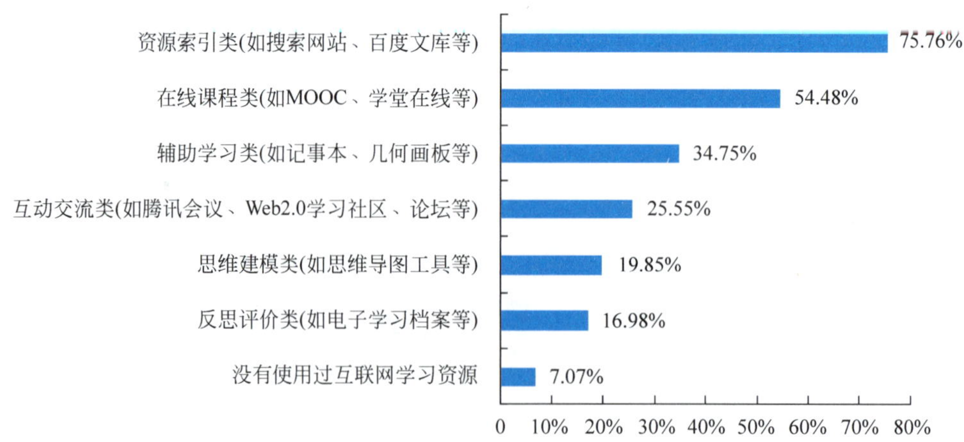

图 4-11　常用的学习资源类型

（2）资源获取的方式

学生获取网络学习资源的方式多样（如图 4-12 所示）。在参与调查的学生中，大多数学生可通过自己搜索获得学习资源（占比为 76.39%）。还有部分学生依靠教师推荐、同学推荐、网络推送等方式被动获取学习资源。

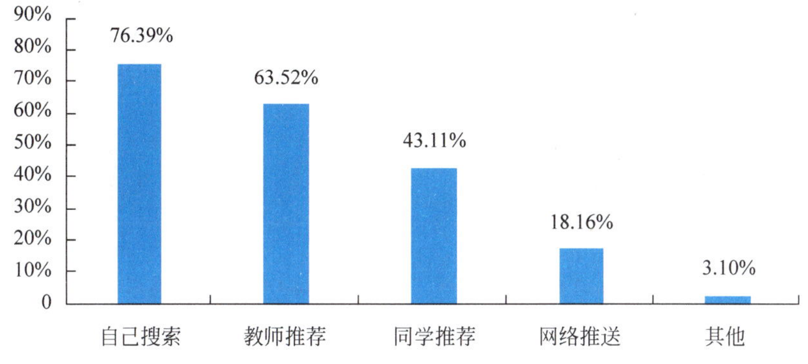

图 4-12　获取网络学习资源的方式

（3）资源使用的困扰

学生在资源使用过程中伴有部分困扰（如图 4-13 所示）。在参与调查的学生中，超过半数的学生在使用网络学习资源时遇到过广告信息，并对学习造成了干扰（其中有遇到过游戏广告的学生占比为 62.45%，遇到其他广告的学生占比为 57.90%）。也有部分学生遇到过不健康信息（占比为 41.15%）。仅有 22.55%的学生没有受到任何不良信息的影响。

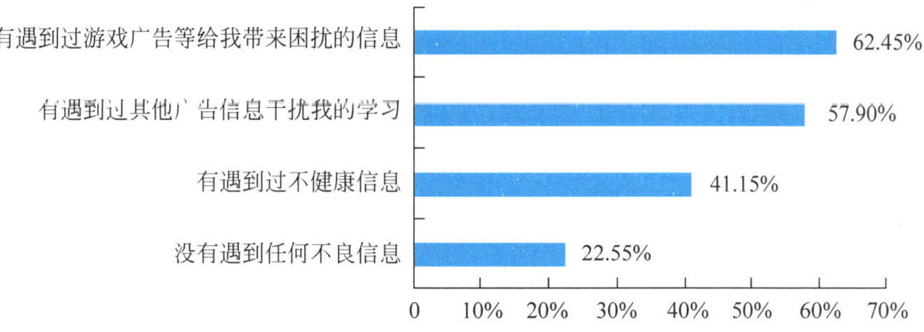

图 4-13　网络学习资源的使用困扰

（4）资源付费意愿

学生对付费购买网络学习资源的意愿不一（如图 4-14 所示）。在参与调查的学生中，极少部分学生非常愿意接受付费购买网络学习资源（3.94%）。虽有部分学生比较愿意接受付费资源（31.44%），但在不同程度上拒绝付费的学生相对更多（42.75%）。这说明学生对于付费资源的购买意愿不强。

（5）资源付费经历

在参与调查的学生中，购买过付费网络学习资源的学生占比为 48.35%，没有购买过任何付费资源的学生占比为 51.65%（如图 4-15 所示）。半数的学生没有网络学习资源购买经历，这可能与学生资源付费意愿有关。

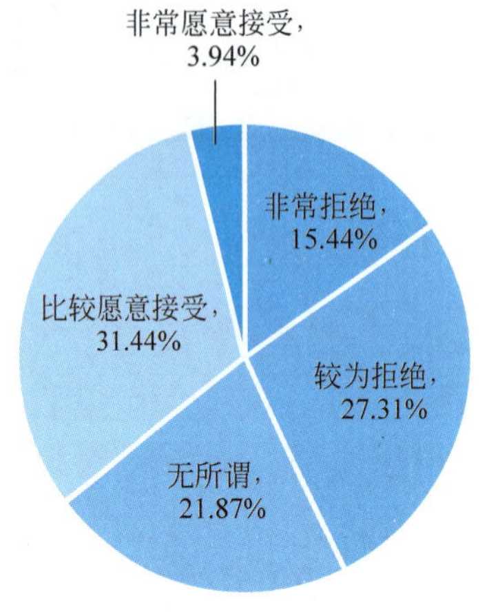

图 4-14　付费购买网络学习资源的意愿

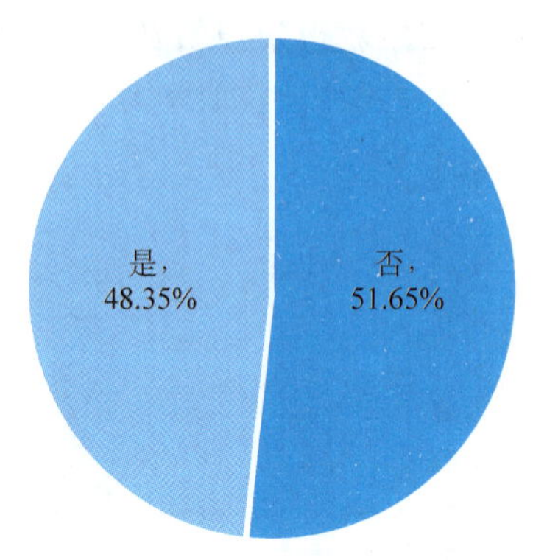

图 4-15　获取网络学习资源的方式

(6) 资源的接受度

互联网学习资源的接受度反映了学生对数字资源的利用情况(如图 4-16 所示)，在参与调查的学生中，大部分学生表示使用的互联网学习工具能够满足学习需要(均值为 3.90 分)，不仅容易获得互联网学习资源和工具，且在使用时操作简单、容易上手。这说明学生对于互联网学习资源的接受度较高。

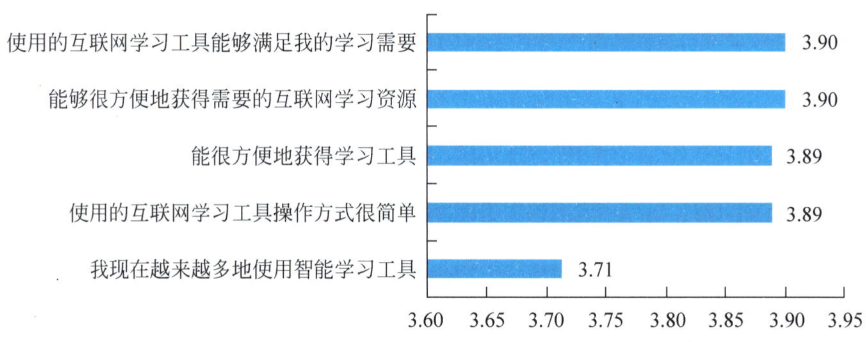

图 4-16　互联网学习资源的接受度

2. 评价与反馈支持

学生在互联网学习过程获得的评价与反馈支持的来源多样，主要来源于教师、学习系统和同学(如图 4-17 所示)。其中，教师能够及时为学生提供支持以及细致且有针对性的评价与反馈(均值均高于 3.87 分)。大多学生也认为学习系统给出的评价对自身的学习有很大帮助(均值为 3.86 分)，此外，他们也能够获得同学提供的支持(均值为 3.79 分)。

3. 策略与技能支持

学生在互联网学习中获得的策略与技能支持的来源多样，其中包括来自教师、家长和同学的帮助(如图 4-18 所示)，且家长支持高于教师支持和同学支持(均值分别为 4.15 分、3.96 分和 3.76 分)。学生受到来自家长的技能支持较多，主要涉及家长指导与管理学生的上网时间。其次是教师的支持，主要体现在教师告知学生利用互联网开展学习的注意事项、推荐互联网学习内容与过程管理工具、提供互联网学习策略与方法，这和教师卷中对于给学生提供的策略与技能支持的调查结果一致。从教师卷的调查结果可以看出，教师为学生提

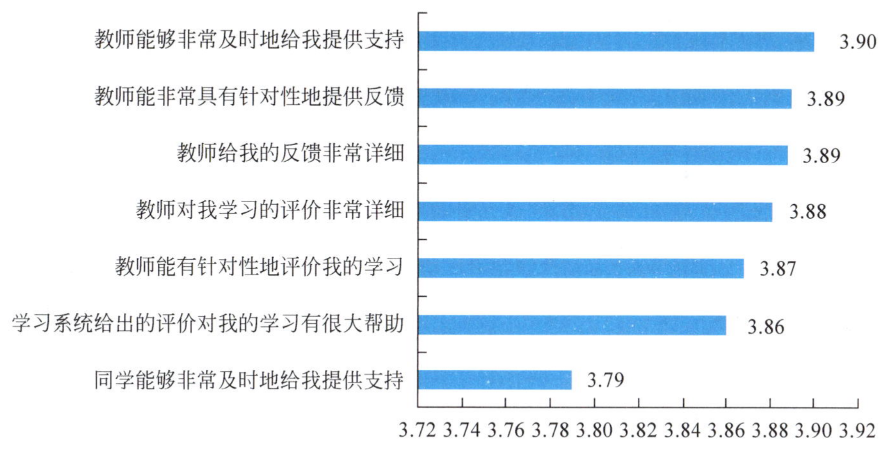

图 4-17 学生获得的评价与反馈支持

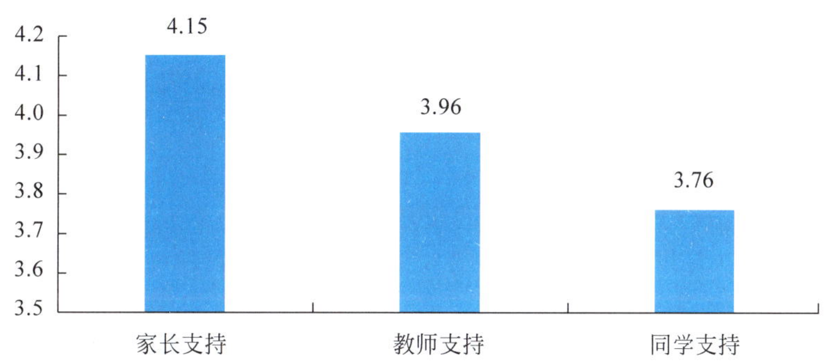

图 4-18 学生获得的策略与技能支持

供的策略与技能支持较为丰富，主要包括教师能够经常告诉学生互联网学习的注意事项，能够根据教学需要或学生兴趣为学生创建学习共同体，并能够提供互联网学习策略与方法等。

4. 动机与情感支持

学生在互联网学习过程中获得的动机与情感支持主要来自家长和学校（如图 4-19 所示）。家长在互联网学习中为学生提供了更多动机与情感支持（均值为 3.93 分），引导他们激发互联网学习兴趣，培养数字素养。由于部分学校可能对学生互联网学习有一定的限制与约束，因此学生认为来自学校的支持较少（均值为 3.43 分）。

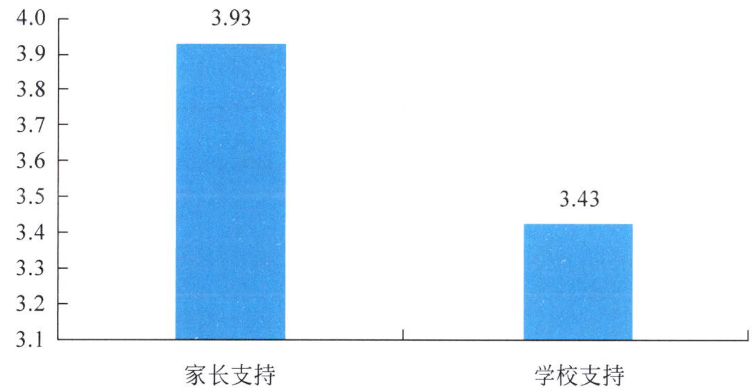

图 4-19 学生获得的动机与情感支持

4.2.4 学习过程的变革

互联网学习应用反映了学生在互联网学习中的过程体验，包括动机与期望、学习应用、应用场景、学习投入、学习效果、态度与体验六个部分。

1. 互联网学习应用整体情况

整体来看，互联网在学习活动中的应用处于较高水平（均值为3.84分）（如表4-4所示）。

表4-4 互联网在学习活动中的应用（N＝58758）

维　度	平均值	标准差
应用场景(A1)	3.85	0.81
学习效果(A4)	3.86	0.85
动机与期望(A5)	3.66	0.89
态度与体验(A6)	3.88	0.85
应用(A)	3.84	0.76

调查发现，学生互联网学习应用的态度与体验最好，动机与期望相对较弱，说明学生借助互联网参与自主学习、探究学习的体验感较好，态度较积极，学习动机与期望有待进一步加强。

2. 动机与期望

整体来看，学生参与互联网学习的动机较为积极，学习期望清晰（如图4-20所示）。70.86％的学生对自己有较高的期待，68.01％的学生是出于兴趣爱好开展互联网学习。向

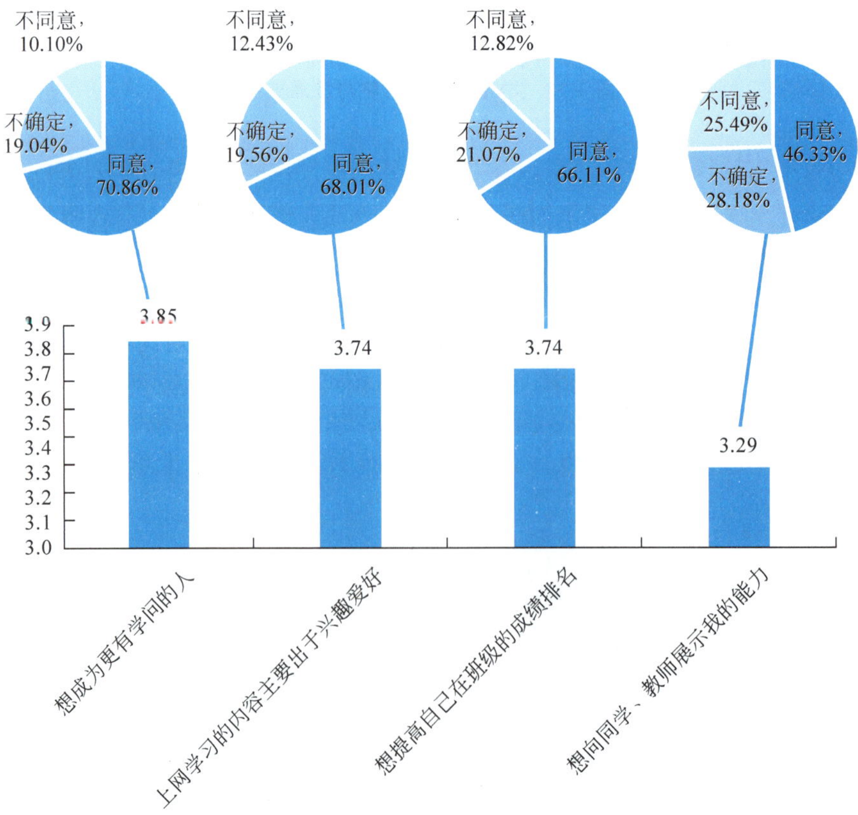

图4-20 互联网学习的动机与期望

教师展示能力的得分最少(均值为3.29分),表明学生互联网学习的动机更多是源自内部发展,希望丰富自身知识储备,提升自身发展水平。

3. 学习应用

学生互联网学习活动丰富多样(如图4 21所示)。72%以上的学生都参与过和其他学生一起上课、观看教学视频、听直播课等学习活动;半数左右的学生会在课后完成作业、浏览其他学习资源;少部分学生会主动寻求教师和他人的帮助、优化学习方法、得到来自外部的评价;仅有3.22%的学生从来不进行互联网学习。

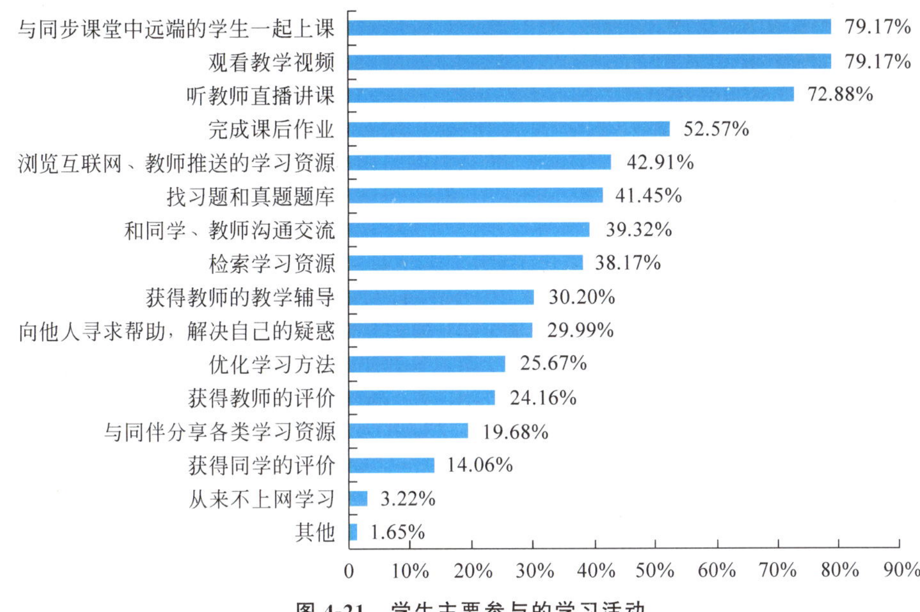

图 4-21 学生主要参与的学习活动

4. 应用场景

互联网学习的应用场景包括问题解决、探究学习、自主学习和混合学习等方面(如图4-22所示)。学生能够基于互联网开展问题解决、参与探究学习并开展自主学习(均值分别为3.97分、3.89分、3.86分),混合学习水平稍低(均值为3.64分)。在经历了大规模的在线教学后,混合学习已成为常态化学习趋势,因此后续需要引导学生借助互联网开展混合学习。

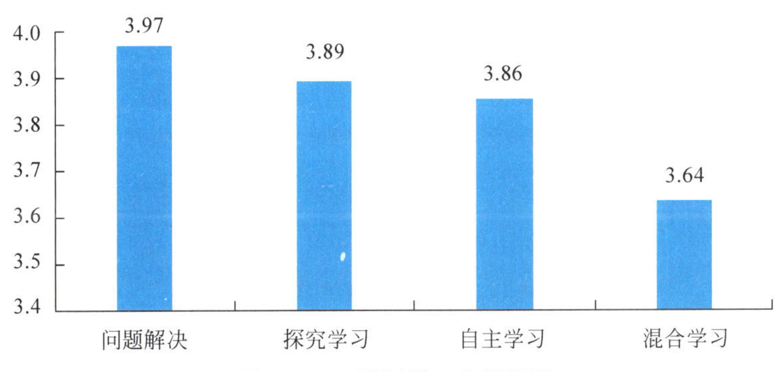

图 4-22 互联网学习应用场景

5. 学习投入

学生的互联网学习投入包括教师利用互联网支持教学的学科情况、学生参与互联网学习的活动情况以及学生进行互联网学习的投入时长情况。

（1）利用互联网支持教学的学科

在参与调查的学生中，多数学生认为教师经常利用互联网支持教学的科目有英语、语文、数学，其他学科利用互联网支持教学的教师相对较少（如图4-23所示）。

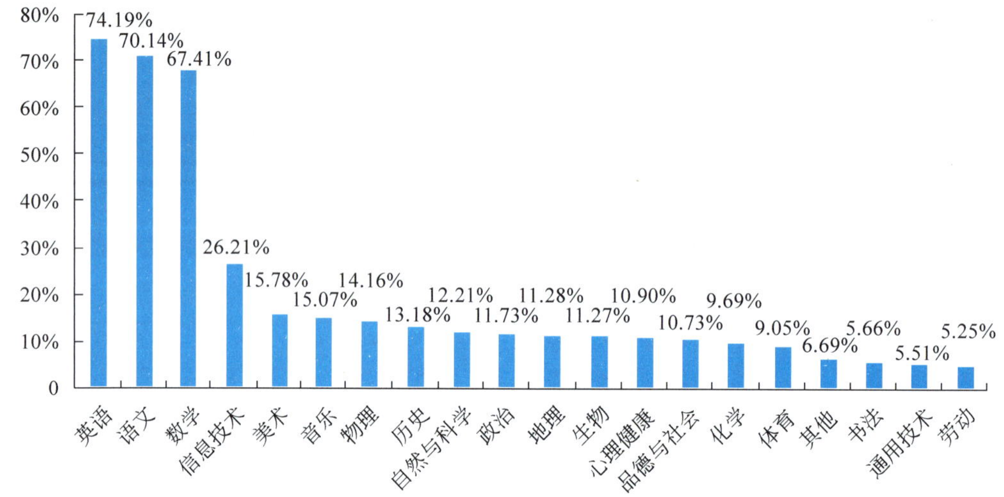

图4-23 利用互联网支持教学的学科

（2）参与互联网学习的活动

互联网学习中学生学习活动丰富多样（如图4-24所示），学生认为教师组织最多的互联网活动包括发布学习任务、组织学习成果汇报交流、分享学习资源，这一结果与教师卷的结果比较相符。

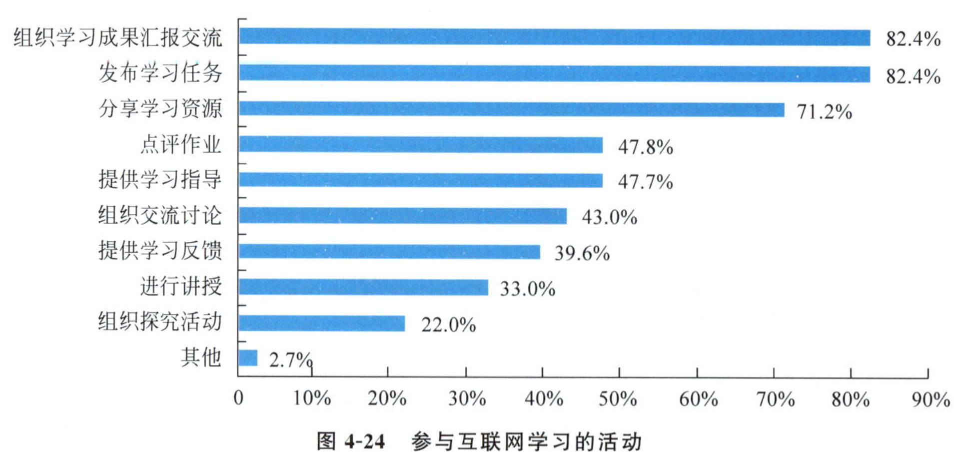

图4-24 参与互联网学习的活动

借助互联网能够帮助学生解决学习过程中的问题（如图4-25所示）。调查结果表明，70.62%的学生在遇到问题时会借助互联网查询与问题有关的信息，超过半数的学生有能力借助互联网搜寻解决办法或进行问题分析，少数学生在遇到问题时借助互联网向他人求助并分享个人收获。

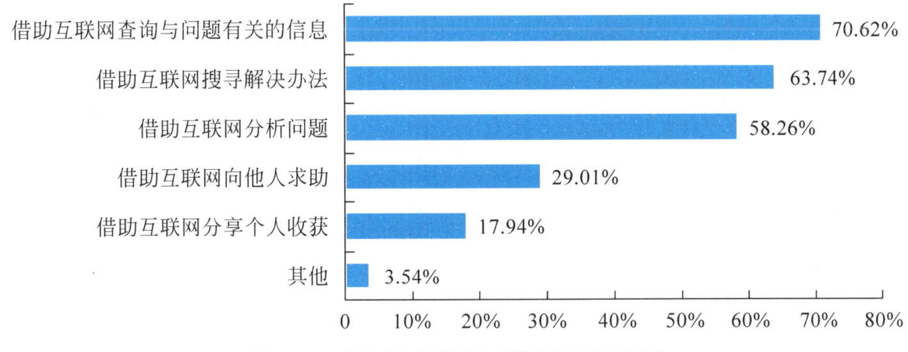

图 4-25　遇到问题借助互联网展开的活动

(3) 使用互联网学习的时长

学生使用互联网学习的时长相对集中(如图 4-26 所示)。在参与调查的学生中，超过半数的学生每天的互联网学习时长在 1 小时以内(占比 59.35%)，部分学生的学习时长在 1～2 小时(占比 24.47%)，极小部分学生的互联网学习时长在 2 小时以上(占比 5.07%)，仍有 11.11%的学生表示不使用互联网开展学习。

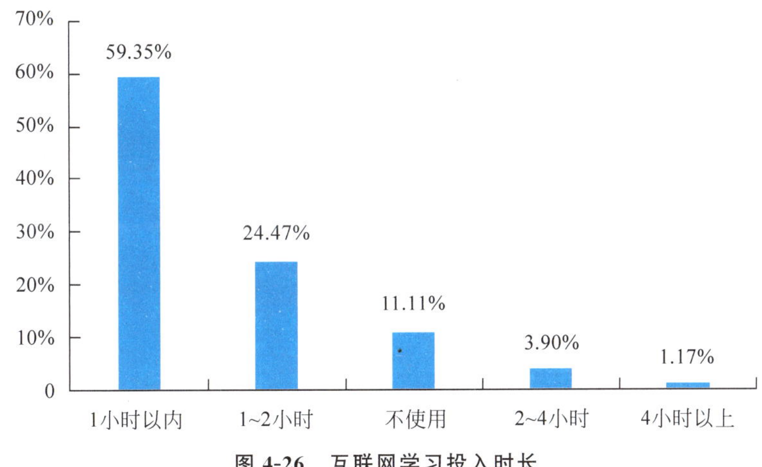

图 4-26　互联网学习投入时长

6. 学习效果

在互联网学习中，学生是主体，对学习效果有最深刻和最直接的体会。调查发现，学生在网上学习遇到困难时能够积极向他人寻求帮助，在合作学习过程中有所收获(均值分别为 3.94 分、3.90 分)。部分学生在经历多次自主学习后可以逐渐制定学习目标，在合作学习时还能给他人提供帮助并相互配合(均值分别为 3.85 分、3.84 分)。而学生在合作学习过程中提出批判性观点的能力有待提升(均值为 3.78 分)(如图 4-27 所示)。

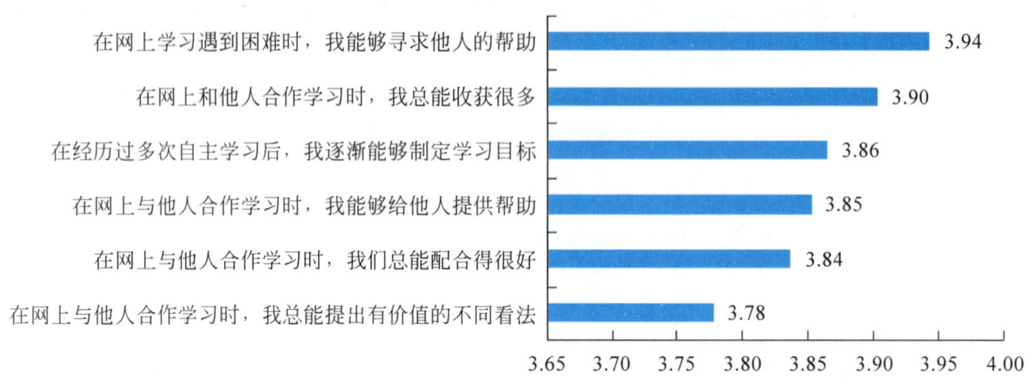

图 4-27　利用互联网学习的效果

7. 态度与体验

学生在互联网学习过程中的态度与体验包括学生参与自主学习、探究学习、混合学习的体验，以及学生对混合学习的态度。

（1）参与互联网学习的体验

学生参与互联网学习的体验整体较好（如图 4-28 和图 4-29 所示）。70%以上的学生能够借助互联网开展自主学习与探究学习，体验较好；仍有 7%左右的学生认为自己在互联网学习中体验较差。

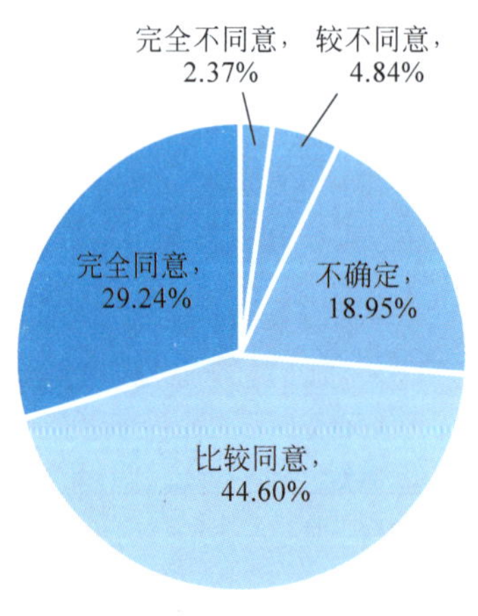

图 4-28　参与自主学习的体验

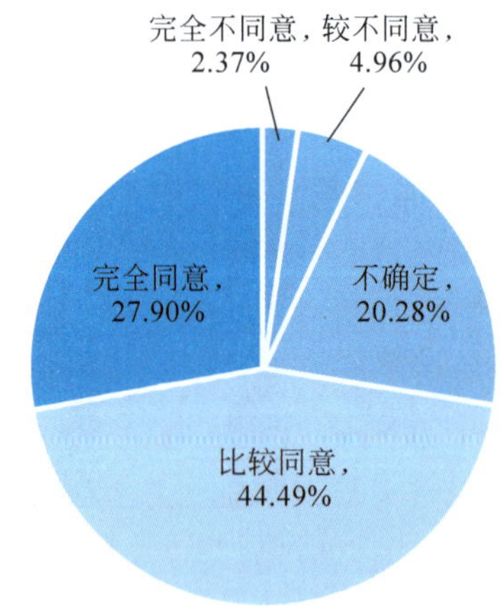

图 4-29　参与探究学习的体验

（2）对混合学习的态度

学生对于混合学习的适应情况整体较好（如图 4-30 和图 4-31 所示）。调查发现，66.86%的学生已逐渐适应混合学习形式，仍有 10.08%的学生适应情况不太理想。另外，63.61%的学生认为混合的学习方式有利于自己的学习，应该加以推广，仍有 11.63%的学生认为这种混合学习方式不利于自己的学习。

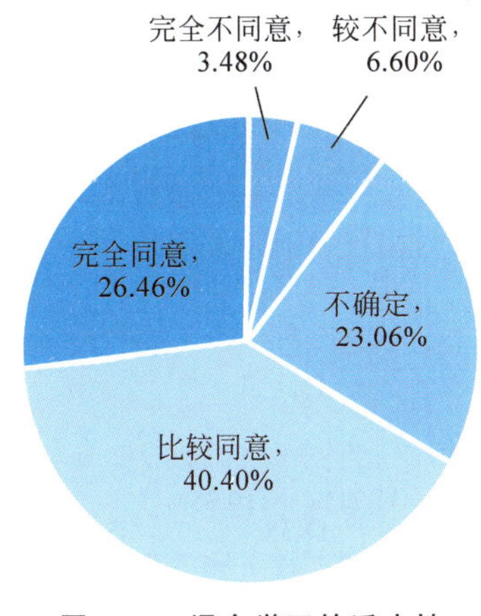

图 4-30　混合学习的适应性

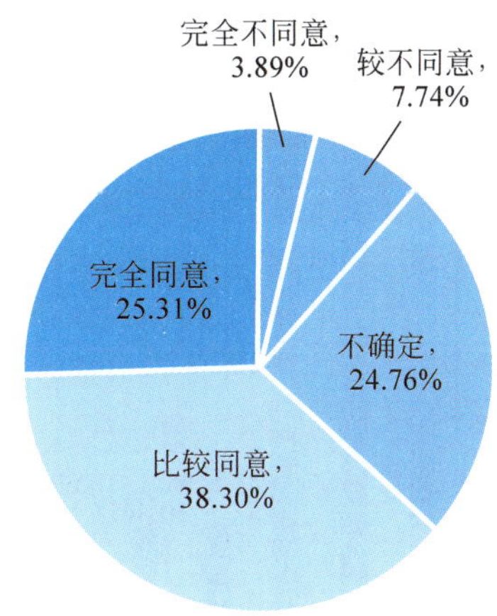

图 4-31　混合学习的效果感知

（3）参与混合学习的体验

调查发现，参与混合学习时师生之间的互动体验情况较好（如图 4-32 所示）。在参与调查的学生中，大部分学生表示老师能及时给予学习指导和鼓励支持（均值分别为 3.99 分、3.97 分），并喜欢参加老师组织的互联网学习活动（均值为 3.93 分），而与同学之间的合作互动有进一步提升的空间。

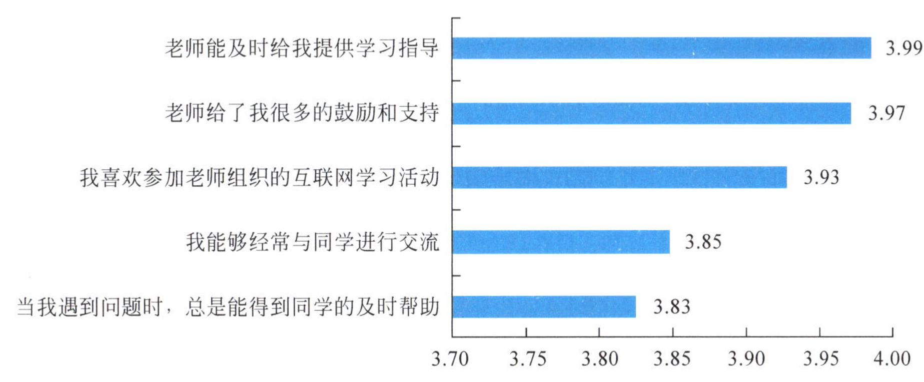

图 4-32　参与混合学习的体验

4.2.5　疫情期间互联网学习开展情况

对疫情期间南京市学生互联网学习开展的实际情况进行调查，主要是从学习科目和具体的学习活动方式两方面展开。此外，也调查了在互联网学习的过程中，部分学生反馈的实际问题以及改进建议。

1. 学科参与情况

疫情期间，各学科借助互联网开课的情况如图 4-33 所示。绝大多数同学都参与过数学、语文、英语的互联网学习，占比分别为 93.51%、92.77%、86.43%，学生参与其他学科互联网学习的情况相对较少。

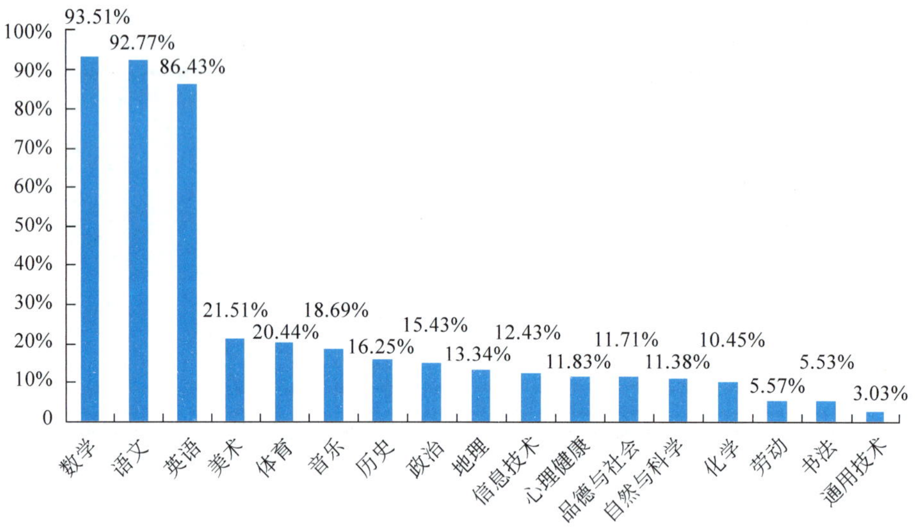

图 4-33 疫情期间参与的互联网学习科目

2. 学习活动方式

疫情下互联网学习活动情况如图 4-34 所示。超过半数的学生参与了名师直播课堂与在线互动直播，部分学生也会观看教师自己录制的网络录播课程、利用教师下发的资源包进行自主学习或利用在线工具进行协同学习等。

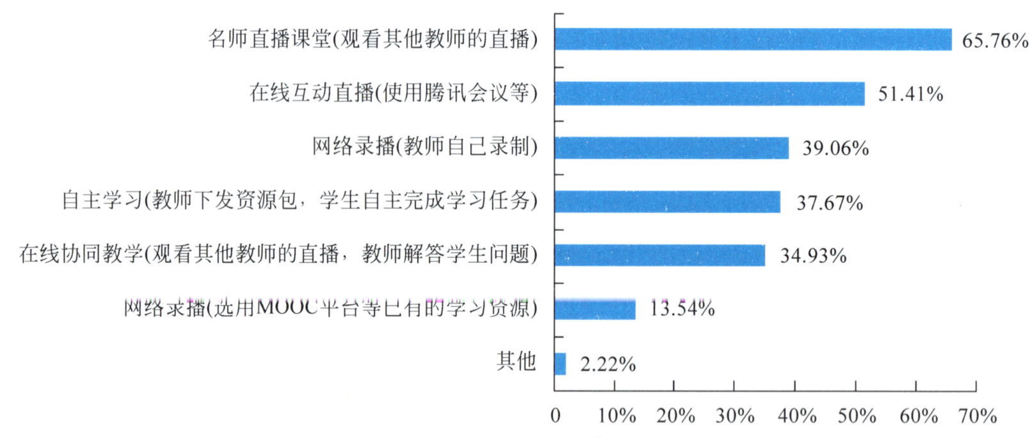

图 4-34 疫情期间教学组织方式

3. 存在的问题

疫情期间，学生在互联网学习中遇到了诸多问题(如图 4-35 所示)。部分问题与教师相关，如对授课教师不适应、教师无法及时解惑、教师的教学方式不适合在线学习等(分别占比30.31%、28.14%、16.34%)。部分问题来自学习平台，如平台不稳定、学习资源缺乏、平台不统一等(分别占比 23.50%、23.36%、13.60%)。还有部分问题来自基础环境，如互联网干扰多、网络信号差、上网设备缺乏等(分别占比 23.15%、12.83%、11.13%)。

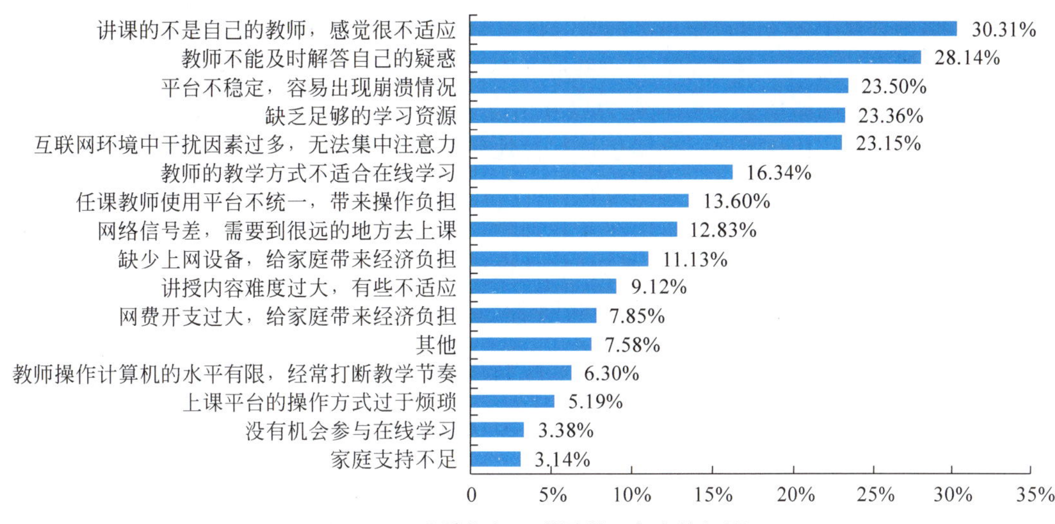

图 4-35 疫情期间互联网学习存在的问题

4. 改进的建议

针对上述问题，58.64%的学生认为应该丰富现有学习资源，也有部分学生认为当前的互联网学习体验还可以从教师教学能力、平台整合、作业形式、教学组织方式等方面进行改进(如图 4-36 所示)。

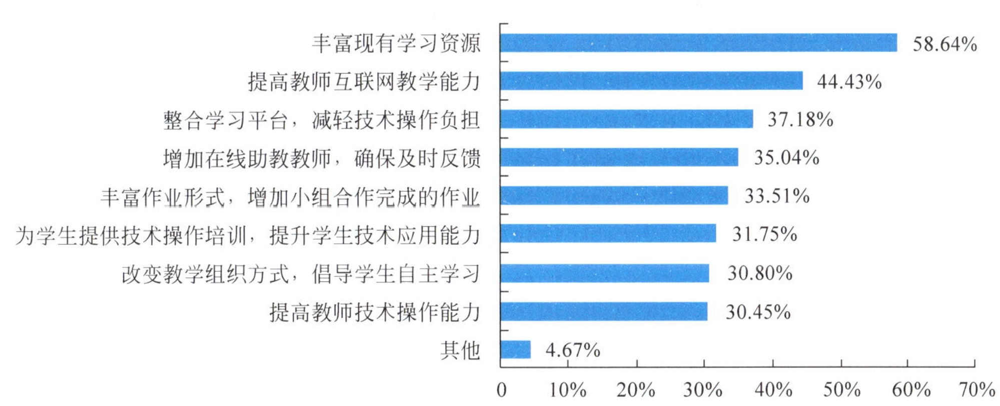

图 4-36 学生提出的互联网学习改进建议

4.3 互联网背景下的学生成长

互联网学习的移动性、灵活性与泛在性，为学生带来了深刻的学习体验，能够提高学生解决问题的能力，促进自我价值的实现。结合 CASE 评价指标，南京市学生互联网学习指数为 3.79 分(满分为 5 分)，说明他们能够较好地适应互联网学习环境与学习方式，具有互联网学习胜任力。

4.3.1 互联网学习能力强，信息素养需要提高

学生是互联网学习的主体，在实践中具有较高的投入度与较好的胜任力。南京市的学生具有较高的自我调控能力(均值为 3.89 分)，能够自己制订互联网学习计划、控制学习进度并按

时完成，在学习过程中会及时调整自己的学习状态专心学习。此外，南京市的学生具有较好的数字素养（均值为3.82分），注重隐私保护并遵守网络道德，利用互联网获取信息及解决问题的水平较高，但是在对网络信息的甄别能力以及信息分享能力方面表现稍弱，安全意识不够强烈。因此，学校、家长、社会需要引导学生批判性地使用数字技术，提升他们理解、整合与创造数字资源的能力，引导他们借助互联网形成面向当前社会与未来社会的问题解决能力。

通过进一步分析不同特征的学生在互联网学习中的差异发现，小学生在互联网应用能力、获得的支持等方面显著高于其他学段；鼓楼区学生获得的学习支持最多，互联网学习胜任力也处于领先地位；农村学校学生的互联网学习能力也处于优势地位。

4.3.2 设施建设满足需求，空间应用有待提升

互联网学习空间是影响学生学习投入与学习体验的重要因素，最终影响良好教学效果的达成。60%以上的学生反馈网络基本流畅，虽然有时候有点卡，影响互联网学习体验，但基本能够完成在线学习的任务，这表明南京市信息化基础设施建设经受住了大规模互联网学习的挑战。互联网学习平台来源多样，基本能够满足学生学习需要。大部分学生在家或学校多媒体教室中开展互联网学习，移动终端主要采用智能手机和平板电脑。

此外，26.99%的学生表示没有开通或使用网络学习空间，后续需要继续推进“网络学习空间人人通”建设，打通学生互联网学习“最后一公里”。

4.3.3 学习支持来源多样，但仍需进一步优化

互联网学习支持能够帮助学生获得较高的情感体验、资源服务、知能结构与认知能力等。南京市学生在互联网学习过程中，得到来自家长与教师的充分的学习支持，有助于学生快速克服学习方式转变带来的不适感。在此过程中，他们获得了互联网学习多样化的策略与方法，明确了如何科学地使用互联网开展学习。此外，学生获得的内容与资源支持丰富多样，以在线课程和资源索引为主，后续可适当引导学生使用多样高效的学习资源和学习工具，如电子画板、思维导图等，辅助表征认识活动。

此外，尽管我国互联网净化行动已取得较大进展，但依旧有超过半数的学生在互联网学习过程中意外遭受过不良信息的影响，这些不健康的网络“牛皮癣”轻则干扰学生的互联网学习活动，重则可能影响青少年的身心健康发展，需要加以优化与管控。

4.3.4 学习应用动机较强，学习活动充实丰富

互联网学习应用反映了学生互联网学习态度、学习过程、学习投入与学习效果。南京市学生对互联网学习持有积极态度，参与互联网学习的动机主要源自自身发展的需求，他们愿意积极参与丰富多样的学习活动，除了基本的远程上课和观看教学视频外，部分学生还会为了丰富自身知识储备而去浏览其他资源，并在遇到困难时积极与教师、同学沟通。因而在学习效果方面，大部分学生在自主学习、探究学习和问题解决过程中都有所收获。

疫情期间，互联网学习是学生的主要学习方式，学生主要通过观看名师直播课堂、师生在线直播互动、网络录播、观看教师发的资源包进行自主学习等丰富的方式开展学习活动。尽管如此，仍有部分学生表示由于授课教师不是自己的老师，不能适应教师的教学方式；或者教师无法及时解答疑惑等。学生习惯于传统教学中可以和教师及时交流的模式，因此互联网学习中需要加强与学生的在线交流互动，尽量增加能够使学生感到温暖或放松的互动方式，让学生在轻松的氛围中学习，及时为学生提供学习指导、答疑解惑。

第5章

互联网学习时代的南京市教育变革

互联网学习时代的南京市教育变革部分从管理者层面审视互联网教学组织规划与部署，以描述组织互联网教学的现状为主，旨在呈现南京市学校的组织规划和互联网教育实施情况，包括区域学习空间、学习样式南京经验、现代技术学习体验、管理服务模式提升、网络时代办学特征、疫情期间开展教学管理情况六个方面。

5.1 整体情况

为探讨南京市基础教育学校管理者对互联网时代教育变革的整体概况，调查团队对南京市11个区的学校管理者进行调查，问卷按照“互联网学习CASE模型”进行设计，共包含79项内容，共回收问卷710份，其中有效问卷501份，有效率为70.56%。回收数据α信度系数为0.963，具有较好的信度。

5.1.1 基本信息

对管理者互联网学习基本信息的调查主要包括年龄、性别、教龄、从事管理工作的年限、学历、学科背景、所在学校性质、所在学校区域级别、培训次数等。被调查的管理者中，36～45岁的人数占比最大(39.12%)，55岁以上的人数所占比例最小(1.60%)；女性所占的比例为51.10%，男性所占比例为48.90%；教龄在20年以上的管理者所占比例最大，为49.50%，5年以下教龄的管理者所占比例只有14.97%，所占比例最小的是教龄分布在11～15年的管理者，占比为8.98%；多数管理者在从事管理工作之前已经有较多的教育经验，5年以下的管理者占比最大(40.72%)，其次是6～10年(23.95%)；本科学历的管理者所占比例最大(87.82%)，其次是硕士研究生(10.38%)，博士研究生所占比例最少(0.20%)；学科背景为语文的人数占比最大(35.13%)，数学次之(23.15%)；管理者所在学校占比最大的是小学(68.06%)，初级中学次之(18.36%)，其次为高级中学(6.99%)；在市区学校任教的老师所占比例最大(49.30%)，城镇次之(33.33%)，乡村学校占比最少(17.37%)；59.88%的管理者参加互联网相关的培训频率每年为三次以上，每年参加两次培训的人数占比次之，为16.57%，只有1.40%的管理者从未参加过互联网相关的学习培训。

5.1.2 基本状态

通过对南京市基础教育学校管理者2020年互联网教学情况的调查分析发现，南京市各中小学校管理者能够有效推进本校互联网学习建设，利用互联网技术改进本校的教与学，整体情况较好。

在互联网学习空间建设方面，南京市各中小学能够完善互联网基础设施支持与保障措施，丰富平台与系统，提供便携式移动终端。

在互联网教育应用场景建设方面，学校能够为教师提供设备和平台，充分开展信息化教学培训活动，提高教师利用互联网开展教学活动和教研活动的能力，但是在引导学生使用互联网进行学习方面还有待提高。

在互联网学习支持方面，随着互联网技术的发展，南京市各学校教学中的技术支持越来越丰富，教育和管理已逐渐变革。从总体上看，南京市提供的技术支持对教师和学生的发展十分有利，较好地促进了学校管理、教师教学、学生学习及家校合作。

在互联网管理服务方面，南京市学校管理者能够意识到学校改革教育管理模式过程中互联网发挥的正面影响，积极开发教育管理资源，为师生提供互联网环境保障，加强家校之间的信息共享与交流。

在互联网时代办学特征方面，从总体上看，南京市课程建设情况良好，学校开展了多种教学组织方式，教师和学生能够较好地开展教学与学习活动。

疫情期间，南京市各中小学校教学管理情况较好，学校在线教学组织方案涉及家校合作、教研团队、教学模式、课程团队、技术保障、能力提升等多方面，能够为师生在线教学提供基本支持与保障。

5.2 南京市整体学习条件分析

随着信息技术在教育中的普及和发展，南京市各个学校的互联网教育在应用、支持、环境、管理等方面表现优良，管理者积极顺应时代发展的潮流，在不断引进新技术的同时，持续探索教学和管理中的技术应用，发挥互联网在教育教学管理中的作用。

5.2.1 网络时代办学特征

互联网技术的发展衍生出了许多其他场所的教学形式，例如场馆学习、在家直播学习等，多种类型、多种方式的学习促进了学生主动学习、自主学习，提高了学生解决问题的能力。

1. 学校组织方式

学校组织方式分为“除实体学校外的教学场所”和“所组织的协同教学形式”两个子维度。

(1) 除实体学校外的教学场所

互联网的泛在性特点为学生提供了泛在的学习场所。目前，学校利用校外场所开展教学的情况如图 5-1 所示，64.67%的学校除自身实体学校外没有其他教学场所，利用虚拟实验室、虚拟科技馆、虚拟博物馆开展教学活动的学校均较少（分别占比 24.15%、16.77%、6.39%）。后续学校可以关注如何借助非正式学习场所促进学生互联网学习，丰富师生教学空间。

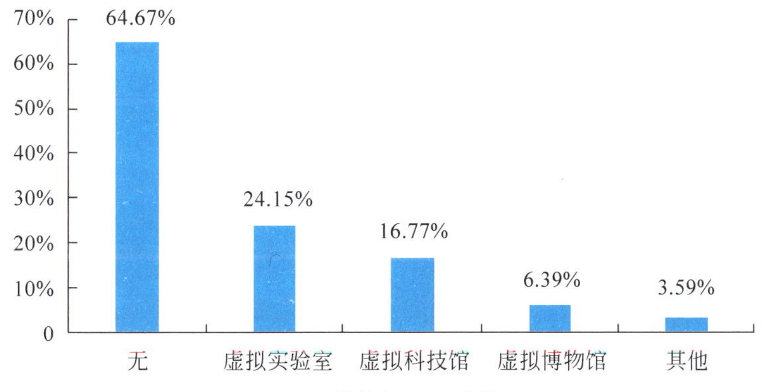

图 5-1 学校组织方式情况

(2) 所组织的协同教学形式

整体上，南京市各学校能够较好地组织协同教学(如图 5-2 所示)。80.44%的学校能够积极依托互联网开展名师网络课堂、在线答疑等活动；53.29%的学校能够组织开展跨校际协作探究，促进优秀校际资源的共建共享；51.50%的学校积极利用同步课堂、专递课堂，帮助缺乏师资的学校利用信息化手段提高教学质量，扩大优质教育资源覆盖面；仅有 8.18%的学校没有开展协同教学。

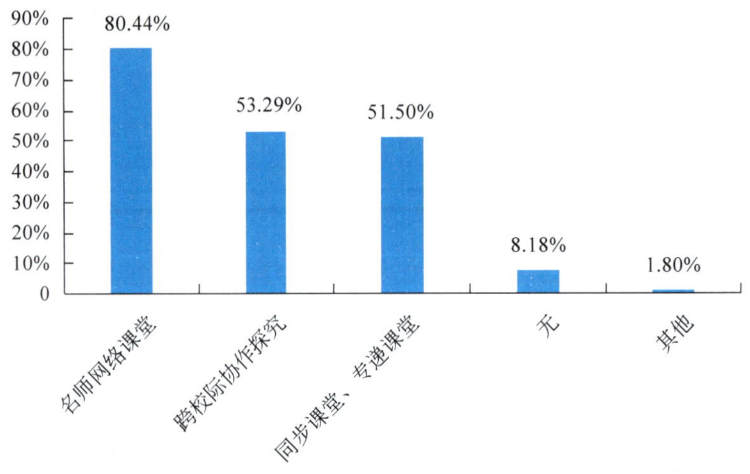

图 5-2 所组织的协同教学形式情况

2. 课程建设情况

在互联网教学推进过程中，学校积极开设多种类型的课程，采用多样化的实践方式，确保互联网教学质量。

(1) 网络课程建设数量

各学校建设网络课程的数量分布情况如图 5-3 所示。73.93%的学校建成 1～3 门网络课程，2.78%的学校建成 7～9 门网络课程，16.88%的学校没有建设网络课程。通过进一步分析发现，大多网络课程为信息技术课程，包括创客教育、编程、3D 打印、机器人、网络安全教育等，部分课程为德育、心理、阅读、校本课程等，艺术类课程多为美术、木工等(如图 5-4 所示)。

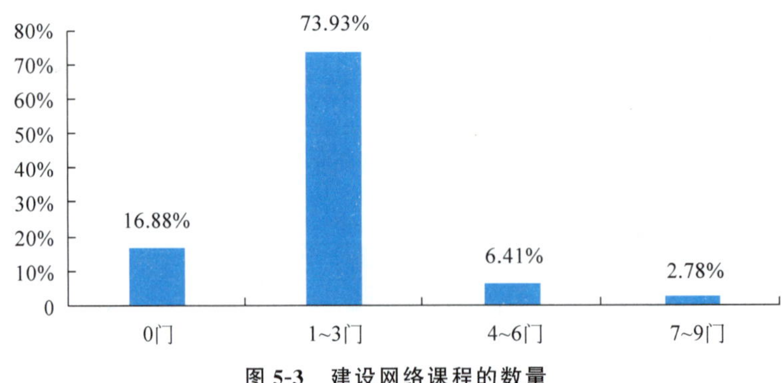

图 5-3 建设网络课程的数量

图 5-4 建设网络课程的类型

(2) 网络课程建设方式

各个学校主要采用与企业合作(占比为 60.88%)、与社会机构合作(占比为 57.29%)、与博物馆合作(占比为 47.51%)等方式建设网络课程(如图 5-5 所示)。

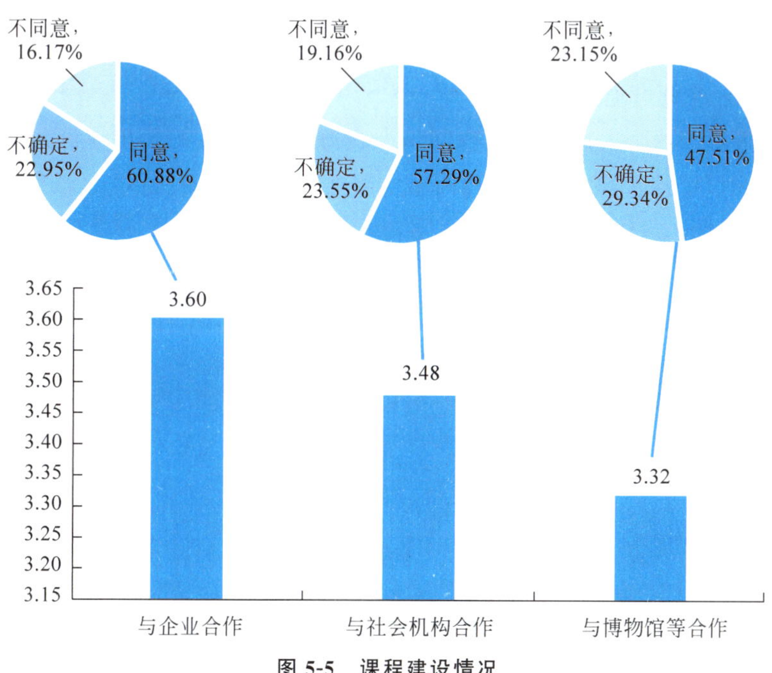

图 5-5 课程建设情况

5.2.2 区域学习空间优化

随着信息化的发展,教育领域在互联网的作用下发生着持续的优化、增长和创新,基础教育领域融入互联网这一要素,学习空间也在不断进行创造和延伸。整体来看,南京市各中小学互联网学习空间建设已初见成效。

1. 互联网学习空间整体情况

对管理者感知的互联网学习空间的调查主要包括平台与系统、终端设备、基础设施三个方面。整体来看，管理者感知的互联网学习空间情况较好，均值为4.08分（如表5-1所示）。

表5-1 管理者互联网学习环境的能力统计（N=501）

维　　度	平均值	标准差
平台与系统（E1）	3.92	0.89
终端设备（E2）	3.89	0.99
基础设施（E3）	4.18	0.72
环境（E）	4.08	0.71

其中，基础设施的均值最大（4.18分），说明管理者认为学校互联网环境中基础设施建设良好，终端设备的均值最小（3.89分），表明管理者还是要根据实际情况，关注教师和学生的需求，有针对性地为他们提供设备。

2. 平台与系统

平台与系统主要包括个人学习空间的开通情况、个人学习空间的应用情况，以及利用学习空间整合学习资源的情况。

（1）网络学习空间开通情况

南京市管理者开通个人网络学习空间情况良好。72.06%的管理者已经开通了个人学习空间，仍有15.17%的管理者没有开通网络学习空间（如图5-6所示）。

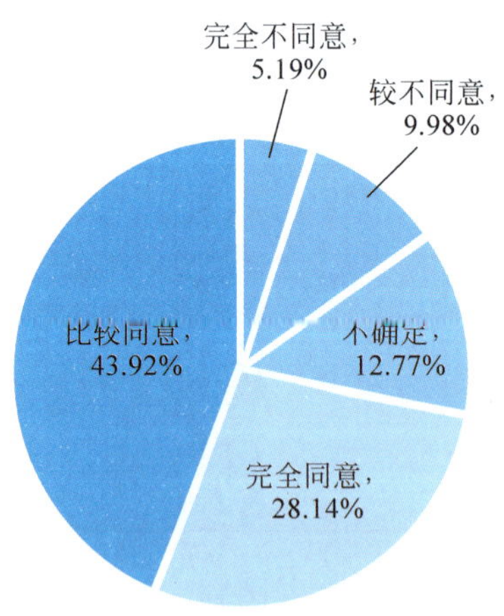

图5-6 个人网络学习空间开通情况

（2）网络学习空间应用情况

南京市各中小学网络学习空间的应用普及工作效果较好，30.54%的管理者完全同意自己经常使用网络学习空间开展日常管理工作，46.91%持比较同意的态度；完全不同意的管理者所占比例最小，为2.99%，这表明约四分之三的管理者能够使用网络空间来开展日常管理工作（如图5-7所示）。

(3) 利用学习空间整合资源情况

南京市各中小学网络学习空间资源整合效果很好,80.23%的管理者能够利用学习平台整合学习资源,8.59%的管理者利用空间整合资源的情况有待提升(如图 5-8 所示)。

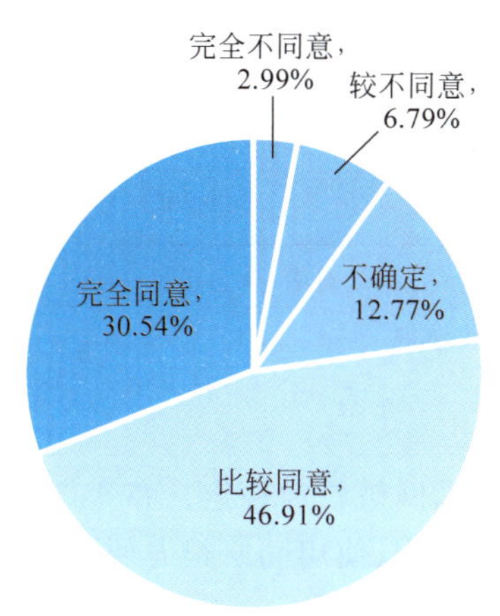

图 5-7 个人网络学习空间应用情况

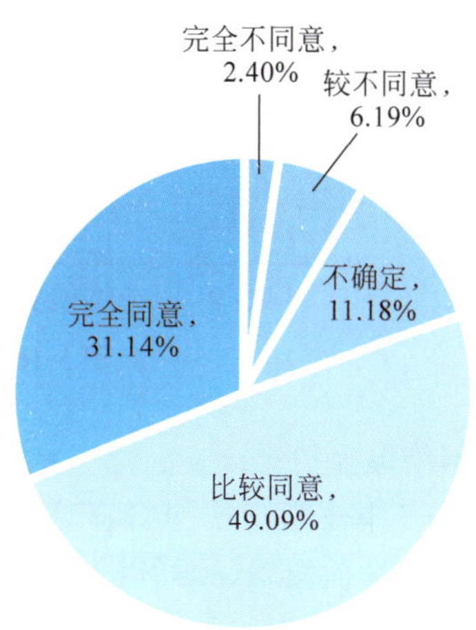

图 5-8 利用学习空间整合资源情况

3. 终端设备

通过对学校为师生配备在线教学设备的调查发现(如图 5-9 所示),相较于学生而言,学校更愿意为教师提供移动教学终端。这表明大多数教师和学生能够获得开展在线教学或学习的终端,但管理者对学生的态度更为保守;不同意为学生提供移动学习终端的管理者占比为 16.57%,而不同意为教师提供终端的管理者仅有 8.58%。

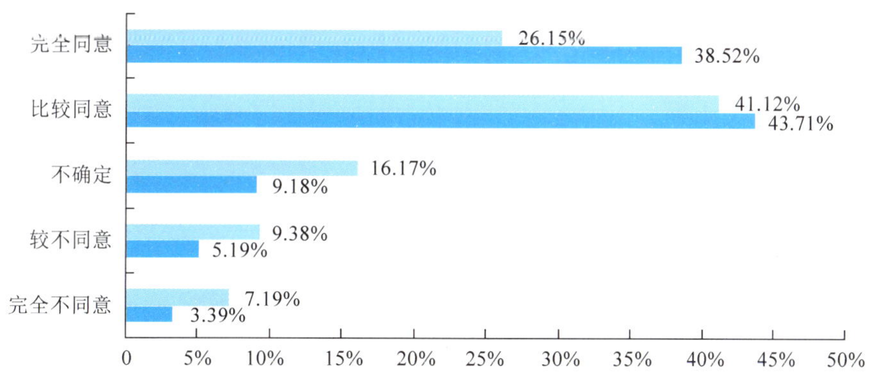

图 5-9 学生和教师终端设备的配备对比情况

4. 基础设施

本部分共包括 6 项内容:学校网络接入方式、网络覆盖情况、终端可及性、管理工具的类型、管理工具的功能、管理工具的获得性。

(1) 网络接入方式

对南京市各中小学网络接入方式情况的调查表明(如图 5-10 所示),95.81%的管理者表示学校接入了网络。其中 46.32%的学校网络接入方式为光纤,所占比例最大,其次是无线网络，所占比例为28.34%；使用移动网络的学校仅占2.79%。

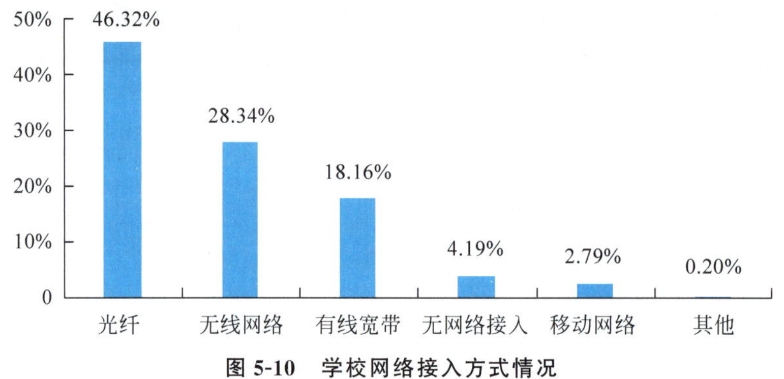

图5-10　学校网络接入方式情况

(2) 网络覆盖情况

南京市各中小学学校网络覆盖情况较好，网速较快，网络较为稳定。95.61%的学校已实现校园网络全面覆盖，80%以上的管理者认为网络很稳定、使用网络很方便，78.65%的管理者对学校网络很满意(如图5-11所示)。

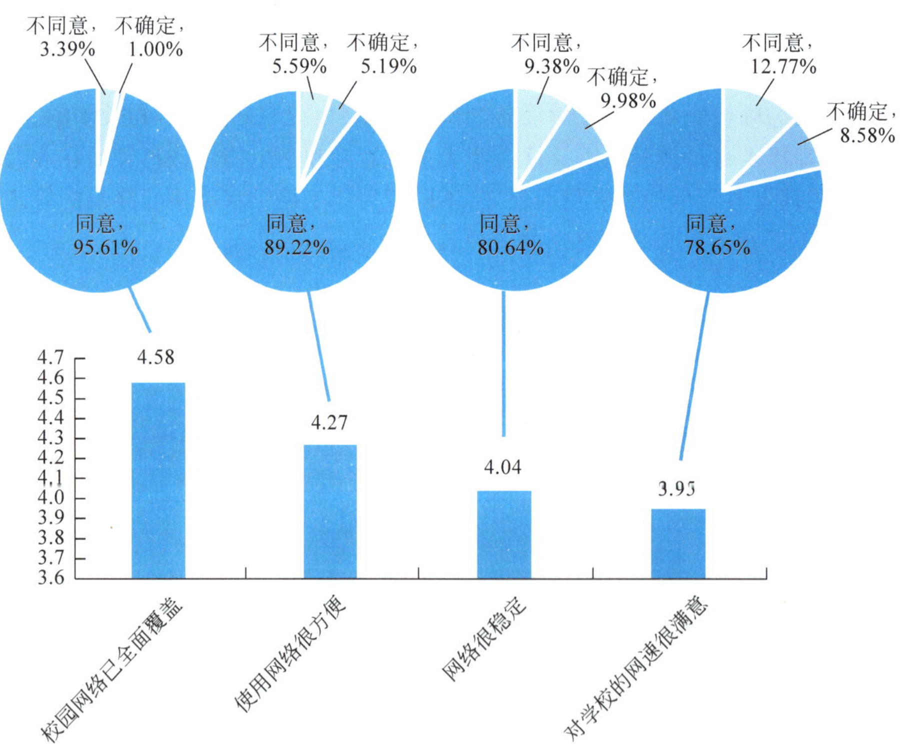

图5-11　网络覆盖情况

(3) 终端的可及性情况

90%以上的管理者在日常管理工作中能方便地使用各种设备上网，仅有4.60%的管理者不能方便地使用移动终端开展管理工作(如图5-12所示)。

(4) 管理工具类型

南京市各中小学校能够利用多样化的管理工具开展师生管理活动，主要包括学校办公系统(90.42%)、教师管理系统(83.43%)、学生管理系统(69.26%)、教学资源管理系统(66.27%)、后勤服务系统(65.07%)、教学评价系统(54.29%)等(如图 5-13 所示)。

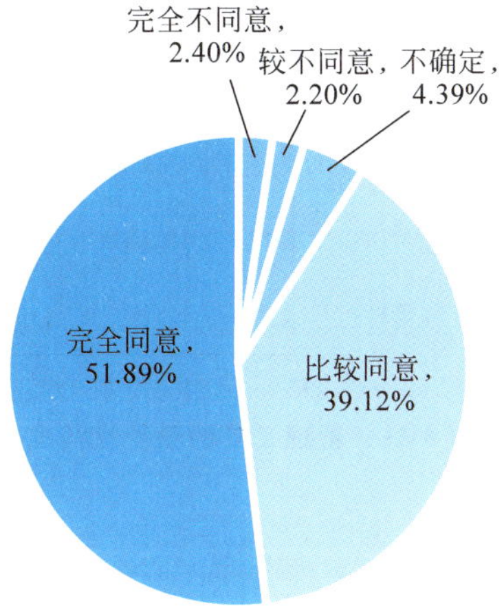

图 5-12 终端可及性情况

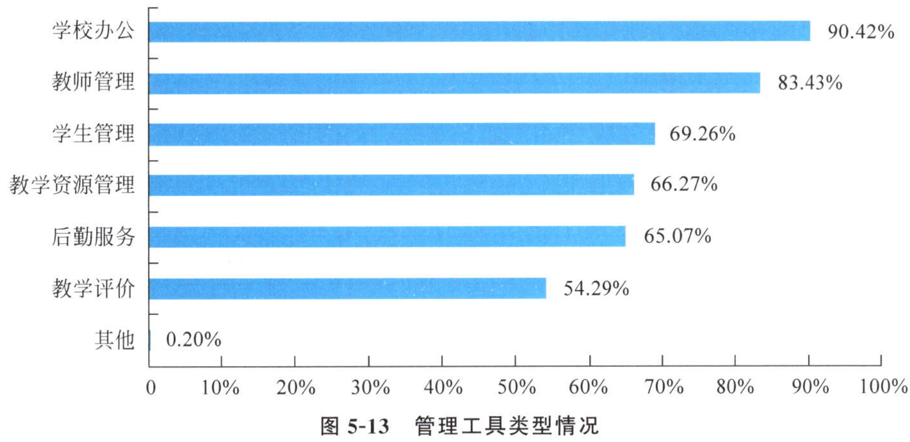

图 5-13 管理工具类型情况

(5) 管理工具功能

管理者使用的管理工具功能较为丰富，包括智能管理功能(77.45%)、大数据分析功能(69.86%)、智能推荐功能(52.10%)、实时预警功能(30.74%)等(如图 5-14 所示)。

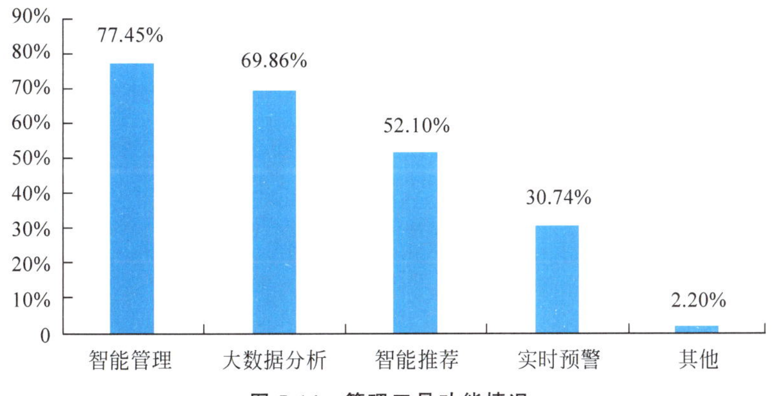

图 5-14 管理工具功能情况

(6) 管理工具获得性

整体来看，管理者对自己所使用的管理工具认可度和满意度非常高(如图 5-15 所示)，当前的管理工具便于获得、界面简洁友好、操作简单易上手、能够满足管理工作需求(均值均高于 4 分)。

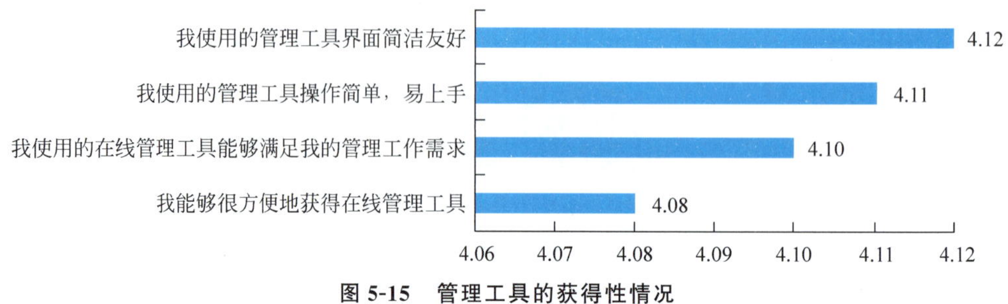

图 5-15 管理工具的获得性情况

5.2.3 现代技术学习体验

互联网技术的发展为学校教学、管理、评价和生活服务等方面提供了便利。整体上看，学校在数字校园建设中为师生提供了先进技术的支持，并促进了学校管理、教师教学、学生学习及家校合作。

1. 数字校园的建设

"数字校园建设"包括"未开始建设""正在建设""已经建成"，分值分别记为 1～3 分。该维度均值为 2.39 分，说明目前学校数字校园建设情况较好(如表 5-2 所示)。

表 5-2 数字校园建设情况(N=501)

维　度	平均值	标准差
数字校园建设(S1)	2.39	0.51

整体来看，数字校园建设情况较好。90%以上的学校完成了数字终端、资源空间、数字化教学空间建设，85%以上的学校建有文化生活空间(如图 5-16 所示)。

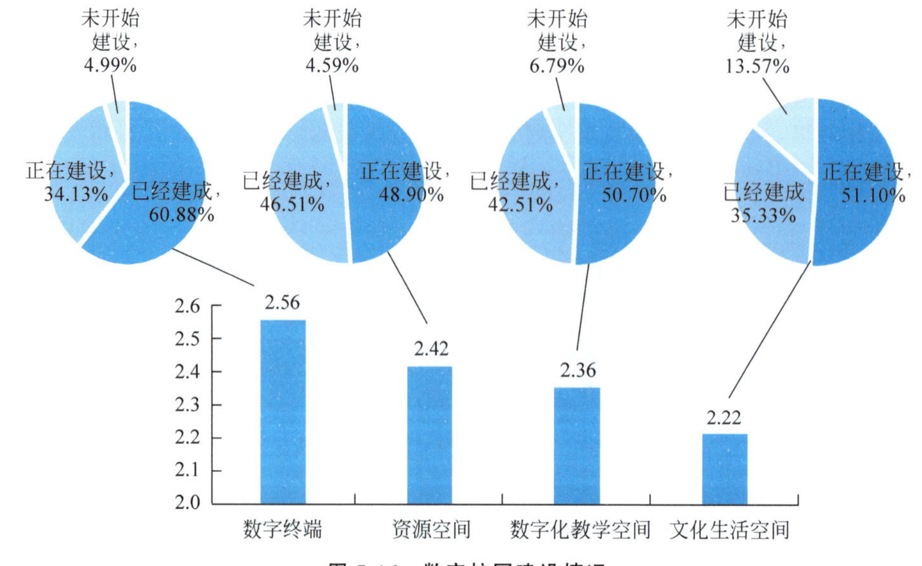

图 5-16 数字校园建设情况

2. 数字校园的功能

在“互联网＋教育”模式下，各类智能平台为教师教学、教育管理、教育评价以及生活服务等提供便捷和高效的应用，促使个性化的服务更加精准，家校之间的联通更加畅通。

(1) 教育教学方面提供的支持

数字校园的建设为教育教学提供了丰富的教学资源与实践支持。80％以上的管理者在教学资源和课堂教学方面提供了支持，70％以上的管理者能够在网络备课、网络教学与教研方面提供支持(如图 5-17 所示)。

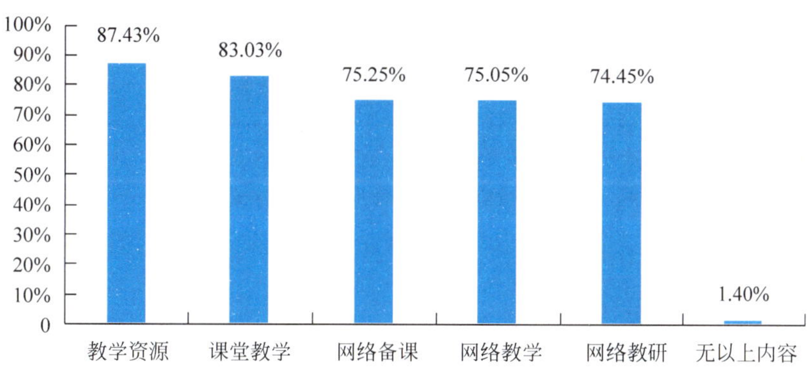

图 5-17　教育教学方面提供的支持情况

(2) 教育管理方面提供的支持

数字校园为教育管理方面提供的支持如图 5-18 所示，主要包括教务管理支持(92.22％)、学生管理支持(87.43％)、行政管理支持(86.03％)、设备资产管理支持(78.04％)、人事管理支持(75.85％)、财务管理支持(73.05％)等。

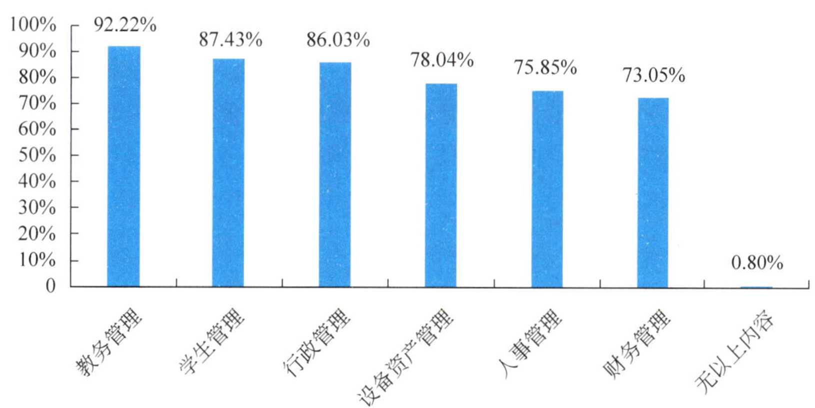

图 5-18　教育管理方面提供的支持情况

(3) 教育评价方面提供的支持

数字校园对教育评价方面提供的支持情况如图 5-19 所示，主要聚焦学校、教师与学生的发展性评价(占比分别为 68.66％、79.84％、86.23％)。

(4) 生活服务方面提供的支持

学校数字校园为生活服务方面提供的支持情况如图 5-20 所示，96.21％的管理者能够借助智慧校园应用促进家校交流，60%以上的学校能够为学校文化生活和社会开放提供支持。

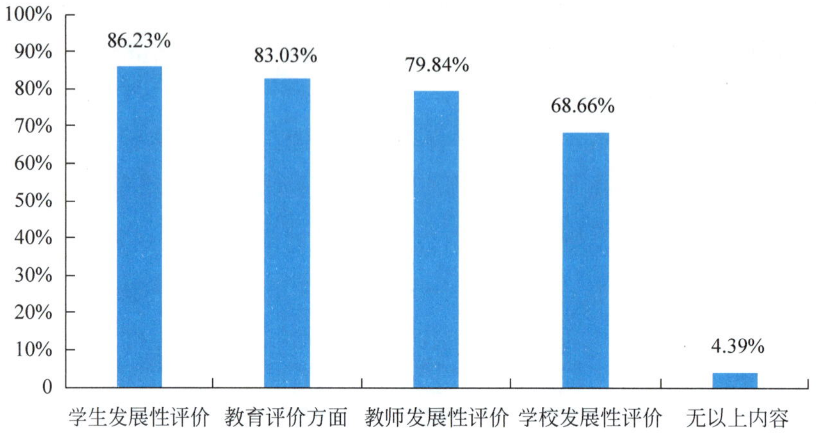

图 5-19　教育评价方面提供的支持情况

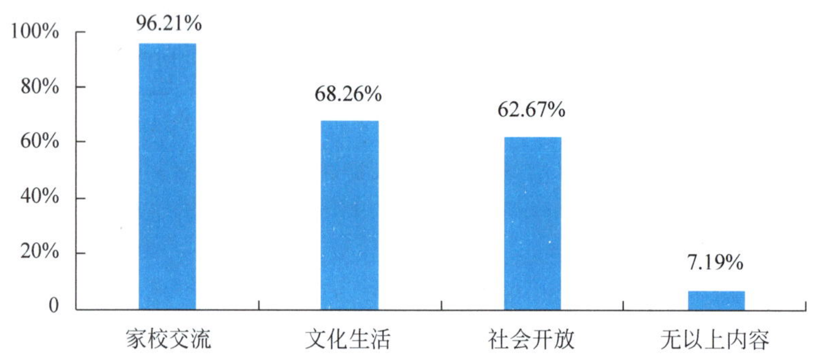

图 5-20　生活服务方面提供的支持情况

3. 大数据支持服务

数据分析为学生提供的服务如图5-21所示，72.85%的管理者认为数据分析的即时反应能够为学生提供健康服务，60%以上的管理者认为数据分析能够提供人性化安全保护和饮食服务，52.69%的管理者认为数据分析有助于建设满足学生需求的文娱设施。

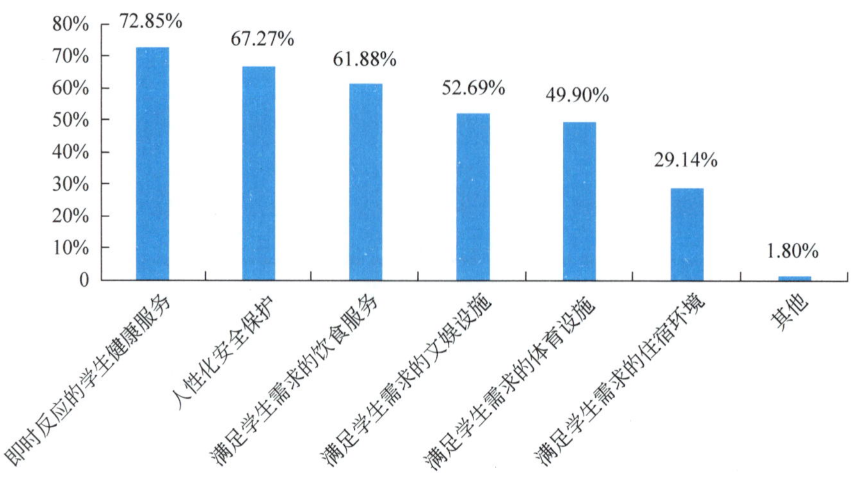

图 5-21　数据分析为学生提供的服务情况

5.2.4 学习样式南京经验

从单一的线下教学到线上线下融合教学的转变，互联网悄然改变了基础教育的教学模式，南京市各个学校也在不断探索学校互联网教育应用新样态。面向教师，一方面，学校要加强应用场景建设，为教师提供设备和平台的保障；另一方面，要有针对性地开展信息化教学培训活动，提高教师利用互联网开展教学活动和教研活动的能力。面向学生，学校要帮助学生树立正确的信息社会价值观，引导学生恰当利用各种互联网应用场景开展学习。

1. 互联网教育应用能力整体情况

管理者对互联网教育应用的认同倾向包括应用场景、态度与体验两个方面。管理者对目前本校的互联网教育应用现状较为满意，总均值为 4.10 分（如表 5-3 所示）。这表明南京市各中小学整体互联网应用水平较高，应用场景较为丰富，教师和学生态度和体验良好。

表 5-3 管理者互联网教育应用整体情况（N＝501）

维　度	平均值	标准差
应用场景（A1）	4.14	0.94
态度与体验（A2）	4.03	0.91
应用（A）	4.10	0.86

南京市各中小学的互联网应用水平较高，能较好地利用互联网开展教学活动和教研活动，并能及时应对互联网教与学中出现的问题。应用场景的均值为 4.14 分，态度与体验的均值为 4.03 分。

2. 应用场景

结合教师卷和学生卷中应用场景的基本情况，本部分包括两个内容：应用场景基本情况、不同视角下的应用场景。

（1）应用场景的基本情况

应用场景的基本情况是指管理者视角下所在学校教师和学生利用互联网开展各项活动的情况。通过调查可以发现（如图 5-22 所示），管理者对教师利用互联网开展活动的认可度更高，教师利用互联网开展“教研活动”“组织教学活动”“开展教学辅导活动”的均值均在 4 分以上，而管理者对学生利用互联网开展学习活动的认可度均值为 3.97 分。

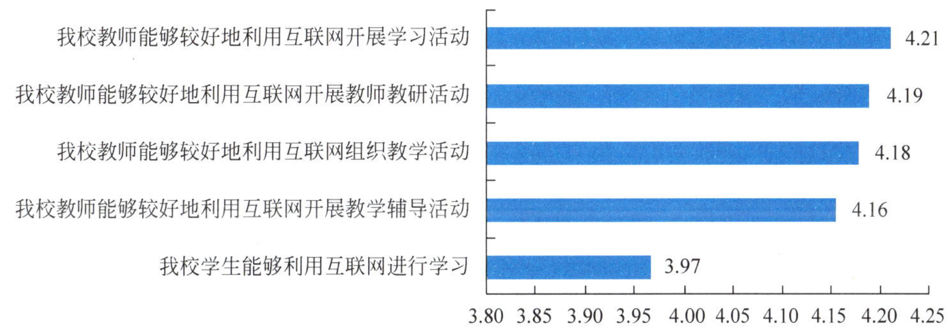

图 5-22 应用场景基本情况

（2）不同视角下的应用场景

通过对不同视角下的应用场景进行比较（如图 5-23 所示）可以发现，管理者对本校互联网应用场景建设的满意度高于教师和学生。对比学生卷和教师卷的“应用场景”维度得分发现，管理者的均值得分最高，教师和学生的均值得分均偏低。可能的原因是，管理者通常从顶层规划的角度来看待互联网场景的应用情况，但实际上互联网真正与教学结合时，会有很多细节并不能落到实处。而教师和学生作为真正的实践者，往往能够深入地感知互联网教学应用的真实情况。

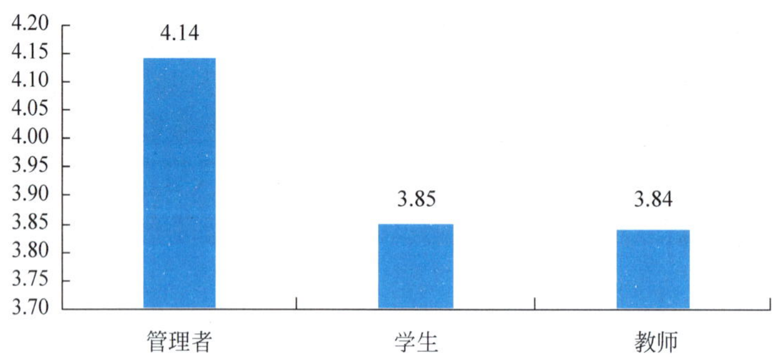

图 5-23 应用场景均值对比情况

3. 对电子设备的态度

该部分包含三个内容，分别是学校对电子设备使用时长的要求，对电子设备的管理要求，以及电子设备对学生视力影响的问题。

（1）对电子设备使用时长的要求

国家卫健委发的《儿童青少年近视防控健康教育核心信息》中指出，使用电子屏幕产品开展教学的时长原则上不超过教学总时长的 30%。通过对南京市各个学校对电子设备使用时长的要求进行调查，可以发现（如图 5-24 所示），近六成学校对电子设备在每节课的应用时长没有统一要求，24.55%的学校要求电子设备使用时间在 20 分钟以内。

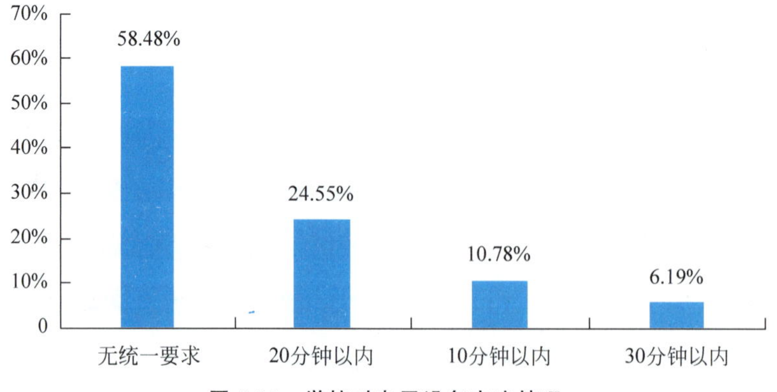

图 5-24 学校对电子设备态度情况

（2）对电子设备使用管理的要求

南京市九成以上的中小学校对学生使用电子设备有较严格的限制。55.88%的学校禁止学生带电子设备入校，21.56%的学校会对学生电子设备的使用情况进行引导，15.77%的学校会管控保管学生的设备，少数学校对电子设备无统一要求或允许自由使用（如图 5-25 所示）。

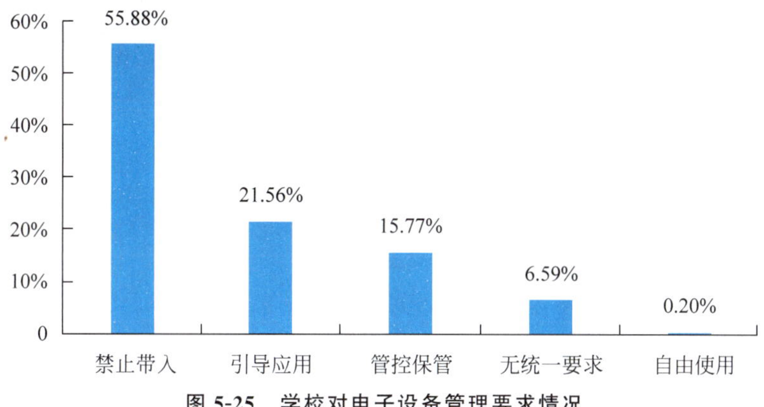

图 5-25　学校对电子设备管理要求情况

(3) 电子设备对学生视力的影响

在电子设备对学生视力影响的调查中，60.09%的管理者认为电子产品对学生的视力有很大或较大影响（如图 5-26 所示），11.57%的管理者认为电子产品对学生的视力影响较小。

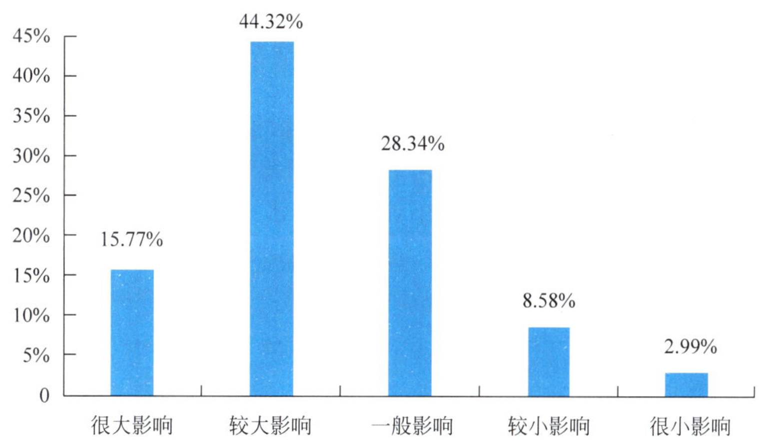

图 5-26　管理者对电子设备影响学生视力情况的感知

4. 互联网学习文化氛围

各学校正积极营造促进互联网教学应用的学校文化，83.23%的管理者表示学校正在推动教师借助互联网支持开展教学，84.63%的管理者能够及时解决教师在互联网教学中出现的问题，69.27%的管理者表示学校正倡导学生在课外利用互联网进行学习（如图 5-27 所示）。

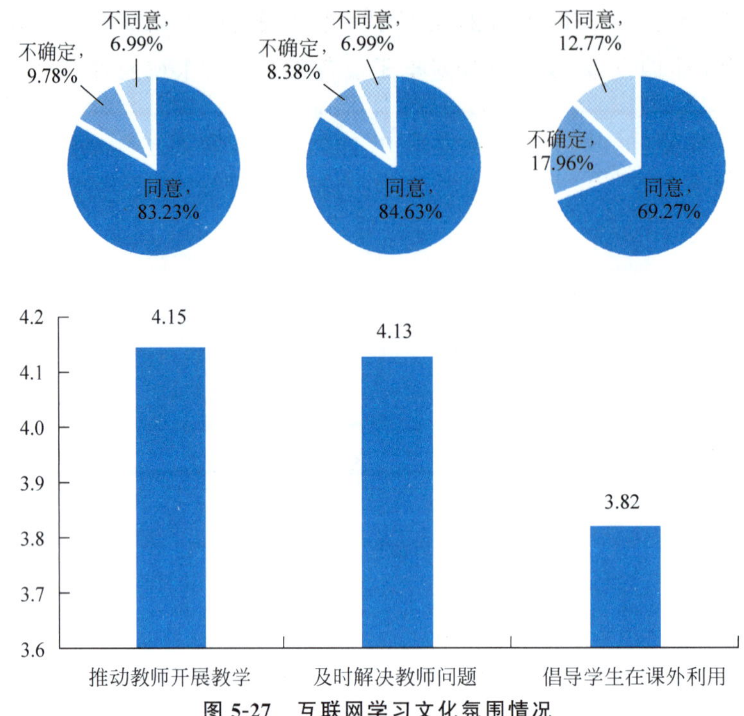

图 5-27　互联网学习文化氛围情况

5. 对互联网学习的体验

互联网学习体验包含对学校管理、教师教学、学生学习的影响三个方面。

（1）对学校管理的影响

互联网对学校各项管理工作产生了积极影响，包括提供多样化的教育服务（91.02%）、优化学校组织管理和运行（88.02%）、促进教师专业发展（84.23%）、变革教学评价方式（77.45%）、提升管理水平（71.46%）、提升对外开放水平（69.66%）、促进校园文化建设（66.27%）、重塑学校办学理念（59.88%）等方面（如图 5-28 所示）。

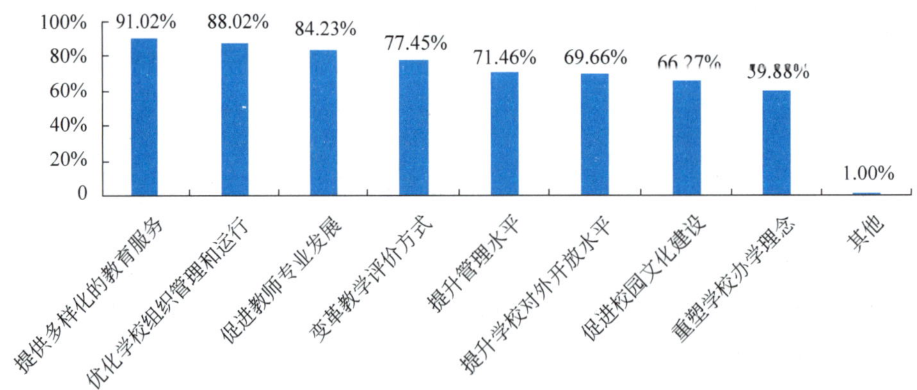

图 5-28　互联网学习对学校管理产生的影响情况

（2）对教师教学的影响

互联网对教师教学能力与水平产生了较大影响，在促进教学改革与发展、提升自身教学能力、全方位评价学生成长方面都发挥着非常积极的作用。八成以上的管理者认为互联网能够创新教学和教研方式、丰富课程样式、打破学校边界，其中认为互联网能创新教学方式的管理者所占比例最大，为 88.62%；认为互联网能创新学校课程形态、改变学生评价方式、提升教学水平的管理者比例均达到 70%以上；而认为能"提升教学反思能力"的管理者所占比例相对较小一些，为 62.67%（如图 5-29 所示）。

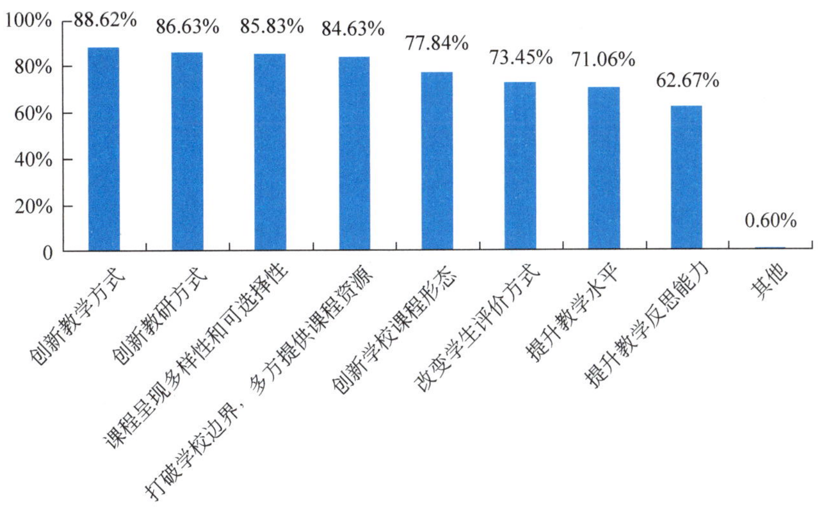

图 5-29　互联网学习对教师教学产生的影响情况

(3) 对学生学习的影响

互联网对学生学习产生了积极影响，促进了学生学习方式的改变，提高了学习成绩，促进了学生问题解决型思维的发展。92.81%的管理者认为互联网能改变学生的学习方式，认为互联网能提高学业水平的管理者所占比例相对最小，为 68.86%（如图 5-30 所示）。

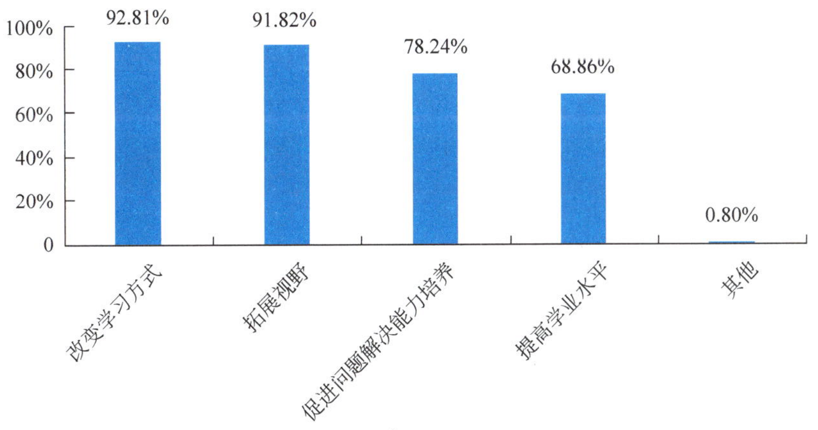

图 5-30　互联网学习对学生学习产生的影响情况

5.2.5　疫情期间开展教学管理情况

疫情期间，南京市中小学从以"面对面"为主要形式的课堂教学形态，直接过渡到了以"在线教学"为主要形式的教学形态。疫情期间，南京市教学管理情况如何，期间遇到了哪些困难和挑战，需要进一步分析。为详细了解南京市疫情期间教学管理情况，进一步精准提供在线教学的支持与保障，对疫情期间教学管理情况的调查主要包括组织方式、教学保障、教研方式、教学效果、遇到的困难、期待的支持六个方面。

1. 组织方式

疫情期间，南京市各学校能够积极响应国家、省、市、区号召，利用各种平台开展教学，组织方式多样，为教学的顺利开展提供了前提条件(如图5-31所示)。使用最多的是社交软件、在线管理平台、视频会议平台(占比均高于60%)。仅有0.60%的学校没有利用上述平台开展教学管理。

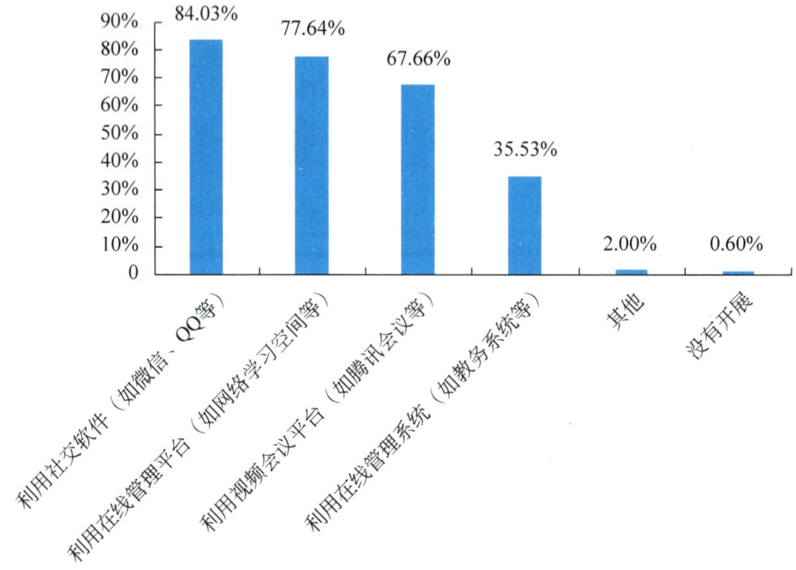

图 5-31　组织方式情况

2. 教学保障

疫情期间，学校提供支持与保障的情况如图5-32所示，主要包括为师生提供学习资源、教学资源为教师提供互联网教学培训(占比均高于80%)，此外，学校还制定了疫情期间互联网教学相关制度(占比55.69%)、为部分困难家庭提供上网学习设备(占比47.50%)、购买或提供互联网教学平台(占比39.32%)等。这说明各学校能够适时关注师生实际需求，确保在线教学的有序有效推进。

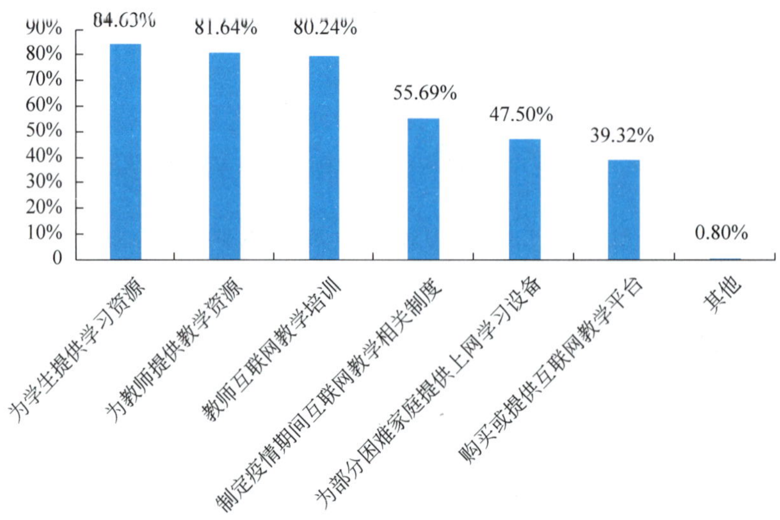

图 5-32　疫情期间学校提供支持保障措施的情况

3. 教学效果

教师和管理者对疫情期间教学效果的看法如图 5-33 所示，教师与管理者均认为在线学习效果劣于线下学习。站在管理者角度来看，管理者对疫情期间在线教学效果持怀疑态度(72.65%)，16.97%的管理者认为在线教学效果基本达到线下教学水平，仅有 10.38%的管理者认为线上教学效果优于线下教学。对于在线教学效果的感知将影响管理者的在线教学持续意愿，因此后续需要思考如何提高在线教学质量，并促进线上线下混合学习的有效推进。

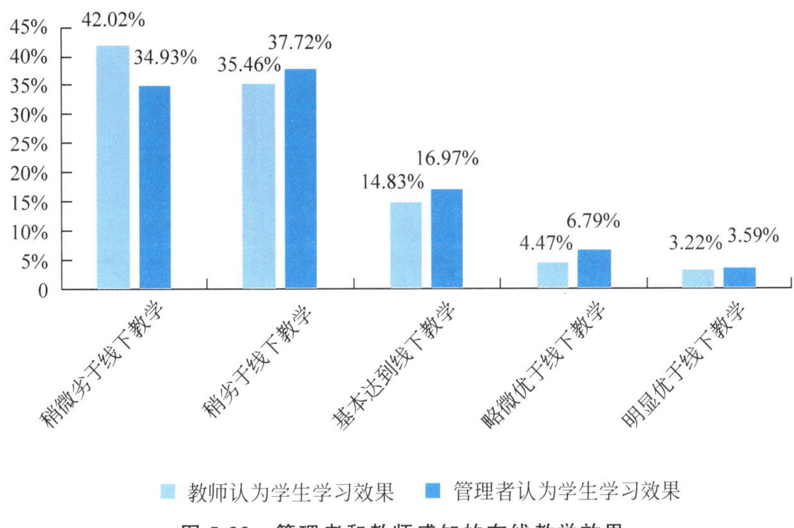

图 5-33 管理者和教师感知的在线教学效果

4. 遇到的困难

疫情防控期间开展的大规模在线教育，暴露了当前互联网实践中的一些问题。调查发现，58%以上的管理者认为优质资源结构性短缺、教学基础环境建设有待优化、平台建设有待完善，50%左右的管理者认为教师、学生、家长的信息技术意识与能力有待提升，30.34%的管理者认为支持互联网发展经费不足(如图 5-34 所示)。

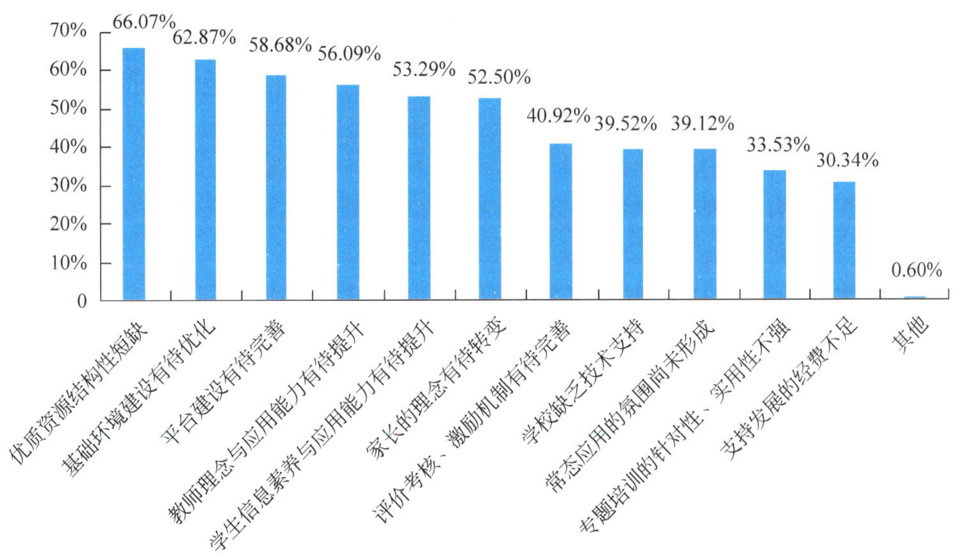

图 5-34 遇到的困难

5. 期待的支持

为推进学校互联网教学发展，管理者与教师期待的支持基本保持一致。从管理者角度来看，他们更希望获得更加优质的互联网教学资源（占比 85.63%），这也与教师期待的支持一致；其次是希望获得更加优质的互联网教学与管理平台（占比 80.44%）。此外，管理者还希望获得经费支持、能力培训、优质师资、合作交流等方面的支持（如图 5-35 所示）。

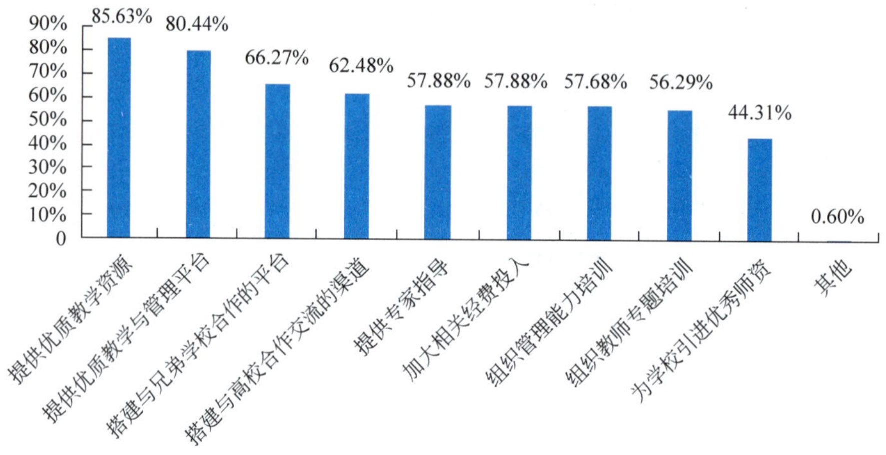

图 5-35 期待的支持

5.3 互联网时代的管理反思

互联网教学实践的有效推进离不开学校管理者的支持与保障。调查发现，南京市管理者互联网学习指数为 4.04 分（满分为 5 分），说明南京市管理者能够充分发挥自身的引领性与示范性，整体规划部署互联网教学方案，积极开展基础设施建设，丰富优质数字资源，提供师资培训等。后续仍需采用多方面的支持策略，持续促进互联网学习发展。

5.3.1 积极开发校内资源，善用优质公共资源

互联网教学发展很大程度上依赖于优质的数字资源和适用的教学平台。从调查中发现，管理者希望通过数字校园建设获得更多教学资源方面的支持，但目前的现实条件并不能满足这一需求，管理者普遍认为“优质资源短缺”是互联网教学遇到的最大困难。另外，相比于自己开发教学资源，管理者更倾向于选择现有的教学资源或借鉴优质资源，75.65%的管理者会提供公益性资源，66.27%的学校会自己购买学习资源。

首先，学校自主开发的资源针对性更强，更符合本校教学的实际需求。学校要为教研组资源的自主开发提供激励政策，激发自建资源的主动性和积极性，挖掘出具有本校特色的优质资源。其次，名师课堂往往是教学名师教学理念的体现、教学经验的凝结和教学智慧的展示。学校要充分利用各公共资源平台的优质资源（如国家教育资源公共服务平台、江苏省名师空中课堂、区县级教育公共资源平台等），提高本校教师的业务素质和教学能力。特别是面对农村学校教研组资源相对不足、不能满足教学需要的情况，相对于开发自建资源，学校更要从省级、区县等平台选择优质的资源。另外，若经费充足，学校还可以自主探索和发现一些教育公司开发的资源产品，支持教师的教学与辅导。

5.3.2 组织能力提升培训，切实解决教学问题

互联网教学培训是提高教师信息技术应用能力的有效措施，培训活动既要注重培训内容的针对性，又要关注培训对象的差异性。59.88%的管理者参加互联网相关培训的频率为每年三次以上，说明半数以上的管理者所在学校注重互联网知识的培训，但仍有1.40%的管理者从未参加过互联网相关的学习培训。区域管理部门应当承担起组织规划教师培训的职责，除了学校规定的培训外，管理者可以通过多样化的方式鼓励本校教师参与培训，提高互联网教学管理能力。

一方面，应注重培训内容的针对性。从培训频率对互联网教育管理的影响发现，参与的培训越多，互联网教育管理能力越好。利用培训来提高各学校的互联网环境、互联网应用和互联网管理能力就显得尤为必要。另一方面，关注培训对象的差异性。有必要开展面向管理者的分层能力提升培训，促进不同水平的管理者实现适应性的能力提升。

5.3.3 完善基础设施建设，科学引导学生使用

基础设施建设是保障互联网教学有序开展的基础条件。从整体上看，南京市各学校网络接入方式和网络覆盖情况较为良好，大多数管理者对学校的网络评价很高。配备的设施比较完备且先进，尤其是教师的互联网教学设备配备情况较好，相比较而言，学生互联网学习设备配备较差一些。91.02%的管理者在日常的工作中能比较方便地使用各种设备上网，但对于学生使用设备的态度相对来说就比较保守，这与国务院发布的有关指导学生科学规范使用电子屏幕的规定相符。就使用情况而言，多数管理者能够较方便地运用各种设备开展教学和管理工作，且设备提供的各种功能较为丰富和全面，能够满足基本的需求，但有些功能(实时预警等)管理者使用较少。

从管理者对学生使用电子设备的态度来看，多数管理者所在学校对学生的设备管理要求较为严格，半数以上的学校禁止学生携带电子设备进入校园，接近半数的学校对电子设备在每节课的使用时长有着明确的规定，管理者普遍认为电子设备会对学生的视力产生影响。因此，学校可以积极引进有效管理类软件，推进电子设备科学管理，鼓励学校和家庭共同对学生使用电子设备的时间、方式等进行科学引导。

第6章 南京市互联网学习典型案例

“互联网+”为教育提供了丰富的资源与高效的教学方式，为个性化、智能化的教学探索提供了更多可能性。南京市学校长期以来对互联网教育进行深度探索实践，取得了系列成果。

6.1 案例类型

本次收集到的学校案例涉及南京市鼓楼区、栖霞区、秦淮区等11个区域，覆盖小学、初中、高中全学段，将从智慧学习空间建设与应用、数字学习资源建设与应用、互联网支持下的教学模式变革和互联网支持学生能力成长四个维度展开。

6.1.1 案例来源说明

2020年，依托本课题，团队共收集全市11个区的41个案例，经专家评审遴选，报告呈现其中较为有代表性的优秀案例。

6.1.2 案例基本特点

“互联网+”时代，南京市抓住信息技术为学校教育带来的机遇，涌现出较多优秀学校案例。这些学校积极发挥常态化教学特色，努力创设智能化教学环境，成功打造特色化教育项目。

1. 覆盖学段与区域，体现常态化教学特色

本次收集的案例覆盖小学、初中、高中各学段以及南京市各个区域，其中小学案例较为突出，占比为50%。重视校园信息化建设已经成为全市中小学校园建设的共识，学校互联网教学步入常态化。调研发现，大多数学校在建设智慧校园的基础上，正持续推动信息技术与教育教学的深度融合，加大信息化项目的投入，打造学校特色教学品牌。

2. 融通空间与资源，体现智能化教学环境

互联网教育实践的深化，离不开智慧学习空间和资源的建设。南京市各区域牢牢抓住这一机遇，深入整合教学空间与资源。一方面，区域重点加强了线上课程和平台的建设，构建大区域云课堂，实现区域内优质课程资源的共建共享，为学生个性化适应性学习提供了可选择的课程资源；另一方面，各个学校加强智慧学习空间的建设，依托上级资源和平台，打造个性化创新的校本课程和平台，为学生提供更加专业化的教学环境。

3. 促进成长与发展，体现特色化教育项目

本次涉及的案例在智慧学习空间、数字学习资源、教学模式变革、学生能力成长等方面均有涉及，这是全市紧跟“互联网+教育”改革热潮，聚焦互联网环境下的不同教育教学建设方向带来的成果。全市各学校积极主动地在课程资源、教学模式、学习方式、科研培训、教育管理等方面谋求变革，经过探索实践，大部分学校已经完善空间资源建设，打通课程、教学、科研等方面的线上线下一体化渠道，成功打造学校信息化特色项目。

6.2 智慧学习空间建设与应用

6.2 案例全文

智慧学习空间的建设借助于现代智能设备与技术，联通现实与虚拟空间，帮助学校管理者和教师准确判断学生学习行为，适应学习者的差异性。

作为一种支持多种学习范式并存与并行的学习场域，南京市各学校打造的智慧学习空间为全市学习者提供了满足个性化学习需求的智慧学习环境和资源。

6.2.1 “云上画舍”——基于常态录播的美术学习空间

南京市板桥中学积极探索学科教学与信息技术的融合创新，2018 年建设智慧校园以来，信息化水平逐年提升。学校以打造美术特色教育品牌为出发点，为解决美术专业课授课方式存在的“看不清、听不清、记不住、效率低”等问题，量身定做了基于常态录播的“云上画舍”美术教学平台，实现教师示范清晰呈现、多间画室共享互动、云端存贮和多端回看等功能，使美术教学更具个性、更为精准。

此外，学校持续推进智慧学习空间应用建设，通过资源与应用云端一体化，形成无边界课堂新样态；基于大数据的智能诊断，实现教与学精准化；探索平板电脑智慧课堂，推进教学科研融合创新。

6.2.2 依托智慧教室推动互联网思维下学校智慧学习生态建设

南京市金陵中学实验小学以互联网思维指导智慧学习生态建设，在智慧学习空间方面，将科学、音乐、美术等专用教室进行全方位的数字化改造，根据不同学科特点采用不同的实现形式；在智慧学习资源方面，学校以学科教学为基础，通过微信、二维码、网络直播、APP 应用等多种方式，为学生知识融合提供多样化的选择。

在智慧学习空间建设中，学校力求准确绘制用户画像，鼓励融合创新，并在充分调研的基础上进行试用。此外，学校依托智慧教室开展人工智能课程与网络学习空间建设，培养学生的创新意识和实践能力。

6.3 数字学习资源建设与应用

6.3 案例全文

数字化学习资源是进行数字化学习的基础，其质量直接影响到数字化学习的效果。南京市积极通过“市—区—校”联动方式，打造特色数字资源，并在学校教学中发挥重要作用。

6.3.1 打造“栖霞云课堂”，推动区域教育创新发展

“栖霞云课堂”诞生于 2015 年 7 月。栖霞区地处城郊接合部，农村和外来务工家庭较多，学生和家长对优质教育资源的需求极为迫切。在此背景下，区教育局统筹指导、教师发展中心牵头打造“栖霞云课堂”项目，共享优质教育资源，实现教育公平。

“栖霞云课堂”的发展经历了“千人培优” 课程、“专题＋特色”多元化课程、支持“适应性学习”三个阶段，在基于互联网的教育变革方面积累了宝贵的经验，为课程教学实践提供了新样态，为教师专业发展提供了新路径，为教育精准扶贫提供了新模式。其创新实践先后被收入《中国教育蓝皮书》和《2017 年中国互联网学习白皮书》，多次在国际、国内相关论坛进行交流推广，被国内数十家媒体报道。

6.3.2 “鼓楼 e 学校”在线教育“战疫”

为了顺应新一轮信息技术的发展，更好地实现教育均衡，鼓楼区教育局于 2018 年 11 月

成立“鼓楼 e 学校”，其目标是打造成一个让学生、教师、管理者和家长都能在平台上运用信息化手段实现学习、教学、陪伴和决策的全过程综合性平台。

疫情期间，鼓楼区教育局和教师发展中心积极响应上级部门“停课不停教，停课不停学”的号召，通过“鼓楼 e 学校”积极开展线上教育教学活动，课程质高面广、五育并举，取得了传播渠道多样、影响辐射全国等良好效果。其成功经验被国务院网站、新华社、《人民日报》《中国教育报》等多家媒体报道，模式被江苏省“名师空中课堂”和南京市“金陵微校”等项目吸收为重点模块进行推广，得到了教育主管部门的认可和社会各界的一致好评。

6.3.3 江北新区教育云课堂

自 2017 年江北新区教育资源整合以来，区教育和社会保障局始终以“办人民满意的教育”为发展理念，将教育放在优先发展的战略地位。针对新区优质教育资源不足、人口增长快的实际情况，江北新区积极推进“教育云课堂”建设项目。

疫情在线学习期间，在管理者和全体教师的努力下，江北新区教育云课堂平台运行稳定，实现了多样功能；资源建设满足教师需要，实现了共建共享；面向不同学校坚持应用的切合性，实现了“一校一策”；实现了基于数据的过程评价和决策，保障了疫情期间区内 60 所中小学校和部分幼儿园教学活动的有序开展。后疫情时代，为保障区域教育教学创新发展，江北新区将始终坚持教育云课堂的持续建设和常态化应用。

6.3.4 广益小学“第二课堂”微课程

作为南京市智慧校园示范学校，广益小学正不断拓展信息化教育的渠道，探索信息技术与教育教学深度融合的途径。广益小学的“第二课堂”微视频由学校一线教师自行开发建设，源于教学实际，旨在解决教学中的关键问题，注重将散乱的碎片化学习资源整合开发，形成主题性项目化学习资源。

学校在数字资源方面，建设了校本教材及网络资源库；在课程架构方面，构建了绘本课程、思维课程、展示课程、指尖课程、创新课程为一体的微课程体系；在评价体系方面，开发了“丫丫争章”创意评价体系；在队伍保障方面，建设了一支教师志愿者团队。

6.4 互联网支持的教学模式变革

6.4 案例全文

互联网教学模式是借助于互联网技术开展的一种新型教育教学模式。该模式基于信息技术对原有教学结构进行创新，完善教学课程，搭建线上线下一体化课程平台，最终实现以学生为中心的教学理念。

6.4.1 用智慧引领面向未来的教育——汉开书院智慧校园建设

南京汉开书院学校自建校之初便将智慧校园创建工作确定为重点项目。学校成立了以校长为组长的智慧校园建设领导小组，制定了切实可行的智慧校园建设方案。2018 年，学校积极开展校企合作，共同推进智慧课堂的探索与实践，并在各学段、各学科积极开展智慧教学实践探索，创新教育教学模式。

目前，学校智慧课堂系统已覆盖全学段与全学科，形成了“以生为主，数据驱动”的教学设计理念，构建了“课前学—课中教—课后评”的教学闭环，建设了主动式、协同式智慧学习空间，提供了多元化、动态化的数字资源库，并开展了全面性、示范性教师能力培训。

6.4.2 东山小学智慧教学的学科实践探索

南京市东山小学自 2008 年起逐步确立“友善至善”的办学理念，2016 年开展基于“友善至善”的智慧教室建设，成立了由二十多位骨干教师组成的跨学科团队，负责新技术、新应用的尝试。为了解决智慧教室缺乏的问题，学校为每个班级搭建了简易版智慧教室，便于所有教师按需灵活开展智慧教学活动。

经历了三年的智慧课堂实践探索，学校已经从基础设施的配置转向了学科教学模式的探索，构建“1＋N”的智慧教学学科应用模式，包括一套智慧课堂应用模式与不同学科智慧教学应用特征，并形成了富含学科资源、特色资源与创客资源的学习资源库。

6.4.3 基于“讲学稿+云平台”的东庐教学模式

溧水东庐初级中学积极探索教学模式与智能技术的融合，二十余年持续深耕基于云平台的“讲学稿”教学模式，形成了独具特色的“东庐教学模式”。

“东庐教学模式”以激活、促进人的发展为最终目标，依托“讲学稿”对课程、教学、评价与管理等进行综合改革与探索实践，形成“讲学稿＋云平台”的统一教学模式。基于该模式，学校教师针对语文、数学、英语等不同学科，在“预习导学”“课堂学习”“巩固延伸”等环节实施特色化应用。在探索讲学稿教学模式的过程中，学校从顶层设计与规划、教师培训与发展、管理支持与保障和外部协调与联动四个方面形成了东庐中学独到的发展经验。

6.4.4 “全 E 生态”下南京师范大学附属中学教育新样态研究

南京师范大学附属中学是首批国家级示范高中、教育部基础教育改革实验基地。为了促进学生在互联网环境下高效学习，2013 年开始，学校率先探索构建基于“互联网＋”的全 E 教育生态系统，构建了高品质的“E 学习空间”“E 学习微课程”“E 微课资源”“E 课堂实施模式”，持续推进“E 学习”研究课常态化。自 2016 年起，学校开放日的所有推荐课全部采取网络直播的方式共享，目前涵盖语文、数学、历史、美术、音乐等课程。

6.4.5 “智朴”网络课堂开拓农村小学互动教学新模式

高淳区东坝中心小学始终坚持“抱朴求真，智慧育人”的办学宗旨。为弥补农村留守儿童家庭教育的缺失以及信息化应用水平的短板，自 2017 年寒假开始，学校组织校骨干教师成立智朴网络课堂团队，依托现有网络教学平台，每周六为农村学生提供爱心辅导，积极探索“互联网＋”环境下农村小学校本课程及特色资源建设与实施。

东坝中心小学将农村教育面临的实际问题转为发展机遇，壮大师资队伍，从流动课堂走向网络课堂。目前，学校借助“银铃之声”平台，依托 CCTalk 网络课堂进一步实施创新育人举措，形成了极具校本特色的“智朴系列”网络课程，有效填补了农村学生家庭教育的不足。

6.5 互联网支持的学生能力成长

6.5 案例全文

“互联网＋”教育具有“开放生态、连接一切”的特征，突破时空局限，为学生提供海量资源，给予他们更多的自由和选择。南京市各中小学正引导学生逐步掌握自主学习，促进学生自我管理能力与合作交流能力的发展。

6.5.1 琅琊路小学“小主人”个性化学习平台实践探索

南京市琅琊路小学自2017年起开展对“小主人”个性化学习的实践与研究，归纳出“早知道、会安排、能落实、有反思”的学习模型，开发了“小主人”个性化学习平台，定制了“小主人”个性化学习课程。

历经三年实践，学校不断总结平台使用过程中师生遇到的问题和提出的新需求，及时调整与完善平台功能，逐步形成能够记录学生学习轨迹、打破固定班级组织教学、同时推进多项课程、尊重学生个性化学习、允许家长和社区共同参与的“小主人”个性化学习平台，在此基础上保障学生个性化学习时间，提高教师个性化教学能力。

6.5.2 移动学习支持听障学生最优发展新实践

南京市聋人学校是一所公立特殊教育学校，秉持“最”课程理念，学校坚持以最小受限的环境促进学生的最优发展。自2013年以来，学校一直致力于借助移动互联网技术为听障学生创设最少受限的环境，力求为每一位学生的最优发展提供最大支持努力，保障每一位学生逐步成长为符合社会需要的合格而独特的公民。

学校聚焦资源建设、师生成长、教学变革等方面，开发出基于iPad、与听障儿童语言能力相匹配的语言拓展学习教材、多媒体语言拓展学习资源；创建聋校高中英语微课平台，形成聋校高中英语在线题库；探索出适应听障儿童的教学法，形成学案导学、探究创学、微课助学等八个环节为一体的教学过程，最大程度上降低听障学生的学习障碍。

6.5.3 互联网支持的学生项目化研学实践——“秦淮河文化”研究

在核心素养教学落地的过程中，南京市考棚小学持续探索教学模式的变革与创新。为了培养学生问题解决能力与探究精神，学校以“桥文化”为出发点，以具有秦淮地域特色的项目式学习为主题，融合全学科知识内容，形成了具有秦淮特色的项目式研学课程。

经过多年项目化研学实践研究，考棚小学已经多次在全校范围内开展基于“秦淮河文化”的特色项目与研学活动，形成了“确定研学主题与问题——明确研学目标与内容——研学活动设计与体验”研学课程设计流程，并提供了可参考的项目化研学实践案例。

6.5.4 “真人教育”思想下建设校园数码社群

南京晓庄学院附属小学的前身为人民教育家陶行知先生创办的晓庄学校小学部。自2012年起，学校一直在积极建设具有学校特色的数码社区，组建了“创新活动室”“科学体验馆”“数字种植园”“陶娃电视台”等一批数字资源教室。

依据学生需求，学校开设了多种课外活动小组并形成社群，包括基于网络资源的移动学习社群、基于创新实现的跨学科实践社群、基于教学研究的信息化研修社群，形成基于“行知文化”的陶娃计划发展课程。学校在打造融合学习空间、优质数码社群和完善评价体系等方面逐步积累了一系列建设经验。

第7章

南京市互联网学习发展趋势和关键问题

随着"互联网+教育"的蓬勃发展，我国进入了教育信息化发展的新阶段。疫情期间大规模的在线教学实践，更让互联网学习成为未来教育信息化发展的重要方向。2020年，南京市各区域积极抓住了互联网推动教育教学变革的重大机遇，充分发挥示范和引领作用，在互联网学习发展方面取得了较为满意的成效。总结南京市互联网学习发展的趋势，归纳后续发展需要关注的重点问题，将对整个"互联网+教育"体系的发展产生深远的影响。

7.1 南京市互联网学习发展趋势

在各级教育部门和社会的共同努力下，南京市互联网教学组织有序，网络平台运行平稳，资源供给服务到位，教学内容覆盖全面。面向未来，全市大规模互联网学习以及混合学习的实践经验，也为后续"互联网+教育"体系的发展指明了方向。

7.1.1 多元主体积极推动互联网学习变革

随着"互联网+教育"的蓬勃发展，各相关教育主体均认可互联网推动教学变革的重大机遇。尤其在疫情期间，互联网推动教育变革的实践在全国范围内已经全面萌芽，成为教育变革的关键驱动力。2020年，教育管理者致力于不断优化区域网络学习空间，提高互联网时代办学能力，南京市教师对互联网推动教学过程变革的内部动力增强，南京市学生逐步适应互联网学习并获得积极的互动体验。调查数据表明，教育管理者对互联网环境的适应性提升，能够主动增强互联网学习管理能力，优化管理服务模式，因地制宜，制订行之有效的互联网教学相关规划和培训计划，积极争取资金，为互联网教学提供应用保障。

在管理者的思想引领下，南京市教师普遍坚持互联网技术赋能教学的信念，愿意在教学中使用新技术、新方法，增强教学吸引力，引导学生进行深度学习。同时，大多数学生也在混合学习过程中得到了教师的及时指导和鼓励，产生了愉悦的互动体验。在具体教学实践中，教师能够有意识地使用新技术来支持教学，借助互联网开展多种多样的教学活动，并积极尝试在技术应用方面进行新探索。教师的教学投入最终转化为学生积极的学习体验，激发学生产生较高的内部动机，引导学生主动投入到解决问题、自主学习、探究学习和混合学习等互联网学习场景中，以自觉提升互联网学习能力。

7.1.2 依托空间与资源发挥引领辐射作用

完善空间与资源建设是打造"互联网+"时代教育新生态的必然要求。南京市各中小学通过完善互联网基础设施支持与保障措施，有效助力互联网教学的开展。在完善硬件建设的基础上，软件产品和服务进一步得到普及，既能够提供丰富的学习资源支持，又便于实施日常校园管理。

同时，南京市中小学在完善学习空间资源建设的过程中，积极响应教育部印发的《关于加强"三个课堂"应用的指导意见》《关于数字教育资源公共服务体系建设与应用的指导意见》的号召，积极发挥互联网教学优势，探索以"专递课堂""名师课堂""名校网络课堂"为代表的教育教学创新模式，推动"优质学校带薄弱学校、优秀教师带普通教师"的模式制度化，帮助缺乏师资的学校利用信息化手段提高教学质量，增加教育资源有效供给，扩大优质教育资源覆盖面。系列措施旨在完善南京市数字教育资源公共服务体系建设，指导各区校教育资源公共服务平台接入国家、省市体系，扩大网络学习空间覆盖面，促进优质数字教育资源开放共享。总之,学习空间与资源建设既能有效满足学校师生对优质教育资源的需求,又能促进教育公共服务均等化、普惠化、便捷化水平不断提升。

7.1.3 建立体现协同思想的能力提升体系

作为学生学习的引导者,教师对学生互联网学习有着鲜明的导向性,同时在“互联网+教育”新生态的构建中扮演着重要角色。南京市教师在互联网教学实践中已具备较好的技术能力、资源整合能力与教学促进能力,在保证适当的互联网教学投入的基础上,积极为学生提供策略技能支持与评价反馈保障,有效引导学生借助互联网工具主动参与学习与问题解决过程,持续采取措施促进学生身心健康发展。

2019 年,教育部印发《关于实施全国中小学教师信息技术应用能力提升工程 2.0 的意见》,以学校信息化教育教学改革发展引领教师信息技术应用能力培训。南京市积极响应号召,全面实施中小学教师信息技术应用能力提升工程,初步建立一套体现区域特征的中小学教师信息化能力推进体系,一是建立协同式能力结构目标,包括面向管理者的信息化领导力的能力结构、面向教师的信息化教学与学习能力结构,建立目标之间的内在关联;二是建立不同层次人员相互渗透的协同式研修范式,形成多层次教师之间的理解性关联;三是建立以教学设计为核心、适应学习空间变化的混合学习能力建设体系。与此同时,南京市积极鼓励互联网背景下的教师协作教研,探索面向互联网学习更为适切的教研教学方式,基于混合学习模式创新,探索打造融“知能结构、心智结构与价值塑造”三位一体的育人机制。

7.1.4 培养学生面向未来社会的数字智能

互联网背景下,数字原住民数量持续增长,以数字化为特征的新技术正在改变传统学习方式,数字智能成为学生在未来社会生活中持续发展的核心能力。如何为学生赋能,实现网络风险最小化与发展机会最大化,成为当前需要关注的重要问题。在互联网学习中,南京市学生具有较高的自我调控能力,自定步调制定自己的学习计划;伦理隐私意识较强,能够健康文明、安全有道德地使用互联网开展学习活动,理性应对网络行为风险;具有数字同理心与数字通讯能力,能够借助数字技术并运用同理心与他人建立良好关系,培养团队协作意识。整体来看,他们能够逐步建立对数字公民的身份认同感,培养数字创造力,发挥数字竞争力。

我国高度重视学生信息素养与数字智能的提升,《教育信息化 2.0 行动计划》指出“加强学生信息素养培育”“完善课程方案和课程标准,充实适应信息时代、智能时代发展需要的人工智能和编程课程内容”。自 2015 年起,南京市在中小学校开展创客、机器人、人工智能等课程,促进新一代信息技术与教育教学深度融合,大力开展创新教育实验基地学校建设。“十三五”期间,南京市已建设百余所中小学创新教育实验基地学校。这些学校通过众创空间、机器人工作室、新技术新媒体研究实验室、人工智能课程等方式,融合创新资源,以优质课程资源为支撑,以活动课程模块带动应用,持续培养学生科学素养、创新精神与数字智能。

7.1.5 关注新技术支持下的学习结构转向

互联网技术的持续发展,促使学生拥有更多的资源选择机会,个性化学习持续得到满足,对互联网学习活动的关注,也逐渐从原有的教学结构向学习结构转变。教师有条件将精力转移到对学习内容的多样化设计中,通过提供适应多样化学生的多种表征方式,帮助学生建立课程体系与现实问题之间的关联，进而丰富学生的心智结构。南京市各学校通过开展名师网络课堂、跨校际协作探究等方式开展协同教学；教师能够结合学科特点，准确选择适当的互联网工具开展学习活动设计，及时为学生提供适应性反馈，并注重对学生的学习情况进行评估与诊断。

为了持续推动信息技术与教育深度融合，南京市各学校依托智慧校园建设成果，持续探索智慧课堂应用，积极推动互联网学习结构的变革与创新。一是提供物联物通的学习空间，持续打造多样化的实体空间与混合空间；二是注重发挥师生主体责任，提升主体决策能力，提供更具针对性的学习支持；三是借助大数据平台，引导学生开展探究性、适应性、项目化学习，注重学习的伴随性数据采集与实时性结果反馈；四是关注真实问题解决，注重不同学科对学生综合能力的系统性支持；五是注重学科之间的融通，引导学生建立面向未来社会需求的心智结构。

7.1.6 “互联网+教育”促进管理向治理转型

“互联网＋教育”不仅促进了教与学层面的改革，更推动了数据支持下教育管理模式变革。教育质量的提升和资源配置的优化往往是教育管理中两个并行的需求，这意味着教育管理系统的构建，不是通过单一的技术手段解决问题，而是需要解构原有的管理体系，重建适应不断变革的教育新模式、新流程和新方法。在互联网学习中，南京市管理者因地制宜，研判互联网学习发展态势，科学制定学校互联网学习发展规划；引导多元主体参与学校发展，组建团队确保方案落实；依托智慧管理平台，汇聚多维数据，对接各类教育场景需求，实现科学管理、高效服务；建立制度保障机制与教学改革机制，如形成完善的信息安全组织管理制度、教师互联网教学教研相关制度、互联网学习资源建设相关制度等，为学校教育质量保驾护航。

教育系统管理向治理的转型不是简单的技术升级，而是建立在空间变革、场景革命的基础上，实现原有教育过程的解构与重组，进而探索新的教育变革。当前南京市所面临的教育治理转型，不仅是在学校这一微观层面，而是全市教育系统的科学化、精细化、个性化转型。互联网技术的发展促进教育治理从一元主导向多元主体、从权利分配到合作共治转变，助力治理过程更透明、治理流程更清晰、治理结果可检验，后续南京市将持续探索多元主体协同治理“互联网＋”服务体系，实现教育组织体系、教学体系、服务体系的深刻变革。

7.1.7 构建助力互联网学习发展的协同机制

教育信息化的核心是推进互联网技术在教育教学中的深度应用，需要深度挖掘政府、企业、高校、家庭和兄弟学校等主体的协同效应与创新机制。南京市能够与多元主体建立合作机制，部分学校与企业、社会机构（如博物馆、科技馆等）合作，以五育并举为目标，以创新教育为理念，共同进行校本课程资源建设（包括创客编程类课程、美育德育类课程等）。同时，南京市各学校能够充分依托智慧管理平台进行家校共建，利用家校互动平台开展云讲座，促进家校合作，助力学生发展。

近年来，我国高度重视基础教育信息化协同机制方面的探索与创新。《教育信息化 2.0 行动计划》和《中国教育现代化 2035》明确提出要通过多方协同推进基础教育信息化，这不仅意味着国家层面认识到了多主体协同的重要性和迫切性，同时也为基础教育信息化的未来发展指明了方向。教育系统是一个服务需求个性化、服务资源协同化和服务角色多样化的复杂的生态系统。后续南京市将以教育系统所涉及的关键主体、要素及相互之间的协同互动为保障，以整合各方资源实现优势互补为主线，构建政府、学校、企业、高校和家庭等多方联动机制，明确分工，形成各主体协同发展的多元服务新模式。

7.1.8 智慧校园应用体系日趋清晰完善

智慧校园建设旨在通过信息技术与教育教学实践的深度融合，优化教学、教研、管理和服务等过程，提高教育教学质量和管理水平。为了响应《教育信息化 2.0 行动计划》提出的智慧校园建设，南京市积极开展智慧校园建设，各学校以《中小学数字校园建设规范（试行）》为指导，结合各校自身实际推动智慧校园建设与应用。一方面，南京市在智慧校园基础设施建设方面适度超前，多数智慧校园建设能够在满足学校教育教学现实需求的基础上，对基础设施和应用系统等进行一定的前瞻性设计和实现，尤其表现在移动终端和资源空间建设方面；另一方面，各学校在完善数字校园功能支持的过程中，始终坚持应用驱动、融合创新的建设原则，从学校信息化教学与管理应用涉及的不同用户需求出发，划分主次业务。

从实践中看，一流学校的数字化校园建设动力主要来自内部诉求，更加重视学生学习，重视改变学与教的方式；正在快速发展中的学校的数字化校园建设动力主要来自外部压力，强调提升教师能力，促进教师专业发展；而普通学校的信息化建设动力主要来自上级教育主管部门，更强调完成上级教育主管部门指派的建设任务。因此，厘清智慧校园建设的动力系统和约束条件，围绕教学、管理、评价、生活服务等信息化应用领域，建立互联互通的数字校园应用体系是发挥智慧校园价值的关键所在。

7.2 南京市互联网学习发展关键问题

在对此次调研所获取的数据进行多方式分析、多角度对比、多维度思考后，调研团队提出南京市互联网学习未来发展的关键问题，以期帮助后续相关的决策与部署。

7.2.1 完善支撑互联网学习的线上线下空间建设

在学校教育中，学习空间是一个复杂变量，既可以为师生组织开展教与学的活动提供场所，也可以为学习的发生提供支持条件。在教与学的过程中，学习空间作为支持学习发生的中介，对于促进学习效能起到了关键性的作用。当前，南京市大部分学校管理者、教师已开通个人网络学习空间，能够主动使用网络学习空间进行教学准备、资源储备、组织教学活动和开展日常管理工作，后续网络学习空间的开通与使用率仍需进一步提高。学校还需联合家长帮助学生全面开通网络学习空间，引导学生借助现有的优质教学资源，提高互联网学习能力。此外，学校需要进一步统筹协调各平台，以便在实践中发挥大平台作用，实现融合联动，为师生提供更加灵活、方便的互联网学习空间。

学习不仅发生在线下的实体空间，而且发生在由正式与非正式学习空间共同构建形成的学习空间连续体中。对“学习”认知的转变需要我们重新反思学校内外的非正式学习空间。当前，南京市各学校均为学生互联网学习提供充足的场所，但非正式学习空间（如智能教室、创客教室等）的使用率有待提高。因此，后续南京市将密切联系企业与社会机构（如科技馆、博物馆等），注重真实或虚拟的非正式学校空间构建与应用探索，设计项目式、探究性、体验式学习活动，引导学生在亲身体验中获得跨学科知能，形成面向真实世界的问题解决能力。

7.2.2 建设更具针对性、个性化的优质学习资源

智能时代的发展为数字教育资源的发展趋向提出了新的要求，师生对优质教育资源的需求日渐增加，为师生提供优质的数字化学习资源已成为当前互联网学习发展的重要问题。目前，南京市各学校教师几乎都能获得教学资源和教学工具等丰富的内容与资源支持，并能将优质互联网学习资源推荐给学生，有意识地对学习资源进行整理。

后续南京市将持续促进学校利用互联网技术实现数字资源的内涵建设。第一，关注资源共享的可持续性。疫情期间，各区域依托国家级、省级等优质数字资源开展在线教学，也贡献了本区域的优质教学资源，回到常态化教学后，区域应当重视保持优质数字资源的持续共享，尤其重视学校间优质资源的互联共享。第二，关注资源建设的可接受性。国家级、省级等优质资源更具有普适性，适合所有学生的基础教学，但是同时也缺乏针对性，区域需要鼓励学校和教师基于本校和本班学生的学习情况，建设面向不同学生群体或个体个性化的学习资源，注意学生之间的差异和需求，才能整体提升学生学习效果。

7.2.3 持续提升适应教育信息化2.0的能力水平

深入开展教育信息化2.0时代管理者信息化领导力、教师信息技术应用能力建设，有助于促进互联网学习健康高效发展。当前在线教学势不可挡，线上线下融合教学是大势所趋，混合式教学将成为未来教学的新常态。在此背景下，南京市重点在以下方面发力：一是持续更新面向教育信息化2.0时代管理者和教师的信息化能力标准。建立体现智慧教育特征的管理者信息化领导力标准，将混合教学新常态实践纳入能力标准要求；更新面向教师的信息技术应用能力标准，适应线上、线下、混合教学等不同形态，提升教师信息化教学能力、跨学科教学能力、人机协同育人能力和数据素养等。二是加快推进教育内容信息化，建立区域和学校整体协同推进的信息化能力提升内容与路径，引领管理者和教师主动适应大数据、人工智能等新技术变革，提升学校教育治理水平，提升教师线上线下“双线混融力”。三是开展信息化能力水平监测，完成面向学校管理者信息化领导力、教师（师范生）信息技术应用能力的评价指标体系和评估模型设计，开展区域科学性、系统性、持续性评测，形成面向不同群体的信息化能力测评报告。四是依托网络研修社区和网络空间人人通，因校制宜地探索混合式研修模式和学习模式，逐步形成新技术支持下知识建构与共享的能力成长新机制。

7.2.4 培育数字韧性赋能学生在未来世界中成长

在互联网背景下，以数字化、智能化为特征的新技术正改变着人们的生活方式。现代学生作为数字原住民，他们在利用互联网的过程中面临各种风险，如果仅简单地限制学生使用电子设备、控制学生的数字行为，以牺牲学生的快乐与幸福为代价帮助他们减少数字风险，显然不是最佳方式。在互联网学习中，需要帮助学生建立积极的情绪体验，理解变化的世界中可能存在的复杂性与不可预知性，制定与技术变革相关的应对策略，在应对变革的过程中逐步建立适应性，借助互联网以健康的心态应对各种复杂的调整。

数字韧性是判定数字智能的基础指标。作为学生适应互联网环境所需要具备的健康生活方式与高幸福指数，数字韧性逐渐成为当代学习者积极面对变化世界的基本素养。数字化背景下的学习新常态，使得学习行为与数字化之间变得密不可分。结合当前互联网学习

面临的新问题,后续南京市将开展数字韧性教育的探索与实践:一是从不同教育相关者的角度,系统思考如何构建面向不同群体的数字韧性教育;二是在学校教育的课程体系中,借助课程内的活动或通过设计专题活动,帮助学习者理解数字时代的机会与挑战,引导学生建立健康的学习观;三是组织数字化体验活动,让学生在具体的风险情境中感知变化的复杂性,学会变换思维的角度,培养具有积极情绪的问题解决意识与能力。

7.2.5 形成多元共治的"互联网+教育"服务体系

在新兴智能技术的驱动和大数据的引领下,未来的教育管理体系必将向更科学化、更精准化的方向发展,进行数据化转型,才能更好地适应未来灵活开放的教育体系。目前,南京市各学校均积极采取各项措施鼓励教师开展互联网教学,但还需进一步健全相关保障措施,包括倡导教师和学生使用智能终端、移动设备等进行教学和学习,在保证现有基础建设的基础上,不断深化学校的网络环境建设。

南京市后续注重形成多元共治的"互联网＋教育"服务体系,首先构建包括教育管理部门、学校、企业、家庭等多元主体的教育共同体,引导多元主体共同参与互联网学习发展规划与实施推进,在相互作用中实现信息互联互通和资源共享流转,促进教育信息化协同发展。其次,明确服务群体及其利益需求,因地制宜地制定各类规划;对数据进行统一标准的集中管理,形成具有统筹作用的数据治理平台,综合应用面向实际的治理方案;完善互联网制度建设、网络环境建设等各类保障机制,明确师生开展互联网教与学的要求。

7.2.6 探索适应混合新常态的互联网学习新样态

全球教育系统经历此次公共危机后,"教育新常态"成为教育领域无法回避的"真问题",如何让在线教学的新鲜感走向线上线下混合的学习新常态,成为当前需要关注的重要问题。应对新常态,需要以"全空间"的视角理解学习行为数据,以"全数据"的视角理解学生差异性,建立物联物通的混合学习空间,并引导不同主体与空间要素建立新的关系,促进学习活动的有效开展。

探索适应混合新常态的互联网学习样态,南京市需要关注如何满足不同学生的实际需要,立足学生的共性,为不适应已有学习过程的学生提供不同的学习路径。一是强调关注学生的共性与差异性,以学生为中心,提供面向统一化教学与个性化教学的课程体系与方法。二是促进线上线下教学空间混合,关注不同技术对学习活动的支持,丰富平台的多样性与工具的学科性,为学生提供融通性的混合学习空间。三是实现授导与探究的方法混合,关注多种真实学习场景的创设,注重非正式学习场所对学生跨学科知识的培养,促进知识的保持与迁移。四是聚焦接受与体验的活动混合,关注以学生为中心的活动序列,引导学生在真实世界中开展学习活动,支持学生个性化学习过程,促进多样化的学习体验。五是注重过程与结果的混合,在关注学生学业成绩的基础上,结合过程性数据了解学生的综合素养与思维变化。

附录

2020年中国互联网学习区域发展报告——南京区域编写团队介绍

主　编

陈　平　南京市电化教育馆(南京市教育信息化中心)

执行主编

沈书生　南京师范大学教育科学学院

副主编

吴昱寰　南京市电化教育馆(南京市教育信息化中心)

编　委(以姓氏拼音为序)

柏宏权　南京师范大学教育科学学院
曹　梅　南京师范大学教育科学学院
鄂　艳　南京市电化教育馆(南京市教育信息化中心)
汪　波　南京市电化教育馆(南京市教育信息化中心)
赵晓伟　南京师范大学教育科学学院

编写人员(以姓氏拼音为序)

曹云龙　南京市江北新区教育发展中心
顾晓敏　南京师范大学教育科学学院
郭晓文　南京汉开书院学校
何红伟　南京市考棚小学
黄倩倩　南京师范大学教育科学学院
景玉慧　南京师范大学教育科学学院
李　烨　南京晓庄学院附属小学
李有翔　南京市金陵中学实验小学
梁昊旻　南京市小营小学
林其梅　南京市琅琊路小学
刘　梅　南京师范大学教育科学学院
刘雁农　南京市高淳区东坝中心小学
马梦圆　南京师范大学教育科学学院
邵宏宇　南京师范大学教育科学学院
孙继红　南京市聋人学校
田佳音　南京市板桥中学
王海燕　南京师范大学教育科学学院
王　涛　南京师范大学教育科学学院
王　鑫　南京师范大学教育科学学院
闻　佳　南京师范大学教育科学学院
吴　可　南京师范大学教育科学学院
徐　城　南京市溧水区东庐初级中学
薛晓琪　南京师范大学教育科学学院

颜　鼎　南京市鼓楼区教师发展中心
叶　慧　南京师范大学教育科学学院
易道荣　南京市六合区广益小学
詹继东　南京市栖霞区教师发展中心
张继安　南京市东山小学
张乔如　南京师范大学教育科学学院
周　杰　南京师范大学附属中学
朱晓悦　南京师范大学教育科学学院

2020年
中国互联网学习区域发展报告
吉林区域

教育部教育管理信息中心
百度文库
编著

清华大学出版社
北京

内容简介

《2020年中国互联网学习区域发展报告》分为青岛区域、深圳区域、南京区域、吉林区域四个分册，从年度特征词、教师发展、学生变化、教育变革、典型案例、发展趋势和关键问题等方面进行了分析和阐述。本书以科学视角分析教育信息化面向互联网时代的转型格局，理解信息技术与教育教学深度融合“最后一公里”的旅程，客观、全面地理解中国教育信息化发展进程，并以“互联网+”思维推动教育信息化建设模式的时代发展，推动体制内外协同视角下教育系统重构及教育信息化服务系统重塑。

图书在版编目(CIP)数据

2020年中国互联网学习区域发展报告/教育部教育管理信息中心，百度文库编著. —北京：清华大学出版社，2021.9
ISBN 978-7-302-59135-1

Ⅰ.① 2…　Ⅱ.①教…　②百…　Ⅲ.①教育工作－信息化－研究报告－中国－2020　Ⅳ.①G52

中国版本图书馆CIP数据核字(2021)第182810号

责任编辑：赵轶华
封面设计：常雪影
责任校对：李　梅
责任印制：沈　露

出版发行：清华大学出版社
网　　址：http://www.tup.com.cn，http://www.wqbook.com
地　　址：北京清华大学学研大厦A座　　**邮　　编**：100084
社 总 机：010-62770175　　**邮　　购**：010-62786544
投稿与读者服务：010-62776969，c-service@tup.tsinghua.edu.cn
质量反馈：010-62772015，zhiliang@tup.tsinghua.edu.cn
印 装 者：三河市龙大印装有限公司
经　　销：全国新华书店
开　　本：185mm×260mm　　**印　　张**：25.75　　**字　　数**：626千字
版　　次：2021年10月第1版　　**印　　次**：2021年10月第1次印刷
定　　价：145.00元(全四册)

产品编号：093565-01

《2020 年中国互联网学习区域发展报告——吉林区域》编委会

目　　录

第1章 概述

1.1 报告的背景

互联网作为推动社会变革的重要技术力量，驱动着当代教育的发展和未来教育的变革。在此时代背景下，“互联网学习”的概念应运而生。互联网学习是指学生在互联网构建的灵活时空中，利用数字化资源与工具开展学习活动，以实现知识、技能与态度等方面的发展。围绕这一概念建构体系，呈现各领域互联网学习环境建设、教与学支持、教与学应用以及教与学能力，动态展示互联网学习发展的进程，既可以引领国家教育信息化事业的发展，又可以引导全社会向全民终身学习方向发展，营造“人人皆学、处处能学、时时可学”的氛围与环境。

中国互联网学习白皮书项目是由教育部教育管理信息中心牵头，联合国内知名大学、具有影响力的专家、研究机构、企业等共同编写的描述中国互联网学习现状及发展趋势的年度报告，旨在反映互联网及其新型技术发展对于教育的影响，以互联网学习发展引领中国教育信息化应用的实践取向，进而刻画出我国教育信息化实践的时代特征。白皮书项目于 2014 年正式开展，经过七年的发展，《中国互联网学习发展报告》已成为推动我国教育信息化实践进程、反映互联网教育应用实践现状和动态实践趋势、有效引领中国教育信息化融合创新实践水平的年度性报告。

吉林省于 2017 年加入《中国互联网学习白皮书》的编制，2017—2019 年连续三年对本省基础教育领域互联网学习发展状况进行了描述，获得了一系列案例和成果。2020 年，吉林省作为区域代表独立编制成册，吉林区域发展报告从学前教育、基础教育、职业教育以及高等教育四个领域的综合视角切入，深入洞察了吉林省互联网学习发展的基本趋势与关键问题。

1.2 报告的编制

1.2.1 编制思路

吉林区域发展报告编写团队是首批以省为单位组织编写省际互联网学习发展报告的团队。为全面深度呈现 2020 年吉林省在学前教育、基础教育、职业教育以及高等教育四个领域互联网学习的发展状况，报告编写团队参照“互联网学习 CASE 模型”，从能力(Competence)、应用(Application)、支持(Support)、环境(Environment)四个维度，对上述四个领域的教育管理者、教师以及学生展开问卷调研，学前教育领域对幼儿互联网学习的调查由家长完成。

在此基础上，报告编写团队科学合理地设计数据抽样和采集方案，采用二阶段分层抽样、概率比例抽样和整群抽样相结合的方法，在小学、初中、高中分层的基础上进行区县二阶段分层，并注重城区、乡镇驻地和乡村的分布情况，以获取基础设施与网络环境建设情况、各学段学生进行互联网学习情况、各学段教师组织实施互联网教学情况以及教育管理者对互联网学习的指导和监督情况等方面的数据。截至 2020 年 11 月 25 日，吉林省共回收有效问卷 138711 份，为发展报告的撰写提供了强有力的数据支撑。

此外，报告编写团队采用个案研究范式，选取吉林省互联网学习典型个案，从案例发展模式、内生动力、推广价值和进一步发展关键问题几个方面进行分析，以全面描摹吉林省2020年互联网学习发展整体状况与特色，并从基础设施建设、线上线下学习融合发展新常态、师生互联网教与学体验以及互联网学习模式等方面对吉林省互联网发展新趋势进行展望。

1.2.2 框架结构

在数据收集和分析的基础上，编写团队从互联网环境建设、互联网学习与教学支持、互联网学习与教学应用、互联网学习与教学能力四个方面进行梳理研究，进一步提炼吉林省互联网学习的发展特点与趋势，并指明未来吉林省互联网学习发展的关键问题。

具体而言，《2020年中国互联网学习发展报告（吉林区域卷）》共分为8章，第1章为概述，分别介绍了吉林省互联网学习发展的概况和发展报告的基本编制思路；第2章为吉林省互联网学习年度发展概况，对2020年度吉林省互联网学习的整体情况进行介绍，提炼本年度吉林省互联网学习特征词，并对互联网学习基本状况予以描述；第3章至第6章分别为吉林省学前教育领域、基础教育领域、职业教育领域以及高等教育领域互联网学习发展，采用统一的分析架构，从互联网环境建设、互联网学习与教学支持、互联网学习与教学应用、教师视角的互联网教学能力、学生视角的互联网学习能力五个方面进行具体分析；第7章为吉林省互联网学习典型案例，汇集了学前教育领域、基础教育领域、职业教育领域、高等教育领域以及区域的23个特色案例；第8章为吉林省互联网学习发展趋势与关键问题，一方面总结了吉林省当前互联网学习的特点，另一方面梳理了未来发展的关键问题。

1.3 吉林省教育概况

吉林省简称“吉”，位于中国东北地区中部，辖区面积是18.74万平方公里，人口2700万。吉林省南临辽宁省，西接内蒙古自治区，北与黑龙江省相连，东部与俄罗斯、朝鲜交界，边境线总长为1384.6公里。全省现辖1个副省级市、7个地级市、延边朝鲜族自治州和长白山管委会，60个县（市、区）。

吉林省具有科教文化优势，现有院士工作站14个，院士达22名，拥有中科院长春光机物理所、应化所、地理所等国家重点科研机构和吉林大学、东北师范大学等国内外知名院校。据2020年度教育事业统计，全省小学3464所，在校生118.75万人；初中1187所，在校生62.24万人；普通高中学校257所，在校生42.84万人；中等职业教育学校244所，在校生11.89万人；幼儿园3848所，在园（班）幼儿40.63万人；研究生培养单位21个，研究生在校生8.41万人；普通高校82所（含民办高校），其中，普通本科院校37所（包含5所独立学院），普通专科（高职）院校27所，民办普通高等学校（含独立学院）18所；普通本、专科在校生72.7万人，民办高校在校生17.75万人；成人本、专科在校生18.56万人；各级各类民办学校3290所，在校生64.80万人；独立设置少数民族幼儿园63所，在园幼儿3.57万人；少数民族小学169所，小学少数民族在校生12.89万人；少数民族初中71所，初中少数民族在校生6.22万人；少数民族普通高中23所，普通高中少数民族在校生4.18万人；中等职业教育中少数民族在校生0.76万人；高等教育中少数民族在校生11.27万人。

1.4 吉林省互联网学习发展基本思路

为了落实《国家中长期教育改革和发展规划纲要(2010—2020 年)》《教育信息化十年发展规划(2011—2020 年)》《教育信息化 2.0 行动计划》《教育部关于实施全国中小学教师信息技术应用能力提升工程 2.0 的意见》的要求，吉林省作为试点省份之一，结合本省互联网学习实际需求，提出了通过“夯实基础、深化应用、协同推进、树立品牌”实现全面提升互联网学习效果的基本发展思路。

1. 夯实基础

吉林省本着实事求是的态度，针对全省不同区域的互联网学习环境差异，从基础设施、网络环境和资源平台三个方面，推进互联网学习保障体系的建设。在基础设施方面，吉林省落实教育部发布的《中小学数字校园建设规范(试行)》，充分发挥地方与学校的积极性与主动性，引导各级各类学校结合特色发展，开展数字校园、智慧校园建设与应用，并持续推行区域数字校园建设全覆盖试点工作。在网络环境方面，吉林省深入推进学校联网攻坚行动，加大网络提速降费力度，力争实现各级各类学校互联网全覆盖。在资源平台方面，吉林省深入落实《教育部关于数字教育资源公共服务体系建设与应用的指导意见》的要求，进一步优化本省教育资源公共服务平台的功能，畅通空间应用，提升用户体验，以保障相关教育活动顺利开展。

2. 深化应用

吉林省为了提高互联网学习环境应用的效率、效果与效益，启动数字教育资源公共服务体系学科资源基地学校建设应用项目，遴选并建设一批省级数字教育资源基地学校，建成和推广一批适应课改需求的高质量数字教育资源。与此同时，考虑到教师和学生的信息素养对互联网学习效果的重要影响，吉林省将切实提高师生信息素养作为本省互联网学习发展的重中之重，面向教师开展一系列互联网教学能力提升培训项目，面向学生完善信息素养提升相关课程与活动设置，加强信息技术教育。

3. 协同推进

吉林省针对不同学段开展互联网学习的具体情况，制定了多样化的发展目标，以实现多元主体参与的均衡发展样态。就学前教育而言，吉林省推进实施国家教育行政学院“家校(园)共育”项目，构建家校、家园共育新模式，稳步推动学前教育信息化发展；就基础教育而言，组织开展网络教研，探索优课资源创新应用实践，逐步推进“互联网＋教育”与传统课堂教学融合创新，进而推广“三个课堂”模式应用，着力解决基础教育区域、校际发展不均衡问题；就职业教育而言，围绕深化教学改革和“互联网＋职业教育”发展需求，鼓励职业院校探索基于互联网的课程设置，健全职业教育在线教学资源库；就高等教育而言，深入落实《教育部关于加强高等学校在线开放课程建设应用与管理的意见》《教育部关于一流本科课程建设的实施意见》的要求，推动省级一流本科课程建设，并借助互联网学习优势，扩大本省高等院校优质教育资源的辐射范围。

4. 树立品牌

吉林省鼓励各地开展互联网学习试点示范工作，创新“互联网＋教育”推进机制与应用模式，遴选推荐互联网学习优秀区域、优秀学校和优秀课例，打造一批善于开展互联网教学的名师队伍，树立、宣传与推广典型区域和典型学校的应用做法与经验。同时，吉林省发挥地域、民族和语言特色，组织少数民族学校开展互联网学习，建立少数民族语言文化网络学习资源。

第2章

吉林省互联网学习年度发展概况

2.1 吉林省互联网学习发展年度成效

2020年是"十三五"规划收官之年，也是"十四五"规划开启之年，吉林省秉承"夯实基础、深化应用、协同推进、树立品牌"的发展思路，全面落实国家对"互联网＋教育"的战略部署，高效完成了《教育信息化十年发展规划(2011—2020年)》《教育信息化"十三五"规划》收官工作，并启动了吉林省教育信息化"十四五"规划研究工作。

在互联网学习环境建设方面，吉林省基本实现了各级各类学校互联网全覆盖和区域数字校园建设全覆盖，并基于省教育资源公共服务平台，完善优质互联网学习资源的开发模式，开设了线上教育教学资源共享专区，向全省师生提供全学段、全学科的免费优质数字教育资源。在互联网学习队伍建设方面，吉林省依托"中小学教师信息技术应用能力提升"项目，因地制宜开展提升教师互联网教学能力的相关培训工作，强化了教师对互联网教学价值的认识，提升了教师互联网教学胜任力；同时，完善了学生信息素养提升相关活动与课程设置，切实提升各学段学生的信息素养，持续提高其互联网学习能力。在互联网学习管理方面，吉林省建立了较为完善的面向互联网学习的教育治理体系，从互联网学习规划与支持、互联网学习指导与监督、互联网学习组织与实施、互联网学习评价等方面为教师的教与学生的学提供保障。总体而言，2020年吉林省互联网学习取得了较好的年度进展，突出成果主要包括以下三个方面。

1. 全面推进互联网学习的组织与实施，切实贯彻落实教育部"停课不停学"相关要求

吉林省始终坚持党对"互联网＋教育"体系建设的全面领导，通过大力开发互联网学习相关的物质资源和人力资源，有效贯彻落实国家新冠肺炎疫情防控总体部署，支持各级各类学校延期开学期间线上教学的开展，保障了在师生分离、生生分离、师校分离、生校分离的情况下教育系统的稳定运行，落实了"停课不停学"的要求。

2. 遴选互联网学习优秀案例，树立特色品牌，带动区域、校际互联网学习协同发展

针对本省在互联网学习方面存在的区域、校际发展不均衡的现状，吉林省落实"百区千校万课引领行动"，积极开展"互联网＋教育"试点示范工作，遴选在开展互联网学习方面具有特色的优秀区域、学校和课例，创建本省互联网学习特色与品牌，并做好宣传工作，发挥典型区域和学校的影响力，推广互联网学习组织的成功经验与做法，带动薄弱地区与学校的发展。

3. 统筹规划不同学段互联网学习发展，全面推进"互联网＋教育"体系建设与应用

吉林省根据不同学段开展互联网学习的现状，提出了多元性、差异化、阶梯式的发展策略。2020年，吉林省针对学前教育，实施基于互联网的"家校、家园共育"项目，并以此为契机，完善学前教育互联网学习环境、优质资源和师资队伍的建设；针对基础教育，深入推进互联网学习资源的建设工作，扩大优质资源的覆盖范围，切实提升师生信息素养；针对高等教育，着力建设省级一流线上课程，推动在线学习与传统课堂学习的创新融合，加速"互联网＋教育"常态化发展进程，创新人才培养模式；针对职业教育，配备虚拟实训平台等面向职业技能提升的基础环境，丰富职业教育线上学习资源，引导职业院校形成互联网教育新模式。

2.2 吉林省互联网学习年度特征词

2.2.1 停课不停学

停课不停学是新冠肺炎疫情期间，为了保证在师生分离、生生分离、师校分离、生校分离的情况下教学系统的正常运转，教育部提出的疫情期间教学总体方针。目前，该词泛指因特殊情况及原因，学校不能够正常开展面对面教学活动，利用在线教学平台，实现居家学习的情况。

受新冠肺炎疫情影响，吉林省在2020年春季学期全面落实了教育部提出的“停课不停学”要求，面向学前教育、基础教育、职业教育以及高等教育等各阶段开设了在线课程。在授课过程中，教师为学生提供了较为丰富的学习支持服务，包括为学生居家学习提供指导、提供在线教学与互动、推送学习资源、通过在线形式完成学习任务的布置与打卡活动的设计等。

停课不停学让更多教师、学生、家长与教育管理者切身体会到了互联网学习的优势与价值，为吉林省互联网学习的广泛开展提供了重要契机。未来，停课不停学将成为应对重大突发公共安全事件、保证正常教学秩序的重要方式。

2.2.2 互联网学习新常态

新常态是经济学领域名词，指危机后世界经济的新特征。[①] 在我国，新常态与中国经济转型升级的新发展阶段紧密相关。互联网学习新常态借用了经济学新常态的概念，指互联网学习经历了疫情期间的波动性变化后，进入与传统学校教学融合发展的新发展形态。

经历了疫情期间在线教学的快速发展，吉林省互联网学习进入了发展新常态，学生在线学习胜任力得到了较大提高，70%左右的学生能够较方便地获得所需要的互联网学习工具与资源，并能加以利用以满足个人学习需要。在此过程中，72%的学生认为学习工具操作简单，不会带来操作负担。教师在线教学胜任力也得到了极大提高，近70%的教师开展互联网教学的技术能力水平能够满足教学的需要，并能及时了解与熟练掌握最新教学工具的操作，能够解决互联网教学中的技术问题。目前，互联网学习已经与传统课堂教学形成整合发展、优势互补的新常态。

疫情期间，吉林省建立了类型较丰富、质量有保障的互联网学习资源，教师和学生基于互联网开展教学与学习的能力得到了极大提升。未来，互联网学习新常态将成为基本事实，互联网学习将成为师生乐于采用的教与学方式。

2.2.3 互联网教与学实践共同体

互联网教与学实践共同体是指围绕解决互联网教学与学习过程中的问题，建立起的非实质性组织，通常由学生、教师、家长和教育管理者组成。该实践共同体组成成员并不固定，通常根据需要解决的问题灵活组建。

---

① 李扬，张晓晶．“新常态”：经济发展的逻辑与前景[J]．经济研究，2015，50(5)：4-19.

吉林省互联网教与学实践共同体由教师、学生、家长和教育管理者共同组成。其中，教师负责设计开发学习内容、提供学习支持以及组织实施在线教学；学生负责自主开展在线学习，完成学习任务；家长负责监督管理，与教师沟通学生的学习情况；教育管理者负责对互联网学习的整体情况进行规划、组织、监督、指导与评价。

互联网学习对学生的学习能力、自我管理能力和自我调节能力等都提出了极高的要求，需要教师、家长和学生通力合作才能取得良好的效果。同时，互联网学习对基础设施、网络环境以及政策引导等方面的需求，也离不开教育管理部门的支持、监督与指导。因此，建立互联网教与学实践共同体将成为吉林省互联网学习未来发展的新趋势。

2.3 吉林省互联网学习发展现状

吉林省区域发展报告关注学前教育领域、基础教育领域、职业教育领域以及高等教育的互联网学习状况，面向吉林省长春市、吉林市、四平市、辽源市、通化市、白山市、松原市、白城市 8 个地级市以及延边朝鲜族自治州的师生展开广泛调查，得出了吉林省互联网学习的基本情况。其中，考虑到低年级学生无法直接参与调查，故学前教育阶段学生的基本情况是通过家长协助参与阅卷调查得出的，基础教育阶段的调查从小学三年级开始。

上述四个领域的问卷回收有效率均超过 90%，回收数据 α 信度系数均在 0.900 以上，这表明问卷具有较大信度。

2.3.1 学生基本信息

1. 参与调查学生学段分布情况

参与调查的学生数量统计结果如图 2-1 所示，参与调查的学生中，基础教育阶段的学生最多，达 9 万余人；职业教育和高等教育阶段参与调查的学生人数接近 1 万人；学前教育阶段的学生相对较少，约 6 千人。

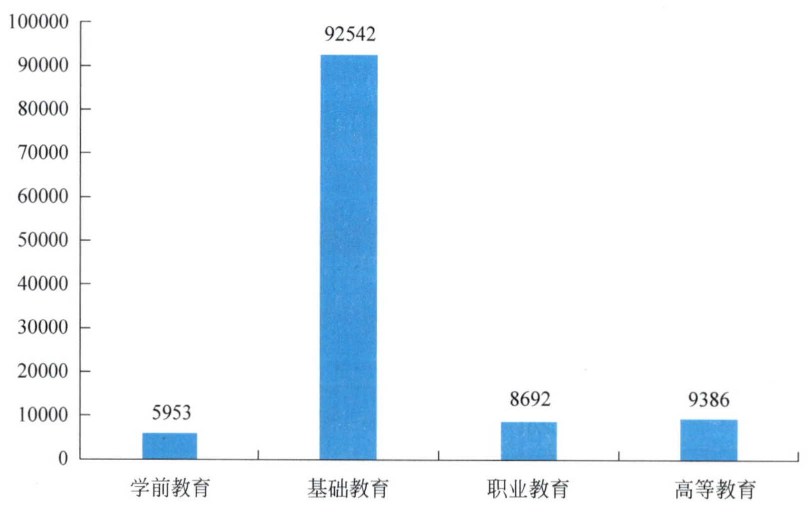

图 2-1 参与调查的学生学段分布情况

2. 参与调查学生地区分布

各学段参与调查的学生在吉林省各市均有分布，学前教育和基础教育阶段的学生地区分布比较均匀，高等教育阶段的学生主要集中在长春市和通化市，符合吉林省高等教育的实际情况。

学前教育阶段参与调查的学生地区分布情况如图 2-2 所示，结果表明，学生在吉林省各地市均有分布，其中四平市学生相对较多。

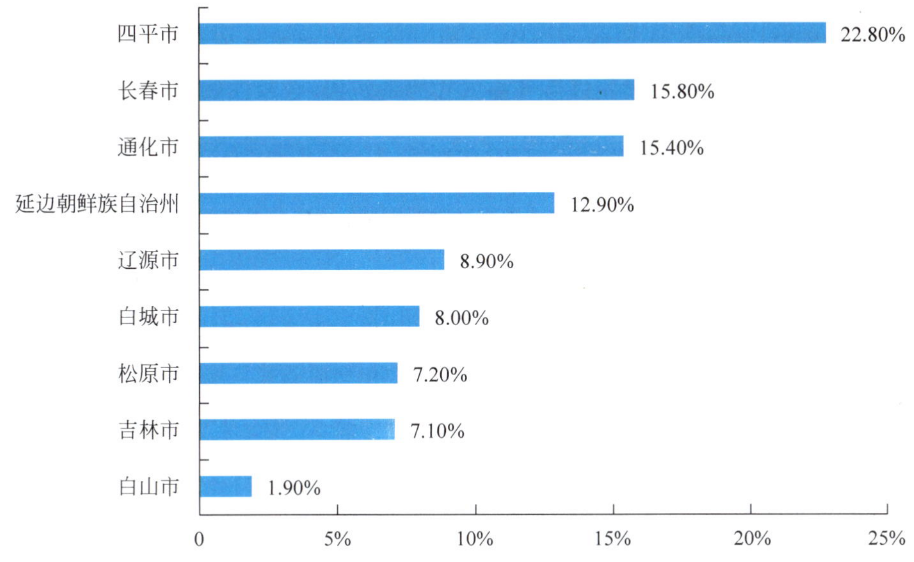

图 2-2 学前教育阶段参与调查的学生地区分布情况

基础教育阶段参与调查的学生地区分布情况如图 2-3 所示，结果表明，学生在吉林省各地市均有分布，其中四平市学生占比相对较大(27.94%)。

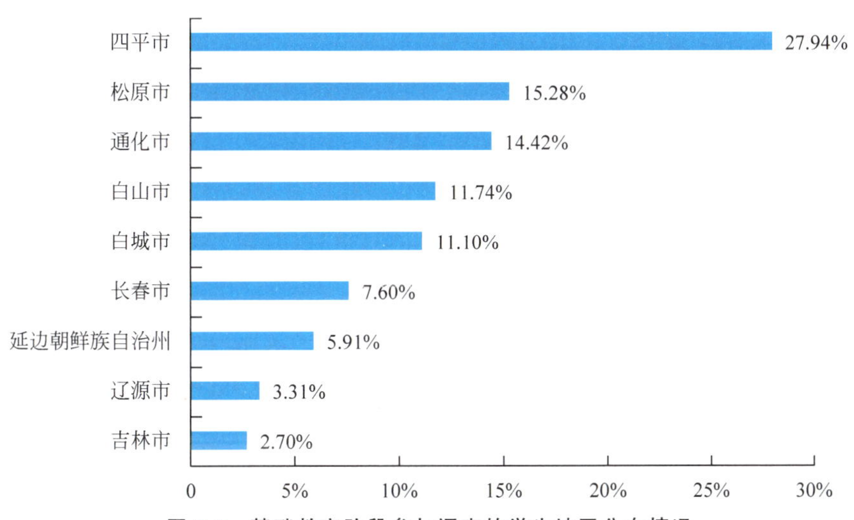

图 2-3 基础教育阶段参与调查的学生地区分布情况

高等教育阶段参与调查的学生地区分布情况如图 2-4 所示，结果表明，参与调查的学生主要集中在通化市和长春市，其他地市的高校生也都有参与。

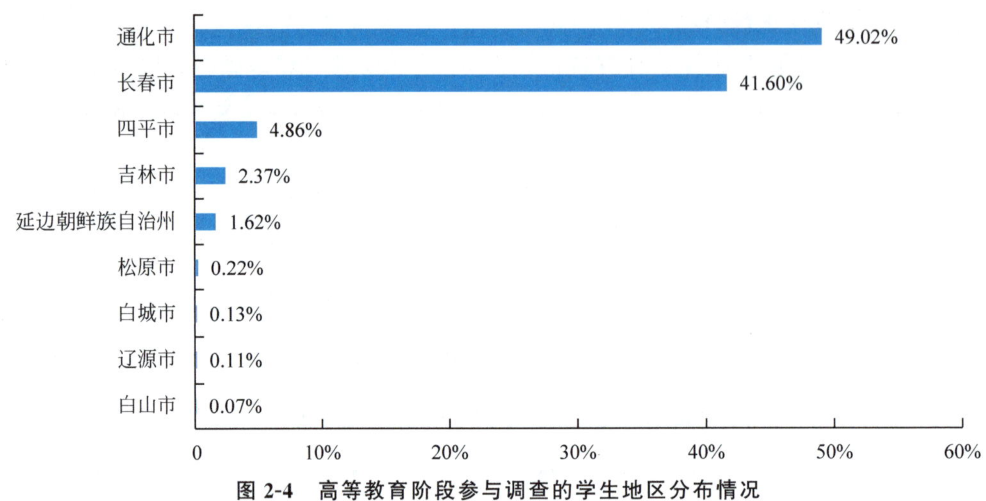

图 2-4　高等教育阶段参与调查的学生地区分布情况

3. 参与调查的学生学段、年级分布情况

参与调查的学生涵盖各学段各年级。其中，由于学前教育阶段入学年龄不固定，因此调查的是学生年龄；基础教育及以上阶段调查的是学生年级情况。

学前教育阶段参与调查的学生年龄分布情况如图 2-5 所示，结果表明，参与调查的学前教育阶段学生以 5～6 岁居多，但 3 岁以下幼儿也有所涉及。

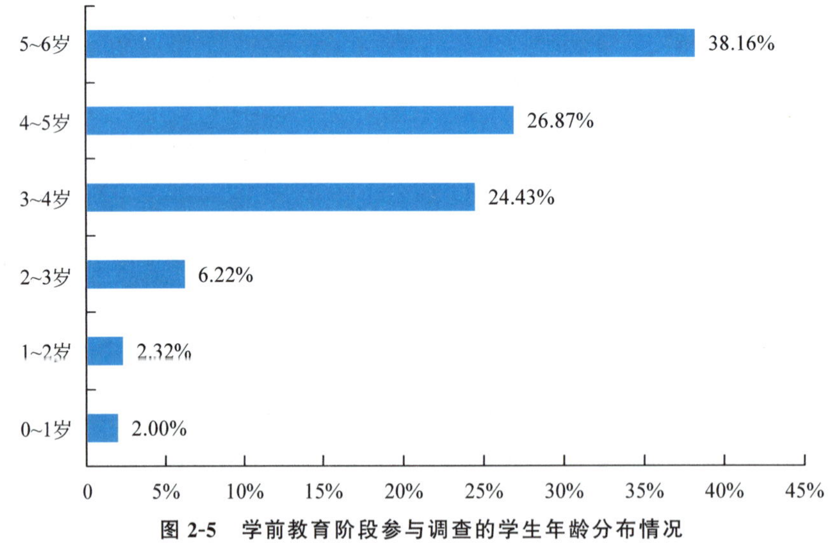

图 2-5　学前教育阶段参与调查的学生年龄分布情况

基础教育阶段参与调查的学生年级分布情况如图 2-6 所示，调查涵盖了小学三年级至高中三年级的学生，同阶段各年级的人数比例相对均匀。其中，小学生和初中生的参与人数较多，为义务教育阶段的相关分析提供了充足的数据支持。

职业教育阶段参与调查的学生年级分布情况如图 2-7 所示，调查涵盖了职业教育中三类学制的各年级学生，此外，调查结果均呈现出各学制低年级参与人数多于高年级学生的特点，这与高年级学生在外实习有关。整体上中职学生和高职高专学生占多数。

高等教育阶段参与调查的学生年级分布情况如图 2-8 所示，调查涵盖了高等教育本科阶段和研究生阶段（硕士、博士）的各年级学生，但本科生人数占比较大。

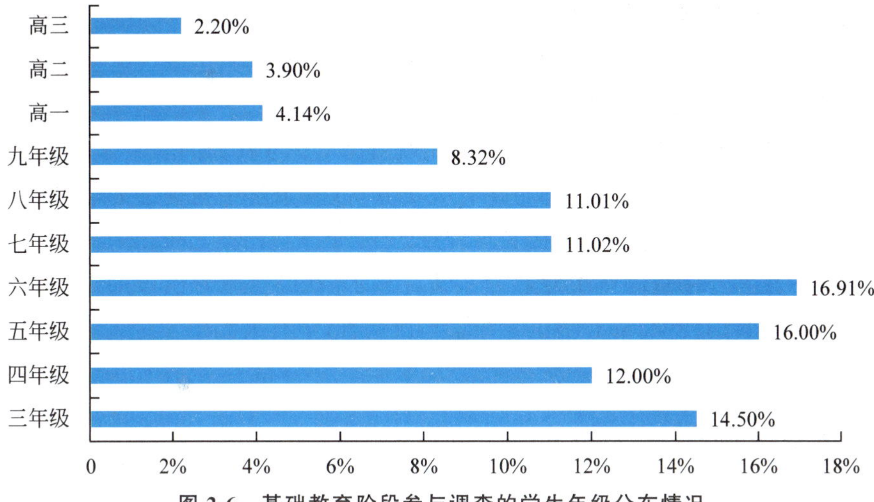

图 2-6 基础教育阶段参与调查的学生年级分布情况

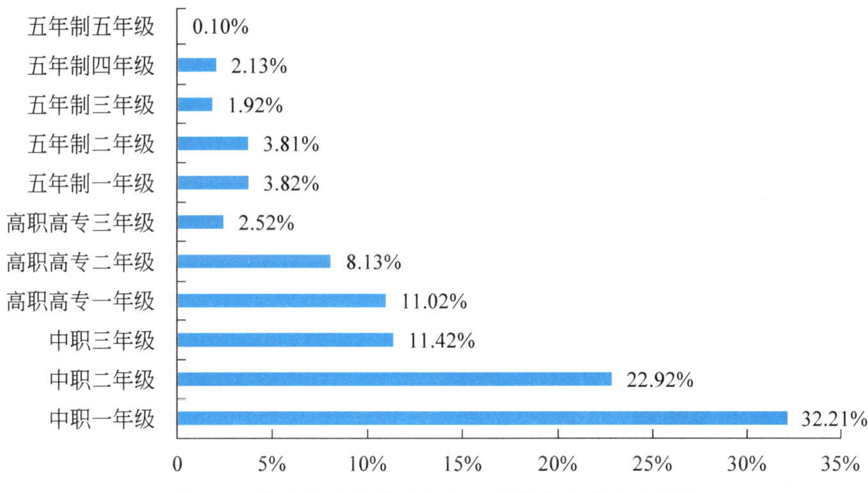

图 2-7 职业教育阶段参与调查的学生年级分布情况

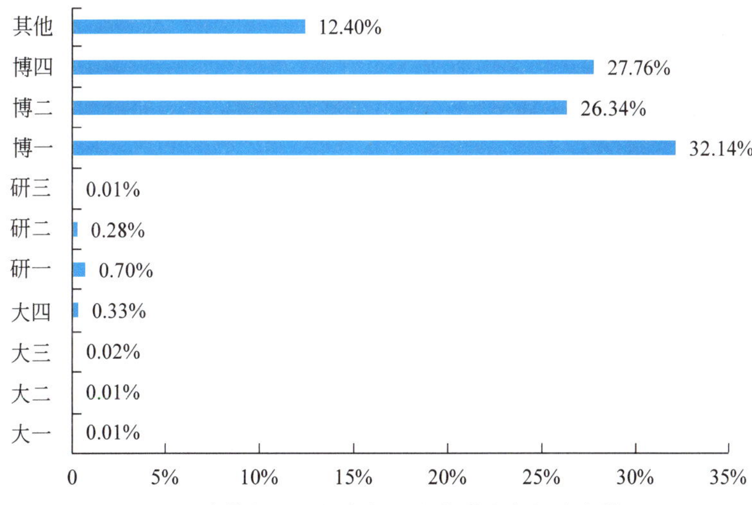

图 2-8 高等教育阶段参与调查的学生年级分布情况

4. 参与调查的学生专业分布情况

根据职业教育和高等教育阶段学生专业的不同分类开展调查，参与调查的学生所在专业涵盖面较广，在各个类别中均有涉及。

职业教育阶段参与调查的学生专业分布情况显示，参与调查的学生学科分布广泛，其中，电子信息大类学生相对较多，教育与体育大类其次，其余学生在剩下的学科门类均有分布。此外，近半数的同学所学学科不在参与调查的19个学科门类之中。

高等教育阶段参与调查的学生专业分布情况显示，在高等教育阶段的工学、文学、教育学、法学等13个学科门类中，都有学生参与了本次调查，学科大类中学生人数的分布也比较平均。

2.3.2 教师基本信息

1. 参与调查的教师学段分布情况

参与调查的教师学段分布情况如图2-9所示，在参与调查的教师中，基础教育阶段的教师最多，人数接近16000人；学前教育和职业教育阶段的教师人数均在2000人左右；高等教育阶段的教师为849人。

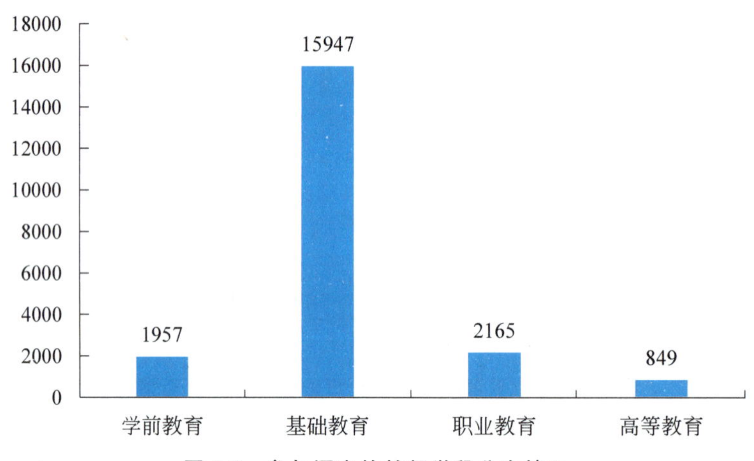

图2-9 参与调查的教师学段分布情况

2.参与调查的教师教龄分布情况

教师教龄的调查主要是从基础教育、职业教育和高等教育三个阶段展开。其中，基础教育教师教龄分布情况如图2-10所示，结果表明，教龄在5年及以下或20年以上的教师人数占比相对较多。

职业教育阶段参与调研的教师教龄分布情况如图2-11所示，教龄在20年以上和5年及以下的教师人数比较多。此外，教师教龄分布情况与职业教育教师年龄分布情况相符合。

高等教育教师教龄分布情况如图2-12所示，结果表明，33.10%的教师教龄在5年及以下，近60%的教师教龄在6～25年，占比最少的是教龄在30年以上的。

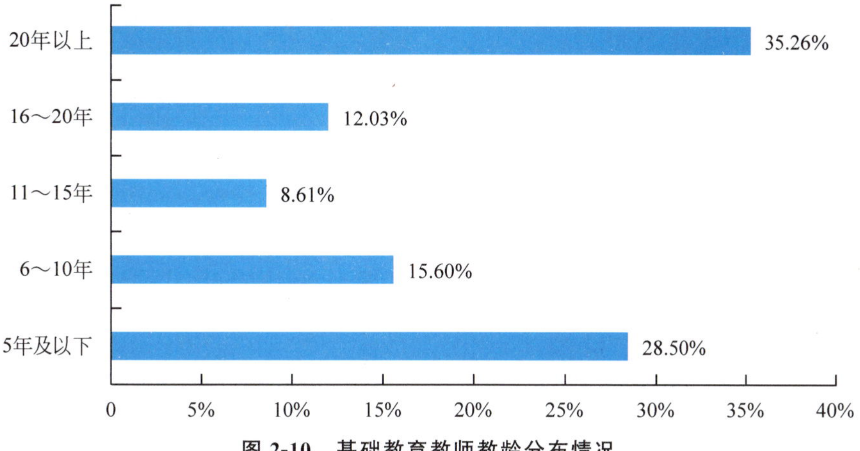

图 2-10　基础教育教师教龄分布情况

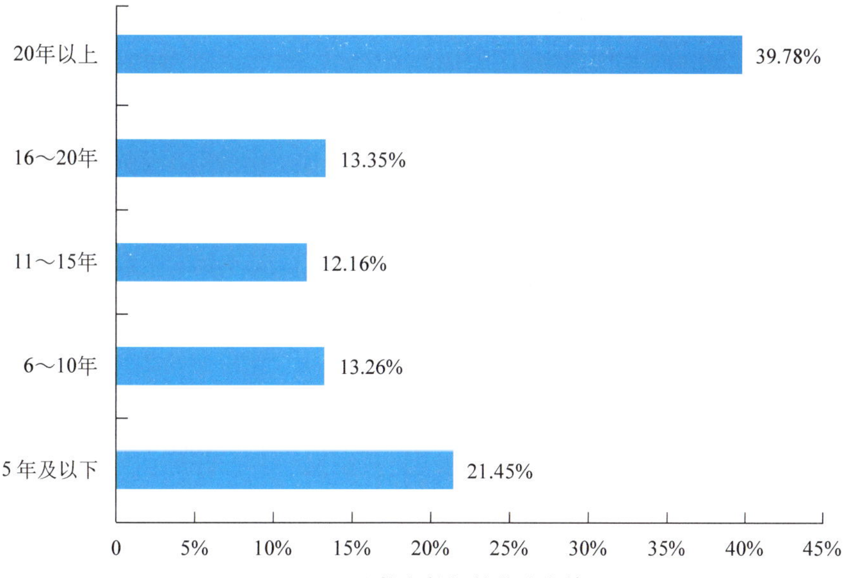

图 2-11　职业教育教师教龄分布情况

30年以上
2.12%
26~30年
6.01%
16~25年
21.08%
11~15年
20.26%
6~10年
17.43%
5年及以下
33.10%
0
5%
10%
15%
20%
25%
30%
35%

图 2-12　高等教育教师教龄分布情况

第3章

吉林省学前教育领域互联网学习发展

本章紧紧围绕CASE模型，分析吉林省学前教育领域互联网学习发展状况，重点分析互联网环境建设、互联网学习与教学支持、互联网学习与教学应用、教师视角的互联网教学能力。其中，对于幼儿互联网学习的应用调查由家长完成。

3.1 吉林省学前教育领域互联网环境建设

3.1.1 互联网基础设施

学前教育互联网环境的调查主要面向管理者展开，围绕基础设施以及网络建设两个方面展开，调查结果如图3-1所示，结果表明，大部分幼儿园的基础设施与网络建设能够支持互联网学习的开展，但园所的基础设施建设成效优于5G网络接入建设。

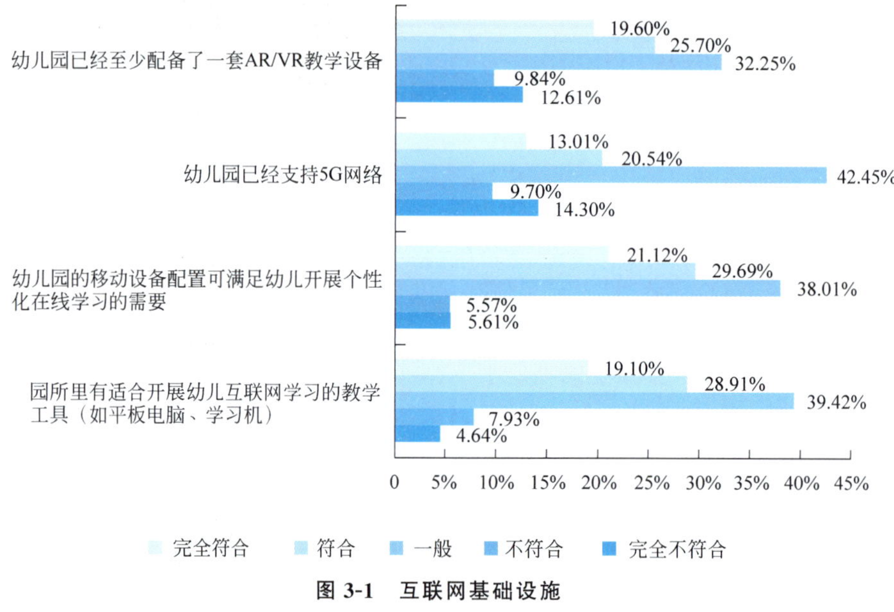

图3-1 互联网基础设施

3.1.2 互联网学习平台

“幼儿在线学习平台”部分主要通过家长调查过去半年中幼儿使用的在线学习平台，调查情况如图3-2所示，结果表明，在各类软件中，喜马拉雅和学而思的使用者最多，其次是VIPKID、少年得到和在线美术等平台。

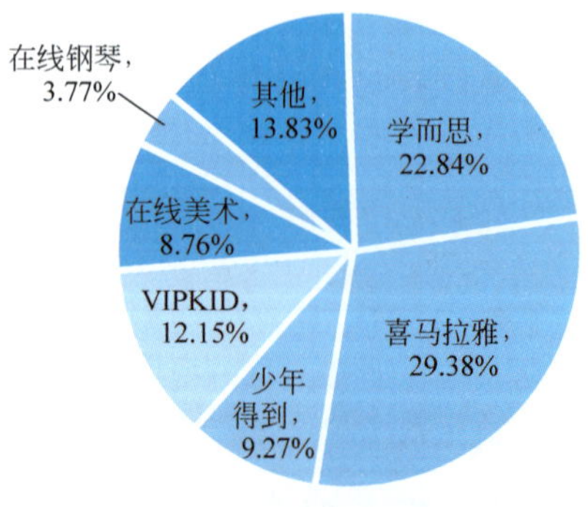

图3-2 互联网学习平台

3.2 吉林省学前教育领域互联网学习与教学支持

3.2.1 教师视角的互联网学习与教学支持

1. 教师为幼儿提供的互联网学习资源类型

教师为幼儿提供的互联网学习资源类型的调查结果如图 3-3 所示，结果表明，第一选择最多的是文字和图片形式，分别占 37.66％和 32.29％，第二选择最多的是图片和音频形式，占比分别为 42.26％和 35.78％，第三选择最多的是视频和音频形式，分别占 42.44％和 31.80％。

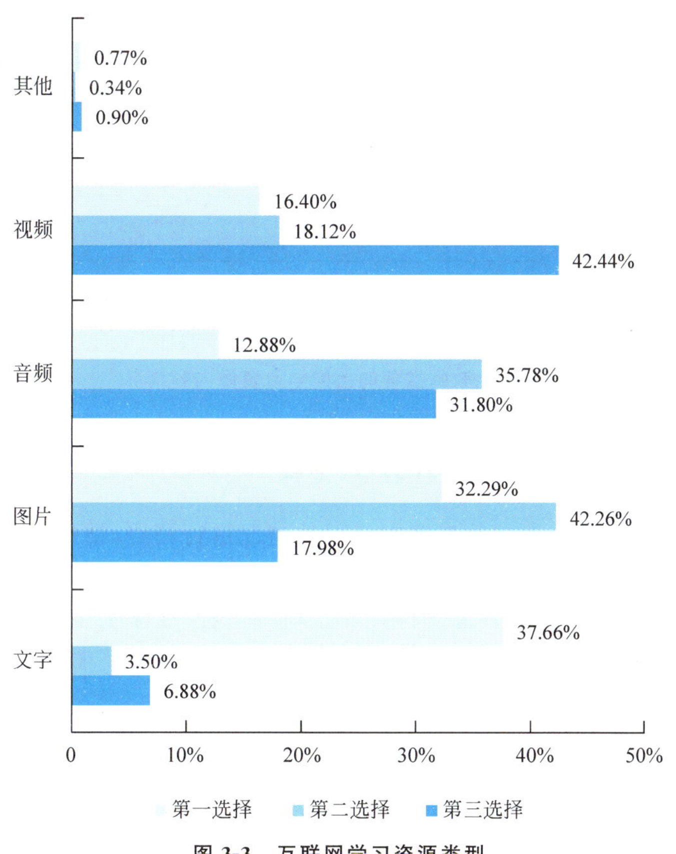

图 3-3　互联网学习资源类型

2. 教师为幼儿提供的互联网学习资源内容种类

教师为幼儿提供的互联网学习资源内容的情况如图 3-4 所示，结果表明，教师推荐的上网学习资源的第一选择是语言类和运动类资源，占比分别为 35.00％和 33.88％，第二选择是阅读类和生活类资源居多，占比分别为 26.54％和 25.71％，第三选择中最多的是语言类资源，占比为 26.61％。

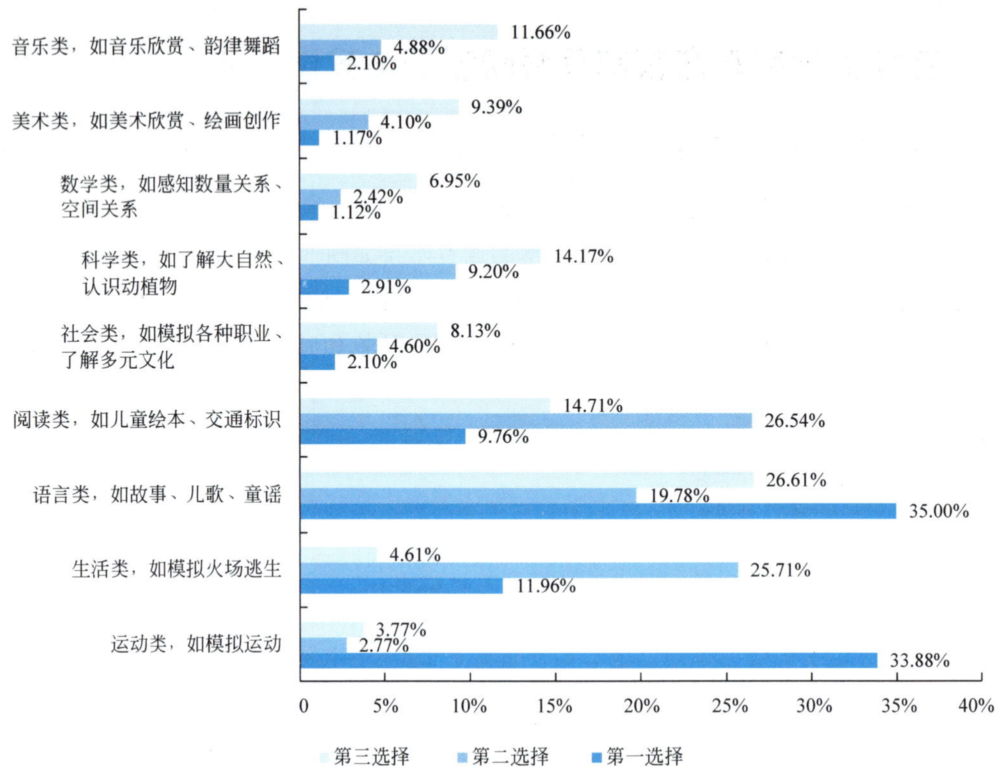

图 3-4 教师推荐的上网学习资源内容情况

3.2.2 家长视角的互联网学习与教学支持

对学前教育阶段家长支持幼儿互联网学习的情况进行调查，结果如图 3-5 所示。结果表明，大部分家长会参与到学生的互联网学习中，帮助幼儿学习，找到合适的学习资源，大部分家庭具备基本的硬件、软件条件来支持开展互联网学习，并且在开展互联网学习时，大部分家长会和幼儿共同学习，对于互联网学习的内容、任务、时间有要求。

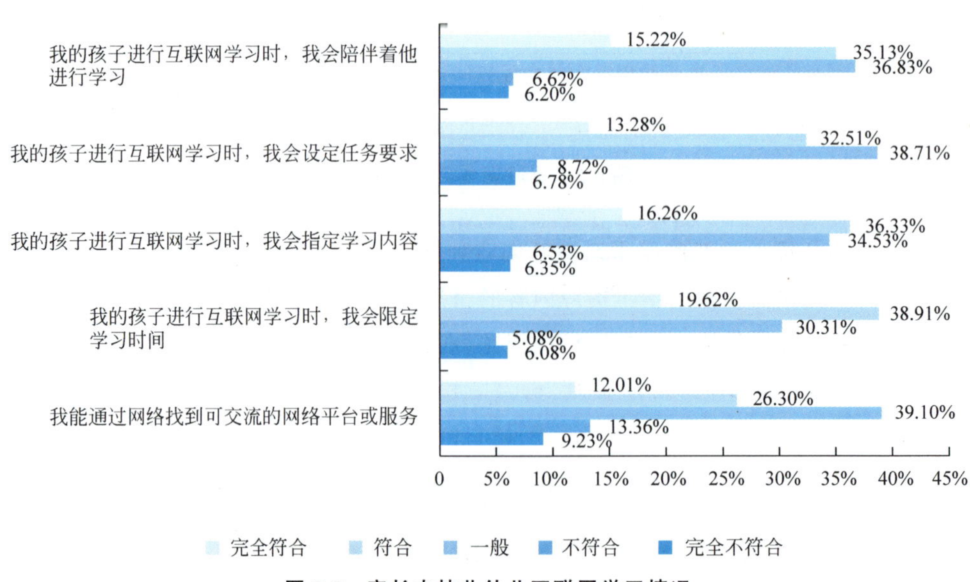

图 3-5 家长支持此幼儿互联网学习情况

3.3 吉林省学前教育领域互联网学习与教学应用

3.3.1 教师视角的互联网教学应用

1. 教学应用

教师开展互联网主题学习活动的情况如图 3-6 所示，在利用互联网开展主题活动的实践中，超过八成的教师会经常在班级开展幼儿互联网主题学习活动，幼儿也能通过互联网查询问题，这表明教师真正推动了幼儿的互联网学习，幼儿也在这个过程中发展了自身的互联网学习能力。

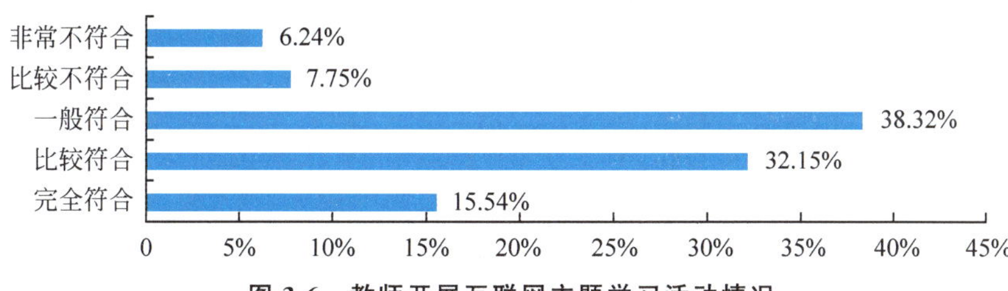

图 3-6 教师开展互联网主题学习活动情况

2. 教学动机

互联网学习对幼儿的作用能在一定程度上反映教师互联网教学的动机。调查结果如图 3-7 所示，结果表明，教师认为互联网学习对幼儿多方面的发展都有不同程度的促进和帮助作用，其中对精细动作发展的帮助和影响最大，其次是粗大动作发展，最后是感知能力发展，这些方面对幼儿的成长都起着非常关键的作用。

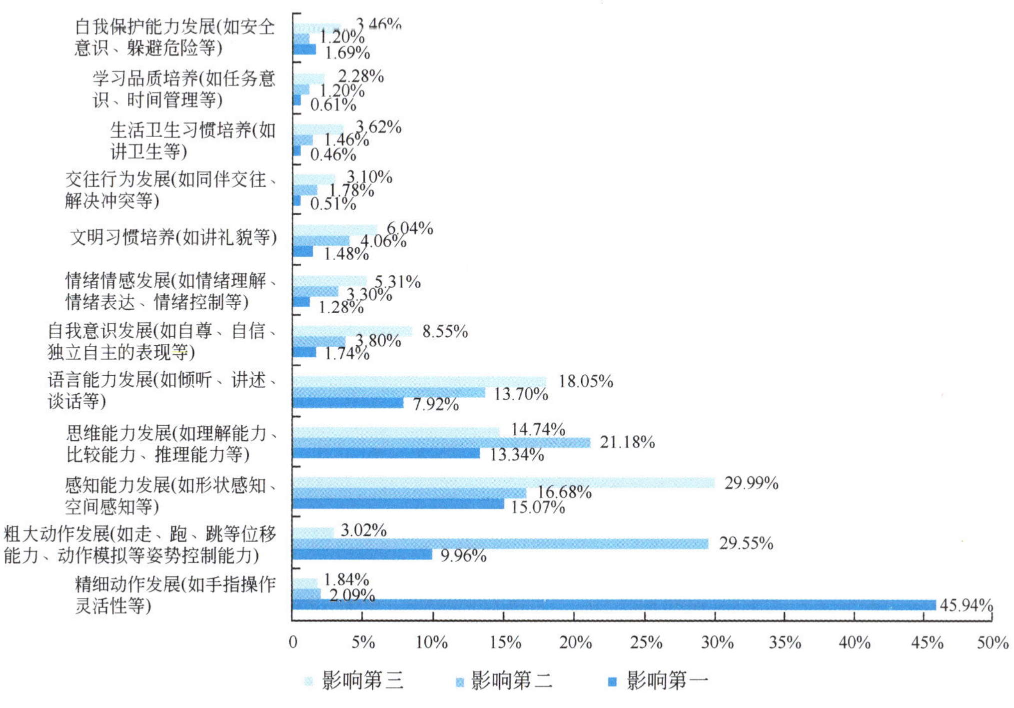

图 3-7 教学动机

3. 疫情期间教师组织在线学习的主要形式

疫情期间教师组织在线学习的主要形式如图3-8所示，结果表明，居家生活与学习指导成了主要的方式，占比为38.10%，29.40%的教师主要组织了在线教学与互动，18.20%的教师主要进行了学习资源的推送，13.00%的教师主要通过在线形式完成了学习任务的布置与打卡活动的设计。

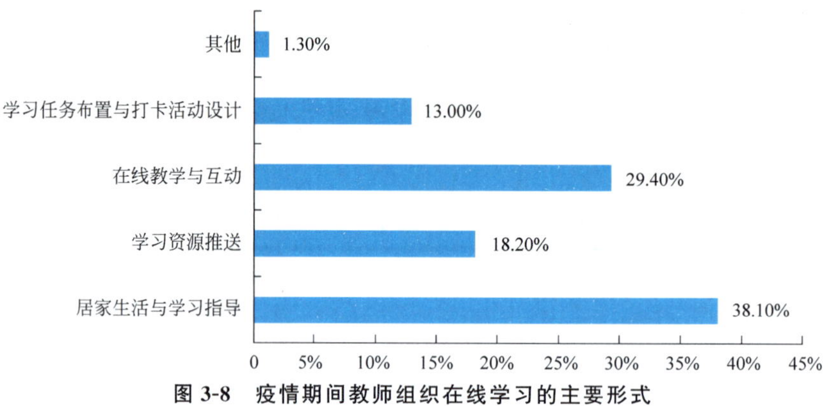

图3-8 疫情期间教师组织在线学习的主要形式

3.3.2 家长视角的互联网学习应用

1. 学习选择

互联网学习选择部分主要通过家长调查幼儿使用互联网进行学习时优先选择的情况，调查情况如图3-9所示，结果表明，幼儿利用互联网开展学习时，会集中在拼音、识字、数学、

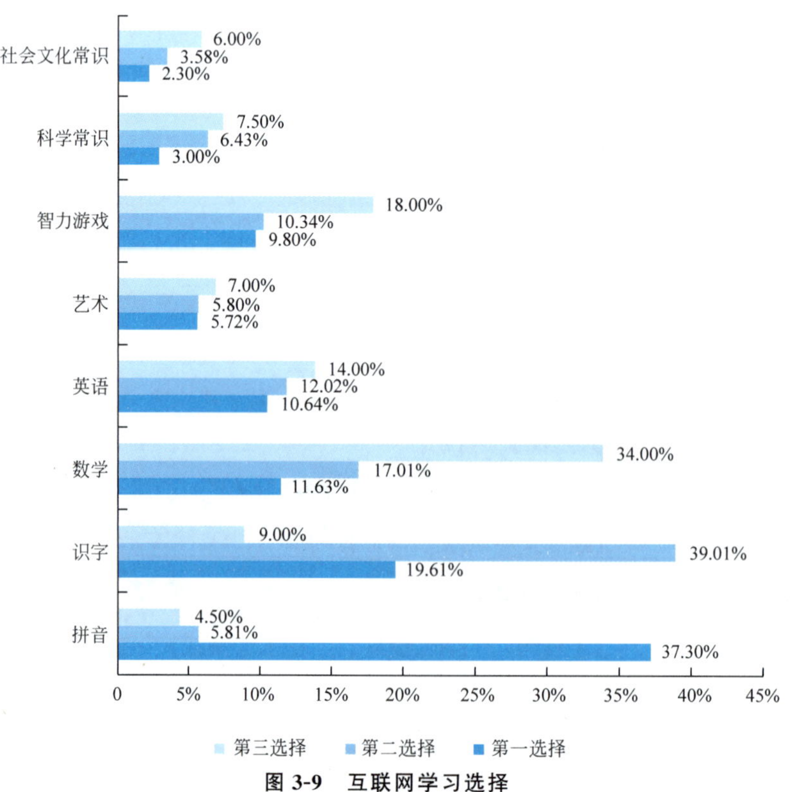

图3-9 互联网学习选择

英语和智力游戏等方面进行选择，并且多数幼儿和家长会优先选择学习拼音，其次是识字，而后是数学，这与幼儿阶段的学习需求和内容相符。

2. 学习方式

幼儿在线学习方式的调查情况如图 3-10 所示，结果表明，幼儿在线学习方式以学习任务布置与打卡以及在线教学与互动为主，占比分别为 31.20%、29.50%，其次为居家生活与学习指导，占比为 23.10%。

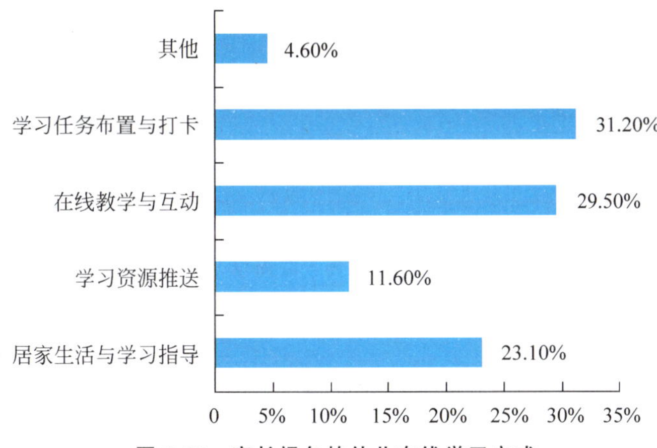

图 3-10　家长视角的幼儿在线学习方式

3. 学习时长

幼儿平均每天利用互联网进行学习的时长情况如图 3-11 所示，结果表明，大部分幼儿每天在线学习的时长在 30 分钟以内。造成这种现象的主要原因有两个，一是疫情结束后，各地纷纷恢复正常教学秩序，对互联网学习的依赖有所减弱；二是家长出于对幼儿视力和自制力的考虑，对幼儿互联网学习时长加以管控。

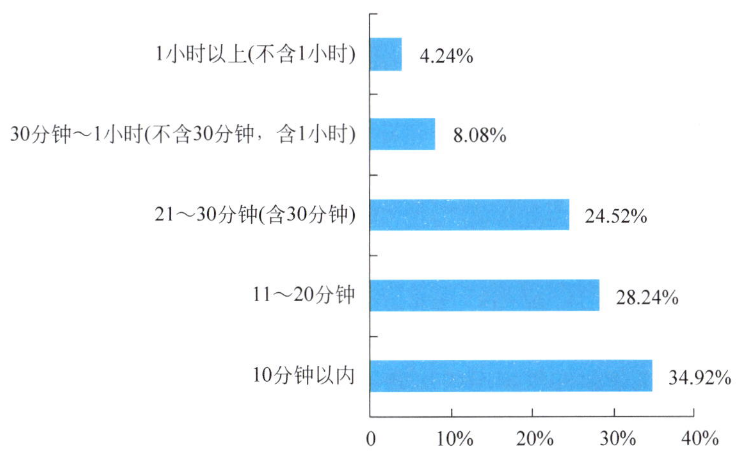

图 3-11　幼儿每天互联网学习时长

4. 学习频率

幼儿平均每周利用互联网进行学习的频率如图 3-12 所示，具体包括接触平板电脑、电视、交互式电子白板等屏幕及智能玩具等媒体和工具的次数总和，结果表明，接近一半的学生每周接触互联网进行学习的次数在2～5次，还有一部分学生在线学习次数在6次以上，但大约三分之一的学生几乎不进行在线学习。总的来看，多数学生每周都会开展不同次数、不同程度的互联网学习。

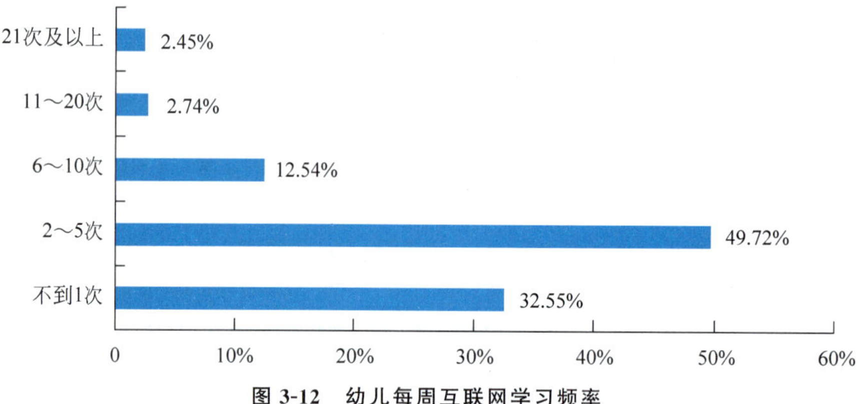

图 3-12 幼儿每周互联网学习频率

5. 家长视角的幼儿学习动机

互联网学习对幼儿发展的作用能在一定程度上反映幼儿的学习动机。鉴于幼儿的低龄化特征，幼儿学习动机由家长予以反映。如图3-13所示，对大多数家长而言，互联网学习对幼儿的学习与发展有很大帮助作用，这能够从侧面反映出幼儿互联网学习的动机。

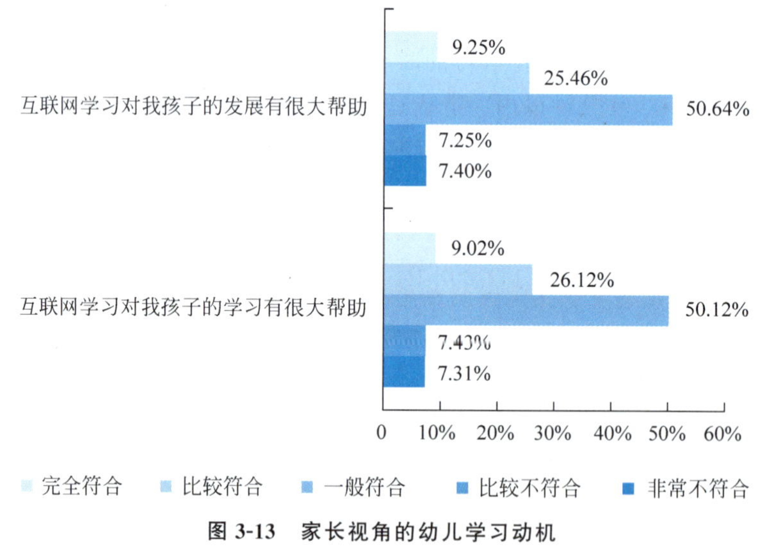

图 3-13 家长视角的幼儿学习动机

6. 疫情期间为幼儿提供在线学习的次数

面向家长调查了疫情期间幼儿园和教师为幼儿提供在线学习的次数，具体情况如图3-14所示，结果表明，疫情期间幼儿进行在线学习的次数集中在每天1次及以上，其次是每周2～4次，有19.52%的家长表示幼儿没有开展在线学习。

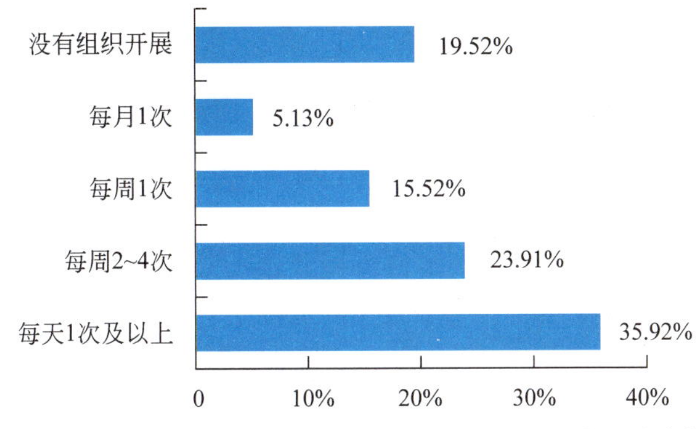

图 3-14　疫情期间幼儿园和教师为幼儿提供在线学习的次数

3.4　吉林省学前教育领域教师视角的互联网教学能力

学前教师能力素质是保障教育顺利进行的关键，学前教育学校开展教师能力发展方式调查情况如图 3-15 所示，结果表明，其中 51.92％的教师以理论学习为主，47.08％的教师以实践教学为主。

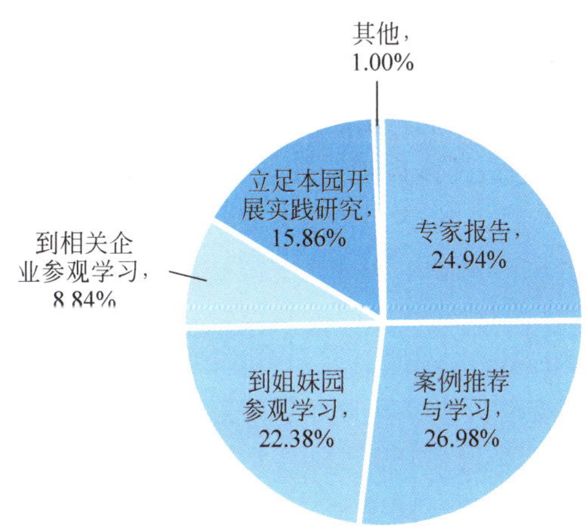

图 3-15　学前教育教师能力发展方式

3.5　吉林省学前教育领域家长视角的互联网学习能力

此部分调查由家长参与完成，幼儿互联网学习能力主要体现在两方面，一方面为技术操作、资源获取与问题解决能力；另一方面为策略性学习能力。

3.5.1　技术操作、资源获取与问题解决能力

幼儿在互联网学习过程中的技术操作、资源获取与问题解决能力状况的调查结果如图 3-16 所示。结果表明，超过半数的幼儿能够独立使用互联网学习电子设备和学习软件、通过上网搜索自己想要的学习资源、通过互联网解决问题，其占比分别为 70.63％、61.57％、73.42％。

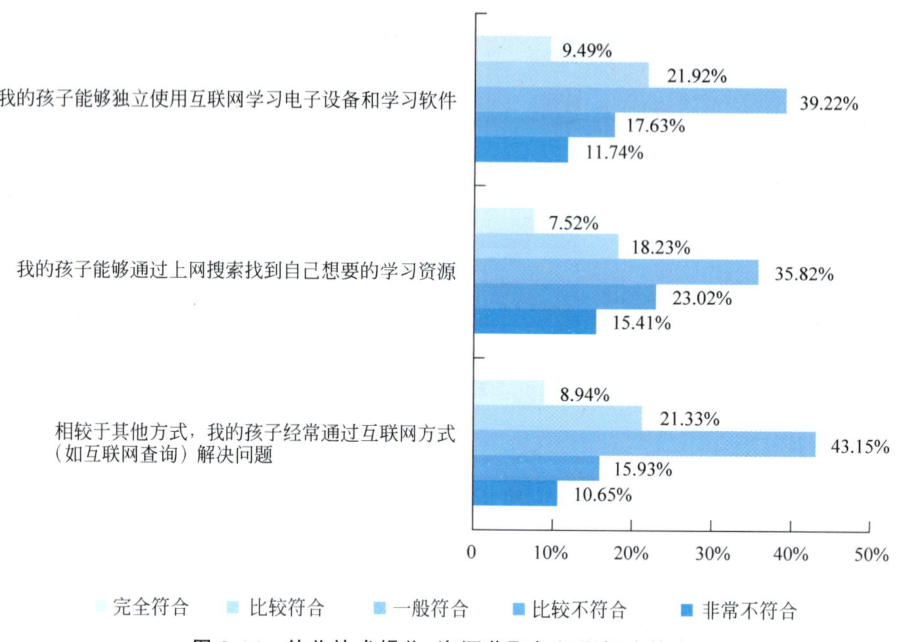

图 3-16 幼儿技术操作、资源获取与问题解决能力

3.5.2 策略性学习能力

幼儿进行策略性互联网学习的调查结果如图 3-17 所示。结果表明，七成以上的幼儿具有一定的策略性互联网学习能力，具体表现为通过互联网学习，幼儿的线下学习积极性得以提升，且在互联网学习过程中，幼儿能够保持良好的专注力，按约定时间结束上网以及完成

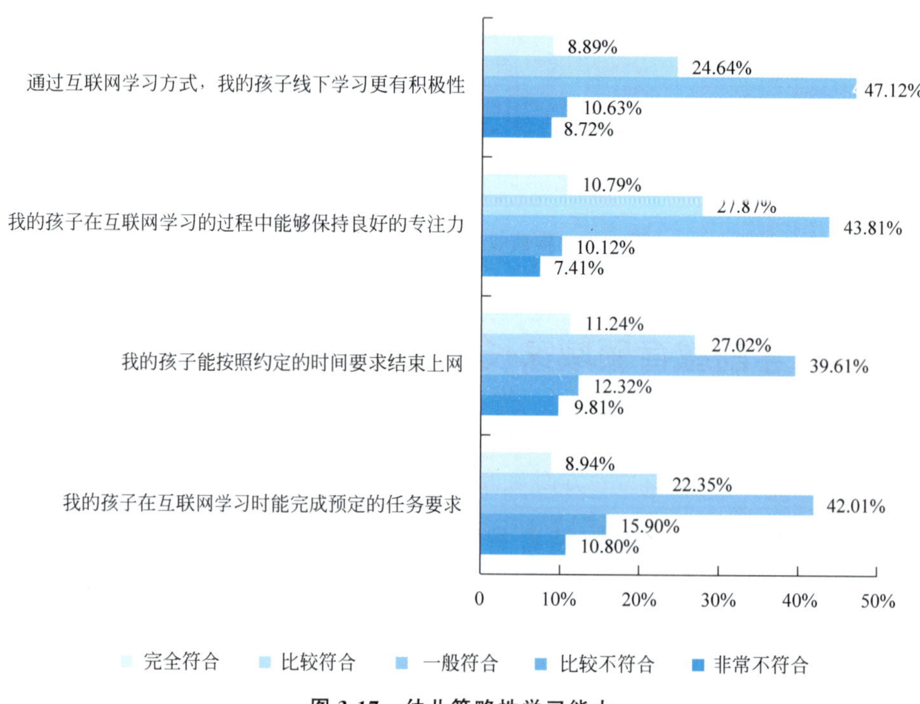

图 3-17 幼儿策略性学习能力

预定的任务要求。

吉林省学前教育领域年度互联网学习情况整体呈现良好的发展态势。一、互联网学习基础设置环境建设良好,园所通过引进先进的 AR/VR 设备支撑教与学;二、园所管理者、教师以及家长分别提供了适宜的互联网教与学支持;三、园所管理者、教师以及家长均普遍认可互联网学习幼儿的帮助与促进作用,在互联网教与学方面动机与意愿强烈,并注重对幼儿身心健康的技术应用伦理关切。但仍存在亟待改进之处,集中表现在:在环境建设方面,应强化 5G 网络的接入;在互联网学习支持方面,家长应增大陪同幼儿学习的时间投入,增大对科学类、数学类及音乐美术类资源的推荐与使用力度;在提升教师互联网教学能力方面,应鼓励教师强化理论与实践的结合,通过多种方式提升互联网教学能力。

第4章

吉林省基础教育领域互联网学习发展

本章围绕CASE模型，分析吉林省基础教育领域互联网学习发展状况，对互联网环境建设、互联网学习与教学支持、互联网学习与教学应用、教师视角的互联网教学能力、学生视角的互联网学习能力五方面进行了详细分析。其中，在互联网环境建设、互联网学习与教学支持以及互联网学习与教学应用三方面，从管理者、教师以及学生三个视角进行了细化描述。

4.1 吉林省基础教育领域互联网环境建设

4.1.1 互联网基础设施

1. 管理者视角的互联网基础设施建设

（1）数字校园基础设施建设

在基础设施方面，学校主要在文化生活空间、数字化教学空间、资源空间和数字终端等方面开展数字校园建设工作，调查结果如图4-1所示，上述四方面已完成建设的学校占比分别为25.60%、26.90%、30.70%、31.40%；正在建设的学校占比分别为44.05%、47.45%、47.95%、45.37%。

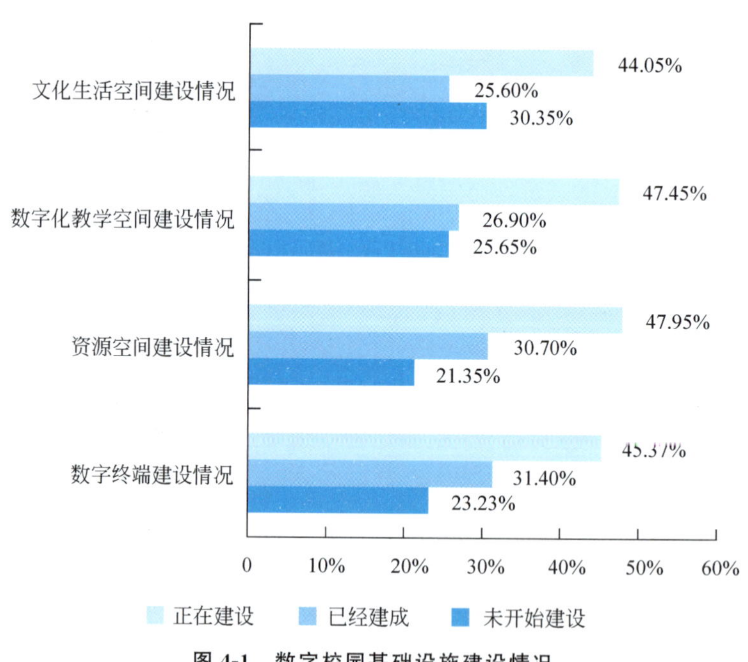

图4-1 数字校园基础设施建设情况

（2）学校提供的网络学习设备

学校提供网络学习设备的调查结果如图4-2所示，结果表明，吉林省大部分学校已经具备较为完善的数字化办学条件，可以支撑互联网学习的顺利开展，在一定程度上确保了本省学校互联网学习的起点公平，保证了每一个学生都能充分享受互联网带来的便利。

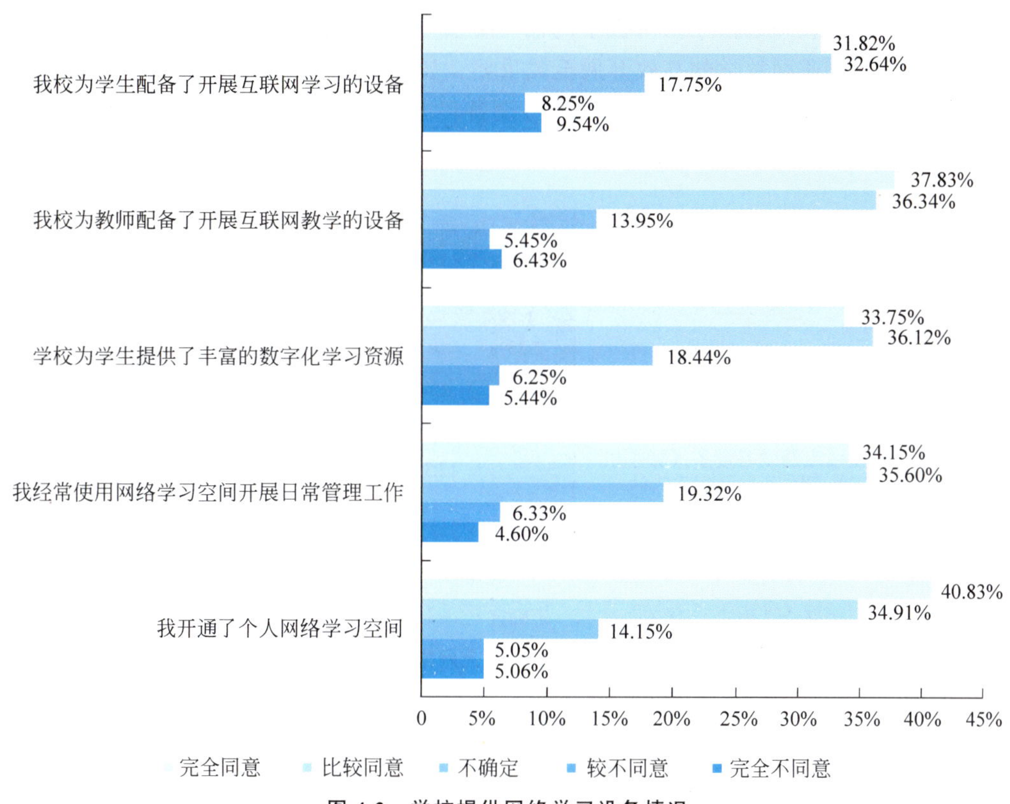

图 4-2 学校提供网络学习设备情况

2. 教师视角的互联网基础设施建设

(1) 互联网教学设备

如图 4-3 所示，教师常用的互联网教学设备主要包括笔记本电脑、台式计算机、智能手机以及平板电脑等，其中以智能移动设备为主。

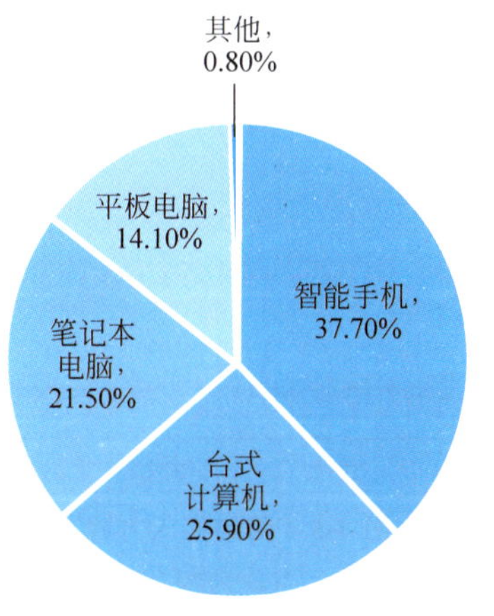

图 4-3 教师常用的互联网教学设备情况

（2）上网学习设备获取的便利性

学校和家庭是教师进行互联网教学的两个主要场所，因此这两个场所上网学习设备获取的便利性对于互联网教学的高效开展至关重要。如图 4-4 所示，调查结果表明，超过 80% 的教师均认为在学校和在家中使用上网学习设备很方便，且两个场所设备获取的便利性差距较小。

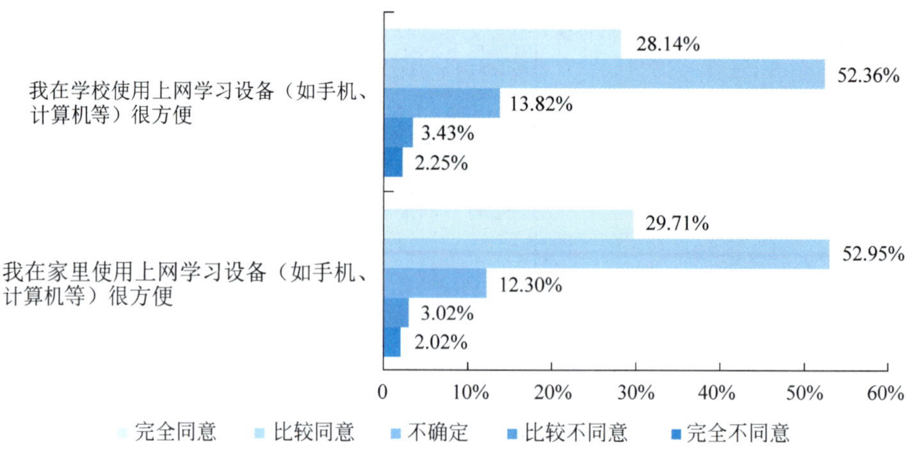

图 4-4　教师在家中、学校获取上网学习设备便利性情况

4.1.2　网络建设

1. 网络接入方式

如图 4-5 所示，从接入方式来看，48.60%的学校的网络接入方式为光纤接入，26.60%的学校的网络接入方式为有线宽带，无线网络、移动网络和无网络接入的占比相对较少，而采用卫星进行网络接入的学校占比最少。

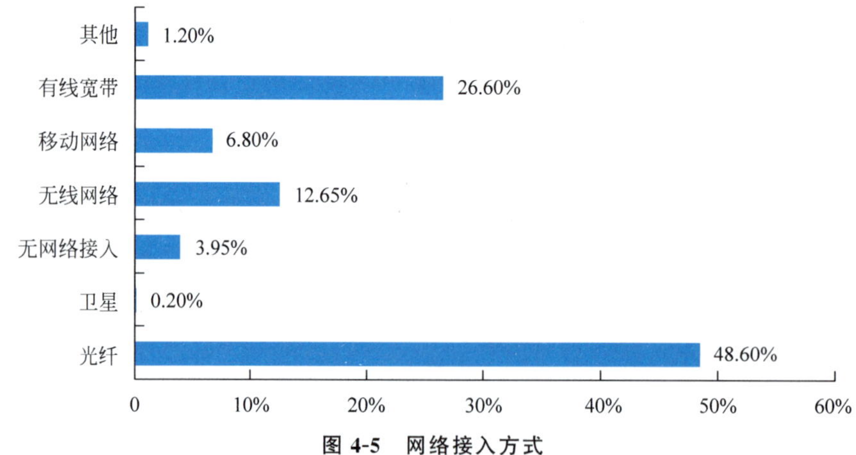

图 4-5　网络接入方式

2. 网络覆盖和使用情况

如图 4-6 所示，从网络覆盖和使用情况来看，绝大多数学校已经全面覆盖网络。大多数学校管理者对学校的网络较满意，并且能够很方便及时地使用网络进行工作，网速流畅且稳定。

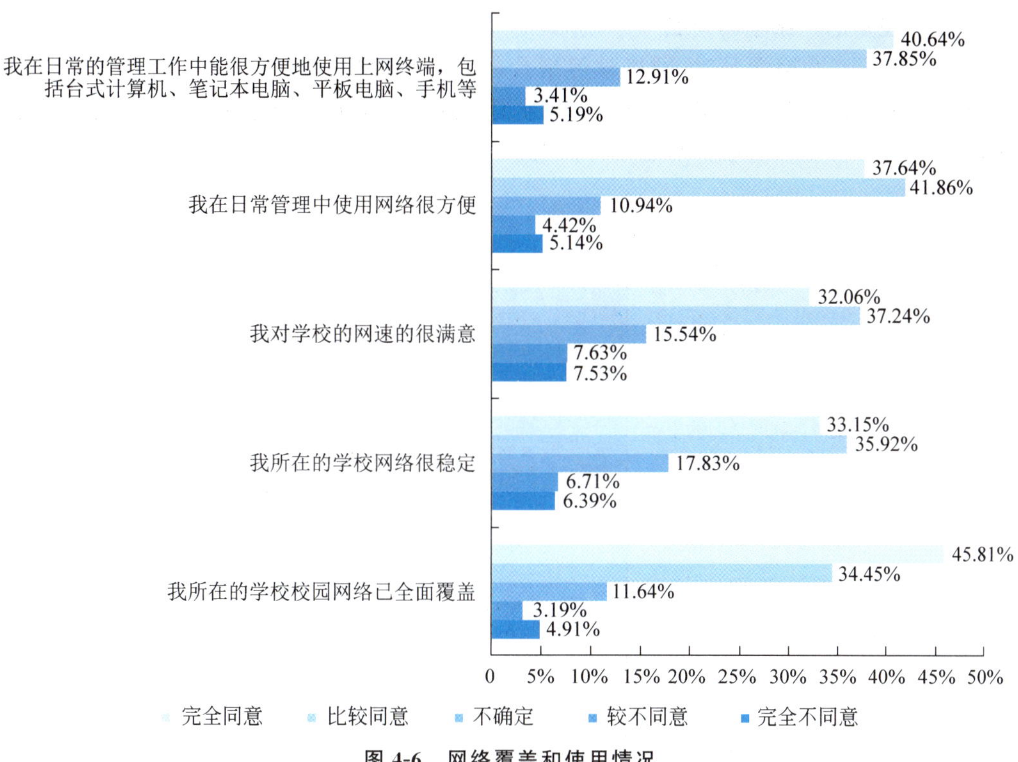

图 4-6　网络覆盖和使用情况

4.1.3　互联网教学与学习平台

1. 教师视角的网络学习空间与网络教学平台

如图4 7所示，从网络学习空间与网络教学平台的使用情况来看，教师对网络学习空间和网络教学平台有一定了解，同时他们已开通并经常利用网络学习空间组织教学活动。绝大多数教师认为自己所使用的互联网教学平台能够满足自身的教学需要。

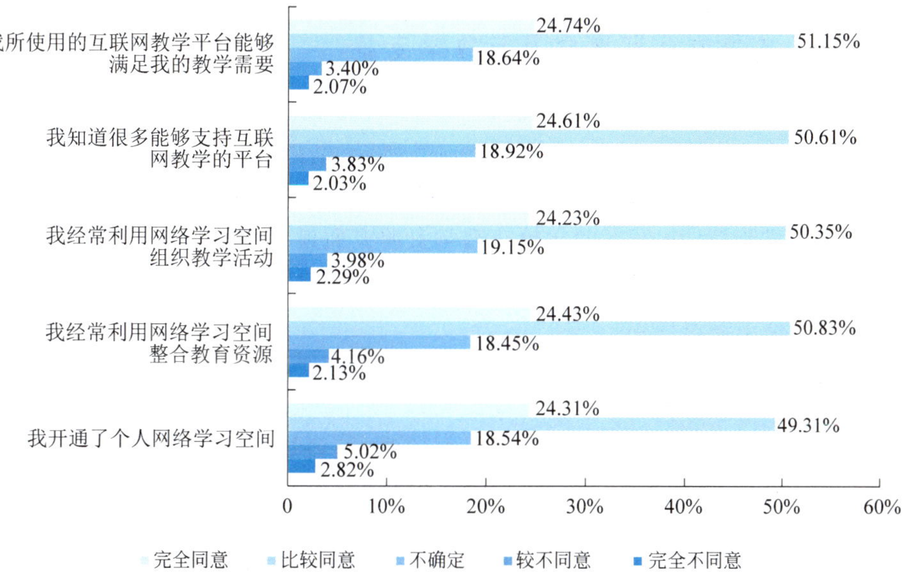

图 4-7　教师使用网络学习空间、网络教学平台开展教学情况

2. 学生视角的网络学习平台

学生在进行互联网学习时，网络学习平台的开通与使用情况如图4-8所示，结果表明，近六成的学生开通了个人网络学习空间，并能时常通过该空间进行学习，同时近七成的学生表示网络学习平台能够满足自身的学习需要。

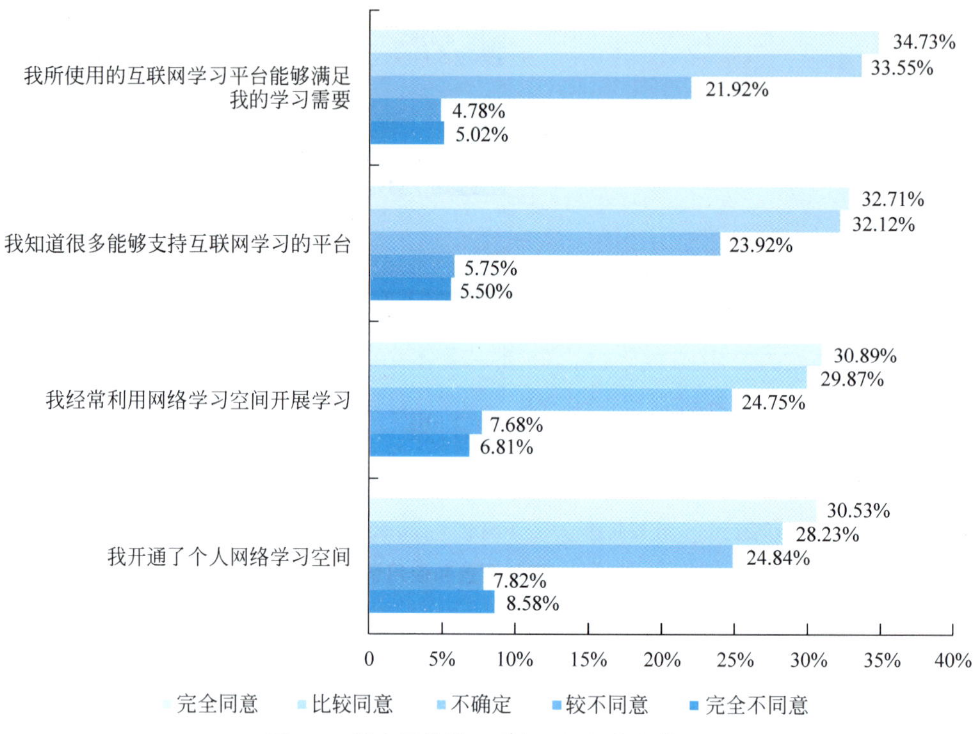

图4-8 学生网络学习平台开通与使用情况

4.2 吉林省基础教育领域互联网学习与教学支持

4.2.1 管理者视角的互联网学习与教学支持

1. 数字校园建设

数字校园支持教育教学的领域分布如图4-9所示，结果表明绝大多数学校的数字校园在教学资源、课堂教学、网络备课、网络教学、网络教研五个方面提供了支持，23.88%的学校在课堂教学中提供支持，20.37%的学校在教学资源方面提供支持，约19%的学校支持网络备课和网络教学，15.45%的学校在网络教研方面为教师提供支持。总体来看，基础教育阶段数字校园建设水平较为理想。

2. 数字校园支持的功能

(1) 数字校园支持教师发展

数字校园支持教师发展的领域分布如图4-10所示，多数教师通过专题讲座参加互联网教学相关培训，还有一部分教师参加了网络远程培训。多渠道提高教师的专业素养和发展能力，已经成为当前教育领域关注的重点。

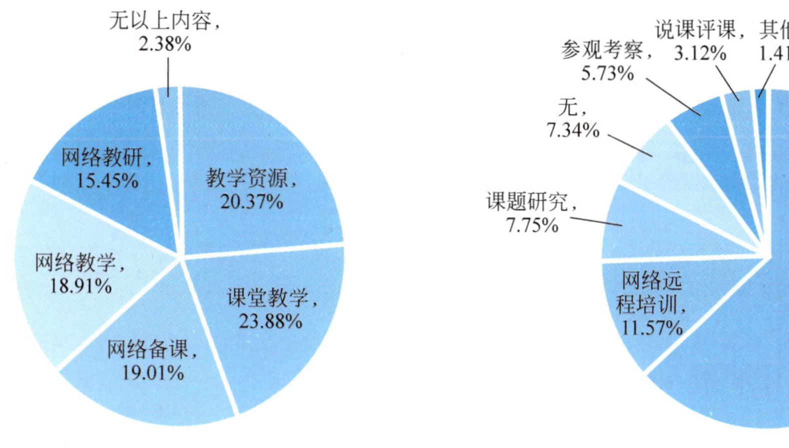

图 4-9 数字校园支持教育教学领域分布

图 4-10 数字校园支持教师发展领域分布

（2）数字校园支持学生发展

数字校园支持学生发展的领域分布如图 4-11 所示，大多数的数字校园在学生健康、体育设施、文娱设施、饮食服务、住宿环境和安全保护六个方面提供了服务，所构建的数字化环境能够促进学生身心健康的全面发展。

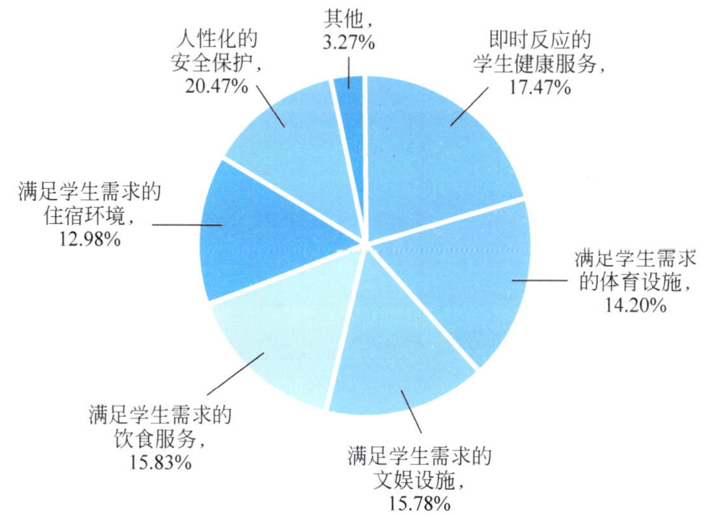

图 4-11 数字校园支持学生发展的领域分布

4.2.2 教师视角的互联网教学支持

1. 教师允许学生使用互联网的时间

如图 4-12 所示，多数教师允许学生在课前和课后使用互联网进行学习，也有一部分教师允许学生在课堂中进行互联网学习。

2. 教学策略支持

如图 4-13 所示，在教师对于互联网在学生学习过程中的教学策略及学习支持服务情况的调查中，大部分教师能够根据教学的实际情况，给予学生相应的学习策略和方法指导，告知学生在互联网学习过程中的注意事项，并能够积极为学生创建学习共同体、推荐学习工具等。

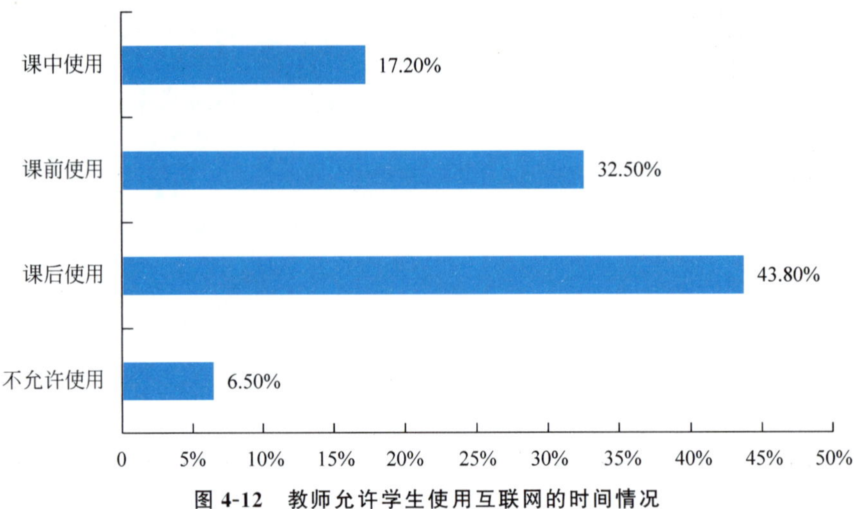

图 4-12 教师允许学生使用互联网的时间情况

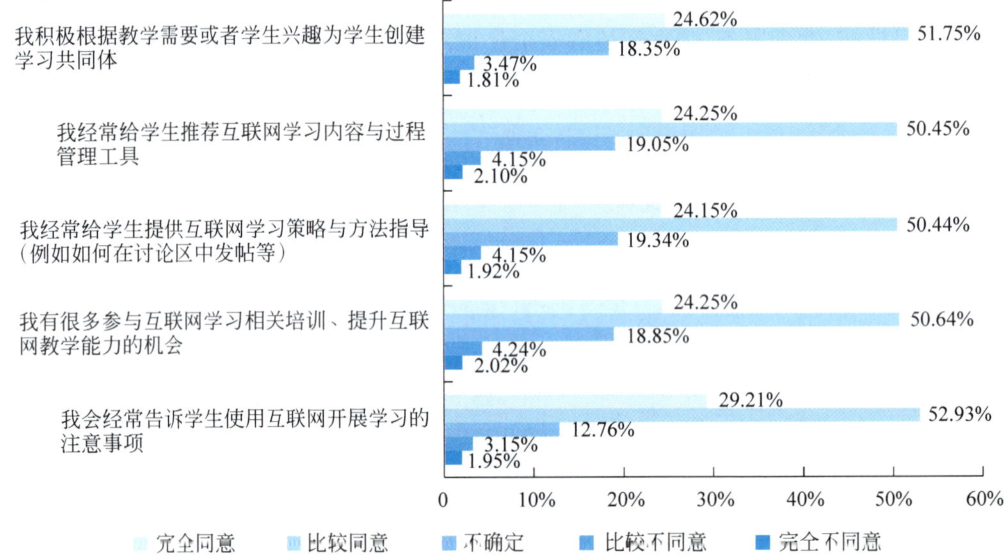

图 4-13 教师对于互联网在学生学习过程中的教学策略及学习支持服务情况

3. 其他相关支持

如图4-14所示，在对教师的调查中发现，教师认为应在技术环境、国家政策、学生技术应用、学校领导、同伴交流分享和专家教学理念等方面加大支持，以促进教师互联网教学水平的提升和教学质量的提高。

4.2.3 学生视角的互联网学习支持

1. 评价与反馈支持

学生使用互联网进行学习时的评价与反馈支持情况如图4-15所示，结果表明，超过70%的学生能够很好地利用互联网获得来自教师和学习系统及时、详细、具有针对性的评价与反馈，同时在互联网学习过程中能够获得来自教师和同学的支持。

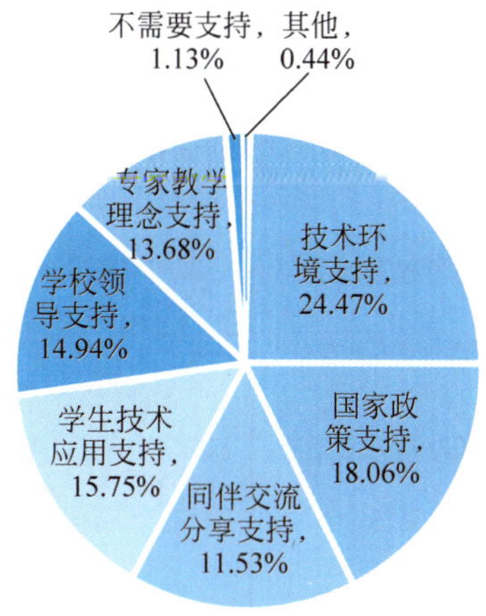

图 4-14 强化互联网教学支持

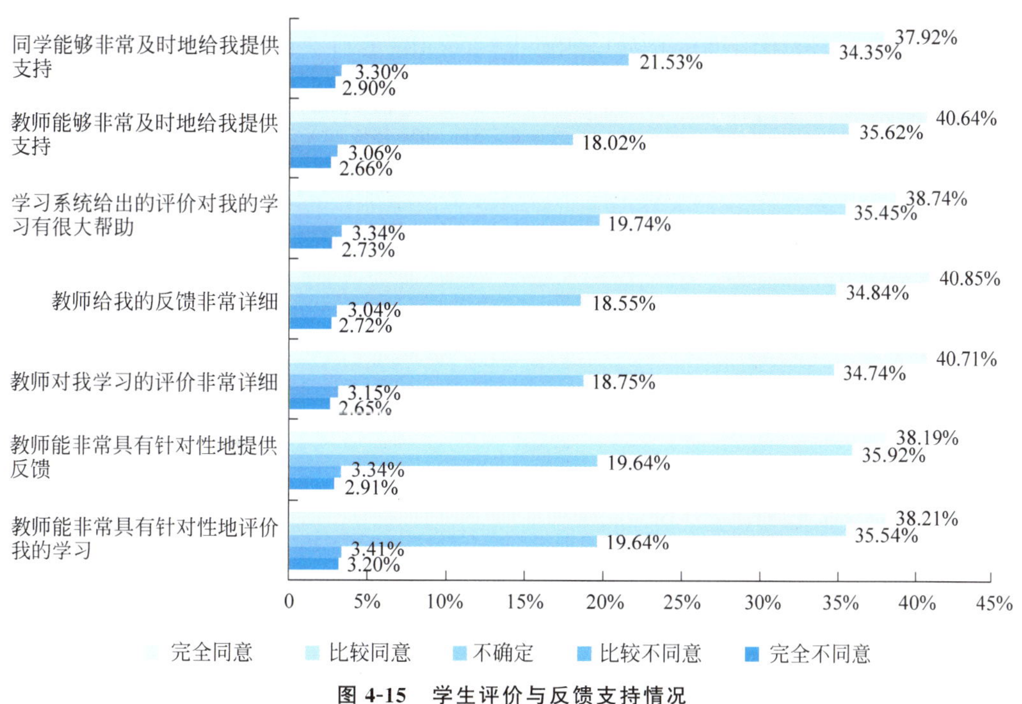

图 4-15 学生评价与反馈支持情况

2. 策略与技能支持

学生使用互联网进行学习时的策略与技能支持情况如图 4-16 所示，结果表明，超过80%的学生表示自己能够获得来自家长在上网时间管理和教师在互联网学习注意事项上的指导，超过 70%的学生表示教师会为自己提供策略方法和管理工具，约 70%的学生经常通过互联网获得同学的帮助。

3. 动机与情感支持

父母、学校对学生上网学习的管理与支持情况如图 4-17 所示，结果表明，超过 60%的学校鼓励学生上网学习，超过 70%的父母允许学生上网学习，超过 80%的父母会管理学生的上网学习时间。

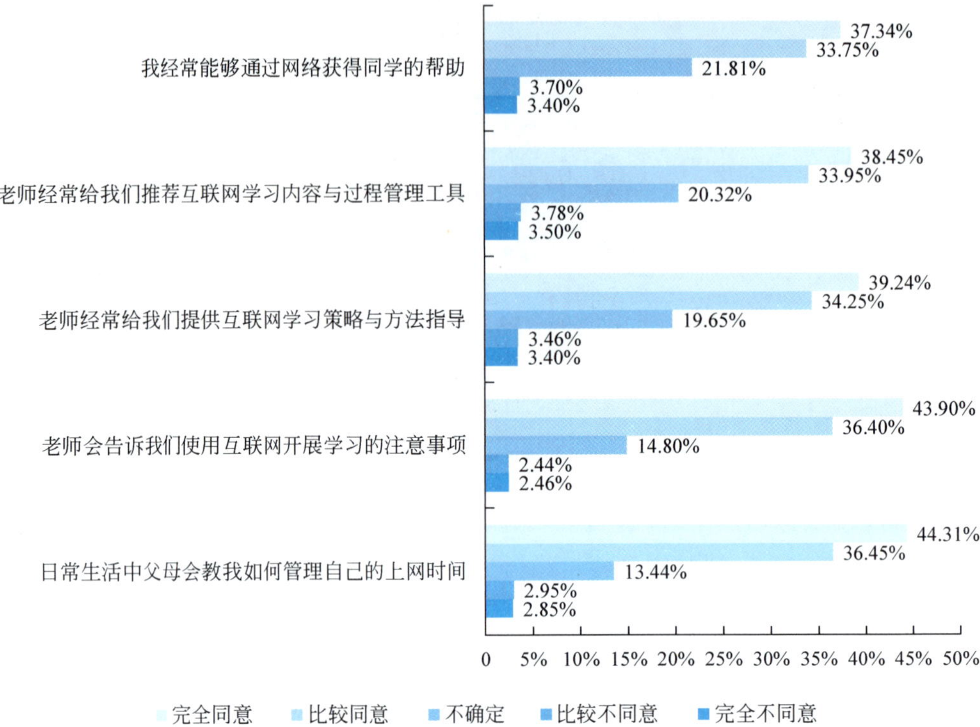

图 4-16 策略与技能支持情况

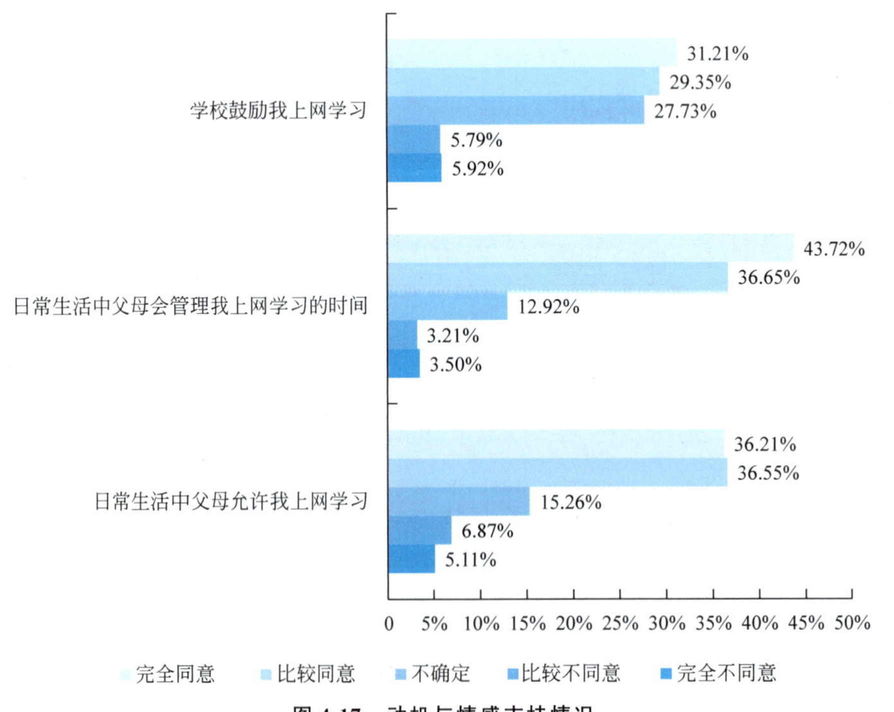

图 4-17 动机与情感支持情况

4.3 吉林省基础教育领域互联网学习与教学应用

4.3.1 管理者视角的互联网学习与教学应用

1. 电子设备每节课应用时长要求

学校对每节课电子设备应用时长的要求如图 4-18 所示，结果表明，有接近一半的学校对此无统一要求，14.50%的学校要求使用时间在 30 分钟以内，24.90%的学校要求使用时间在 20 分钟以内，11.80%的学校要求使用时间在 10 分钟以内。可以看出，基础教育阶段大部分学校对电子设备在课程中的使用要求较为宽松，在一定程度上为互联网教学的发展提供了良好的环境。

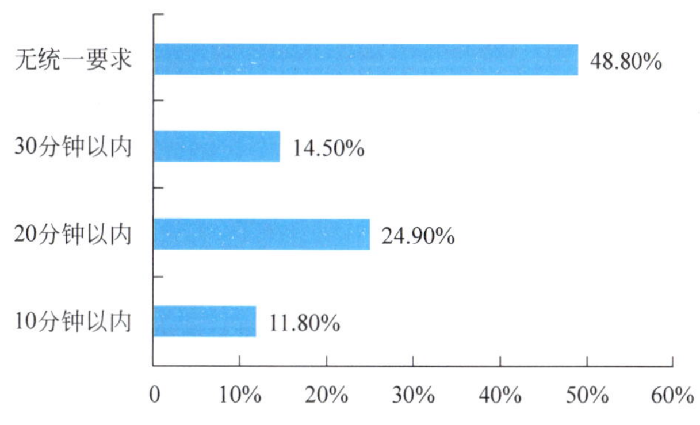

图 4-18　电子设备每节课应用时长要求

2. 互联网态度与体验

(1) 互联网学习对学习效果的影响

对互联网学习的效果预期是另一个影响互联网学习使用的因素。学校管理者认为互联网学习对学习效果的影响如图 4-19 所示，结果表明，大部分受访者认为互联网学习能够在促进问题解决能力培养、改变学习方式、拓展视野和提高学业水平四个方面对学业水平产生影响。

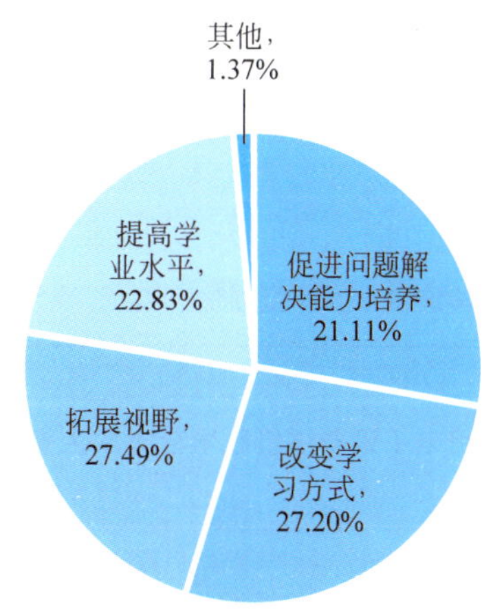

图 4-19　互联网学习对学习效果的影响

(2) 学校对携带电子设备进校园的态度

学校对学生携带电子设备进校园的态度分布情况如图 4-20 所示，结果表明，绝大多数学校禁止将电子设备带入校园，21.10%的学校采取引导应用和管控保管的方式，只有 1.40%的学校允许学生自由使用。在基础教育阶段，学生自身注意力与自觉性较差，因此大部分学校采用限制电子设备进校园的方式来保证教学秩序。

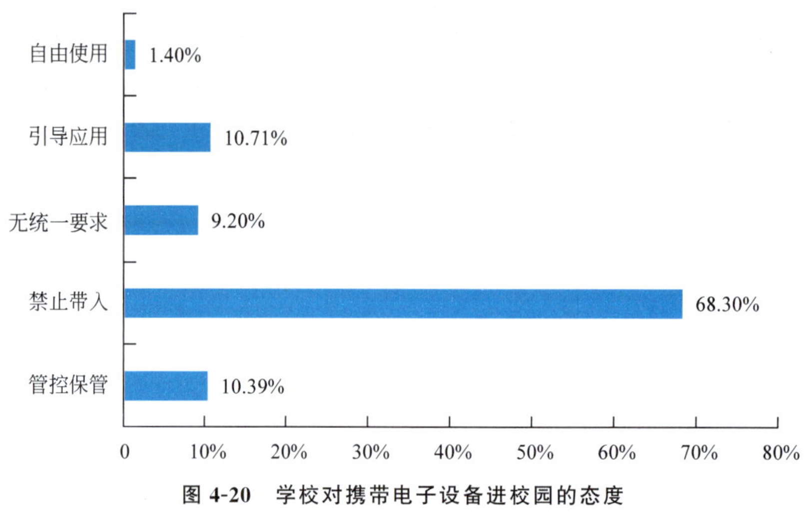

图 4-20　学校对携带电子设备进校园的态度

(3) 学校对使用电子设备进行教学对学生视力产生影响的认识

如图 4-21 所示，一半以上学校的受访者认为使用电子设备进行教学会对学生视力产生较大甚至很大的影响，只有 16.50%的受访者认为只会产生较小或很小的影响。这也是影响互联网学习发展的重要原因之一。

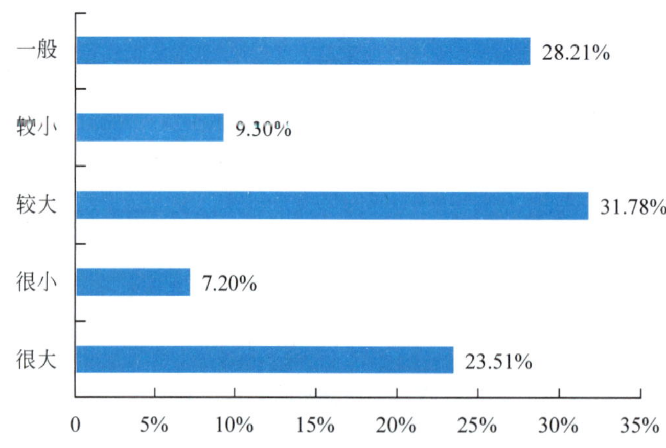

图 4-21　学校对使用电子设备进行教学会对学生视力产生影响的认识

4.3.2 教师视角的互联网教学应用

1. 教学应用时长

(1) 教师利用互联网进行备课、课件制作等所用的时长

如图 4-22 所示，在教师利用互联网进行备课、课件制作等(不包含授课环节)所用时长的调查中，多数教师利用互联网准备课程的时长在 2 小时以内，少部分教师在 4 小时以上。

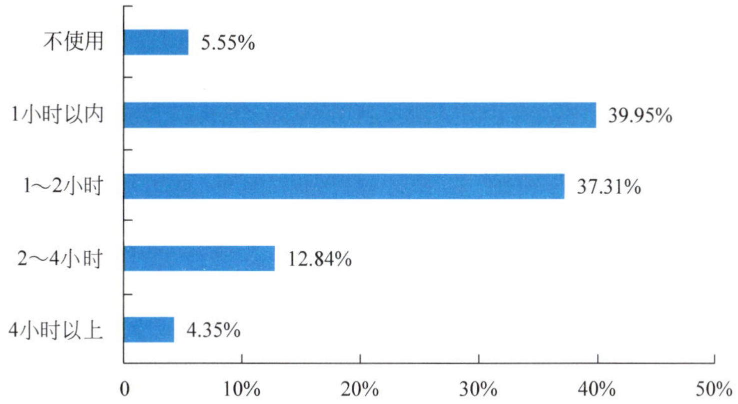

图 4-22 教师利用互联网进行备课、课件制作等(不包含授课环节)所用的时长

(2) 教师每日使用互联网开展教学的时长

教师每天使用互联网开展教学的时长如图 4-23 所示，结果表明，教师每天使用互联网开展教学的时长基本在 1 小时以内，也有一部分教师每天使用互联网开展教学的时长在 1～2 个小时。

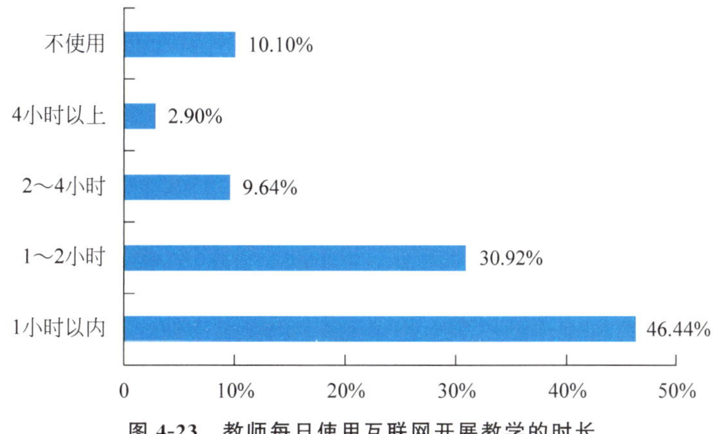

图 4-23 教师每日使用互联网开展教学的时长

2. 教学动机

教师利用互联网开展教学的动机情况如图 4-24 所示，结果表明，八成左右的教师对应用互联网进行教学拥有较为积极的意愿。

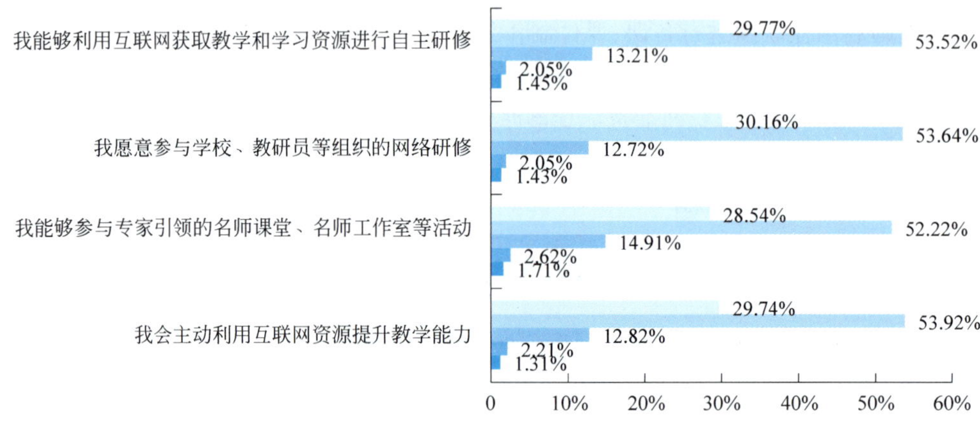

图 4-24　教师利用互联网开展教学的动机

3. 教学态度

对教师面对互联网教学持何种态度的调查情况如图4-25所示，结果表明，多数教师能够保持积极的态度，面对互联网教学能够做到积极接纳。

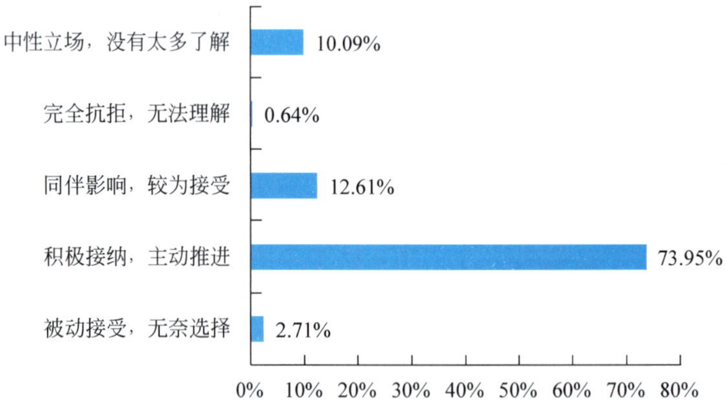

图 4-25　教师对互联网教学的态度

教师对疫情期间互联网教学效果的态度如图4-26所示，结果表明，8.30%的教师认为教学效果明显优于线下教学，21.90%的教师认为教学效果基本达到线下教学，62.10%的教师认为教学效果劣于线下教学。

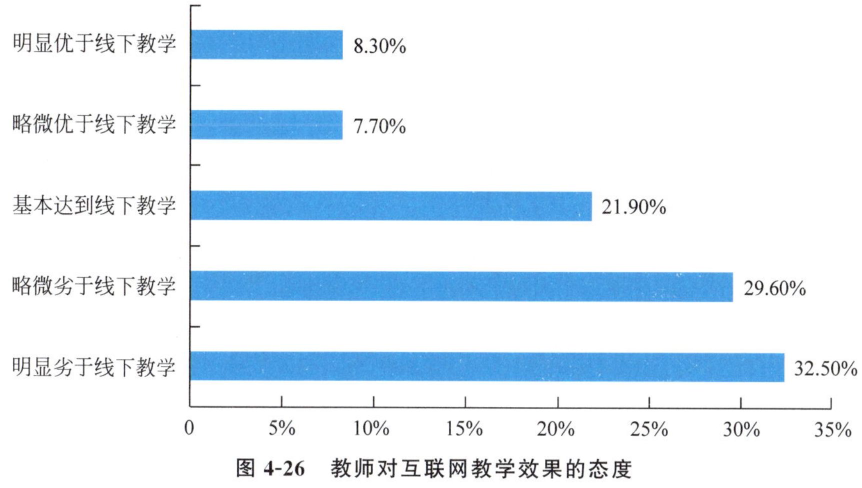

图 4-26 教师对互联网教学效果的态度

4. 教学期望

教师对互联网学习效果的期望如图 4-27 所示，结果表明，无论是在互联网教学带来的学习效果的改进以及开展互联网教学的难易程度方面，还是在新技术和传统教育理念的冲突方面，超过半数的教师都表现出了非常积极的期望，由此可见，互联网学习整体应用效果较好。

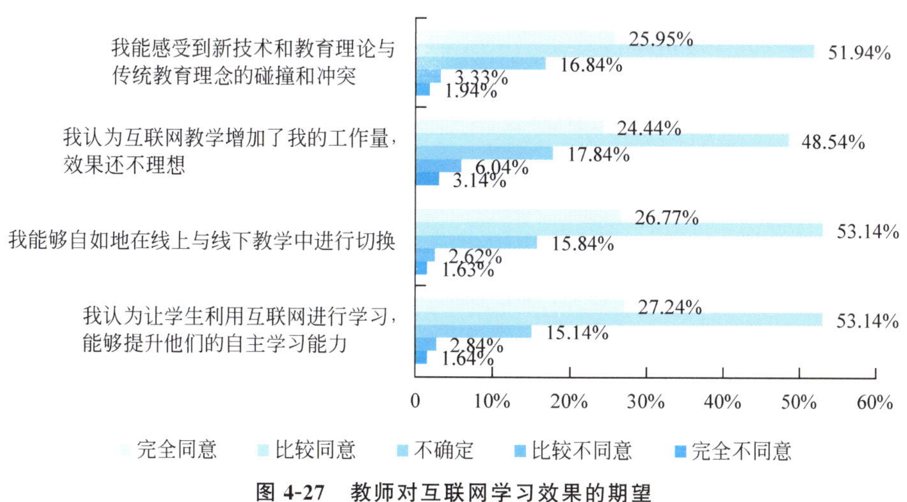

图 4-27 教师对互联网学习效果的期望

4.3.3 学生视角的互联网学习应用

1. 时间分布与时长

学生进行互联网学习的时长如图 4-28 所示，结果表明，40.40%的学生进行互联网学习的时长在 1 小时以内，30.60%的学生使用时长为 1～2 小时，11.30%的学生使用时长为 2～4 小时，使用时长在 4 小时以上的学生占比为 5.50%。

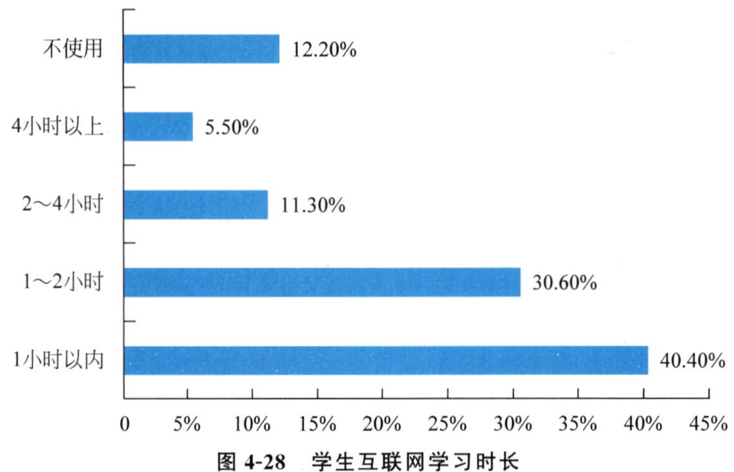

图 4-28 学生互联网学习时长

2. 学习科目

学生利用互联网所学习的科目情况如图 4-29 所示，结果表明，基础教育阶段学生在疫情期间主要参加了语文、数学、英语三门课程的学习，总占比为 55.66%，5.01%的学生还通过互联网参加了体育课程的学习。

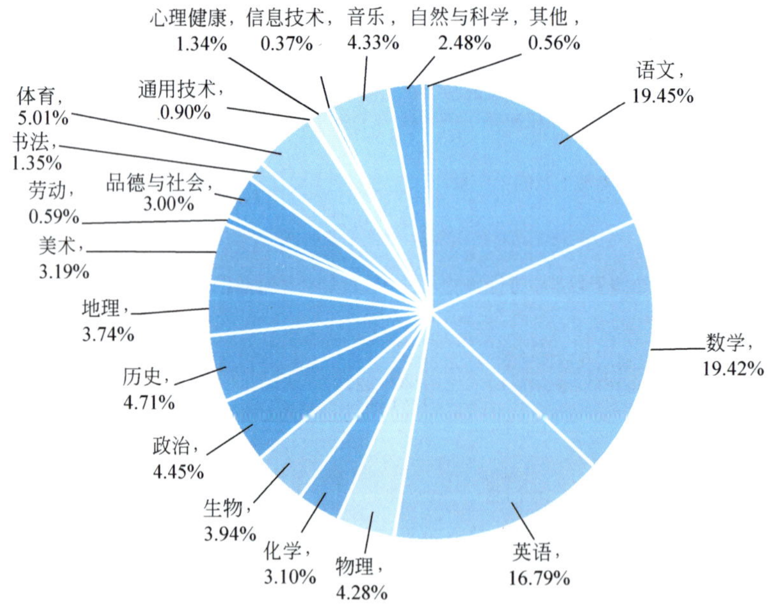

图 4-29 学生互联网学习科目情况

3. 学习体验

疫情期间，学生开始接触互联网学习的感受如图 4-30 所示，结果表明，超过一半的学生认为学习形式突然改变，一开始很不适应；20.21%的学生表示一开始就能很好地适应这种学习形式，22.82%的学生之前接触过互联网学习，能够较为适应。

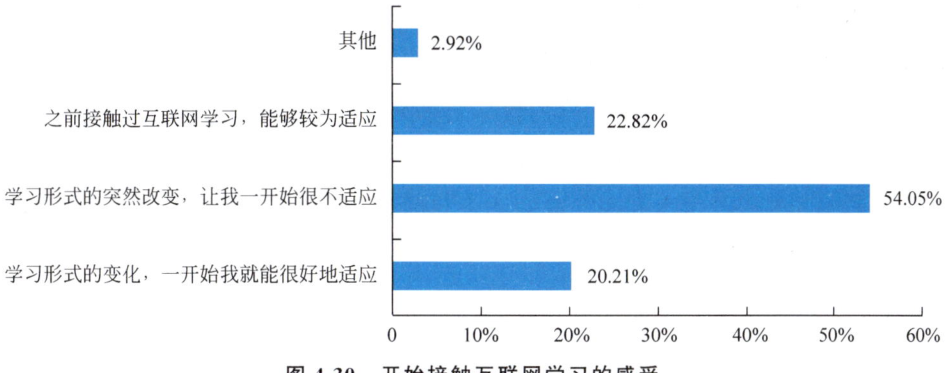

图 4-30　开始接触互联网学习的感受

4.4　吉林省基础教育领域教师视角的互联网教学能力

4.4.1　技术知识

1. 技术能力水平

如图 4-31 所示，在教师开展互联网教学的技术能力水平方面，近 70%的教师开展互联网教学的技术能力水平能够满足教学的需要，并且能够及时了解与掌握最新的教学工具，能够解决互联网教学中的技术问题。

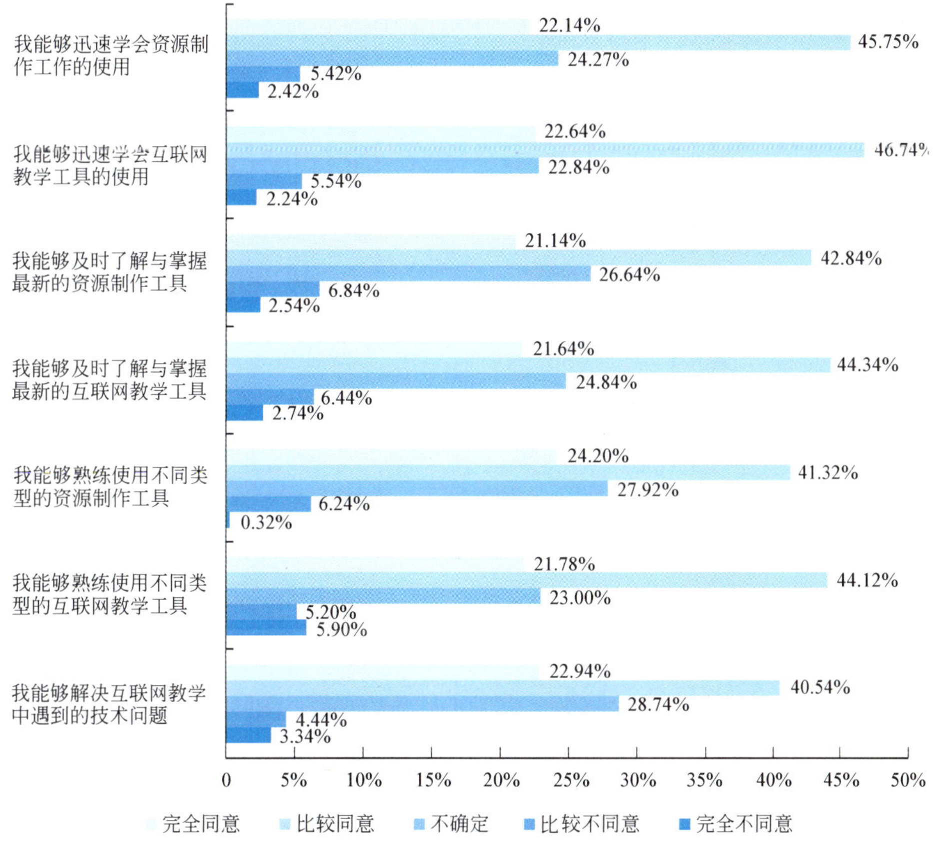

图 4-31　互联网教学技术能力水平

2. 基于互联网的课堂教学模式应用能力水平

该部分主要调查教师能否熟练运用多种基于互联网的课堂教学模式开展教学，调查情况如图4-32所示，结果表明，超过70%的教师能够熟练使用互联网组织开展自主学习、混合式教学、跨校协作探究教学，同时能够熟练利用或参与名师网络课堂、专递课堂、同步课堂。八成左右的教师能够引导学生利用互联网解决问题，并能运用互联网为学生提供如在线答疑、提供资料等形式的辅导。

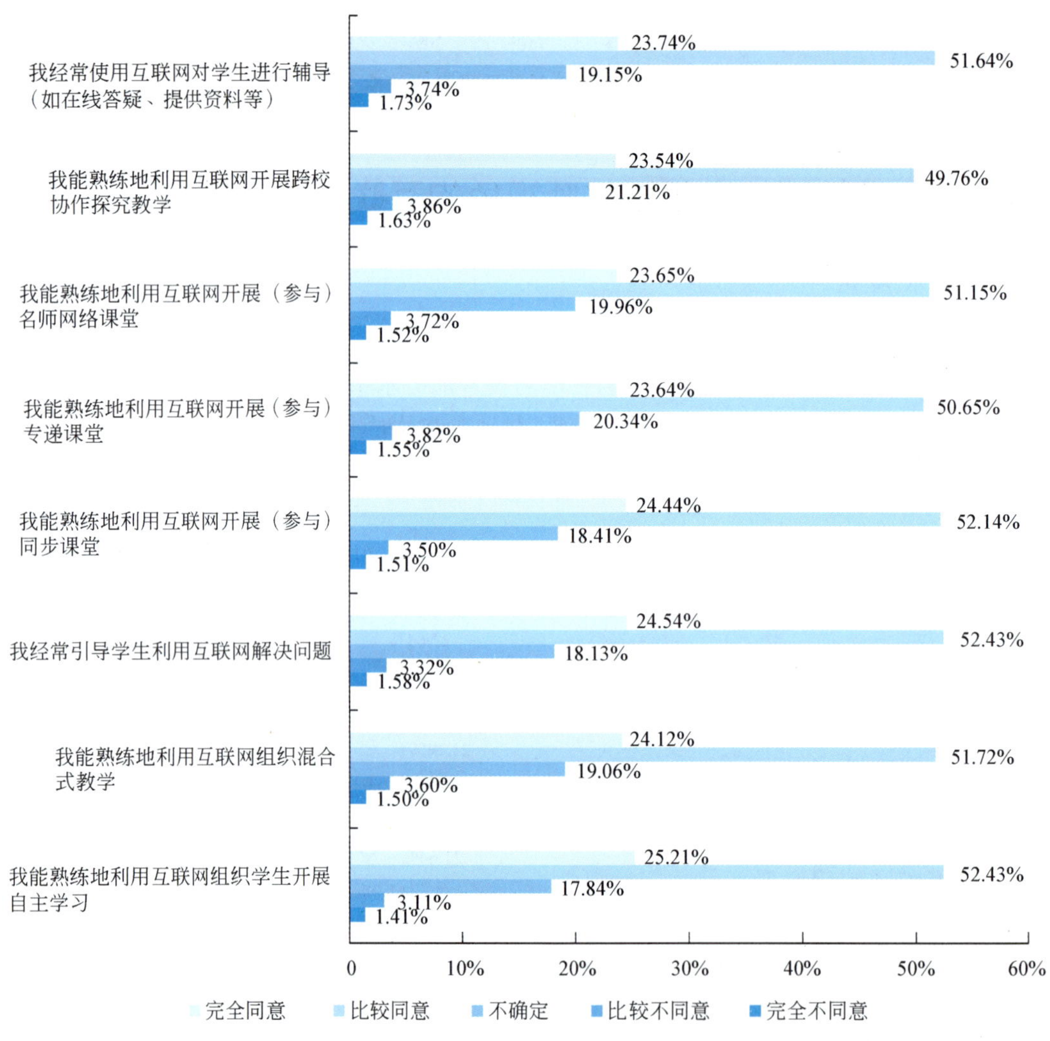

图4-32 基于互联网的课堂教学模式应用能力水平

4.4.2 教学促进

如图 4-33 所示，在利用互联网工具与资源开展教学的相关调查中，八成左右的教师能够利用互联网工具与资源服务教学的多个环节。

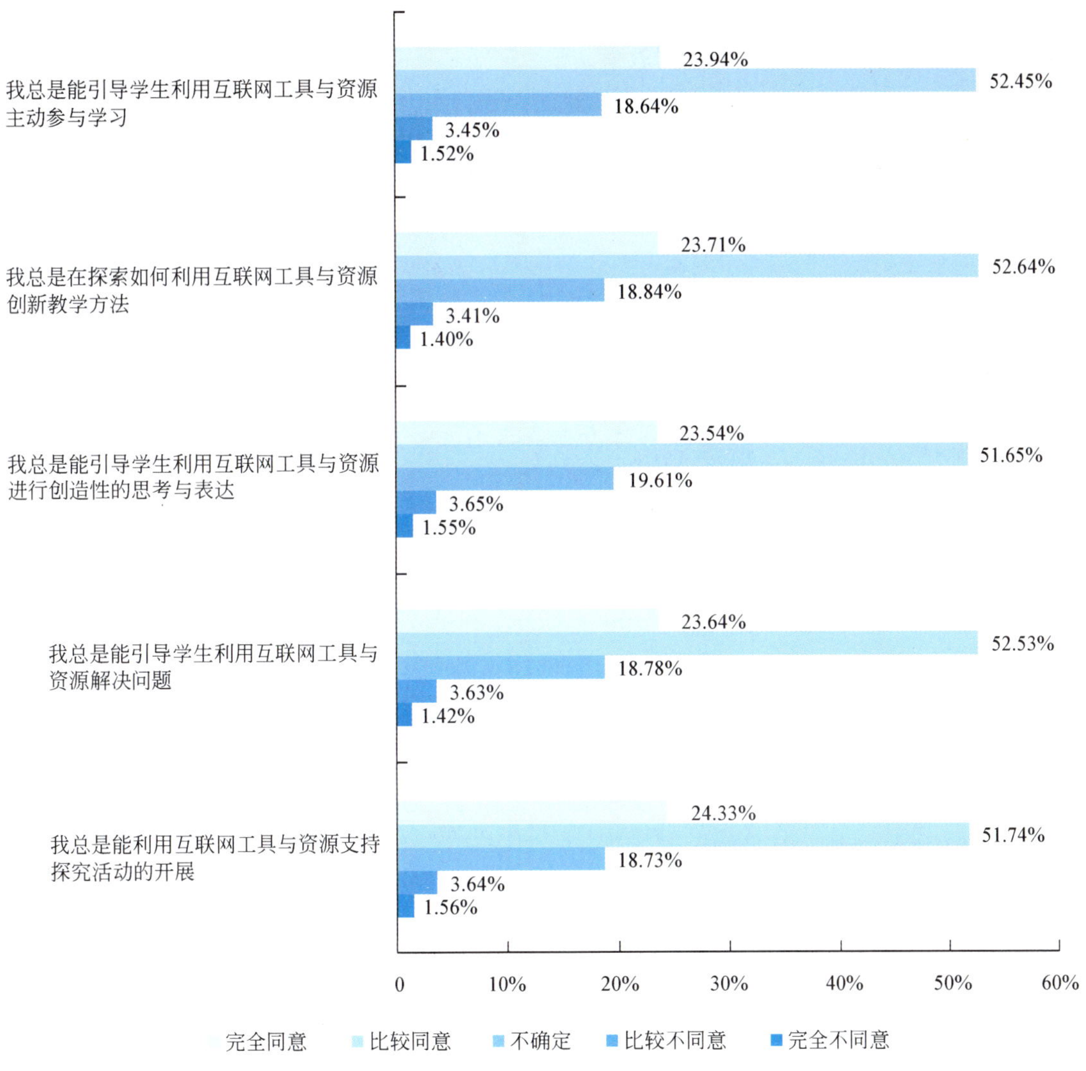

图 4-33 教师利用互联网工具与资源开展教学情况

4.4.3 学习评价

如图4-34所示，在教师利用互联网工具与数据开展学习评价的过程中，八成左右的教师能够借助互联网工具进行学习过程性评价、学生学习目标达成情况评价及学习诊断，并对学生的学习过程进行监督管理，能借助相关工具与数据引导学生利用互联网进行自评和同伴互评、反思怎样更好地组织互联网教学。

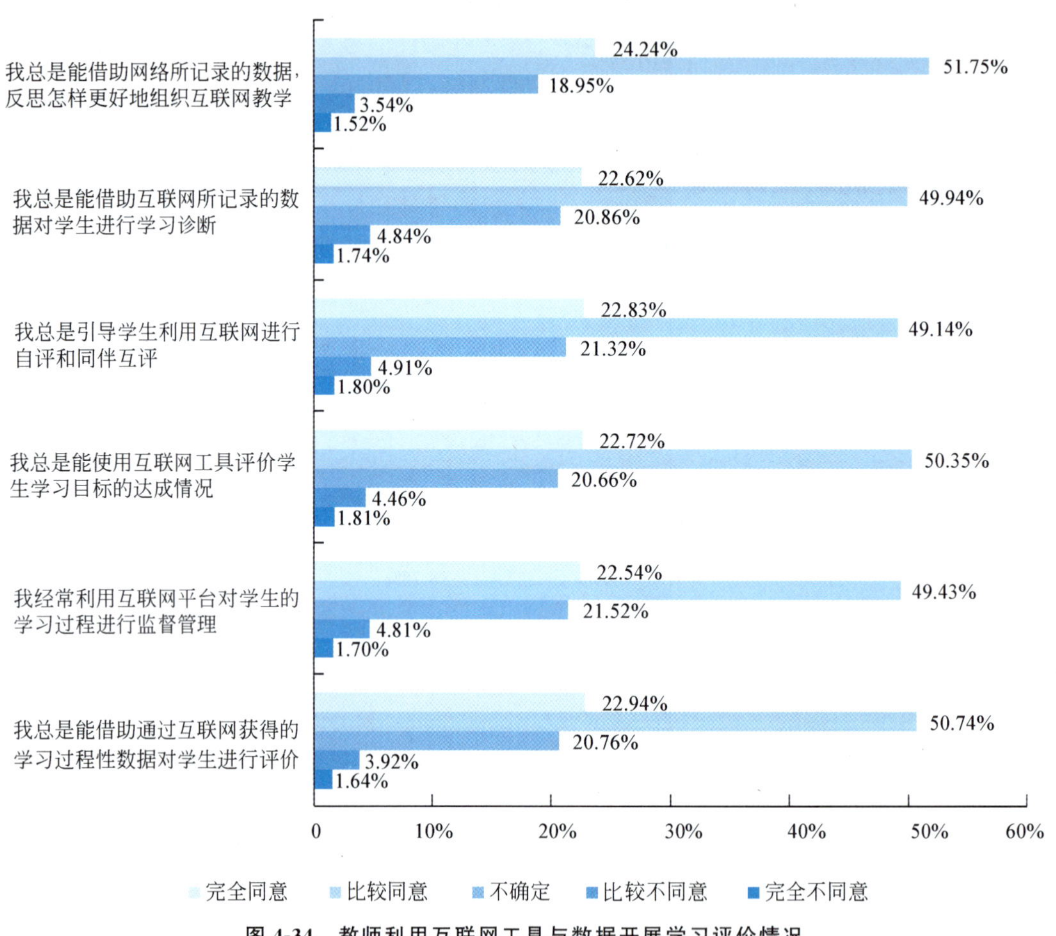

图4-34 教师利用互联网工具与数据开展学习评价情况

4.5 吉林省基础教育领域学生视角的互联网学习能力

学生学习资源的获取与应用能力情况如图4-35所示，结果表明，70%左右的学生能够较方便地获得所需的互联网学习工具与资源，并能加以有效利用以满足个人学习需要。在此过程中，72.10%的学生认为学习工具操作方式简单，不会带来操作负担。

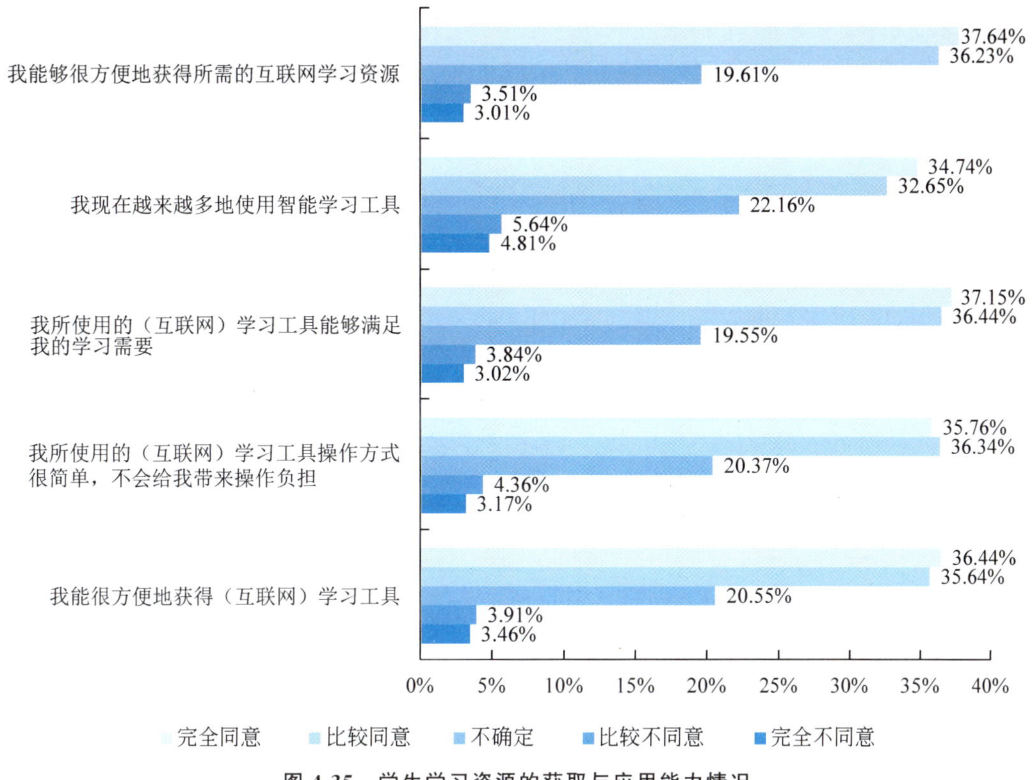

图 4-35 学生学习资源的获取与应用能力情况

吉林省基础教育领域互联网学习发展态势较好。在互联网环境建设方面，互联网基础设施、网络建设、互联网教学与学习平台建设较为完备，为互联网教与学提供了很好的支撑；在互联网学习与教学支持方面，数字校园建设成效显著，从评价与反馈、策略与技能以及动机与情感等方面对学生互联网学习提供了有力支持；在互联网学习与教学应用方面，管理者关注学生健康发展，对电子设备的应用表现出较强的伦理关切；在互联网教与学能力方面，教师具备了一定的技术知识、教学促进以及学习评价能力，学生具备了一定的学习资源的获取与应用能力；本章最后分别从教师与学生的视角简要分析了疫情期间的互联网学习概况。

第5章 吉林省职业教育领域互联网学习发展

本章围绕CASE模型，分析了吉林省职业教育领域互联网学习发展状况，对互联网环境建设、互联网学习与教学支持、互联网学习与教学应用三方面进行了分析。其中，对互联网学习与教学支持的分析涵盖了管理者、教师以及学生三个视角。

5.1 吉林省职业教育领域互联网环境建设

5.1.1 智能教学设备

学校智能教学设备（白板、一体机黑板等）的配置情况如图5-1所示，结果表明，超八成的学生表示学校教室全部配备了智能教学设备，学校数字校园建设水平较高。

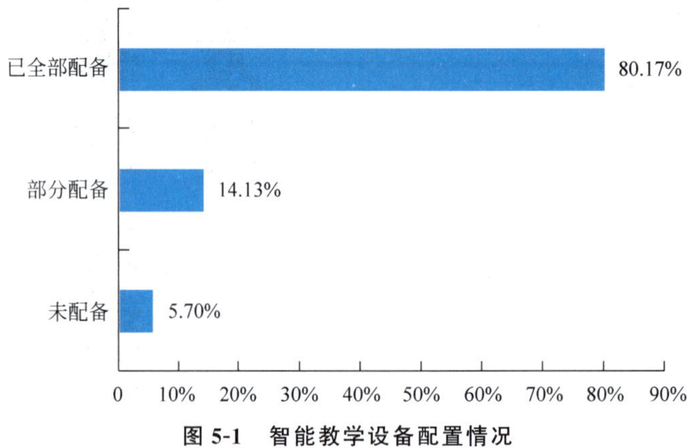

图5-1 智能教学设备配置情况

5.1.2 网络建设

学校互联网建设与应用水平情况如图5-2所示，结果表明超过半数的学生认为当前学校的互联网建设水平能够满足基本的上网学习需要，能够实现校园互联网络的全覆盖。

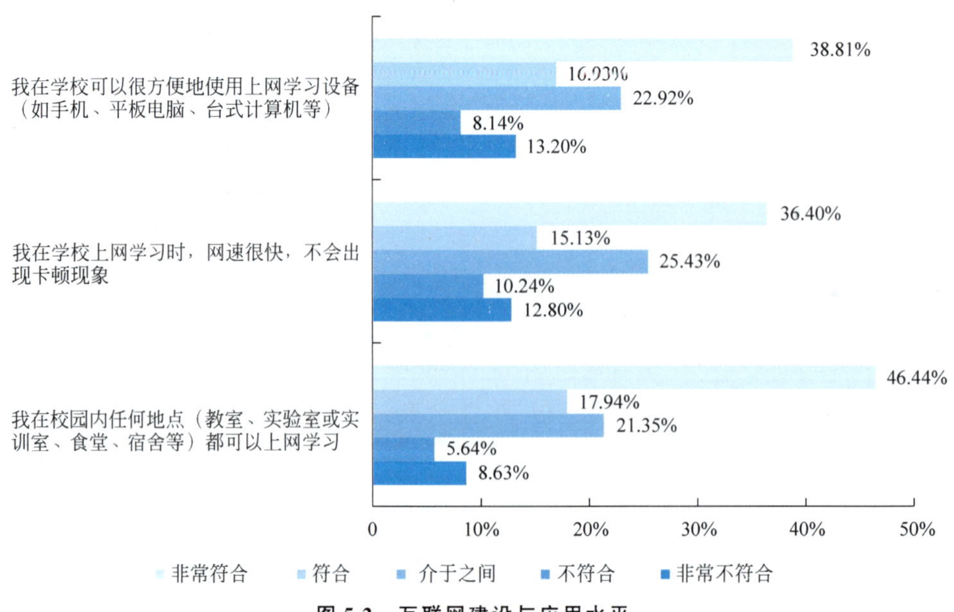

图5-2 互联网建设与应用水平

5.2 吉林省职业教育领域互联网学习与教学支持

5.2.1 管理者视角的互联网学习支持

标有配套线上学习资源的设备比例情况如图 5-3 所示，结果表明，近 93%的的设备标有配套的线上学习资源，这些资源科通过扫码的方式获得，这对开展实习活动、保证实习效果具有巨大的促进作用。

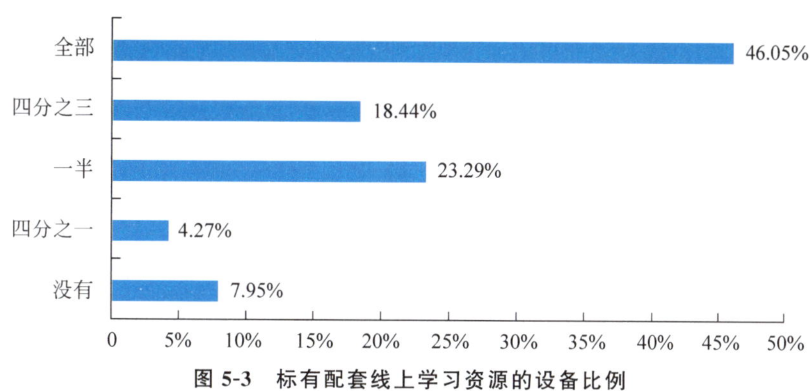

图 5-3 标有配套线上学习资源的设备比例

5.2.2 教师视角的互联网教学支持

学校为教师提供的互联网教学支持情况如图 5-4 所示，结果表明，大部分教师在互联网教学的规划与组织方面能够获得相应的教学支持，具体包括制定开展混合式教学的规定与激励政策、同事间的研讨交流、组织专门的信息技术与课程融合观摩和培训活动等。

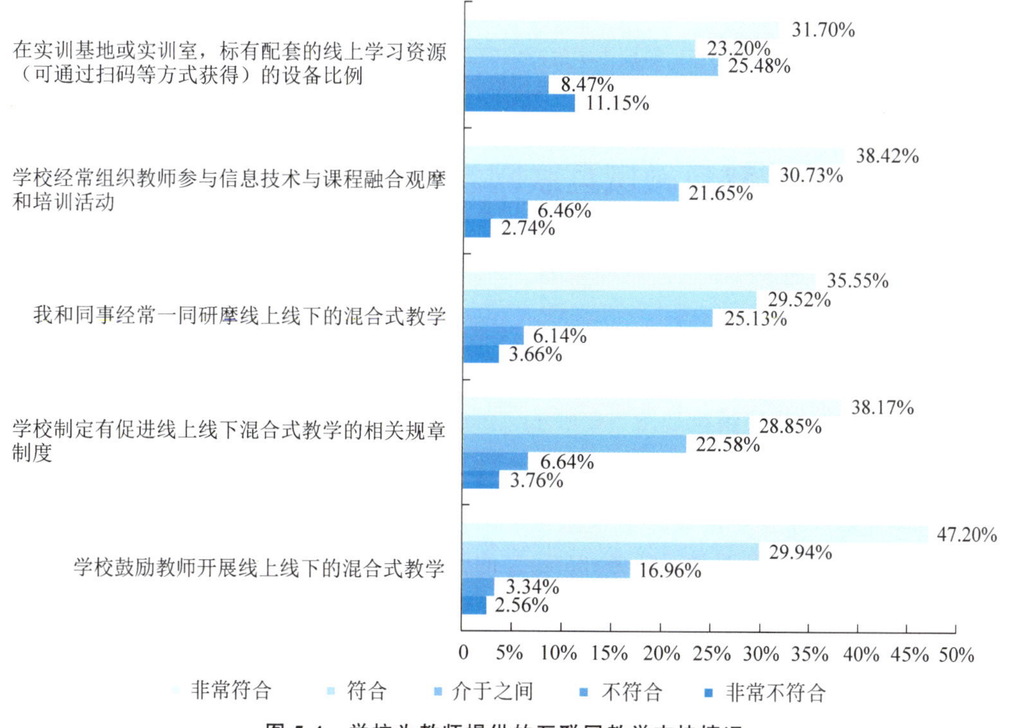

图 5-4 学校为教师提供的互联网教学支持情况

5.2.3 学生视角的互联网学习支持

网络学习空间对学生互联网学习的支持情况如图 5-5 所示。结果表明，网络学习空间在满足学生学习需要、支持服务供给、支持同伴交流合作以及支持学生任务达成方面功效显著，对此持积极认可的学生占比均超过 60%。

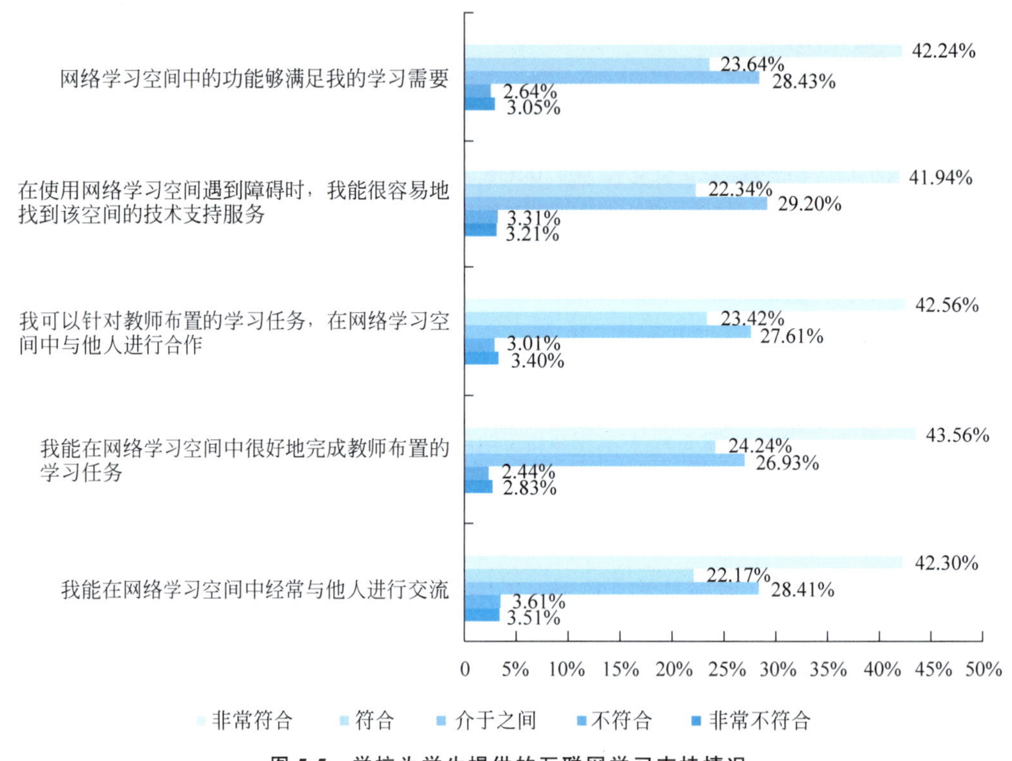

图 5-5 学校为学生提供的互联网学习支持情况

5.3 吉林省职业教育领域互联网学习与教学应用

5.3.1 教师视角的互联网教学应用

1. 教学应用

(1) 互联网教学实施

教师互联网教学实施情况如图 5-6 所示，50.42%的教师会经常通过教学平台对学生学习效果进行诊断和评价；51.35%的教师会经常通过教学平台查看、监测学生学习过程；56. 12%的教师会经常在课堂教学中使用教学平台组织教学活动；55.65%的教师会经常通过即时通信工具给学生布置学习任务；55.10%的教师经常通过教学平台给学生布置学习任务；75.90%的教师会经常利用互联网查找与专业有关的资料进行备课。

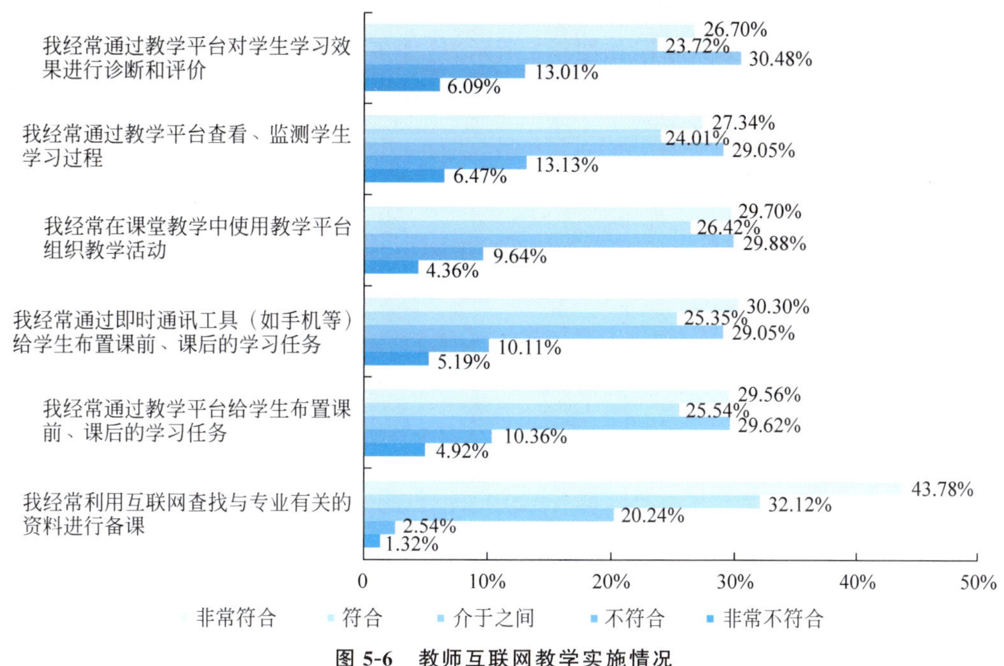

图 5-6　教师互联网教学实施情况

(2) 互联网辅助教学

最近一个学年中，教师利用互联网辅助教学情况如图 5-7 所示，结果表明，有接近八成的教师以一半以上的比例开设各类互联网学习课程，其中包括课下需要通过网络学习空间进行指导或辅导的课程、课上需要通过网络学习空间进行教学的课程以及有 APP 支持的课程。

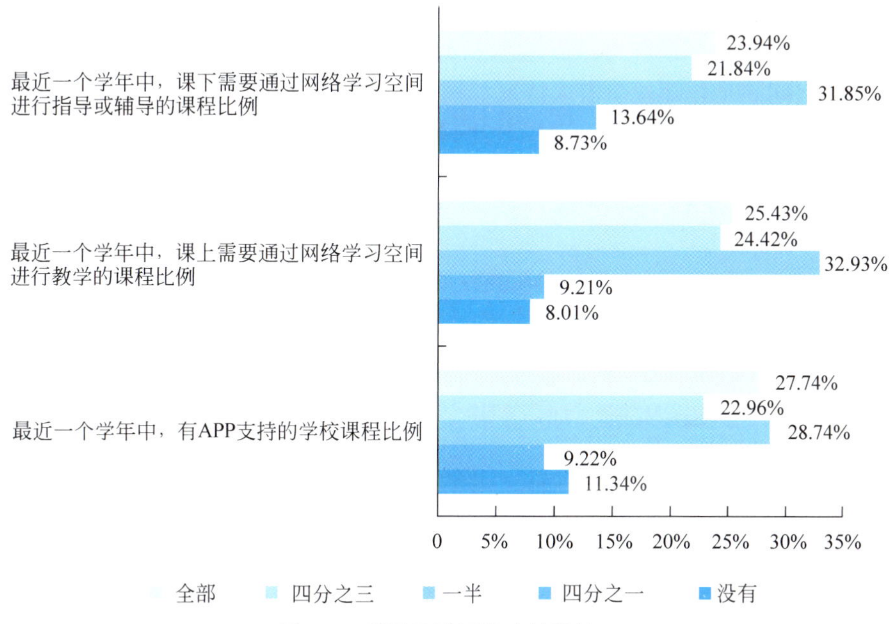

图 5-7　利用互联网辅助教学情况

2. 教学效果

教师互联网教学感知效果情况如图5-8所示，绝大多数教师认为使用互联网教学不仅可以让教师关注到更多学生，满足学生的个性化学习需要，还可以促进师生、生生间的交流，提高学生的学习成绩和学习效率。

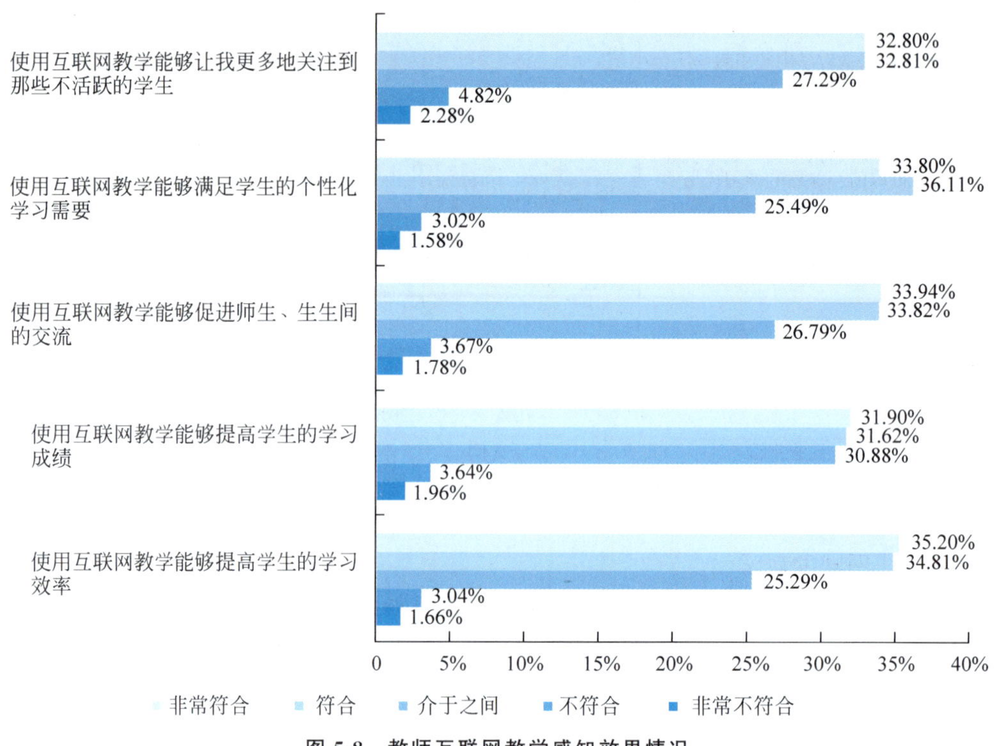

图5-8 教师互联网教学感知效果情况

3. 教学体验

网络学习空间满足教师教学需求情况如图5-9所示，58.91%的教师对网络学习空间能够满足自身教学需求持乐观态度，只有12.20%的教师表示效果不够理想。

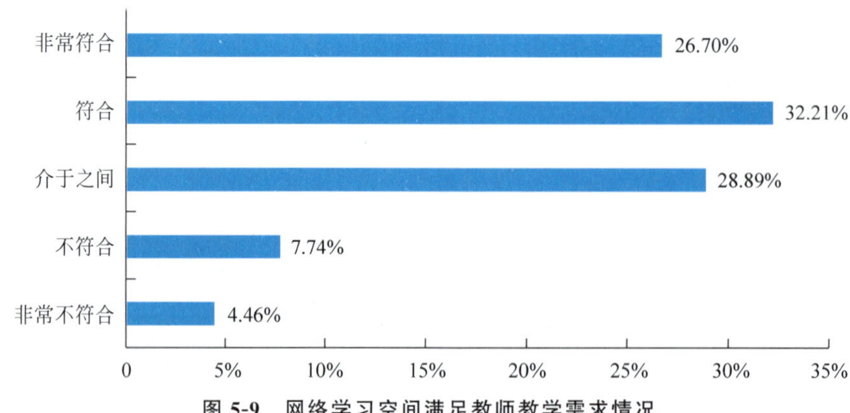

图5-9 网络学习空间满足教师教学需求情况

5.3.2 学生视角的互联网学习应用

1. 学习应用

最近一个学年中，学生通过互联网进行仿真实验实训学习情况的调查结果如图 5-10 所示，结果表明，最近一个学年中，超过 60％的学生都有过仿真实验实训学习经历。

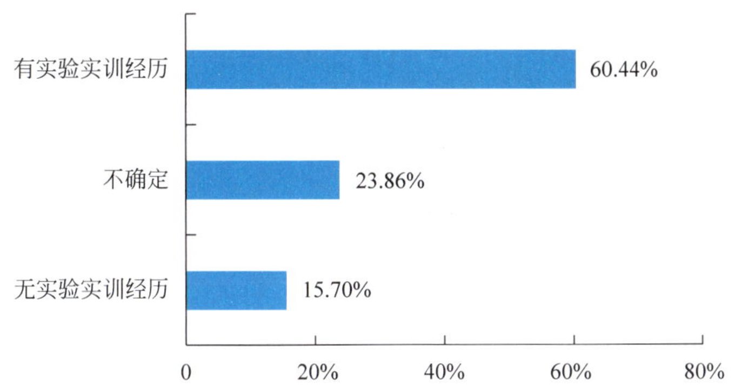

图 5-10 学生通过互联网参加仿真实验实训学习情况

2. 学习体验

在学习平台中，网络学习空间满足学生学习需求的调查结果如图 5-11 所示，网络学习空间中的功能能够较好满足学生的学习需要，为开展互联网学习提供了保障和便利。

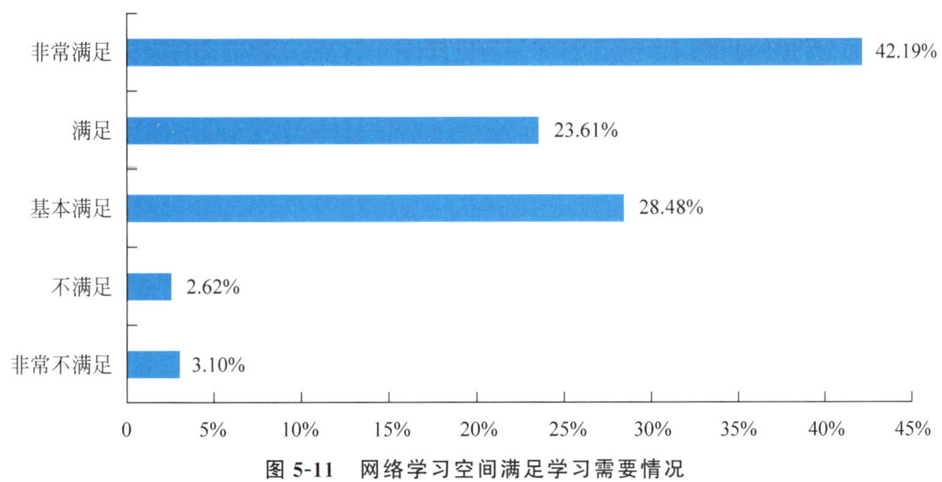

图 5-11 网络学习空间满足学习需要情况

5.4 吉林省职业教育领域教师视角的互联网教学能力

教师互联网教学能力调查结果如图 5-12 所示，结果表明，69.74％的教师能够在遇到问题时在网上搜索解决方法。66.34％的教师能在遇到问题时求助学校其他教师。超过 50％的教师能够使用互联网仿真学习资料，让学生进行观摩、体验、练习，最终学会在实体设备上进行操作。

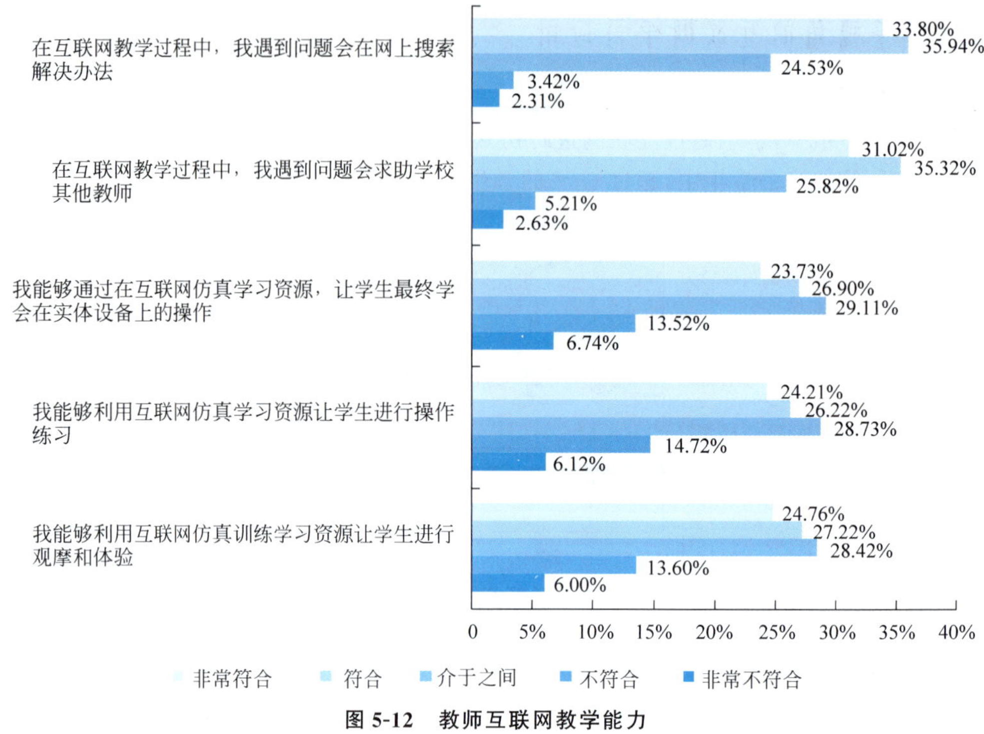

图 5-12 教师互联网教学能力

5.5 吉林省职业教育领域学生视角的互联网学习能力

学生互联网自主学习能力调查情况如图5-13所示，结果表明，65.29%的学生能够经常总结自己在进行互联网学习中遇到的问题；66.30%的学生了解进行互联网学习的有效方法；64.78%的学生在学习过程中能够制定短期和长期目标。

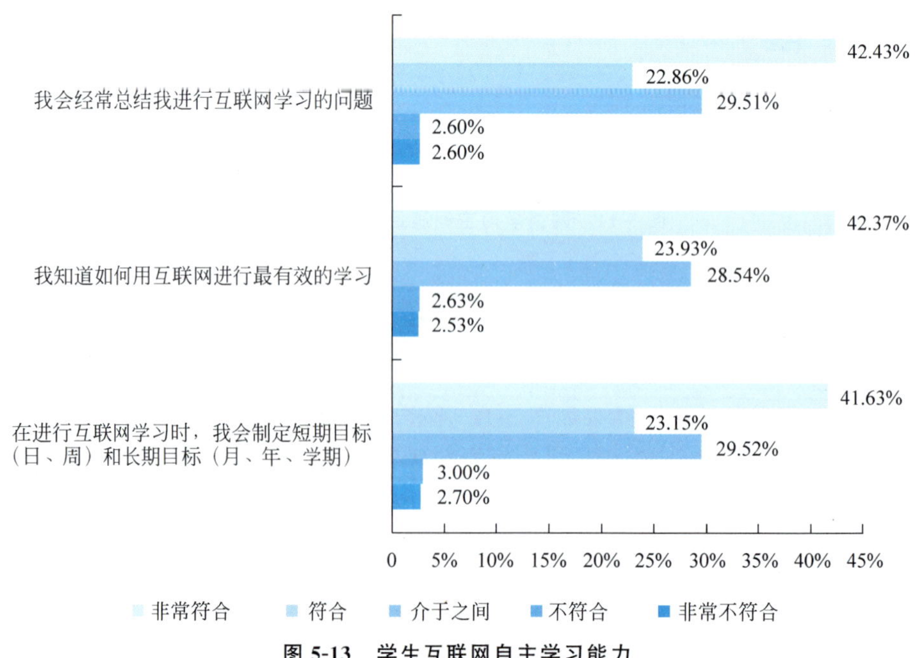

图 5-13 学生互联网自主学习能力

吉林省职业教育领域互联网学习已经具备一定规模且职业教育特色显著。在互联网环境建设方面，重点领域已经基本实现数字化，环境实现网络全覆盖、学习空间基本普及，学校实训基地智能设备基本配齐，为智能化实训和互联网学习的发展奠定了坚实基础。在互联网学习与教学支持方面，职业教育特色显著，实训基地线上配套资源丰富，教师与学生均能获得较好的互联网学习支持。在互联网学习与教学应用方面，教师组织互联网教学情况较好，学生总体互联网学习感受较为理想，大部分学生认为通过互联网学习能够实现与他人的合作交流，可以有效地提高自己的学习成绩。

第6章 吉林省高等教育领域互联网学习发展

本章紧紧围绕CASE模型，详细分析了吉林省高等教育领域互联网学习发展状况，重点分析了互联网学习与教学应用以及教师视角的互联网教学能力。其中，互联网学习与教学应用的分析视角包括管理者、教师以及学生3个维度；教师视角的互联网教学能力包括技术知识、资源整合、教学促进、教学评价、教学适应以及伦理安全六大方面。

6.1 吉林省高等教育领域互联网环境建设

6.1.1 在线课程录制设备与场所

与其他教育阶段不同，高等教育阶段互联网教学起步较早，已经从注重基础设施建设转为提高教学质量，大部分院校以加强课程资源建设为主。为此，为教师提供专门录制在线课程的设备与场所成为现阶段的主要任务。如图6-1所示，调查结果表明，大部分学校已经为教师提供了设备与场所支持，只有12.70%的教师明确指出学校未提供专门录制在线课程的设备与场所。

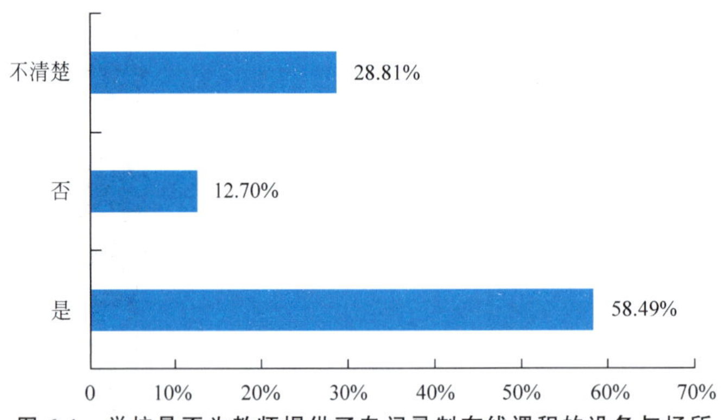

图6-1 学校是否为教师提供了专门录制在线课程的设备与场所

6.1.2 平台建设

学校在互联网教学建设中的平台与环境支撑情况调查结果如图6-2所示，学校为师生提供了较为丰富的学习与教学平台，其中课堂教学平台、在线课程平台、信息沟通平台提供的较多(超过15%)；在线实验平台、在线测试平台、学习管理平台、信息存储平台和社会交流平台由于使用频率的问题，提供的较少(低于15.00%)。

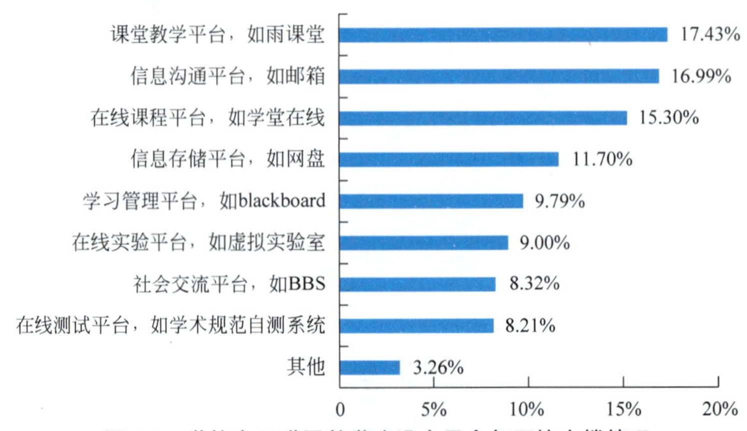

图6-2 学校在互联网教学建设中平台与环境支撑情况

6.2 吉林省高等教育领域互联网学习与教学支持

6.2.1 学校提供互联网教学支持

“学校提供的互联网教学支持情况”主要是调查学校为教师开展互联网教学提供的支持情况，如图6-3所示，在学校专业发展支持类型中，学校主要为教师提供了教学改革立项、培训课程或工作坊等专业发展项目以及技术支持，但在为在线课程提供助教名额、提供设施设备等方面有待进一步加强与提高。

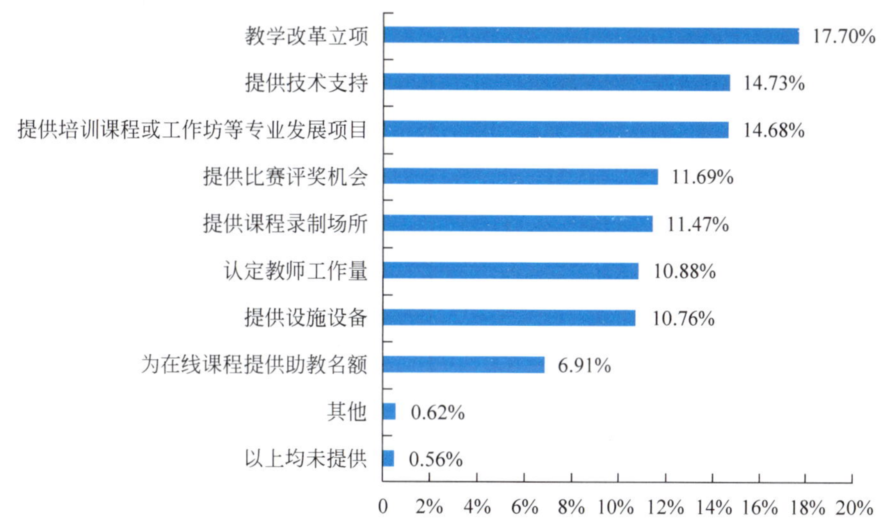

图6-3 学校提供的互联网教学支持情况

6.2.2 教师利用互联网支持教学的主要形式

教师利用互联网支持教学的主要形式如图6-4所示，26.17％的教师主要利用课程与视频讲座，23.40％的教师利用电子课件或文档，20.17％的教师使用在线测试与习题库。

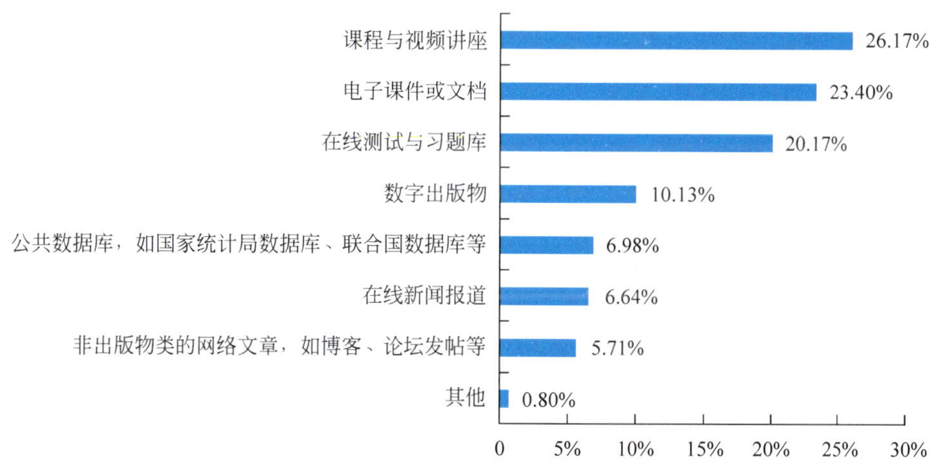

图6-4 教师利用互联网支持教学的主要形式

6.3 吉林省高等教育领域互联网学习与教学应用

6.3.1 管理者视角的互联网教学应用

学校对教师应用互联网进行教学具体要求的调查情况如图 6-5 所示，在学校专业发展支持类型中，27.10%的学校要求部分或全部教师有一定比例采用线上自主学习与线下面授结合的混合式教学；22.18%的学校要求部分或全部教师在教学中使用学校提供的教学平台；22.58%的学校要求部分或全部教师参与在线课程资源建设；18.05%的学校要求教师参与互联网教学的专业发展课程或项目；只有 9.40%的学校没有做出任何硬性要求。

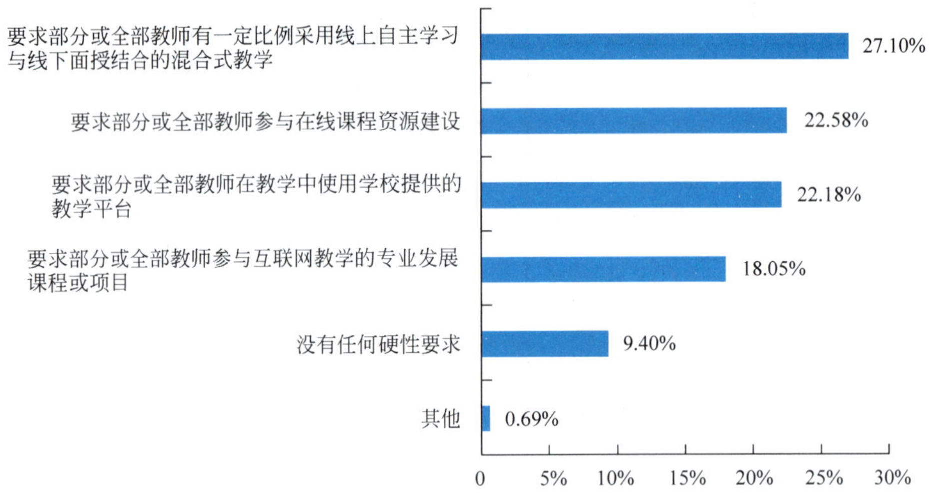

图 6-5 学校对教师应用互联网提出的要求

6.3.2 教师视角的互联网教学的应用

1. 教学应用

(1) 教师参与互联网教学相关的专业发展活动的频率

如图 6-6 所示，在对教师参与互联网教学相关的专业发展活动的频率的调查中可以发现，在专业发展活动类型中，80%左右的教师能够参与相关主题的课程观摩活动，选修相关主题的在线课程或开展相关主题的研究。

(2) 教师平均每年参加互联网教学相关专业发展活动的天数

教师平均每年参加互联网教学相关专业发展活动的天数如图 6-7 所示，73.70%的教师平均每年参加互联网教学相关的专业发展活动的天数在 30 天以内，只有 10.80%的教师达到了 60 天以上。

(3) 教师线上线下混合式教学的课时比例

如图 6-8 所示，在对教师线上线下混合式教学的课时比例的调查中发现，28.30%的教师线上线下混合式教学的课时占总课时的 10%以下，11.10%的教师线上线下混合式教学的课时占总课时的 30%～40%，5.30%的教师线上线下混合式教学的课时占总课时的比例超过 50%。

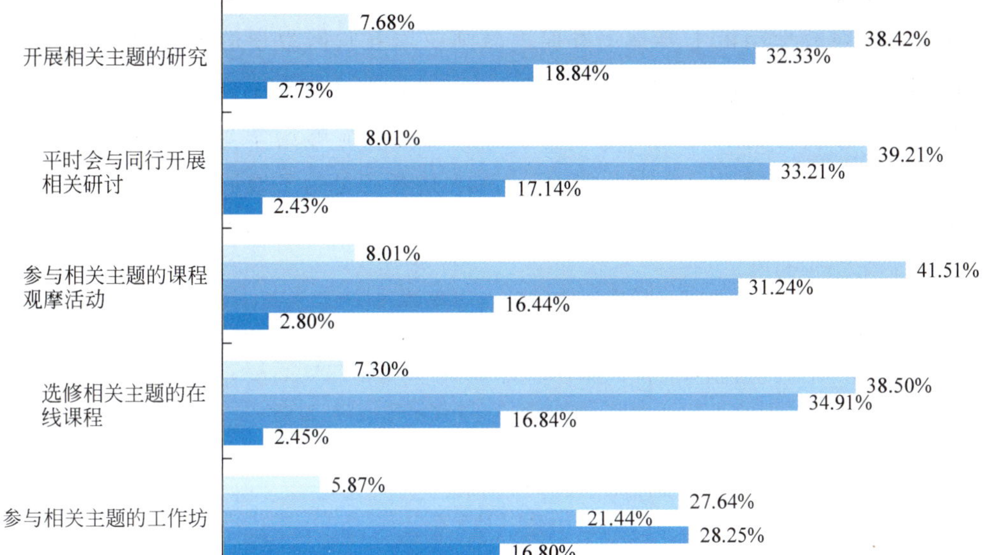

图 6-6　教师参与互联网教学相关的专业发展活动的频率

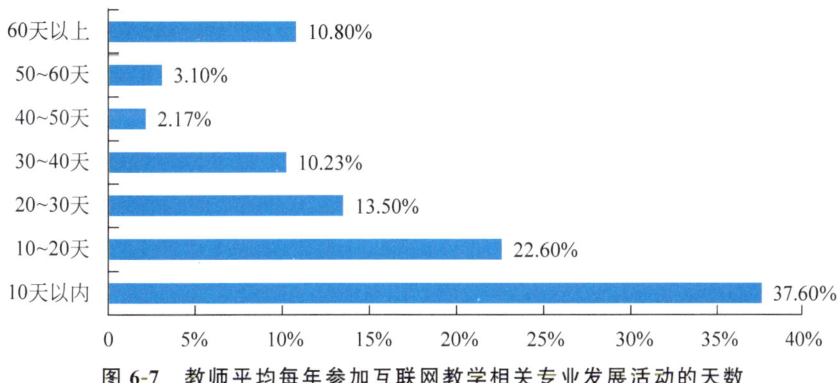

图 6-7　教师平均每年参加互联网教学相关专业发展活动的天数

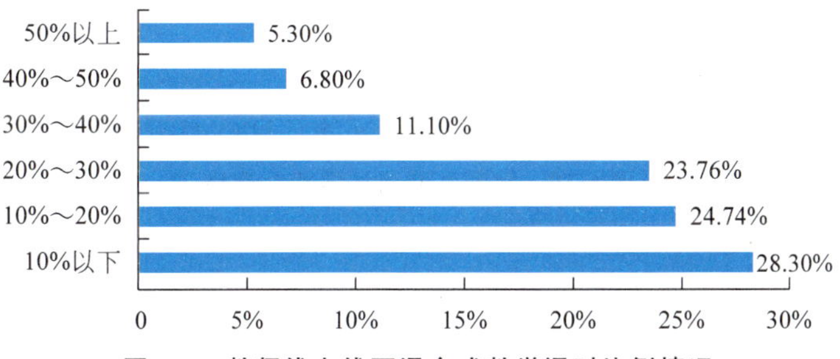

图 6-8　教师线上线下混合式教学课时比例情况

2. 教学动机

教师互联网教学动机主要是调查促进教师应用互联网教学的因素，如图6-9所示，19.70%的教师利用互联网进行教学是为了解决传统教学中遇到的问题；另有20.21%的教师是为了探索与创新教学方法；15.63%的教师是为了能够给学生提供更全面的支持；14.49%的教师是为了提升自身专业能力；11.93%的教师是为了增加对学生的理解；9.19%的教师是为了减轻教学工作量；另有5.86%和2.59%的教师是因为受学校和同事的影响。

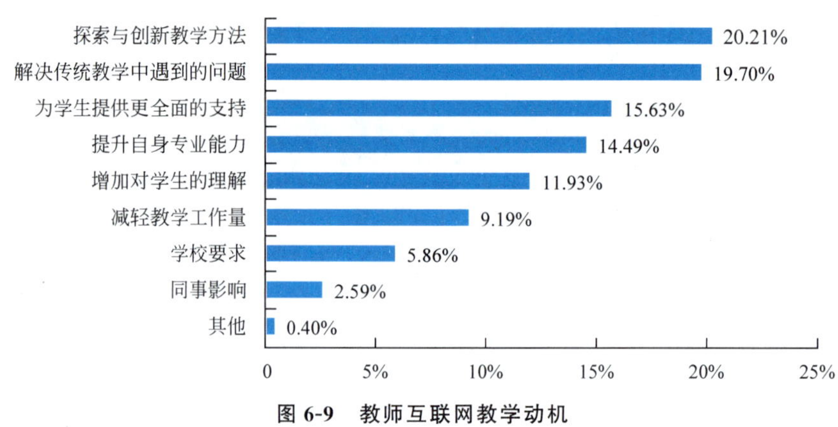

图 6-9　教师互联网教学动机

3. 教学策略

教师互联网教学实施策略主要是调查受访者互联网教学主要采取的形式和具体策略，如图6-10所示，26.91%的教师使用在课程材料中整合互联网教学与学习资源的方式开展教学；20.98%的教师选择在课堂上基于互联网组织学习活动；25.09%的教师开展线上自主学习结合线下面授的混合式教学；17.78%的教师使用视频会议或直播平台实时在线授课；另有8.53%的教师选择设计与开发在线课程。

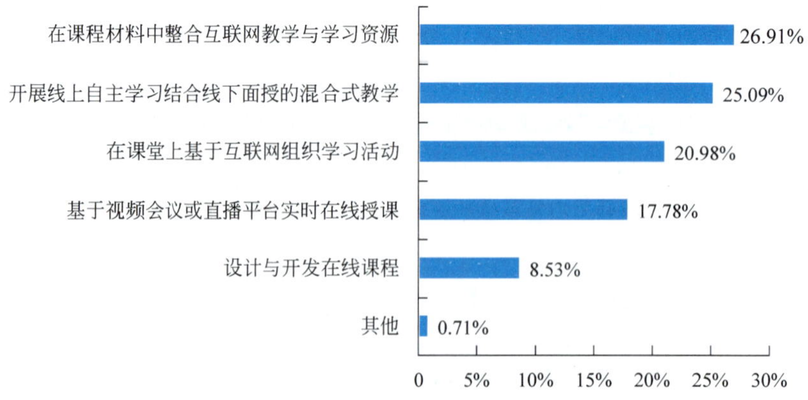

图 6-10　教师互联网教学实施策略

4. 教学投入

如图 6-11 所示，对教师平均每周在互联网教学相关的设计与开发活动上花费的时间进行调查。结果表明，接近 80%的教师互联网教学投入时间为 1 小时以上。投入时间 1～3 小时、3～5 小时的人数比例较大，其占比分别为 34.73%和 23.94%。

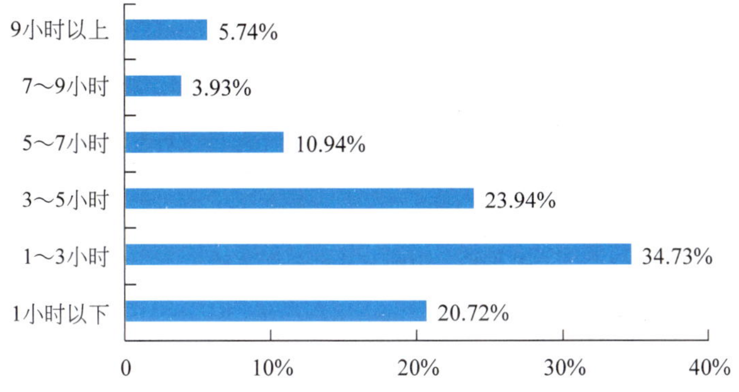

图 6-11　教师每周在互联网教学相关的设计与开发活动上花费的时间

5. 教学态度与体验

（1）教学意愿

教师互联网教学开展意愿的调查情况如图 6-12 所示，50%以上的教师都非常愿意开展线上线下混合式教学和同步在线教学，或者参与在线开放课程的建设。

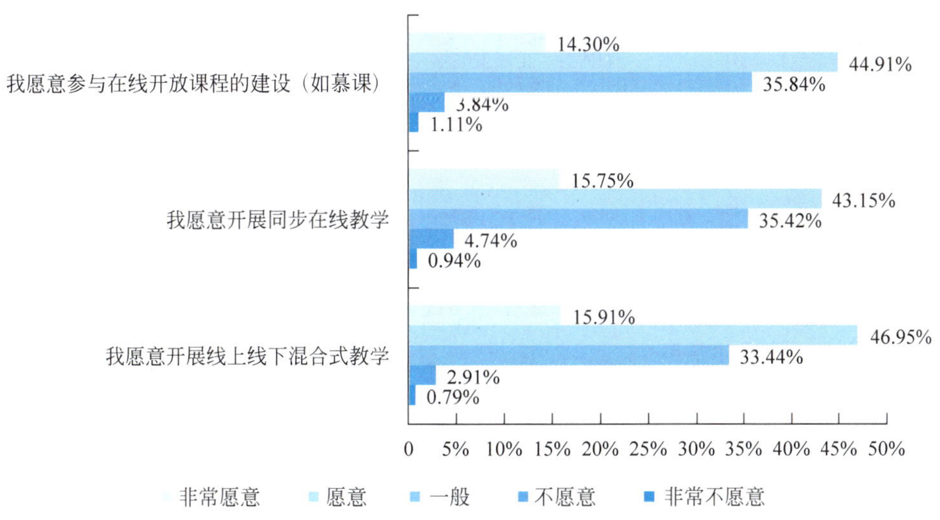

图 6-12　教师互联网教学开展意愿

（2）教学体验

教师互联网教学体验的调查情况如图 6-13 所示，绝大多数教师能够适应利用互联网开展多种类型的教学，并且互联网教育资源也能够在一定程度上满足教师的教学需求。

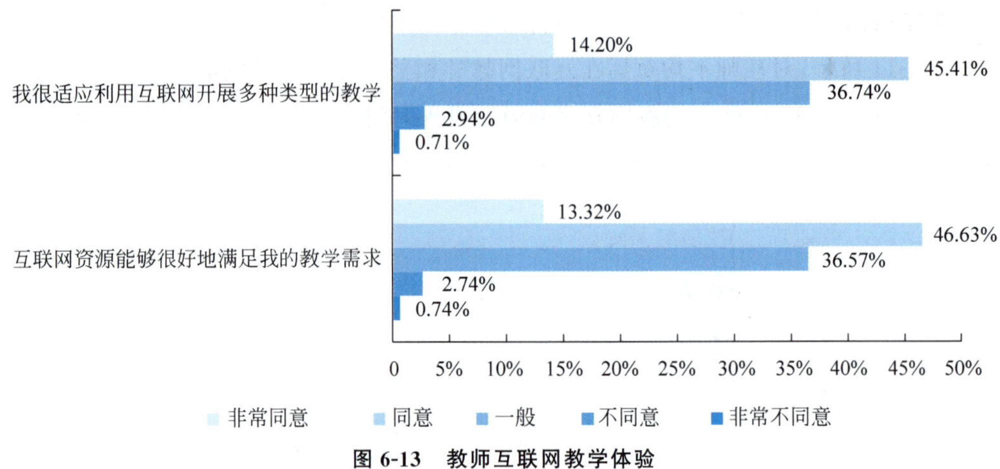

图 6-13 教师互联网教学体验

6.3.3 学生视角的互联网学习应用

1. 学习应用

(1) 经常使用的互联网学习资源类型

如图 6-14 所示，25.51%的学生经常使用的互联网学习资源的类型为课程与视频讲座；23.02%的学生经常使用电子课件或文档；19.69%的学生经常使用在线测试与习题库；10.44%的学生经常使用数字化出版物。此外，选择公共数据库、在线新闻报道、非出版物类的网络文章以及其他资源类型的学生占比分别为 6.94%、7.19%、6.36%和 0.85%。

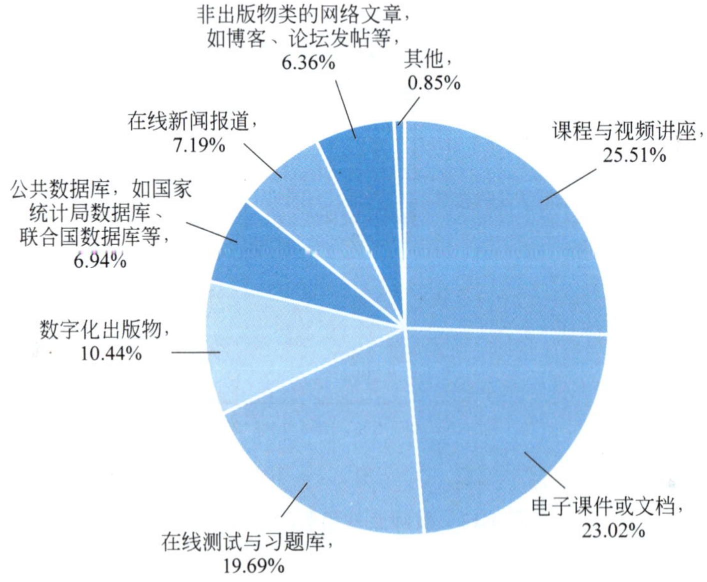

图 6-14 学生经常使用的互联网学习资源的类型

(2) 获取互联网学习资源的主要来源

如图 6-15 所示，32.98%的学生依靠自行搜索获得互联网学习资源；26.92%的学生依靠教师推荐；25.40%的学生依靠同学和朋友分享，另有 13.23%的学生依靠订阅与推送。

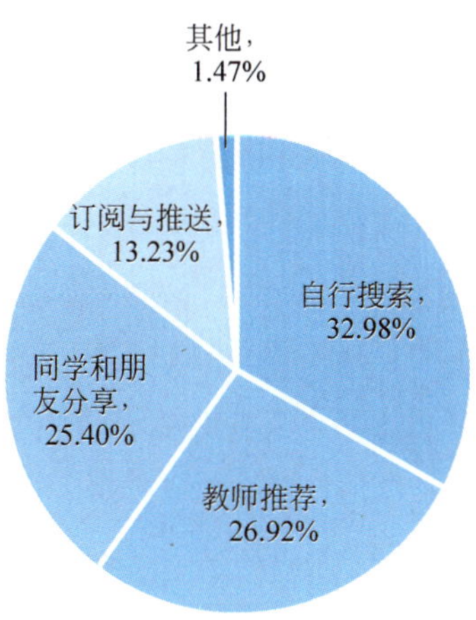

图 6-15　学生获取互联网学习资源的主要来源

（3）利用互联网进行学习活动的类型

如图 6-16 所示，20.69％的学生利用互联网寻求问题解决的办法；21.34％的学生利用互联网搜索学习资源与工具；19.93％的学生学习在线课程或观看直播讲座；10.56％的学生用来参与课堂活动；另外利用互联网完成自我测评或评价、参与远程交流与合作、转发或分享优质资源、创作与分享作品的学生占比分别是 7.67％、7.71％、6.17％和 5.93％。

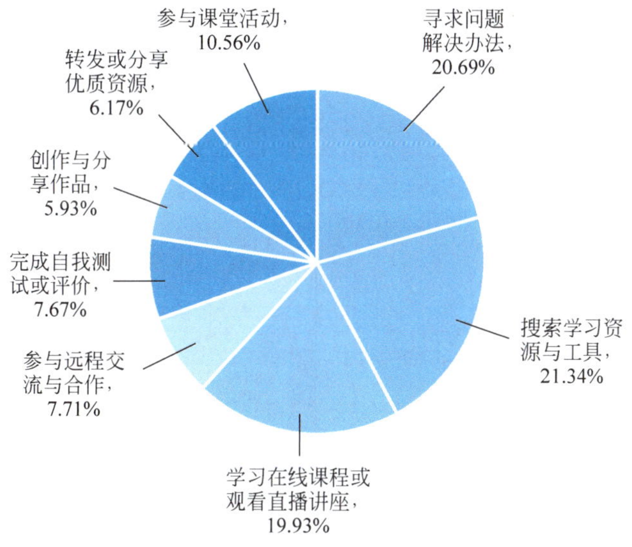

图 6-16　学生利用互联网进行学习活动的类型

（4）参加教师组织互联网学习活动的类型

如图 6-17 所示，学生参加教师组织的互联网学习活动类型中，30.31％是线上线下混合式学习活动；23.08％是课上基于互联网开展的学习活动；22.96％是在疫情之前参与的同步在线教学活动；21.94％是在疫情期间参与的同步在线教学活动；另有 1.71％是 SPOC 课程。

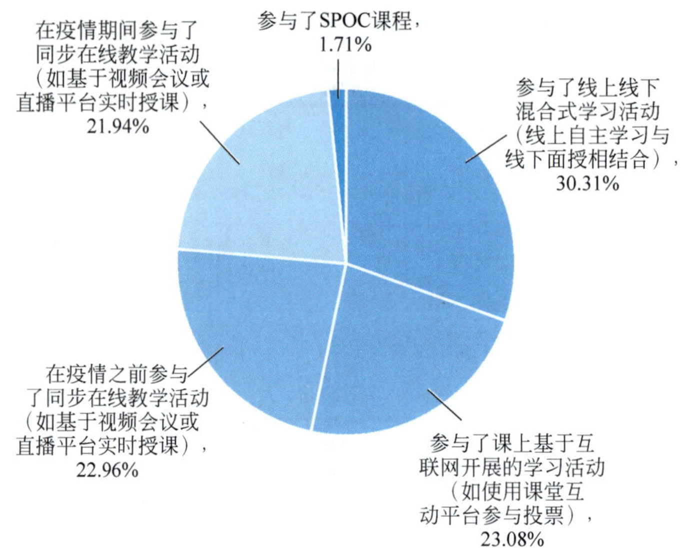

图 6-17　学生参加教师组织的互联网学习活动类型

2. 学习动机

如图 6-18 所示，学生互联网学习动机主要是调查影响学生采用互联网学习的因素和学习体验，结果表明超九成的学生能够主动参与到感兴趣的网络学习社区，在与教师和同学的在线交流中获得愉悦感。

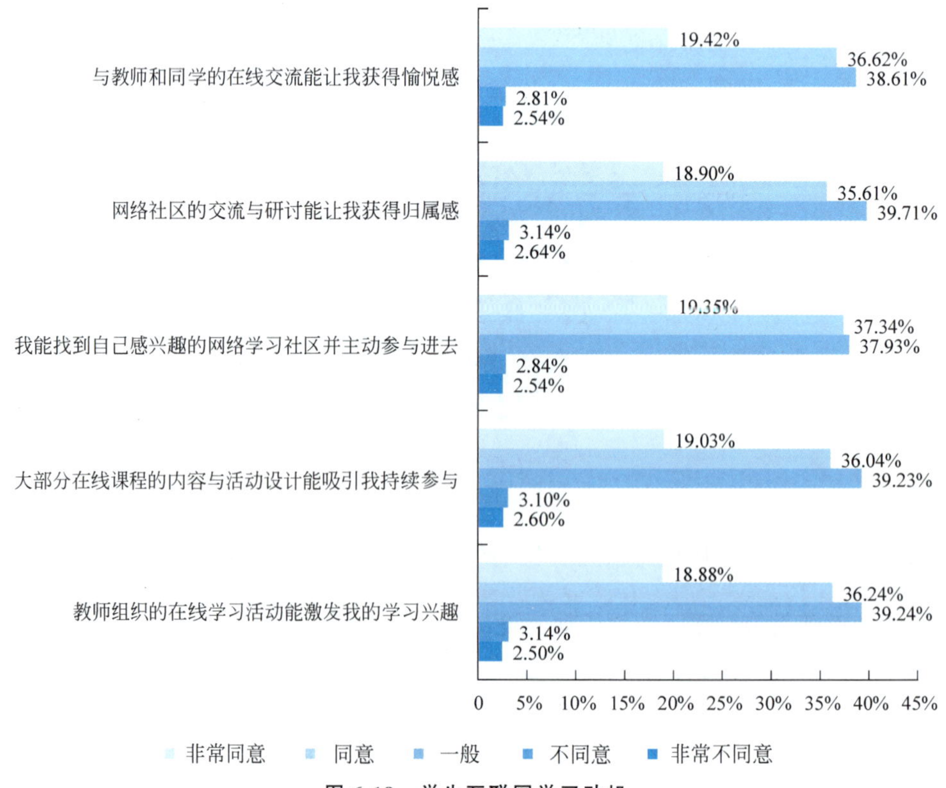

图 6-18　学生互联网学习动机

3. 学习策略

如图 6-19 所示，23.02%的学生参与的网络学习是根据教师提供的指导进行选择的；21.61%是学校提供的相关讲座与课程（如电子文献资源检索）；18.87%是教师组织的相关学习活动；15.40%是同学提供的建议与指导；13.05%是靠自己的摸索与总结；7.25%是将线下学习策略迁移到了线上。

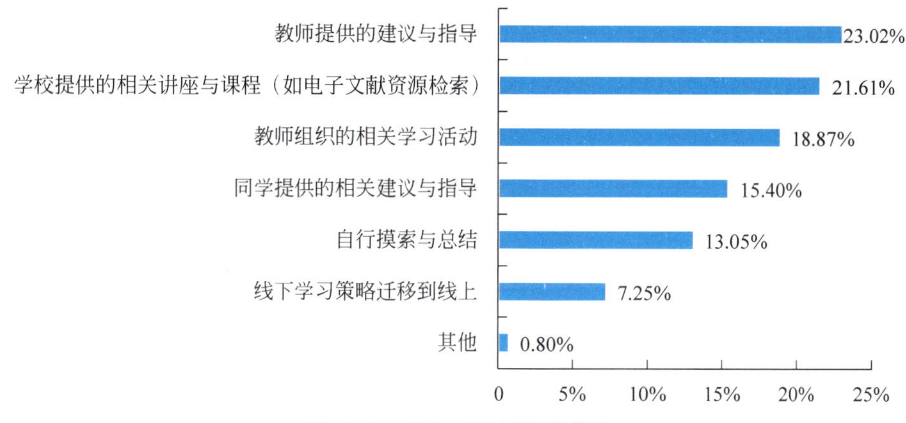

图 6-19　学生互联网学习策略

4. 学习投入

学生平均每天利用互联网学习的时长调查情况如图 6-20 所示，48.70%的学生平均每天利用互联网学习的时长为 1～3 小时，26.40%的学生平均每天利用互联网学习的时长为 3～5 小时，只有 3.50%的学生平均每天利用互联网学习的时长超过了 7 个小时。

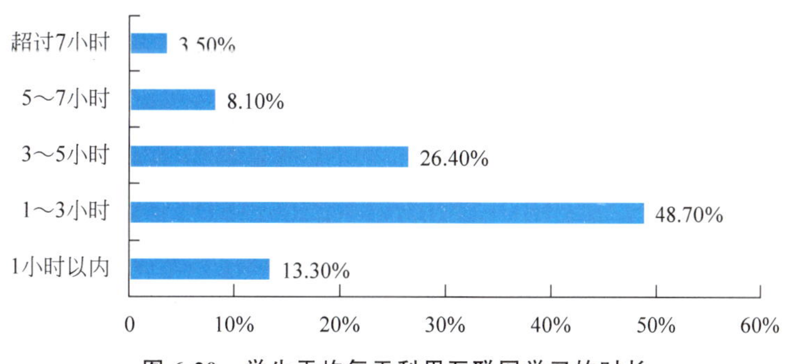

图 6-20　学生平均每天利用互联网学习的时长

5. 学习态度与体验

（1）学生互联网学习整体满意度

学生利用互联网学习整体满意度调查情况如图 6-21 所示，绝大多数学生对互联网学习表现出了较为积极的态度，只有不到一成的学生对互联网学习表现出了消极态度。

（2）学生对学习资源获取和提供情况的认可度

学生对学习资源获取和提供情况的认可度调查结果如图 6-22 所示，无论是在高质量学习资源的获取方面，还是在满足个人学习需求方面，学校当前提供的资源都能满足绝大部分学生的需要。

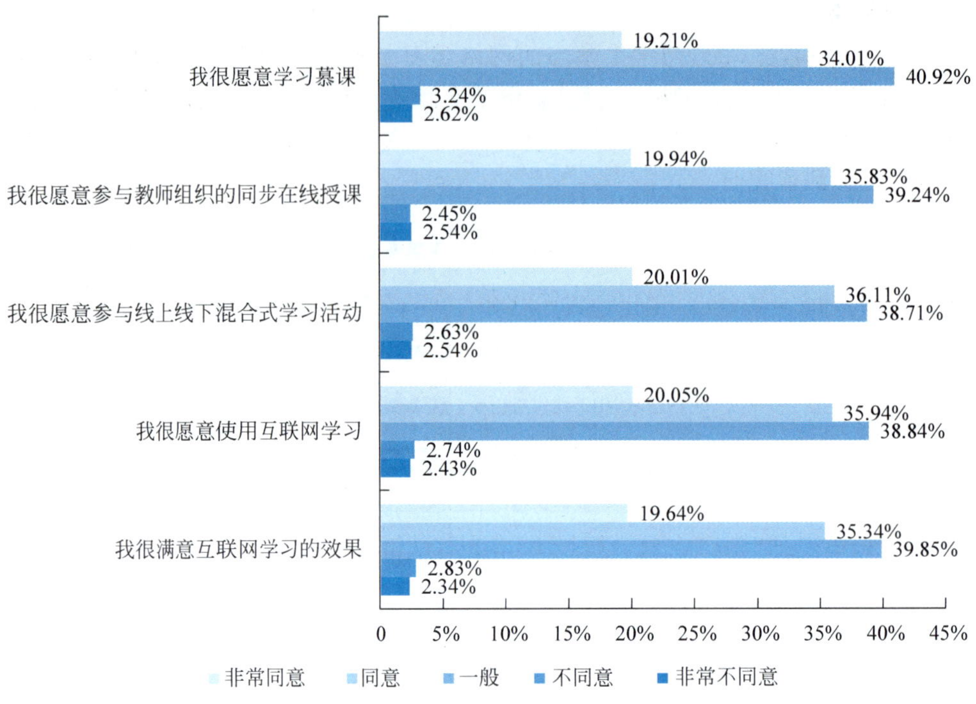

图 6-21 学生互联网学习整体满意度

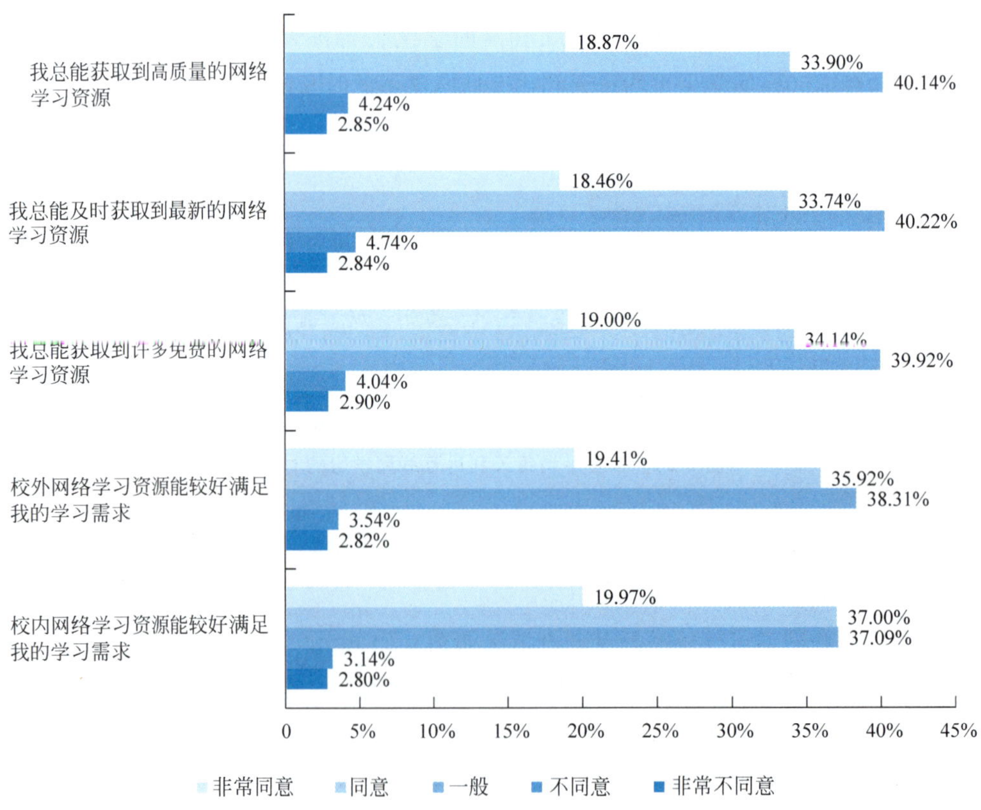

图 6-22 学生网络学习资源获取和提供情况

6.4 吉林省高等教育领域教师视角的互联网教学能力

6.4.1 技术知识

教师互联网教学技术知识现状的调查结果如图 6-23 所示，超过 80%的教师能够及时掌握并学会熟练使用网络教学与资源制作工具，多数教师都认为自身的技术能力能够开展网络教学，并能够解决网络教学过程中遇到的技术问题。

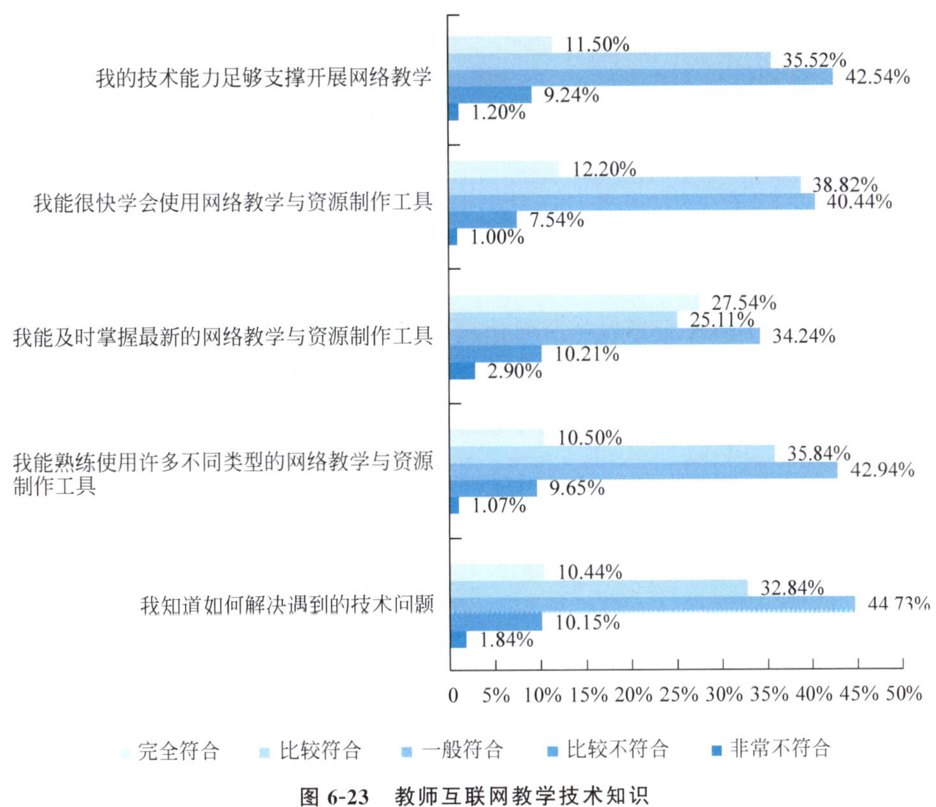

图 6-23 教师互联网教学技术知识

6.4.2 资源整合

该部分主要调查了教师在网络教学过程中学科内容、网络技术与教学方法的整合情况以及根据学科特点灵活选择与使用网络工具与资源的能力，如图 6-24 所示，超过 90%的教师能够根据学科教学特点灵活选择与使用网络工具与资源，同时能将学科内容、网络技术与教学方法有效整合起来。

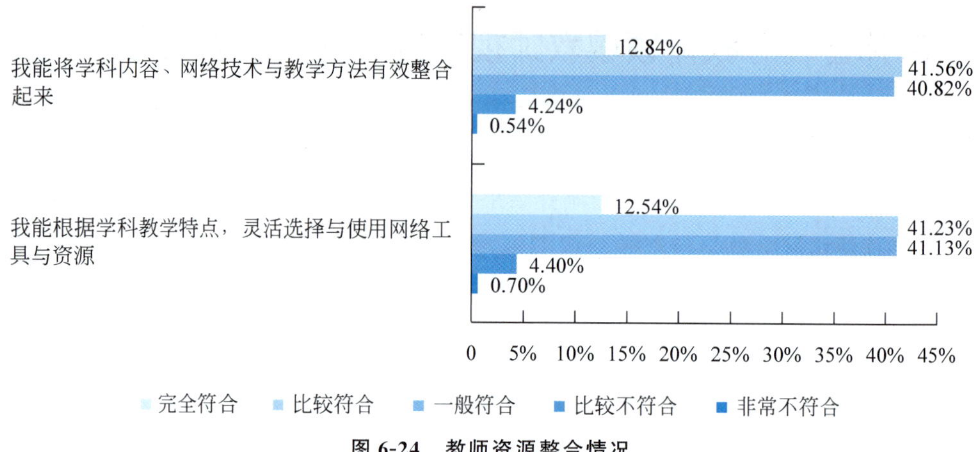

图 6-24　教师资源整合情况

6.4.3　教学促进

该部分主要是调查教师在网络教学时使用网络工具促进教学的情况，如图 6-25 所示，超过 90％的教师能够为学生提供远程教学的及时指导，能够借助网络工具与资源组织多种类型的教学活动，激发学生的创造性思考与表达，同时能够合理利用网络工具与资源来满足不同学习者的需求。

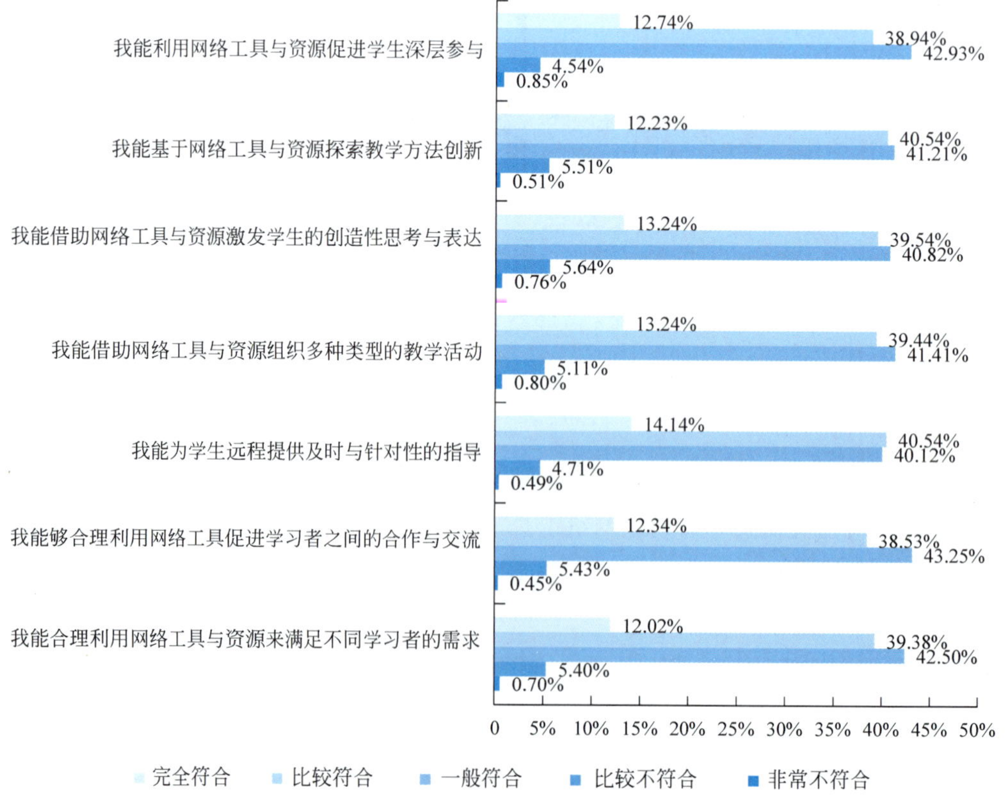

图 6-25　教师胜任互联网教学的教学促进情况

6.4.4 教学评价

该部分主要调查教师在网络教学过程中自评与互评的应用情况，如图 6-26 所示，93.90%的教师能够分析与解释学习者的网络学习数据，为改进教学提供线索和证据，94.00%的教师能基于网络开展形成性评价与终结性评价，93.80%的教师能够利用网络开展自我评价、同伴互评等多种形式的评价，94.00%的教师能够结合网络学习数据为学习者提供准确的评价和诊断。

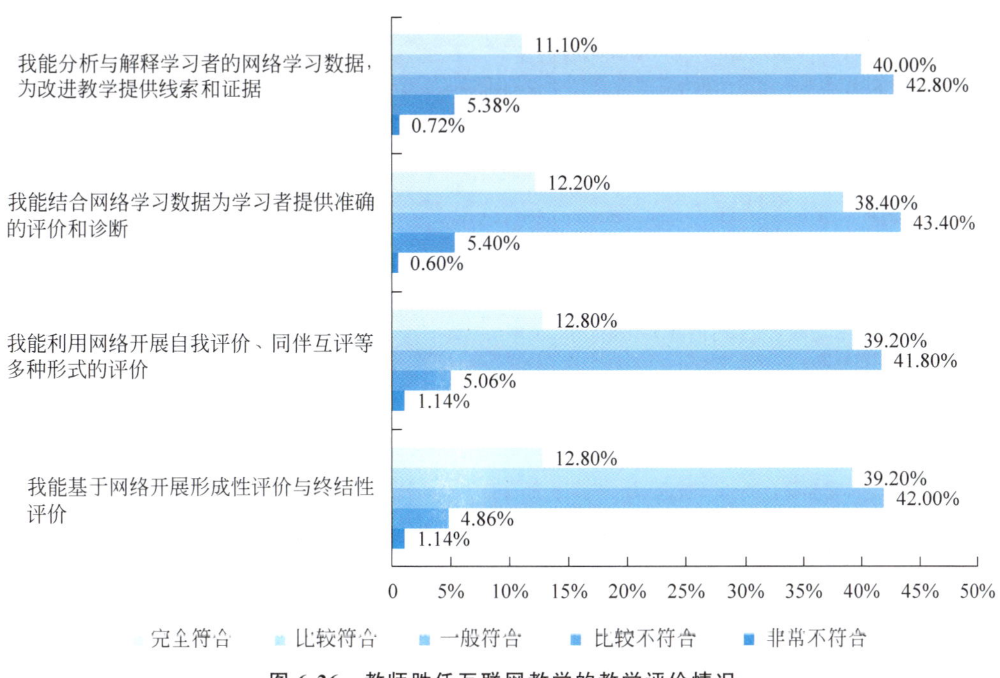

图 6-26 教师胜任互联网教学的教学评价情况

6.4.5 教学适应

该部分主要是调查了教师适应利用互联网开展多种类型教学的情况，如图 6-27 所示，59.61%的教师能够较好适应利用互联网开展各种类型的教学。

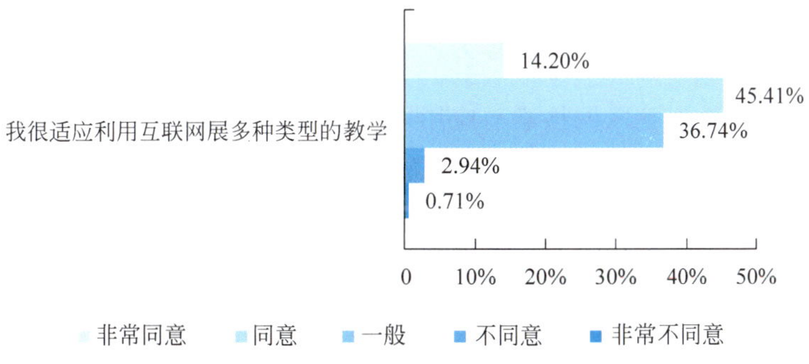

图 6-27 教师胜任互联网教学的教学适应性情况

6.4.6 伦理安全

教师互联网伦理与道德观念现状的调查情况如图6-28所示，96.20%的教师能够自觉保护学生在网络学习过程中产生的隐私数据，95.90%的教师能够引导学生在参与网络交流时遵循社会道德规范，94.90%的教师能够引导学生在参考网络资源时遵循学术规范与学术诚信。

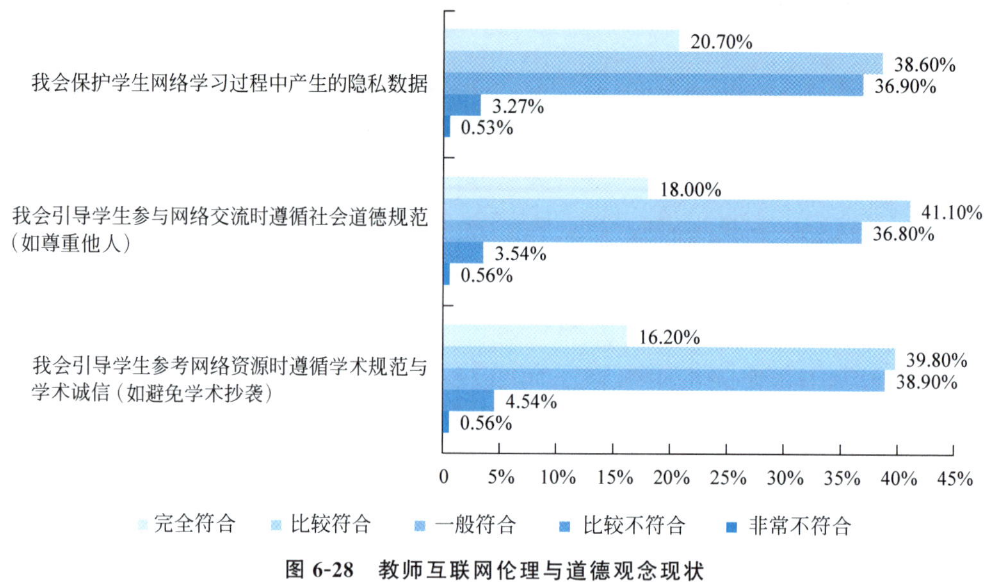

图6-28 教师互联网伦理与道德观念现状

6.5 吉林省高等教育领域学生视角的互联网学习能力

6.5.1 学生互联网学习设备使用与软件操作能力

该部分主要是调查学生在互联网学习中设备使用与软件操作的情况，如图6-29所示，超过80%的学生能够熟练使用软件功能以满足学习需求，基本掌握解决上网遇到的技术问题的方法；超过90%的学生能够找到合适的工具来提高互联网学习效率。

6.5.2 学生互联网检索与应用能力

如图6-30所示，学生互联网检索与应用能力现状主要是调查学生在网络信息处理及问题解决能力方面的实际水平，结果表明，超过八成的学生能够利用网络解决复杂问题，具备基本的批判性的甄别网络信息与资源优劣的能力，能够进行有效检索，过滤不相关信息。

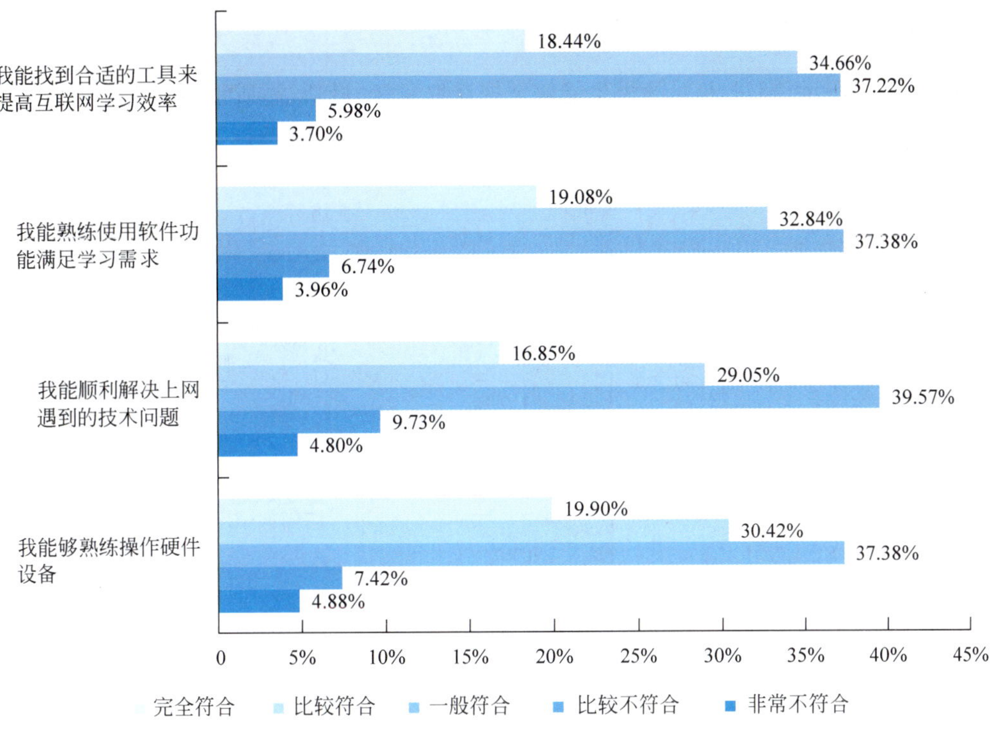

图 6-29　学生互联网学习设备使用与软件操作能力的情况

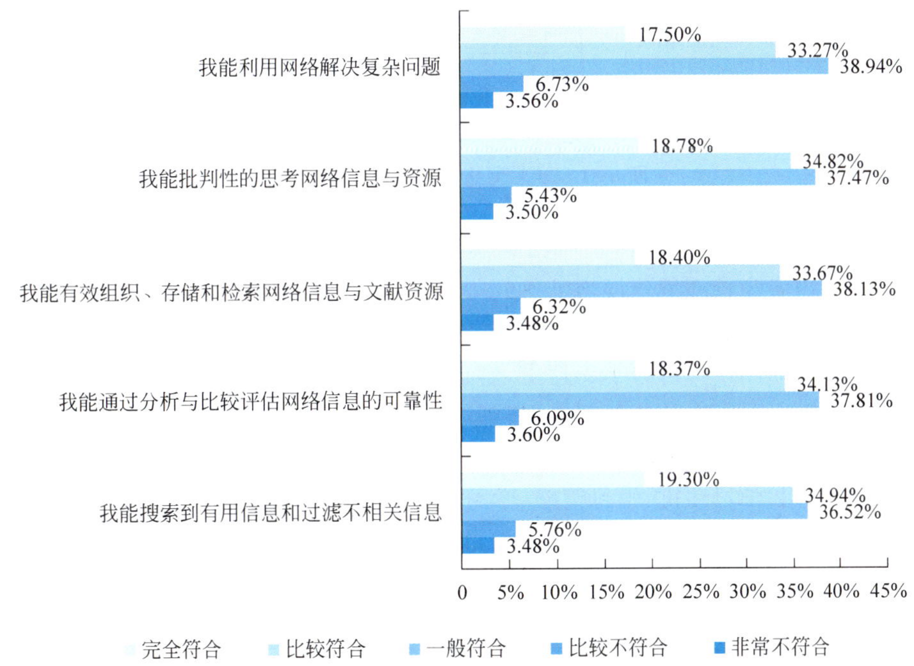

图 6-30　学生互联网检索与应用能力现状

6.5.3 网络学习资源获取能力

如图 6-31 所示，超过 90%的学生能够掌握获取免费、最新、高质量的网络学习资源的办法，所获得的校内外网络学习资源能够满足学生个人学习需求。

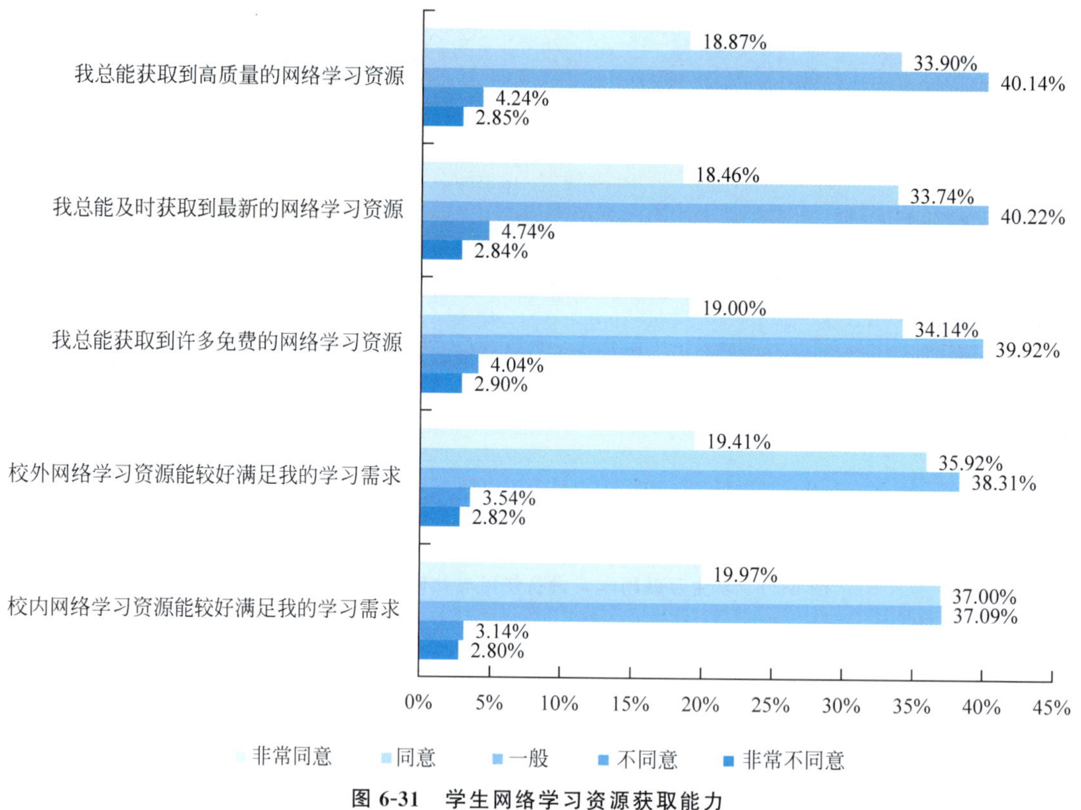

图 6-31 学生网络学习资源获取能力

吉林省高等教育领域互联网学习已经具备一定规模且成效显著。在互联网环境建设上，目前吉林省内各高校环境建设均已达到较高水平，能够满足不同教师、不同学生群体的教学需求，在一定程度上促进了教育公平，也为基于互联网的教学在高等教育领域全面开展奠定了基础；在互联网学习与教学支持上，学校为教师互联网教学提供了较好的支持；在互联网学习与教学应用上，本章从管理者、教师以及学生三个视角进行了详细分析，教师层面的应用涵盖教学应用、教学动机、教学策略、教学投入、教学态度与体验五方面；学生的学习应用涵盖学习应用、学习动机、学习策略、学习投入、学习态度与体验五方面；在教师视角的互联网教学能力上，教师整体信息化教学能力有所提升，保障了互联网教育的顺利实施；在学生视角的互联网学习能力上，学生具备了一定的互联网学习能力、互联网检索与应用能力以及网络学习资源获取能力。总体看，吉林省高等教育互联网学习已进入常态化发展轨道，并在应用过程中不断走向深化。

第7章 吉林省互联网学习典型案例

本章分享与探讨吉林省互联网学习的典型案例，包括学前教育、基础教育、职业教育、高等教育以及区域五大层面，共计23个案例。案例分析采用统一的分析结构，包括发展历程、发展现状、发展经验、进一步发展方向与关键问题四大方面。案例内容翔实，图文并茂，为呈现吉林省互联网学习的发展状况以及相关经验提供了有效支撑。

7.1 吉林省学前教育领域互联网学习典型案例

7.1 案例全文

7.1.1 基于数字化平台开展"家园共育"

延吉市新苗幼儿园秉承"家园共育"的教育理念，2019年初开始依托国家教育资源公共服务平台幼教频道，开展"家园共育"数字化工作，引导家长科学进行家庭教育。该园成立了以园长为组长的组织机构，下设教导处为项目办公室，形成"整体工作园长亲自抓、具体工作部门负责人日常抓、细节工作专人具体抓"的工作思路，周周有步骤、周周有推进。该园借助微信平台、家长会助力项目运行，树立高品质陪伴家庭榜样，致力做好线上、线下家园合作联动，扎实推进家园共育工作可持续发展。

7.1.2 "互联网+"背景下家园共育新模式探索

长春市南关区第四幼儿园积极探索以"互联网＋"为核心、以现代化智能设备为载体的教学方式，根据教学需求及时更新设备，通过互联网丰富课程资源，构建了"互联网＋幼儿教育"的新型教学形式，结合互联网技术进行了诸多的积极探索，打造了交互、共享、开放、协作、高效的课程体系，为幼儿发展提供了创新驱动力，使幼儿教育逐渐向趣味化、高效化、全面化发展。

7.2 吉林省基础教育领域互联网学习典型案例

7.2 案例全文

7.2.1 打造"互联网+ 绿色教育"，探索智慧教育时代课程体系

基于"互联网＋教育"发展战略，长春市南关区西五小学以"网络学习空间人人通服务云平台"深度应用为突破口，遵循学生成长规律和教育规律，规划"学习环境变革教学模式与评价方式"等发展目标，着力推动教学模式和学习方式的转变。该校借助云端线上优质资源，结合线下教学实践，融合多项技术，整合服务方式，构建"线上＋线下"混合式课程体系，加快学校信息时代教学、管理、服务方式的改变，促进学校由管理向治理转变，推动学校绿色教育向高质量、高品质迈进。

7.2.2 云课堂支持的小学英语混合式教学模式

"停课不停学"期间，长春市朝阳区解放大路小学校依托"云课堂"平台，坚持"一核心、两维度、三梯次、四自主"的原则，兼顾趣味、艺术、智慧、实践、育人于一体，以英语学科为切入点，以提升学科素养为目标，关注学情反馈，实现全面育人，探索出了贯穿学科教学全过程的混合式教学模式，在兼顾传统面授课堂优势的同时，满足小学生个性化学习的需要。

7.2.3 杯子节奏教学——小学音乐在线特色教学

新冠肺炎疫情改变了学校基于同时空的面授教学模式。长春市明德小学积极响应“停课不停学”的号召，组织学校音乐教研组根据音乐课学科特点，开发出富有特色的音乐在线课程，促进学生居家学习期间的美育发展。案例针对音乐课线上教学的特点，以杯子节奏教学《你笑起来真好看》为例，介绍了包括节奏设计、课程内容分析以及视频制作与分享等几个部分的教学设计经验，积极探索在居家条件下的教学模式与教学方法。

7.2.4 基于信息技术学科核心素养的人工智能三级课程体系构建

长春吉大附中力旺实验小学在创客课程的基础上，从课程设计、课程环境、课程内容、课程形式等多个维度，构建了基于信息技术核心素养的人工智能三级课程体系，介绍了可借鉴的实施路径。该课程体系以逆向设计为设计原则，以教授人工智能前沿技术为载体，以灵活运用项目式、导师制为教学手段，帮助学生养成在真实情境下解决问题的能力，最终实现培养学生创新精神与实践能力的目标。

7.2.5 依托“吉教云人人通”空间平台实施农村学校在线教学策略

2020 年疫情期间，吉林市龙潭区缸窑镇中心小学以深入实施龙潭区“幸福教育”为核心，充分发挥“互联网＋教育”优势，制订“停课不停学”工作方案，依托“吉教云人人通”空间平台，组织全校师生开展线上教育教学活动，同时开设了“五育并举 全面发展”的特色系列课程，在实践中探索“任务驱动—小组探究—全班展示—教师解惑”的线上教学模式，总结了线上教学深度应用案例等优秀成果，为农村学校在线教学注入了生机与活力。

7.2.6 “一空间一平台”相得益彰惠师生

在线学习使教学过程和教学形态都产生了新的变化。吉林省珲春市第一实验小学结合本校实际情况和地域特色，在完善配套基础设施、精选优质网络学习平台、开发个性化民族特色资源、高效指导网络授课实践、实时开展教学评价几个方面精准发力，保证少数民族地区教育教学质量，为学生创建科学、个性、泛在化的互联网学习环境，保障在线教学有序开展。

7.2.7 扬“互联网学校”之帆，启“乡村教育”之航

吉林省磐石市城南小学校在开展“互联网＋乡村教育”课堂实践过程中，采取引导学生自主学习、增添信息技术课程趣味性、提供多元化课堂评价等方式，立足小学信息技术教学实践，分析如何应用“互联网＋”技术及多媒体技术开展远程教学，总结小学信息技术在“互联网＋乡村教育”课堂中要注意的问题及待解决的问题，呈现了学校开展“互联网＋乡村教育”课堂的优势和经验，实现线上、线下教育的有效融合。

7.2.8 面向核心素养培养的初中信息技术混合教学模式

吉林省长春市汽车经济技术开发区长沈路学校创新大数据时代初中生信息技术学科核心素养的培养路径，基于 UMU 互动学习平台，探索出了面向信息技术核心素养培养的混合式教学模式。案例以校本课程《智能测温机器人》中的《走近 Python 编程》为例，详细地介绍

了教师利用在线平台创建与Python编程相关的微课视频、导学案、讨论和作业等内容,立足核心素养培养,为探索创新型初中信息技术学科教学模式提供了借鉴。

7.3 吉林省职业教育领域互联网学习典型案例

7.3 案例全文

7.3.1 基于移动校园平台的教学测评诊断改进体系建设

吉林交通职业技术学院基于移动校园平台搭建教学质量测评与分析诊断平台,通过多维度多层面自定义测评、分析诊断及改进跟踪,形成了闭环螺旋式上升的教学测评诊断改进机制。通过打通教务、学工、教学测评等多系统的底层数据,借助企业微信移动校园平台,实现覆盖全体师生的教学测评。自2018年至今,教学测评数据达20余万条,平均每位教师被测评165次,有效推动教学质量诊断与改进,提升人才培养质量。

7.3.2 定制开发数字校园平台在教育教学中的深度应用

数字校园平台是利用数字化环境,实现从教学环境、教学资源到教学活动的数字化。构建一个科学完整的数字化校园平台体系,拓展现实校园的时间和空间维度,实现教育教学过程的信息化,从而达到提高教学质量、提高管理水平和工作效率的目的。数字校园平台建设的功能性、易用性和涵盖率是根本出发点,也是数字校园平台顺利应用的基础。吉林女子学校以数字校园平台为中心,整合全部信息化设备,利用数据中心为教育教学提供全面科学的数据支撑。

7.3.3 创新模式研发新应用 信息智能推动新发展

长春职业技术学院将数字校园建设与专业育人紧密结合,由信息中心联合信息学院,在项目化实践教学的实施过程中,项目组师生共同进行应用软件开发和网络安全运维,创建了“信息类专业项目化实践教学”人才培养新模式。通过软件技术专业项目化实践课程教学改革,自主研发应用于学校的系列产品,如已投入使用的综合缴费系统、单独招生网上报名缴费系统、在线考试系统、阳光采购系统等,已推广到了省内十余所院校使用,实现了研发成果的转化。

7.4 吉林省高等教育领域互联网学习典型案例

7.4 案例全文

7.4.1 覆盖全、措施暖、思政先——新冠肺炎疫情期间吉林大学在线教学案例

新冠肺炎疫情期间,吉林大学积极应对疫情防控需要,强化信息化建设顶层设计,扛稳政治责任,实现“三全育人”,取得了一定成效。为满足在线学习需求,学校坚持统筹规划、多点推进,稳定校园网络学习环境,确保在线教学秩序和质量;充分发挥综合性大学多学科的优势,把好思想政治教育“指挥棒”,融入医学实战课程推广。线上、线下同步推进,保证多校区、大规模在线学习的稳步开展,以及特殊时期的师生身心健康。

7.4.2 “疫”起前行，新时代教学变革的新起点

随着互联网的快速发展，尤其是“互联网＋”战略的推行，互联网深刻地改变着人们的工作、学习和生活方式。在此背景下，东北师范大学坚持采用“顶层设计、统筹管理、协同创新、支撑变革”的原则，着力营造“处处能用、事事可用、人人乐用”的信息化环境，建设以“智慧东师”为内涵的数字化大学，以信息化驱动智慧校园建设，以信息化引领教育教学模式和人才培养模式的创新。疫情防控期间，学校将“停课不停教，停课不停学”作为新时代教学变革的契机，强化技术保障、规范在线指导、坚持“1234”模式、建设自主学习社区，保证了疫情期间全校师生大规模在线教学效果，促进了新型学习生态的建设。

7.4.3 线上医学教育——连接教育强国与健康中国之纽带

新冠肺炎防控期间，长春中医药大学通过理念创新、制度创新、技术突破、案例示范、资源保障等措施，最大限度地发挥中医药优势、满足特殊时期线上教学需求、抓住战“疫”育人契机，创新培训模式，创新培训思路，创建培训品牌，助力教育强国、健康中国建设，取得了扎实的线上医学教育发展经验，并将继续提升教师线上教学能力，实现线上与线下医学教育实质等效。

7.4.4 “疫”“网”如前，疫情常态化下的信息化保障工作

长春财经学院以打造“云端长财”为建设目标，以“服务、开拓、奉献”为工作理念，采用“一点多面”的方式，将 11 套业务系统统一部署在学校云计算中心服务器内，并对接至统一的数据平台，形成了业务系统“云端”，建成了学校管理大数据库。学校在开学初疫情较严重的情况下，为保障教学工作有序推进，进行了利用前期信息化建设成果、深度挖掘各项网络工作能力、拓宽在线教学路径等探索。

7.4.5 “人人皆学、处处能学、时时可学”的学习型校园的建设与应用

吉林工程技术师范学院以建设优质教育教学资源和提供信息化学习环境为根本，不断深入推进“三通两平台”建设。目前，学校已建成教育管理服务平台和教育资源应用平台，实现教学过程的良好互动和优质教学资源的共享。通过加强对创新创业及“易班”工作信息化的建设力度，实现了易班网与学校相关部门网站的无缝链接。案例介绍了学校以资源建设推动教与学方式变革、以教科研带动教学信息化水平的发展经验，并探讨了未来学校基于已有课程平台资源建设等方面的发展方向与关键问题。

7.4.6 以信息技术引领大学教育教学新形态

长春师范大学在健全制度引领的同时，不断加大各项投入力度，为现代信息技术引领下大学教育教学新形态转变提供平台支持、条件保障和氛围支撑，积极构建现代信息技术引领下的大学教育教学新形态，先后出台了一系列相关的实施方案和管理办法。案例介绍了学校以现代信息技术引领大学教育教学新形态，促进课堂教学改革，提升学生自主学习能力的发展经验，将深入推进线上线下混合式教学改革作为学校未来进一步的发展方向，并提出了相应的具体解决方法。

7.5 吉林省互联网学习区域案例

7.5 案例全文

7.5.1 重基础、厚应用的互联网学习发展路径

在互联网飞速发展的信息时代，长春市九台区高度重视教育信息化，按照国家提出的“三通两平台”的建设总体要求，结合区域实际，本着抓基础、强应用的理念，稳步推进数字化校园建设与应用，加强教师的信息技术能力培训，不断提高教师的信息技术理论水平。坚持以赛促用，提高师生的信息化应用能力，实现了信息技术与教育教学的深度融合，从而提升师生信息素养。

7.5.2 智慧教育平台助力延边教育新发展

吉林省延边朝鲜族自治州以政府购买服务的方式开通了双语架构的延边州教育资源公共服务平台，形成了“政府投资搭建平台、资源建设广泛参与、空间教学推陈出新、教学成果全员共享”的建设机制，实现了“本土资源高凝聚，外部资源深应用”的建设效果。通过普及网络学习空间应用、开发数字教育资源、开通名师网络工作室、建立智慧教育讲师团、组织各种线上活动等方式，延边朝鲜族自治州初步探索出了互联网学习发展特色模式。

7.5.3 学校无边界、学习跨时空，促进区域教育优质均衡发展

为扩大优质教育资源的覆盖面，找准教育扶贫和网络扶贫的结合点，实现城乡教育一体化发展，吉林市教育局创办了吉林市互联网学校，通过“三个课堂”的应用，持续推动地区教育优质均衡发展。学校采用政企合作机制，打造“六位一体”的教育模式，形成固定的“名师＋云师”双师型队伍，开发课后在线答疑服务，形成互联共享的知识发展综合体；建设“一校四区十八馆”，构筑跨界协同的未来教育新生态；启动“互联网＋乡村教育”精准帮扶工程，采用视频直播互动教学，让农村和城镇学生同步上课，开展双师教学的互动模式新研究。

7.5.4 长春市—白城市一对一联盟校，促进区域教育信息化发展

依据教育部《教育信息化2.0行动计划》指导思想，长春市教育技术装备与信息中心和白城市教育信息中心形成了对口处室，共同推进两地教育信息化建设工作，“一对一联盟校”的建立开启了长春市和白城市“一对一”的帮扶关系，开辟了城际间“互助发展”的一条新途径。案例着重从双方统一思想、帮扶合作、发展经验、保障措施等方面展开阐述，立足当前、夯实目标，下一步将对创新信息化区域间协同发展路径展开持续探索。

第8章 吉林省互联网学习发展趋势与关键问题

2020年，吉林省互联网学习蓬勃发展，基础设施配备、网络环境建设和相关人员能力与认识方面都得到了长足发展，形成了与本省教育需求、地域特点与经济现状相匹配的特色发展思路，也表现出了对新型互联网学习的迫切需求。

8.1 吉林省互联网学习发展特色与趋势

8.1.1 互联网学习环境基本配备完善

吉林省互联网环境建设情况良好，各学段的学校均能为师生提供数字校园的基础设施和互联网学习的网络条件。在硬件建设方面，学校的硬件设施与场所、网络接入和覆盖情况均为师生开展互联网教与学提供了保障，并且调查结果显示，师生对家校网络满意度较高，随时随地的在线学习得到了满足；在软件资源与学习平台方面，学校为师生提供了较为丰富的学习与教学平台，网络学习资源和网络学习空间中的功能很好地满足了教师的教学需要和学生的学习需要，这些使得互联网教与学得以开展，也为互联网在教育中的创新应用带来了更多的可能。

8.1.2 学生能够较好地适应互联网学习

就学生而言，各阶段的学生已基本胜任互联网学习，初步具备互联网学习中的自我管理和自主学习能力，能够获取并利用互联网学习平台与在线学习资源辅助学习。同时，校内外学习资源类型多样，内容丰富，基本能够满足学生的学习需要。在互联网学习过程中，学生能够受到来自教师、家长、同学以及课程本身的学习支持，这些支持多集中在课程评价与反馈支持、策略与技能支持、动机与情感支持和课程的激励程度等方面。多数学生能够较快地适应互联网学习和混合式教学的形式，并能够从中获得知识，学习效果显著。

8.1.3 教师基本掌握了开展互联网教学的核心能力

就教师而言，多数教师已具备借助互联网工具和资源开展教学的技能，能够有针对性地开展或参与到"三个课堂"教学活动中来。在教学过程中，教师开展互联网教学的主要场所集中在学校和家庭，其网络环境和设备条件能够基本保障在线教学的开展。多数教师能够结合学科特点和学习者需求合理使用资源开展教学，并能够有效借助相关工具和数据开展形成性评价和同伴互评，进行有效和及时的反馈。此外，教师有机会接受互联网教学专业发展培训，以提升信息化教学应用能力与互联网教学技能。

8.1.4 面向互联网学习的教育治理体系基本完备

吉林省建立了较为完善的面向互联网学习的教育治理体系，从互联网学习规划与支持、互联网学习指导与监督、互联网学习组织与实施、互联网学习评价等方面为教师的教与学生的学提供了保障。

在互联网学习规划与支持方面，吉林省基础教育阶段发展水平较高，提供了包括教学、管理、评价、学生及教师发展等领域的支持，覆盖范围较广，能够保证为学生、教师从不同层次、不同领域提供全方位的服务。高等教育阶段也已做出具体要求，来促进互联网教学的推广和发展，具有一定的引领和示范作用。

互联网学习指导与监督主要涉及课程要求和设备要求两方面，体现了学前教育和基础教育阶段的特殊性。一方面，鼓励教师在课上利用电子设备进行教学；另一方面，结合学生年龄特点，限制学生对电子设备的使用。此外，调查结果也显示了部分学校对过度使用电子设备对学生视力造成影响的担忧，这也进一步体现了倡导合理使用电子设备进行教学的重要性。

在互联网学习组织与实施方面，吉林省已经具备较为完善的数字化办学条件，能够为互联网教学的开展提供全方位的支持，并确保起点公平，保证每一个学生都能充分享受互联网带来的便利。在学习方式的选择上，50％的学校采用居家生活与学习指导的方式进行教学，这种方式能够在确保师生绝对分离的条件下最大化地满足教育需求，以家庭为单位达成教学目标。此外，吉林省大部分学校也都实施了从理论学习到实践教学的教师教育策略，并从交互的数量上做出规定，以期提高互联网教学质量。

在互联网学习评价方面，吉林省大部分教育管理者认为互联网学习能够拓宽教师发展路径，促进教师专业发展，肯定了互联网学习在促进教师成长方面的价值。其中一半以上的教育管理者和家长都认为互联网能够对学生的视野和学习方式产生影响，不仅拓宽了学生获得知识的途径，而且丰富了原本单一的学习路径。

8.1.5 不同学段开展互联网教学各具特色

学前教育领域年度互联网学习情况整体呈现良好的发展态势。首先，学习环境建设较好，能够有效支持互联网学习的开展，成为教师互联网教学和幼儿个性化学习得以实现的大前提；其次，互联网学习开展情况良好，幼儿学习的平台多样，互联网学习有平台、有资源、有支持，整体发展有活力；再次，家长、教师和管理者均普遍认可互联网学习对幼儿的帮助与促进作用，在互联网教与学方面动机与意愿强烈；最后，在互联网学习组织与实施方面情况同样乐观，教师组织有效、家长配合支持及管理者指导与监督有力均使得互联网学习得以有效地组织与实施，真正让幼儿的学习与发展受益。

在基础教育方面，吉林省基础教育阶段师生互联网教与学基础设施完善，网络环境较好，设备丰富，能够满足师生需要。数字化校园的构建以人为本，关注师生发展，通过智能化环境的建设为师生提供智慧教育基础，使校园教学服务、管理服务与评价服务更加科学、有效。基础教育阶段师生总体对互联网教与学持积极态度，已基本具备胜任互联网教与学的能力，能够充分利用学校、家庭、社会提供的支持与资源积极促进个人能力发展，适应互联网时代教与学的新特征、新变化。学校管理者对互联网环境下的教与学持积极态度，聚焦学生身心发展和教师专业发展，在政策制定、环境建设等方面充分考虑师生成长，在实践过程中融入特色，竭力满足师生的成长发展需要。

在职业教育方面，吉林省职业教育阶段互联网教学已经具备一定规模，在网络学习环境的完善、师生对互联网教学的态度和教学实施方面，均有显著提升。目前，吉林省内职业教育在重点领域已经基本实现数字化，校园网络基本实现全面覆盖、学习空间基本普及、实训基地设备基本配齐，能够满足师生的网络教学需求。职业教育阶段教师组织互联网教学情况较好，在互联网教学过程中能够获得充分的支持，对互联网教学的价值预期较高，大部分教师能够合理地利用智能和网络设备开展有效教学。职业教育阶段学生总体互联网学习感受较为理想，大部分学生认为通过互联网学习能够实现与他人的合作交流，可以有效地提高自己的学习成绩，并且能够在网络环境中实现对动手操作能力的提升，对职业教育阶段学生的培养具有重要意义。

在高等教育方面，吉林省高等教育阶段互联网教学已经具备一定规模，无论是基础设施的保障、课程资源的开发、教师队伍的建设还是学生互联网学习效果的提高，均得到较大发展。目前吉林省内各高校互联网教学均已达到较高水平，能够满足不同教师、不同学生群体的教学需求，在一定程度上促进教育公平，也为基于互联网的教学在高等教育领域全面开展奠定了物质与环境基础。教师整体信息化教学能力有所提升，且教师更乐意在教学中应用电子设备开展互联网教学，这为互联网学习的发展提供了丰富的人力资源，从深层次保障了互联网教育的顺利实施。学生总体互联网学习感受较为理想，能够主动参与到互联网学习过程中，并获得归属感和愉悦感。此外，学生整体学习投入时间较长，绝大多数学生能够保证每天进行互联网学习，这为互联网学习的常态化发展奠定了基础。

8.2 吉林省互联网学习发展关键问题

8.2.1 建设功能完备的新型互联网学习空间

基础设施与环境的完备是互联网学习顺利开展的重要前提。截至2020年，吉林省基本完成了面向互联网学习的硬件设施建设、网络环境搭建和资源与平台开发等工作，使得各个学段的师生能够顺利开展基于互联网的教学与学习活动。但总体而言，环境配备较为简单，仍集中在多媒体教室建设、校园网建设等方面，创客空间、智能学习环境建设的普及度并不高，未来仍需加大建设功能更加完备的新型互联网学习空间的力度，推动线上线下教学的无缝衔接。

8.2.2 促进互联网学习常态化发展

调查显示，吉林省七成以上的教师和学生都不同程度地参与过基于互联网的教学与学习，且此种学习方式应用于学前教育到高等教育的各个学段。进一步深入分析互联网教学与学习发生时间可以看出，教师与学生集中参与互联网学习发生在新冠肺炎疫情期间，主要为了满足师生分离、生生分离、生校分离时的教学条件。如何将疫情期间互联网学习的建设成果迁移应用于常规教育教学中，推动互联网学习常态化发展，仍需进一步探索。

8.2.3 切实提升互联网学习的质量，提高师生获得感

学习质量是关乎互联网学习长足发展的关键问题。在关于互联网学习质量的调查中，无论是学生、教师、家长还是管理者，都在不同程度上肯定了互联网学习的便利性、丰富性和有效性。其中，九成以上的学生表示互联网中丰富的学习资源能够满足其个性化学习需求，近半数的教师认为互联网教学具有独特优势，疫情过后应该作为教学辅助手段，大部分管理者也给予了互联网学习较高的评价。但当将互联网学习与传统课堂教学效果相比较时，大部分教师和学生均表示，互联网学习质量低于线下学习质量。接近三分之一的教师表示线上教学属无奈之举，效果无法尽如人意。如何切实提升互联网学习质量，提高教师、学生、家长在互联网学习中的获得感，是推动吉林省互联网学习长足发展的关键问题。

8.2.4 建立一体化、贯通式互联网学习新模式

从学段分布情况来看，吉林省不同学段的互联网学习表现出了不同的特色。其中，基础

教育和高等教育互联网学习发展情况较好，呈现出覆盖范围广、影响面大、涉及科目繁多的态势，且无论是中小学生还是高校学生均表现出了较好的互联网学习胜任力，中小学教师和高校教师也表现出了较高的互联网教学水平。相比之下，学前教育阶段的互联网学习尚处于起步阶段，目前较好地实现了家园共育，但相关资源丰富程度远不及基础教育与高等教育领域。与此同时，职业教育阶段的互联网学习主要集中在基于虚拟实训系统提升学生实践能力方面，涉及范围仍有待进一步提升。打通学段之间的壁垒，以解决教学与学习问题为中介，建立一体化、贯通式互联网学习新模式，促进学习者纵向知识习得，是未来吉林省互联网学习发展的新趋势。

综上所述，吉林省互联网学习发展情况良好，基础设施配备较为完善，教师、学生、家长和教育管理者对互联网学习具有正确的认识和较强的行动能力。特别是在 2020 年新冠肺炎疫情期间，吉林省有效落实了教育部“停课不停学”的号召，在学前教育、基础教育、高等教育和职业教育各个阶段，开展了规模大、质量高、覆盖范围广的在线教学，实现了疫情期间教育系统的正常运转。同时，疫情期间在线学习的实践，提升了学生胜任互联网学习、教师胜任互联网教学、管理者胜任基于互联网教育管理的能力，打造了吉林省互联网教与学实践共同体，推动吉林省传统课堂教学与在线学习的融合发展，带来了互联网学习新常态，开创了吉林省互联网学习新局面，为“十四五”期间本省互联网学习蓬勃发展奠定了重要基础。

附录

2020年中国互联网学习区域发展报告——吉林区域编写团队介绍

中国互联网学习发展报告的撰写是一项有重大现实意义的专项研究工作，勾勒了每年度中国互联网学习发展的基本情况，有助于在国家层面发现我国互联网学习现存问题，也指明了未来中国互联网学习发展的方向。吉林省作为首次参加互联网学习发展报告的省级单位，十分重视该发展报告的撰写工作，组成了由吉林省教育厅牵头、东北师范大学陈晓慧教授研究团队负责的研究撰写团队，具体组成成员如下。

主　编

刘学军　吉林省教育厅

执行主编

陈晓慧　东北师范大学

副主编

王　喆　吉林省电化教育馆

编　委（以姓氏拼音为序）

李明姬　延边朝鲜族自治州电化教育馆
刘　君　长春市第七中学
卢　佳　东北师范大学
潘占宏　长春市教育技术装备与信息中心
史文东　吉林市教育信息中心
余哲赋　吉林省教育厅发展规划处
张　哲　东北师范大学
赵玉柱　长春市九台区教师进修学校
庄丰源　吉林省电化教育馆

编写人员（以姓氏拼音为序）

曹晨铭　陈智宏　代宇航　邓小军　丁　楠　冯　棋　贺　玲　李博文
李　倩　刘俣宏　秦鹏晰　史明月　苏婉莹　孙晓曼　孙小淇　王　莲
徐　彬　薛尊圣　于　丹　张美霞　张梦姣　张天琪　赵一鸣　朱　瑞